教育部哲学社会科学研究重大课题攻关项目成果
公共危机与风险治理丛书

公共危机管理

理论与实务

张成福　唐钧　谢一帆／著

中国人民大学出版社
·北京·

“公共危机与风险治理丛书”总序

在漫漫的历史长河中，危机的出现与人类长相伴随，人类的发展与危机紧密相关。随着现代化程度的提升，人类逐渐享受到繁荣和文明带来的成果，战胜危机的能力也显著增强；但与此同时，人们却更加强烈甚至前所未有地感受到危机所带来的冲击和影响，遭受到危机所产生的威胁和损害。其原因是多元而复杂的，它涉及人类政治、经济、社会、科技、环境等各个方面、各个领域；既有外界客观因素的作用，也有人的主观认知的影响。但无论如何，危机都已成为当今人类社会共同面临的重大挑战，加强对危机的研究和应对是世界范围内各国政府和人民的理性选择。

危机的本质是风险，危机是风险的极端表现形式。当今时代，人们讨论危机问题一个不可脱离的大背景便是风险社会的日渐形成。在这一真实化的语境下，越来越多的人认识到，要想有效地预防、化解和消弭危机，不仅要更好地理解和管理危机，还要更好地理解和管理风险。与显性、非常态的危机相比，从隐性、常态的风险着手，能够找出各种可能导致危机的风险源，并提前介入干预风险，以将危机遏制于萌芽状态。从这个意义上讲，对风险的管理是实现危机管理目标和价值的最佳路径；也唯有从风险入手方可能解决目前和未来我们所面临的风险社会的悖论与困境。

进入新世纪以来，中国开始意识到危机对经济社会发展乃至国家战略的重要意义，并将危机管理摆到重点加强建设的突出位置上来。我国的危机管理开始步入快速发展的良性轨道，在理念、体制、机制、法制、资源保障等各个方面均取得了长足进展和巨大成就。但在取得成绩的同时，我们亦面临着一系列问题和挑战，如如何将危机管理的重点从危机准备转移至日常舒缓和预防上来；如何将危机管理的重心下沉到地方和基层；如何加强市场化和社会化力量的参与；等等。这些都是我们下一步在巩固应急管理成果并将应急管理引向深入的过程中必须思考和予以解决的问题。需要指出的是，这些问题在很大程度上超越了应急管理的范畴，而涉及更深层次、更为复杂的问题。从根本上说，它是一个如何对危机与风险进行治理的问题，需要长期化、常态化、制度化的努力，而非一味催生式的短期行为过程。

强调对危机与风险的治理，就是要广泛地考量同危机与风险有关的所有因素，有效地协调受到危机与风险影响的各方关系，合理地分配现代社会的力量体系及其权责。具体而言，就需要进一步提高政府和全社会的危机与风险意识、知识和应对能力，需要建立和优化相关的体制机制法制等制度设计，需要政府管制和市场诱导相结合的治理方式，需要公民自治和社会共治相交融的治理格局，需要先进科技的运用与支撑，需要全球与区域间的交流与合作。一言以蔽之，通过这种改善后的制度安排，能够有机地整合所有相关的知识、技术、立场、力量和资源，实现对危机与风险的有效治理，从而更好地应对风险社会带来的变革与挑战。在风险社会，对危机与风险的善治无疑应当成为追求整个社会的善治中所不可缺少和越来越重要的组成部分。

从正常的常态管理，到对危机的非常态管理，再到对风险的常态管理的回归，这体现的是管理理念和管理形态的超越与提升，体现的是将常态管理与非常态管理相融合、在常态中管理非常态的更高层次的管理境界。在当今这一急剧变革的历史条件下，紧密联系和适应与传统社会已大不同的管理情境与时代背景，加强对公共危机与风险治理的研究，是中国公共管理学所必须肩负的历史使命，也是中国公共管理学扩大学科知识增量、反馈国家社会建设的重要契机。

正是在此思想指导之下，我们与中国人民大学出版社合作，组织出版了这套“公共危机与风险治理丛书”。希望通过我们的研究努力，能够较为全面和深入地反映公共危机与风险治理领域的现状、问题与趋势，使这一领域在未来得到更好更快的发展，更好地服务于国家、社会和人民。

张成福

2009年5月

前　言

近些年，我国持续处于突发公共事件的高度频发期。尤其是2008年以来，南方雨雪冰冻灾害前所未有，汶川特大地震百年一遇，重大群体性事件时有发生，甲型H1N1流感肆虐。时至今日，这些公共危机的影响仍然存在。

这一系列重大危机，可以说是对我国现有危机管理水平的一次重大考验，其结果充分体现出近年来以“一案三制”为核心的危机管理发展成果：应急预案的效果日益显现；条块结合的应急管理体制基本建立；紧急应对、信息疏导、对口支援、全民参与等应急管理机制逐步形成；应对危机的资源和能力大为增加……所有这些为危机的及时处置和有效解决发挥了重要作用，也为进一步提升危机管理水平积累了宝贵经验。

然而，危机的频发亦暴露出现有危机管理体系的薄弱环节：对危机的事前预计和预测严重不足；预案形式大于效果的情况在一定程度上存在；专业化的危机救援队伍建设滞后；陆海空协同的现代救援手段还需摸索；灾害现场的公共服务苍白无力；全社会的危机意识和抗危机能力仍显不足；社会的参与和所发挥作用仍然较小；民众自我救助体系尚不健全；等等。

不仅如此，一些以往从未遇到的新问题和深层次问题也暴露出来：各部门、地方和利益集团之间的沟通、协调存在障碍，各自为政的现象较为突出，形成正式决策的时间漫长；垄断集团准备和应对危机的能力不足，战略资源的储备缺乏；在现代化建设中，很少从危机预防的角度审视发展大局，如城乡布局、人口分布、产业结构、能源结构、生态环境气候，等等。总之，国家和社会在危机面前的脆弱性仍然十分明显，这不仅是单纯危机管理领域的问题，更是整个国家在体制转轨和社会转型阶段应予以全盘考虑的战略问题。

危机亦是转机。正如SARS危机对我国危机管理事业的推动一样，2008年以来的一系列危机事件必将进一步推动我国危机管理的发展进程，乃至使整个公共治理的水平再上新台阶。当然，这取决于政府、社会和受危机影响的方方面面都积极行动起来，及时总结和反思，改革一切不合理的因素，改善社会的脆弱性。尽管仍需付出代价，只要能对未来发展有所启示、有所助益，亦是国家和民众之幸。

作为教育部哲学社会科学研究重大课题攻关项目“国家公共危机安全管理系统研究”的研究成果，本书正是在近年来公共危机管理步入快速发展轨道和日新月异的背景下写作而成。其目的在于全面系统地构建公共危机管理的体系和框架，客观深入地反映国内外公共危机管理的发展现状，总结和回顾长期以来的发展成果与经验教训，力争从理论与实践的结合上回答现时期乃至未来相当长一段时间内公共危机管理所面临的各种问题。

本书定位为为研习公共危机管理的学人和从事公共危机管理实践的管理者提供有关公共危机管理的一般性的知识框架。我们希望本书既能反映该领域的理论进展，亦能提供实务上的最新情况和有价值的信息；既能帮助学人梳理和掌握公共危机管理的知识，亦能促成危机管理者培养和提高应对各类突发事件的能力。更为重要的是，希望本书能够引导读者与我们一起思考公共危机管理理论与实践上的问题，不断前行，永不止步！

作者

2009 年 5 月

目录

CONTENTS

第一章　危机与危机管理导论

从古至今，危机与人类发展的历史长相伴随。人类社会就是在与各种危机的抗争、较量中不断成长、成熟起来的。尽管代价巨大，却始终前行，留给我们的是祖先与危机共处的经验教训，更是宝贵财富。

危机无处不在，无时不有，对危机的界定也众说纷纭。一般而言，危机具有突发性、威胁性、扩散性、不确定性、双重效果性等基本特征。最常见且对人类影响最大的危机类型主要包括自然灾害、技术灾难、冲突危机、公共卫生危机，等等。

危机对人类的影响表现在经济、社会和政治等方方面面。从定性的角度看，毫无疑问，危机的负面影响要大于正面影响。但我们应当更加客观、理性、全面地看待危机带来的影响，将其负面影响作为未来改进和完善的动力，化危机为转机。

现代社会，人类开始自觉地、有意识地对危机进行管理。随着理论与实践的相互促进，危机管理已从私部门走向公共领域；它不仅成为一门理论研究的学科，还成为一种职业。总体来看，危机管理已进入了快速发展的轨道，正在不断成熟和完善。

由于危机管理的职业化，危机管理者的角色与能力结构成为事关危机管理职业发展的重要问题。如何确保危机管理者具有相应的能力结构，符合这一职业的发展要求，是接下来我们将要讨论的内容。

第一节　危机的性质与类型

人类社会始终面临着各种各样的危机，危机始终与人类社会的产生和发展相伴随。可以这样讲，人类文明的发展过程就是回应各种危机挑战的过程。

在公共危机管理领域，学者对危机的定义也各不相同。有学者认为，作为一种客观存在，危机指有可能变好或变坏的转折点或关键时刻；潜伏的祸机或生死成败的紧要关头；等等。赫尔曼（Hermann）、罗森塔尔（Rosenthal）、巴顿（Barton）等国外学者也都依据危机所具有的特质给出了不同的定义。我们认为，所谓危机，就是这样一种紧急事件或者紧急状态，它的出现和爆发严重影响社会的正常运作，对生命、财产、环境等造成的威胁、损害超出了政府和社会正常状态下的管理能力，要求政府和社会采取特殊的措施加以应对。

（一）危机的性质

从各种对危机的定义来看，实际上都是在强调或侧重于危机性质的不同方面，如有的强调危机的转折性，有的强调其突发性和紧迫性，有的强调其不确定性等。一般而言，危机具有以下几个比较明显的特征：

1. 突发性

突发性，或称为紧急性，这主要针对危机发生的时间范畴而言。即危机事件的发生往往是突如其来的，出乎人们的预料，结果导致措手不及。在这样一种临界值面前，如果不能及时采取应对措施，危机就可能迅速扩大或升级，甚至造成更大的危害和损失。

可以说危机必定是突发事件，而突发事件未必就演变成危机。危机先兆可能很微小，又不易被察觉或识别，很容易被忽略，从而给危机的预警工作带来了极大挑战。也可能危机征兆出现的频率很高，很平常，以至于麻痹了人们的神经，未引起人们的重视。还可能从征兆出现到发生危机的时间很短，以至于人们来不及反应并采取措施。

危机的突发性和紧迫性并不意味着危机是空穴来风和不可预防的。相反，危机的爆发从本质上来说都有一个从量变到质变的过程，酝酿危机的因素总是逐渐积累起来的，爆发只是积累的结果。如果这一过程未得到重视或干预，则会引发危机。由于人们没有准备，所以危机给人的感觉非常突然。

因此，在危机量变的过程中及时介入是至关重要的。尤其是社会性的危机事件，其发生概率和危害程度可以通过有效防治而大大降低。自然灾害虽然难以避免，但也可通过事前预警、准备等工作减少损失。危机虽然给人一种不期而至、防不胜防的假象，但其多半是疏于防治而导致的结果。因此，在危机爆发前做好危机预防和准备工作，建立较为完善的预警系统，准确捕捉危机征兆，并从征兆中做出预测和提前反应，是战胜危机的关键。

2. 威胁性

威胁性，或称为危害性或破坏性。危机的出现会威胁到一个社会或者组织的基本价值或者目标（当然其威胁程度视决策者的认知程度而定）。危机的威胁性主要表现为对生命财产、社会秩序、公共安全等构成严重威胁，甚至造成不可设想的后果。如2004年年底的印度洋海啸，在短短几个小时内就演变成一场巨大的人间惨剧，遇难者人数超过30万，可见危机破坏性之大。

危机威胁的对象主要包括：第一，生命财产。危机事件会造成不同程度的人员伤亡、财产受损等后果，从而损害公共福祉和人民群众的切身利益。第二，基础设施。水、电、气、交通、通信等基础设施都易受到危机的威胁，从而影响经济和社会的正常运行。第三，社会秩序。危机可能导致局部甚至整个社会秩序的失控。一旦正常秩序被打乱，危机就可能扩大或升级，这更增大了处置和解决危机的难度。第四，公共安全。危机会使人陷入人人自危的现实或心理状态，导致民众缺乏安全感，严重破坏社会稳定与发展的基础。

危机带来威胁的方式主要包括以下几类：第一，直接威胁与间接威胁。危机在造成直接威胁的同时，还有可能带来一些间接冲击，如不法分子趁火打劫等，也会加剧危机的严重程度。第二，有形威胁与无形威胁。常见的威胁都是有形的，正因为如此，它更易为人所感知。而危机还有可能危害到人们的心理健康，挑战社会的基本价值观，影响组织或地区形象，这些无形威胁同样值得关注。第三，短期威胁与长远威胁。有些威胁在危机发生时立即显现，而有些要经过一段时间才会反映出来，且更加不易消除，如洪水对地质的影响。这些往往容易被人们忽略，必须对其给予高度重视。

3．扩散性

正如一粒石子投入水中所引起的阵阵涟漪那样，危机发生、发展的动态性会使其产生一系列的波动和影响，即所谓涟漪反应。扩散性包括两类：第一，范围的扩散。由于交通和通信工具的改善，人类的活动范围大为拓宽，国与国、地区与地区、人与人之间的联系越来越紧密，整个社会乃至整个世界都成为一个有机整体。这使得危机在地理上蔓延，并可能超越国界。第二，类型的扩散。如果事前缺乏准备，事后处置又不当，就可能引起连锁反应，引发次生或衍生危机，从单一型危机演化成复合型危机。由于互为因果，相互叠加、传染和扩散，处置难度很大。2008年我国的南方大部分地区低温雨雪冰冻灾害和四川汶川大地震，无不表现出这一特点。

在这里，有必要阐明两个概念。次生是指第二次生成的、派生的、间接发生的。衍生有两层含义，一是繁衍生息；二是指一种较简单的化合物中的原子或原子团被其他原子或原子团置换而生成较复杂的化合物。在灾害链中，最早发生的起主导作用的灾害称为原生灾害；由原生灾害所诱导出来的灾害则称为次生灾害；灾害破坏了人类生存的和谐条件，由此导致了一系列其他灾害，这些灾害泛称为衍生灾害。如地震为原生灾害；地震引起的山体滑坡与海啸为次生灾害；社会秩序混乱导致的烧、杀、抢等犯罪行为就是衍生灾害。

我们认为，次生危机是指由原生的公共危机直接引起的危机，往往是不可抗拒的灾害性危机，例如由一种自然灾害而引起的另一种自然灾害。最为典型的就是突发的洪涝灾害，进而引起了山体滑坡和泥石流灾害。衍生危机是指一种公共危机而间接引发的，往往是人为的、可以预测、可以抗拒的公共危机，例如由突然发生的事故而间接引发的社会安全类的群体性事件。最为典型的例如由突发交通事故间接引发的群体哄抢事件。次生危机和衍生危机是一组重要概念，这种对危机扩散性的遏制，对于危机处置实践具有积极意义。但是，目前国内外的相关研究不够，在实际操作中也缺少相关应对经验的积累，因此需要理论与实践层面的更多关注。

汶川大地震后的次生与衍生灾害

与以往的地质灾害相比，次生与衍生灾害在汶川大地震中表现得尤为明显，所可能导致的后果也更为严重，由此引起了前所未有的重视。

汶川大地震后的次生灾害主要表现为山体崩塌、山体滑坡、泥石流、堤坝垮塌和水库决堤，以及电力、化工企业造成的环境问题，等等。尤其是出现的堰塞湖，更是复杂而棘手，问题极为严重。堰塞湖是地震后引起的大规模山体滑坡或泥石流堆积，堵截河谷或河床后储水而形成的湖泊。如果遇到强余震或暴雨，即可能会发生溃坝，不仅对下游造成威胁，也使上游有被淹没的危险。汶川大地震共形成了堰塞湖 30 多个，其中最大、最危险的当属唐家山堰塞湖。武警官兵、工程技术人员和干部职工经过共同努力，成功处置了唐家山堰塞湖险情，攻克了这一震后最主要的次生灾害。

汶川大地震后的人为衍生灾害主要表现为不法分子对救灾款物的贪污、克扣、挪用、诈骗、哄抢、盗窃以及非法占有废墟中的他人财物等。在举国上下抗震救灾的同时，此类事件仍时有发生，扰乱了灾区的正常秩序，破坏了万众一心抵御灾害的良好氛围。为此，各地政府采取一系列措施，包括严格管理捐赠过程、严密防范和严厉打击不法行为等，必要时动用行政和法律手段，将人为的衍生灾害降至最低。

4．不确定性

由于外在环境急剧变动，人类理性又是有限的，无法完全掌握信息，不确定性由此产生。所谓不确定性（uncertainty），是指人们不可能或无法对问题进行客观分类的情形。面对具有不确定性特征的危机问题，人们的行为在很大程度上依赖于"对自己正确估计机会的估计"，或者说，依赖于他们对自己信念的置信度。因此，在这种情形下，人们能否正确预见事物的发展，完全依赖于其洞察力、敏感性、专业知识以及运气。对于危机而言，一切更处于瞬息万变之中，无论是开端、演化还是影响。密利肯（Milliken）根据决策者的不同观察，将不确定性分为状态的不确定、影响的不确定和反应的不确定。① 相应地，危机的不确定性也表现为危机状态的不确定性、危机影响的不确定性和危机回应的不确定性。

首先，危机的时间、地点、形态和性质往往无规则，很难做到事先准确预测，即使运用先进的技术手段也会不可避免地存在误差。在危机发生后，其发展、变化的方向又是多变的，具有高度的不确定性，往往出人意料，防不胜防。其次，由于危机状态的不确定性，导致其影响也存在极大变数。影响的范围、程度、损失大小等是由多种因素决定的，事前往往很难做出准确预测。最后，危机回应中的组织和人为因素都使得回应过程充满变数，举措的细微变化都可能导致结果的大相径庭。总之，不确定因素是危机管理者面对的重大考验，也往往将决策者置于巨大的决策压力之下。

5．双重效果性

有人认为只有中国的汉字可以完满地表达出危机的内涵，即"危险与机遇"，是组织命运"转机与恶化的分水岭"②，这充分体现了危险与机遇的辩证关系。物极必反，祸福相倚。危险与机遇总是相伴而生的，甚至是不可分离的。危机在带来破坏的同时，本身也蕴藏着转机。"每一次危机既包含导致失败的根源，又孕育着成功的种子。发现、培育，以便收获这个潜在的成功机会，就是危机管理的精髓"③。

当危机来临时，如果应对得当，就会化险为夷，使危险成为未来良性发展的坚实基础；如果应对不当，则会遭受重大损失，失去转机。究竟会朝哪个方向转

---

① Milliken，Three Type of Perceived Uncertainty about the Environment：State，Effect，and Response Uncertainty，*Academy of Management Review*，1987，Vol. 12，No. 1，pp. 133－143.

② ［美］菲克：《危机管理》，3页，台北，台湾经济与生活出版事业公司，1987。

③ ［美］诺曼·R·奥古斯丁等：《危机管理》，5页，北京，中国人民大学出版社，2001。

化，既取决于危机环境的压力状况，也取决于危机管理者的能力状况，而后者更具决定性的意义。如果政府和社会从危机中吸取教训，积极反思，则能将危机转化为社会变革与进步的推动力和催化剂，从而有助于国家的长治久安。

（二）危机的类型

政府和社会所面临的危机是各种各样的。按照不同的维度，根据不同的判断标准，可以对危机进行不同的分类。一般来说，可以将危机分为自然灾害、技术灾难、冲突危机和公共卫生危机等。

1. 自然灾害（natural hazards）

自然灾害是指由于不可抗的自然或环境因素，诸如太阳放射、地心热流、地球引力等引发的灾害性事件。有学者根据介质的不同将自然灾害分为陆界灾害、水界灾害、气象灾害以及其他环境危机（Mileti，1999）。

（1）陆界灾害（lithospheric hazards）。

陆界灾害即以地球的土壤、岩石等为介质而引发的灾害，常见的包括地震、火山爆发、山体滑坡、地陷等。

从古至今，地震可谓破坏性最大的陆界灾害。绝大多数的地震都是自然现象，属于构造地震。当地下岩层所受的地应力太大，岩层不能承受时，地壳就会发生突然、快速破裂或错动，并激发出一种向四周传播的地震波；当地震波传到地表时，就会引起地面的震动。地震对于人类是灾难性的，尤其是对人口聚集的城市危害更大。在20世纪，1923年日本关东大地震、1960年智利大地震、1976年唐山大地震、1995年日本阪神大地震等均造成了极其惨重的损失。最近的当属2008年汶川大地震，它是近30年来我国发生的最为严重、损失也最为惨重的自然灾害。

火山爆发也是典型的陆界灾害。现时仍然活跃的火山为“活火山”，它们大多存在于地壳中的断裂带。火山爆发时会流出灼热的红色熔岩流，或是喷出大量的火山灰和火山气体。因此，这常常会给人类带来灭顶之灾，造成生命和财产的巨大损失；喷出的物质和暴雨结合形成泥石流，可能冲毁道路、桥梁，淹没附近的乡村和城市，使得无数人无家可归；火山灰和火山气体还会对气候造成不同程度的影响。火山爆发展现了大自然疯狂的一面，但另一方面，它也能提供肥沃的土地、热能和多种矿产资源，其形成的奇特自然景观还能成为当地的旅游资源。

此外，陆界灾害还包括山体滑坡、地陷等。山体滑坡是指山体由于暴雨而不堪重负，从薄弱地带断开，发生整体下滑。造成山体滑坡的可能是第四纪残坡积物，也可能是风化的基岩。地陷是指过度抽取地下水而自然的补充尚来不及完成，原本有水的岩石缝隙逐渐变空，上下岩石紧贴在一起，导致地层下陷。如果一直超抽，加上地面建筑物的压力，地层下陷就会越来越严重。

（2）水界灾害（hydrospheric hazards）。

水界灾害就是由地球的水系统而引发的灾害。常见的水界灾害包括三类：洪水、海啸和干旱。

洪水就是河、湖、海所含的水体上涨超过常规水位的水流现象。洪水常威胁沿河、滨湖、近海地区的安全，甚至造成淹没灾害。自古以来洪水给人类带来很多灾难，如黄河和恒河下游常常泛滥成灾，造成重大损失。但有的河流洪水也给人类带来一些利益，如尼罗河洪水定期泛滥给下游三角洲平原农田淤积肥沃的泥沙，有利于农业生产。距离我们最近的一次洪水灾难当属我国 1998 年特大洪涝灾害。1998 年汛期，长江上游先后出现 8 次洪峰并与中下游洪水遭遇，形成了全流域特大洪水。据统计，当年农田受灾面积 3.34 亿亩，成灾面积 2.07 亿亩，死亡 4 150 人，倒塌房屋 685 万间，直接经济损失 2 551 亿元。

海啸是一种极具破坏力的海浪，通常由震源在海底下方 50 千米以内、里氏 6.5 级以上的海底地震引起，水下或沿岸山崩或火山爆发也可能引起海啸。震波的动力会引起海水剧烈地起伏，形成强大的波浪，以摧枯拉朽之势向前推进。在巨浪呼啸后，沿海的城市和村庄被席卷一空，满目疮痍。2004 年 12 月 26 日印尼的苏门答腊外海发生里氏 9 级海底地震，海啸袭击东南亚大多数沿海国家，造成 30 余万人丧生，损失惨重。目前，人类对海啸、地震、火山等突如其来的灾变的发生，尚不能控制，只能通过预测、预报来减少它们造成的损失。

干旱是一种因长期少雨而导致的空气干燥、土壤缺水的气候现象。由于淡水总量减少，不足以满足人类的生存和经济发展需要，从而出现旱灾，这也是从古至今人类面临的主要自然灾害之一。即使在科学技术如此发达的今天，它们造成的灾难性后果仍然比比皆是，例如造成粮食减产、人畜饮水困难、影响经济发展和社会安定等。尤其值得注意的是，随着经济发展和人口膨胀，水资源短缺现象日趋严重，这也直接导致了干旱地区的扩大与干旱化程度的加重，干旱化趋势已成为全球关注的问题。

（3）气象灾害（atmospheric hazards）。

典型的气象灾害就是热带气旋。按其中心附近的风速分级，风速在 17 米/秒以下的热带气旋称为热带低压，17～33 米/秒的称为热带风暴。达到 33 米/秒以上时，这种热带气旋在不同地区则有不同的名字。发生在大西洋、加勒比海和北太平洋东部的称作飓风（hurricane）；发生在北太平洋西部、包括南中国海范围内的称作台风（typhoon）；发生在印度洋的则称为旋风（cyclone）。这种强热带气旋具有极强的破坏性，所经之处，房屋被摧毁，道路被淹没，树木被连根拔起，船只被抛至岸边，甚至引起海啸、山崩、泥石流和山体滑坡等严重的自然灾害，对沿海地区造成毁灭性的打击，如2005年美国的“卡特里娜”飓风。

雷雨也是一种典型的气象灾害，它是在积雨云中形成的降雨现象，强烈时可出现暴雨。在雷雨过程中，还常常伴随着雷电现象。由于对流，积雨云中的小水滴不断碰撞分裂，产生正负电荷并各自不断大量聚积，若云与云之间或云与大地之间的电位差达到一定程度，即发生猛烈的放电现象——闪电，并伴有雷声。强烈的雷电有时会毁坏建筑物、击毙人畜并引发森林火灾。据统计，不包括南北极地区在内，全世界每分钟就产生雷电约6 000次，每年出现雷雨约16 000场。

冰雹是由强对流天气所引起的一种剧烈的气象灾害。一般而言，只有发展特别旺盛的积雨云才可能产生冰雹，又称冰雹云。冰雹云中强烈的上升气流携带着许多大大小小的水滴和冰晶运动着，其中一些冻结成较大的冰粒；冰粒增大后就会下落，在下落中不断地合并冰晶、雪花和水滴而继续生长；如果落到另一股更强的上升气流区，冰粒又将再次上升，重复上述的生长过程；最后，当上升气流支撑不住冰粒时，它就从云中落下而成为冰雹。冰雹常常砸坏庄稼，损坏房屋，威胁人畜安全，给农业、建筑、通信、电力、交通等行业以及人民生命财产带来巨大损失。我国是冰雹灾害频繁发生的国家，据统计，我国每年因冰雹而造成的经济损失达几亿甚至几十亿元。

降雪就是空中的水汽凝华后，又重新落到地面的过程。雪向来为人所企盼，但持续、过量的降雪则足以成灾。雪灾可能造成农作物绝收，畜牧业减产，商品的供给出现不足；使得人类受冻挨饿，对人民的生命安全造成威胁；破坏交通、通信、输电线路等生命线工程，给人们的日常生活带来不便，甚至使社会陷入瘫痪或半瘫痪状态。2008年初，我国就遭遇了一场50年不遇的特大雪灾，其影响范围遍及全国21个省、自治区、直辖市和新疆生产建设兵团，因灾死亡107人，造成直接经济损失1 111亿元，可谓继1998年特大洪涝灾害之后我国发生的最为严重的自然灾害之一。

热浪是近几十年来新出现的气象灾害。所谓热浪，是指天气持续地保持过度炎热，也有可能伴随很高的湿度。由于近年来全球范围内二氧化碳排放量的持续上升，造成全球气候变暖，即所谓温室效应，这被认为是很多地区产生热浪的重要原因。热浪对于蔬菜和其他作物的生长极为不利；持续高温使人们感到闷热难耐，劳动生产率大大下降，且患病人数增多，尤其是老年人患者增多；高温酷热使得居民用水、用电量大增，使供水、供电系统也受到严峻考验。进入新千年以来，欧美国家在夏天连遭热浪侵袭，我国四川、重庆等地也曾受到持续高温和旱情影响。可以预计，热浪将成为未来全球范围内较为常见的气候灾害。

（4）其他环境危机（environmental hazards）。

随着科学技术的迅猛发展，人类活动越来越多地对环境产生影响，所谓的自然灾害也掺杂着更多人为的因素，使得环境破坏所导致的危机更为复杂。首先，人类的活动向环境排入了超过环境自净能力的物质或能量，导致环境恶化危及人类生存和发展，即所谓环境污染，包括大气、海洋、噪声、固体废物污染等。其次，人类不适当地开发和利用环境，致使环境效能受到破坏或降低，从而危及人类本身，即所谓环境破坏，包括土地、森林、草原、矿产、物种、自然景观的破坏等。

由于人类现行生存方式与地球承受能力相悖的日趋加剧，导致环境危机变得越来越普遍和严峻。当前的环境危机涉及人类生存环境的各个方面，包括森林锐减、草原退化、沙漠扩展、土壤侵蚀、城市拥挤等；其影响范围不仅包括人类居住的地球陆地表面，还波及海洋、大气、高空，如两极冰川融化、海平面不断升高、温室效应、臭氧层破坏、酸雨等；其结果不单威胁到个别或部分国家和地区的生存与发展，对整个人类社会都会造成沉重甚至毁灭性的打击。只有对造成环境危机的原因进行深刻的反思，方能探寻到解决环境危机的出路。

2. 技术灾难（technological hazards）

技术灾难是指工业生产、工程建设、交通运输、高科技应用等过程中由于人为不当处置而引发的事故灾难。它产生于现代社会，与工业文明的进步相伴随，充分体现了科学技术的“双刃剑”效应。

（1）工业事故（industrial hazards）。

工业事故主要指对化学品的提炼、制造、分配、储存、使用和销毁的过程中产生的事故。一旦管制失灵、操作不当或是设备失效，氯、苯、杀虫剂、燃料或其他有害物质都可能泄漏。评判有害物质的标准在于其是否具有毒性、易燃性、易爆性和腐蚀性，无论其是固态、液态还是气态。当然，其发生反应也要取决于温度、水及氧气等一系列复杂因素。工业事故带来的后果是极其惨痛的，以印度博帕尔毒气泄漏事件为例，1984 年 12 月 3 日凌晨，坐落在博帕尔市北郊的美国联合碳化物公司的专门生产农药和杀虫剂的分厂发生了严重的毒气泄漏事故，毒气顺风向东南方的城市扩散，造成 3 000 多人死亡，1 000 多人双眼失明，20 多万人受到严重伤害，67 万人健康受损。

（2）建设事故（structural collapse hazards）。

建设事故也是导致人员伤亡和财产损失的典型技术灾难。由于楼房、道路、桥梁、堤坝、矿井等在设计、施工或使用过程中存在问题，从而可能导致滑坡、坍塌等事故。一旦发生此类事故，将造成人员被埋、河流决堤等严重后果，带来人员的重大伤亡。如 1963 年 10 月 9 日，意大利维昂特大坝发生水库滑坡事故，水流自 100 米高处直泻而下，在仅仅几秒钟内就淹没了山谷内的 5 个村庄，造成 4 000 多人丧生。事故原因在于该坝建于两座陡峭的山坡之间，设计者忽略了山体不稳的潜在危险，管理者也没有定期检查山坡状况并采取加固措施，从而酿成这一惨剧。

（3）运输事故（transportation hazards）。

在当今时代，人、物品和服务在世界范围内的流动越来越便利和频繁，与此同时，运输事故也大为增多，无论在陆地、水上还是空中。导致运输事故的原因有很多，如不利的气象条件、人为操作失误、机械故障等。具体来看，陆运事故是最频繁的，雪雾天气、疲劳驾驶等都极易引发事故，相对安全的铁路运输也要受到电力的影响。超载和触礁是导致水运事故的重要原因，除了带来人员伤亡外，如果载有化学品，还可能对环境造成损害，如曾经发生的“爱琴海”号、“布里尔”号、“埃里卡”号、“威望”号等一系列的油轮泄漏事件对海洋的污染。相比较而言，空运事故的概率要小得多，但一旦失事，幸存率几乎为零，媒体报道更是铺天盖地，对广大公众造成心理上的严重影响，因此人们也将其视为可怕的运输灾难。

（4）计算机事故（computer hazards）。

计算机事故是指由计算机硬件和软件问题所引发的破坏性事件。最为典型的当属“千年虫”问题，即在千禧年前后所有的软硬件因为日期的混淆而可能产生的资料流失、系统死机、程序紊乱、控制失灵等问题。其影响涉及计算机系统、与计算机和自动控制有关的电话程控交换机、银行自动取款机、工厂自动化系统，乃至使用了嵌入式芯片技术的大量电子电器、机械设备和控制系统等，因此引起了各国的广泛关注和全力应对。冰冻、洪水、火灾等灾害和事故也可能使计算机硬件受到损坏。除此之外，黑客入侵也是当前引起计算机事故的重要原因，对计算机系统和网络安全造成了严重威胁。

（5）核事故（nuclear hazards）。

一般来说，在核设施（例如核电厂）内发生了意外情况，造成放射性物质外泄，致使工作人员和公众受到超过或相当于规定限值的核辐射，则称为核事故。核电虽然是目前最新式、最“干净”、单位成本最低的一种电力资源，但核事故所造成的核污染却也给人类带来了前所未有的灾难。1986 年 4 月 26 日，迄今为止最严重的核事故在苏联切尔诺贝利核电站发生，成千上万的人丧生，数百万人的生命和健康受到影响，大片的土地、水源被严重污染，甚至成为不毛之地，整个欧洲都被笼罩在核污染的阴云之中。

3. 冲突危机（conflict hazards）

如果说技术灾难中的人为因素是无意之举的话，那么还有一类危机是人类有意识引发和造成的，这就是冲突危机。冲突危机中体现着人类群体或组织之间的利益矛盾与冲突，完全是人为因素所导致的结果。

（1）群体性事件（mass disturbances）。

群体性事件是指由某些社会矛盾引发的，经特定群体或不特定的多数人临时聚合而成的偶合群体，通过不合法的规模性聚集活动，甚至发生语言或肢体冲突，来表达诉求和主张，或发泄不满、制造影响，从而对社会秩序和稳定造成负面效应的各种事件。集会、游行、上访、骚乱等都属于这一意义上的危机范畴。从性质来看，群体性事件主要是社会成员内部矛盾激化而成，并非敌我矛盾；从主体来看，主要是松散的偶合群体，其内部联系并不紧密；从行为方式来看，一般是非理性的，且这种情绪能够迅速传染和蔓延，在短时间内形成较大规模和影响。虽然并非你死我活的斗争，但群体性事件也可能给社会带来较大的冲击、动荡和负面效应，需要及时、适当地予以处置。

（2）恐怖主义（terrorism）。

恐怖主义是指个人或集团为实现某种目的或改变政治进程，运用暴力或威胁手段蓄意制造恐慌气氛的行动。恐怖活动自古有之，但20世纪六七十年代之后，它越来越向有组织、有计划的方向发展。具有组织严密，灌输“信仰”，强化训练，行为激进等特点，对公共安全和秩序构成了严重威胁，最典型的当属“9·11”事件。恐怖主义的矛头一般指向代表国家和政府的领导人，但有时也将无辜人群作为恐怖袭击的对象，以此制造影响。恐怖主义的手段五花八门，除了传统的爆炸、暗杀、绑架、劫机等外，生化武器、互联网等手段也越来越为恐怖分子所运用。随着科技的迅猛发展和全球经济一体化进程的加快，恐怖活动的范围加大，筹措资金的渠道更加隐蔽、畅通和便捷，高科技手段的破坏力增强，这些都导致人类社会抵御恐怖袭击的能力减弱。

（3）战争（war）。

战争是指敌对双方为了达到一定的政治、经济目的而进行的武装斗争，是解决政治集团之间、民族（部落）之间、国家之间矛盾的最高的斗争形式。战争的特点表现为：一是残酷性，双方以一切可用的暴力手段攻击另外一方；二是毁灭性，对抗的时候以一方消灭另外一方为代价；三是目的性，直到胜方达到目的、败方屈服；四是持久性，常规战争持续时间长达几年或者数十年，现代的高科技战争持续数月到几年不等。从古至今，战争带给人类的灾难是深重的。可以说，战争是冲突危机的极端形式，也是公共危机的最高形态。

4. 公共卫生危机（biological hazards）

公共卫生危机在某种程度上比传统的危机更为复杂，它是关系到人类自身生存的危机。典型的公共卫生危机包括：人类或动植物中爆发的疾病、食物中毒事件以及病虫害侵袭等。由于人类行为模式的变迁、环境因素的影响以及全球化的扩张，公共卫生危机已成为国际社会共同面临的严峻挑战，并对人类健康构成巨大威胁。

疾病或传染病的流行伴随着人类文明的整个进程，并对人类文明产生深刻而全面的影响，它冲击的是文明的核心和所有生产力要素中最根本的要素——人类本身。公元前430年，一场瘟疫席卷古希腊，夺走了1/4希腊城邦人的生命；公元165—180年，罗马帝国发生黑死病瘟疫，导致了1/3的人口死亡；1347—1351年，中世纪的西欧黑死病蔓延，许多地方1/3到1/2的人口消失；1555年，墨西哥天花大流行，200万人不治而亡。

在过去的一个世纪，新的和旧有疾病以迅猛增长的速度跨国界传播。在20世纪后半期，艾滋病、西尼罗河病毒、莱姆病、军团病、汉坦病毒肺综合征以及其他30余种疾病在美国首次被发现。抗药性结核菌、耐抗生素肺炎链球菌、肺炎、脑膜炎、狂犬病等也都在20世纪末期泛起。进入新世纪以来，SARS、禽流感、甲型H1N1流感等相继在全球范围内肆虐。与此同时，生物恐怖主义也以其人为因素带来潜在威胁。而现代医学应对各种病原体的能力明显不足、人类与各种致命微生物越来越多的接触，都使这一趋势趋于恶化。

除了威胁生命外，疾病的爆发与流行还会造成一定程度上的社会混乱，其传播和扩散还能动摇公众对政府的信心，并给经济发展带来负面影响。从1986年开始，疯牛病危机肆虐英国近20年，给英国的国民经济造成了巨大损失，英镑汇率一度下跌。同时，疯牛病也使公众产生心理恐慌和对政府的不满，导致1996年保守党竞选连任失败。根据美国疾病与预防控制中心的预测，美国每年花费在传染病上的直接和间接成本约为1 200亿美元。此外，人类为动物传染病暴发所付出的代价也极为高昂，它影响国家的社会秩序，甚至影响某一区域的稳定。

传染病等公共卫生危机已成为开放及信息多元化条件下全球共同面对的重大挑战。人员、物资和信息的流动，加大了传染病传播的范围和速度，这更需要各国之间的相互依存与合作。另外，尽管科技进步有利于缓解各种传染病的危害，但人们对抗生素的过度使用及误用，使人体产生了很强的抗药性。某些现代医疗及其相关的实践活动，则通过其他途径削弱了人们对病毒和病原体的抵抗能力。同时，城乡之间大规模的人员流动，缺少各种必要的基础设施，非可持续发展的城市化等因素，也会在一定程度上促使疾病传播。

第二节　危机的经济、社会和政治影响

从发展的角度来看，危机给整个社会造成的影响是巨大的。尽管它对社会进步能起到一定的促进作用，但从危机导致的经济衰退、社会混乱、秩序失衡等方面看，危机的负面影响要大于正面影响。我们应当更加客观、理性、全面地看待危机带来的影响，将其负面影响作为未来改进和完善的动力，化危机为转机。概括起来，危机给社会发展所造成的影响包括以下几个方面：

（一）危机的经济影响

经济活动是社会正常运行的重要内容，危机所带来的影响首先表现在经济上。对经济影响的程度取决于危机持续时间的长短，如果危机在短时间内得到有效控制，则可在很大程度上减轻经济影响。

1. 造成经济损失

危机造成的直接损失包括：人们物质和财产的损失、破坏基础设施、由于破坏正常的生产和服务以及增加产品和服务的成本而导致生产和服务提供的损失。间接的损失包括增加债务的负担、增加财政的支出、减少储蓄等。由此导致的结果是打断了政府和社会正常的发展计划，使发展的资源从所计划的领域转移到危机的回应和恢复方面，从而使发展从长期的考虑转到满足近期的需要上。

危机造成的经济损失和经济救助大多来自于中央和地方财政，给政府财政带来负担。以我国 SARS 危机为例，中央财政拨付近 9 个亿直接用于 SARS 防治；另外又拿出 20 个亿用于救治患者、卫生医务人员补助、药品和物资储备以及科技攻关等；因 SARS 危机影响而出台的一系列税收优惠措施也导致了税收收入的下降。2008 年初，我国南方发生特大雪灾，直接经济损失达 1 111 亿元。中央财政共安排和拨付各项救灾补助资金约 27 亿元，用于灾民转移安置的生活救助、倒塌房屋的恢复重建、基础设施的抢修等各项救灾支出。2008 年汶川大地震后，我国中央和地方财政投入数百亿抗震救灾资金，这个数字随着灾后重建的展开还在不断增长，这也是建国后我国财政投入的最大一笔救灾资金。

2. 影响经济运行

危机会引起生产要素供求关系的紧张，阻碍人员、资本和产品的流动，从而影响整个经济运行状况。一方面，危机会影响到供给。尤其是自然灾害会导致生

产减少，市场供应不足，从而引起价格攀升和市场波动。另一方面，危机也会影响需求。在供给不足的情况下，消费者的消费活动将受到抑制，消费需求无法得到满足；由于危机所造成的恐慌心理，公众也会不同程度地减少经济活动，改变消费行为，所有这些都会对总需求的增长产生消极影响。

以畜牧业为例，2009 年甲型 H1N1 流感疫情对全球畜牧业造成了严重打击。受“猪流感”称谓的影响，世界多国采取宰杀生猪的做法以防疫情蔓延，生猪供应量急剧减少。如果仅从供应量来看，数量减少会导致市场价格上升，但市场价格还取决于人们的需求量。由于恐慌心理的影响，消费者抵制购买猪肉，交易商甩卖生猪期货，世界猪肉消费大国也停止从北美和墨西哥进口猪制品。需求减少和市场冷落，使得猪肉市场价格持续下跌甚至长期波动，给全球生猪市场带来前所未有的重创。而受到影响的不只是生猪生产和供应商，广大消费者也深受其害。总之，这一影响是行业性的。

3. 影响经济发展

大的危机不仅会对短期经济运行产生影响，还有可能影响到长期的经济发展走势。第一，危机会影响投资的气候和环境。特别是在短时间内不断出现的危机，以及持续时间较长的危机都会对投资产生负面影响。投资者需要一个相对稳定和确定性程度较高的投资气候和环境以降低投资的风险，而危机会引起不稳定、失业、抑制消费的需求、经济滞胀等，这些都增加了投资环境的不确定性，从而抑制了投资的增长。

第二，这种影响还可能表现在经济结构上。危机的发生对消费者心理和观念的影响会导致消费行为的改变，进而影响到生产者行为的改变，并最终对宏观经济结构产生影响。一些产业将面临萎靡的局面，而原来并不为人看好的行业却会迎来一个春天。以 2003 年 SARS 危机为例，这场危机后，旅游业、运输业、餐饮零售业都受到严重打击，建筑业、制造加工业和商业服务等领域的生产秩序也受到不同程度的影响；而洗涤剂和消毒液等化学原料制品业却大获商机，医药及相关产品更是供不应求，同时也给科技与医疗保健相结合的产业带来了发展机遇。在 2008 年汶川大地震中，保险缺失给灾民带来的是毁灭性的打击，也刺激提升了民众的风险意识，由此对保险业的拉动效应十分明显。

（二）危机的社会影响

危机不仅影响到当地和所在国的经济状况，而且会更为直接地对社会发展产生影响。它可以改变社会的组织结构、社会关系和信念体系，从而为社会发展提供变革、改进和创新的机会。

1．影响社会运行

危机的发生会直接对正常的社会运行秩序产生影响：人们的生活环境发生不同程度的改变，社会关系网络遭到破坏，社区邻里关系受到影响；正常的生活状态与社交被迫中断，儿童的就学和家庭生活也可能发生改变；社区的秩序受到冲击，抢劫、骚乱等暴力活动对人们的生命和财产安全造成威胁；老弱病残等弱势群体更是在危机中易受伤害。此外，就业也是影响社会运行的大问题。由于危机事件对各行各业产生的冲击，可能使经济出现滑坡，导致失业率上升。这主要表现在：许多企业尤其是私营企业因危机取消了招聘计划或延迟了招聘日期；许多人的原定职业发展计划被搁浅；个人求职的积极性不同程度降低等。以上这些问题都是导致社会失衡、失序的潜在因素，对此绝不能轻视，因为与经济损失相比，社会损失往往是更加难以弥补的。

2．影响公众心理

由于人们一直生活在相对平静、安定的环境中，当危机突然爆发时，人们没有任何思想准备，从而容易引起心理恐慌。各种谣言的传播以及信息不畅而引起的人们对危机认识的模糊性，都使得人们的神经紧张起来，从而产生种种忧虑。加之从众心理的潜在影响，容易产生恐慌混乱的浪潮。如“9·11”事件后，美国社会弥漫着紧张和不安，纽约、华盛顿等城市的交通要道和重要建筑前，20多年来第一次出现全副武装的士兵，很多人平生第一次真正体验到恐惧。2008年汶川大地震后，成千上万失去亲人和家园的灾民受到沉重打击，救援者、志愿者甚至全国范围内心系灾区的民众也在心理上受到了不同程度的影响。

随着政府对危机的干预和对公众的心理疏导，人们的心理逐步平静，开始接受既有事实，并在这种心理状态下恢复正常的工作与生活。这种由恐慌到平和的心理状态的改变往往是由于信息的畅通、政府的迅速反应和对公众心理安抚的结果。任由公众心理长期处于恐慌状态，将引发一系列社会问题，导致更大面积、更深层次的危机爆发。SARS、松花江水污染事件、汶川大地震等均体现了公众心理在危机冲击下的变化过程，同时也是政府日趋公开透明地宣传、疏导的过程。

3．影响公众生活方式

危机事件对公众生活方式的影响是多方面的，既包括负面的，如从安居乐业、丰衣足食走向流离失所、忍饥挨饿，也包括餐饮习惯、环境卫生、健康概念、与人交往和情感生活等方面的积极转变。总体来说，是使其朝着更加健康、科学、理性的方向发展，摒除诸类陋习，形成良好的生活习惯。如SARS之后，人们食野味之风有所好转，科学饮食、文明饮食的观念更为人所接受；更加注意身体健康，积极参与到健身活动中来，提高身体素质和免疫力；注重良好的卫生环境，使社区卫生环境有利于人的身心健康；交往方式也由近距离接触转为更多地选择电话、短信、网络等通信工具进行沟通和交流。更重要的在于，经历过这场危机之后，人们并没有彼此疏远，而是拉近了相互之间的距离，在情感生活方面更加注重亲情、友情、爱情。这些对生活方式的积极影响，有助于改变不合时宜的思想观念，提高公众的生活质量，推动实现公民福祉。

4. 影响社会价值观

危机对社会最深层次的影响当属对社会观念、意识和价值观的影响，这是关系整个社会运行和发展的本质因素。在这个物欲横流的时代，人们将金钱、权力和名誉等作为竞相追逐的目标，甚至为此不择手段。而在危机面前，生命显得是如此脆弱，任何身外之物都变得如此苍白和没有意义，危机成为人们反思生命真正价值的最好时机。渡过危机的经历能够唤醒人们对生命的珍视和爱的本能，由追逐自我利益更多地转向关注健康、关心他人、尊重生命、奉献社会，这些才是社会应当倡导的主流价值观。

危机对社会价值观的影响在汶川大地震中体现得淋漓尽致。灾后迅速在全国范围内掀起的抗震救灾活动，极大地振奋了国人的民族精神和爱国热情。国人乃至全球华人万众一心，空前团结，超越不同信仰、价值观以及各种政治和宗教歧见，共同为灾区贡献力量，感人事例举不胜举，无不彰显出人性良善和美好的一面。因灾难而付出的鲜血和生命唤醒了人们的良知，人性的复归、美德的弘扬和诚信的构建为未来中国经济社会发展所带来的正面影响和价值，对中国发展和民族复兴而言的精神意蕴，同样是无比珍贵和无法估量的。

（三）危机的政治影响

政府在公共危机中一直扮演着不可替代的角色。危机所产生的影响不仅表现在经济和社会上，还表现在政治上。这种政治影响对于未来的政府转型和社会变革具有重要的推动作用。

1. 关系政府形象

政府作为公共事务的管理者，有责任、有义务并应有能力处置突发公共危机。危机事件打破了社会原有的平衡状态，处于社会治理核心的政府能否在危机的压力下有所作为，使动荡的局面得以恢复；政府处理危机的效率和效果如何，直接体现着政府的治理水平，影响到公众对政府的信任，关系到政府的形象和公信力。如果应对得当，危机可以成为政府改善形象的契机；如果反应迟缓、隐瞒信息、协调不力，则对于政府形象而言就是一场灾难。

以美国为例，“9·11”事件后政府的回应行为得到了民众的一致好评，起到了凝聚民心、提升士气、同仇敌忾、动员资源的作用。也正因为如此，“9·11”事件后，布什获得了高达近90%的民众支持率，超过了二战时期的罗斯福，成为美国有史以来支持率最高的总统。而面对2005年的“卡特里娜”飓风，布什政府反应迟钝、组织混乱、救灾不力，导致灾区局面失控并造成了惨痛的损失。这场危机使号称超级大国的美国暴露出了危机管理的种种缺陷，政府形象遭受重创，以致民众对国家的信念都有所动摇。飓风过后，布什的支持率大跌，首次低于40%，政府执政受到严峻考验。

2. 影响政治稳定

危机的出现无疑是对国家政治和政府治理的挑战，不适当的政府政策、政府管理的失误、政府对危机缺乏及时的回应、政府和民众之间缺乏有效的沟通、政府责任的丧失等皆会造成政府与社会大众之间的紧张关系，引发政府的信任危机，从而对政治的稳定产生负面影响。

随着经济和社会的发展，公共危机不断涌现，对一个国家和社会乃至整个世界都产生了巨大的影响，也给政府管理带来前所未有的挑战。如何处理公共危机不仅关系到危机处置的成败，更是对政府执政能力的全面考察与综合鉴定，直接影响到政治、经济的稳定和发展，进而关系到政权的生死存亡和国家的长治久安。如果政府不能有效地控制和解决危机，不能通过危机管理中的表现来满足公众的利益需求，获取公众的认可，并以此增加自身的合法性，就将失去实现发展目标的基础条件，甚至有损于自身的执政地位，危及政府的统治权力。

3. 推动治道变革

每一次危机都是对政府治理能力的考验，也为政府推动治道变革提供了有利机会。首先，危机的出现会暴露现有制度和机制的不足，促使政府重新评估其制度、政策和行为，反思在危机中的表现和危机管理水平的高低，尽快完善和改进缺失；其次，危机的出现会暴露出现行政府管理体制中的诸多问题，在一定程度上指明治道变革的方向，促使政府改进治理方法，提高治理能力。总体来看，政府管理的民主化、法治化、透明化、负责任化等是政府在危机中不断前行的方向。

公共危机的出现，还可以提高政府对公共问题的敏感性，以利于及时发现并推动公共问题进入政府政策议程，从而使公共问题得以解决。从公共管理的意义而言，危机的出现具有发现公共问题、推动公共问题进入政府议程、促使政府制定有效的公共政策、解决公共问题的功能。如果政府能够以危机为契机，回应社会系统提出的要求，适应新环境的变化，主动开展变革，则有助于维持政府系统的活力和生命力。作为政治变革与政治发展的一部分，危机对于一个理性的、有活力的政府而言，能够成为公共政策改进和完善的外部动力。

4. 影响国际关系

由于全球化的发展、人员流动的频繁、信息传递的快捷和国际政治经济一体化的发展趋势，小范围的危机可能造成大面积的危害，并迅速波及全球各个领域，引起各国内政外交的变化，从而对国际关系和国际政治产生影响。尤其是对大国而言，其应对危机的政策及措施更易于引起相关国家乃至全球的政策变动，从而影响国际格局的变化。从“9·11”事件来看，美国随后出台的新国家安全战略就引起了大国关系乃至整个世界格局的变化。

危机影响的全球化对现有各国政府独立的危机管理职能提出了严峻挑战。一国的危机事件越来越受到国际舆论的关注，政府和国家的形象受到越来越多因素的影响。更有甚者，某些发达国家别有用心地利用危机事件对他国进行不实报道、负面宣传、恶意指责，甚至诬蔑攻击，干涉他国的危机管理行为，企图达到自己的目的。这同样会对国与国之间的关系产生影响。对此，政府应提高在全球化时代处置危机事件的能力，以切实维护国家利益。

总之，无论在经济、社会还是政治方面，危机所带来的影响似乎更多是负面的；但从发展的角度来看，危机的发生也隐喻着新的发展机会。正所谓“祸福相倚”，如果政府和社会能够理性面对，危机所产生的社会经济影响和政治压力就能够转化为变革的推动力和催化剂；导致危机出现的因素和发展的薄弱环节也往往会受到政府和社会的关注，从而成为新的发展领域。一言以蔽之，危机既是灾难和痛苦，也是发展和创新的机会。问题的关键在于，一个社会、一个政府是否具有学习的意愿、学习的文化、学习的能力以及改正错误的勇气。

第三节　危机管理的性质与特征

在古代，人们应对危机的能力很弱，往往对各种危机一无所知，只是当危机突然爆发时，仓皇逃命或被动应战。随着人类的发展和科学技术的进步，应对危机的能力也在不断增强，人类不断创造出避免危机或减少危机损害的方式方法。尤其是进入现代社会后，人类开始自觉地、有意识地对危机进行管理，主动预防危机，积极回应危机。危机管理也逐步为企业、政府和社会各个领域所利用和发扬。

（一）危机管理的性质

鉴于危机给人民的生命、财产、安全所造成的巨大损失，危机会阻碍发展、导致贫困，危机会引发社会和政治的不稳定，危机管理已成为当代国际社会关注的主题，也成为公共管理理论和实务界所一直重视的一个领域。所谓的危机管理是一种有组织、有计划、持续动态的管理过程，政府针对潜在的或者当前的危机，在危机发展的不同阶段采取一系列的控制行动，以期有效地预防、处理和消弭危机。危机管理的重点在于：危机信息的获取和预警；危机的准备与预防；危机的控制与回应；危机后的恢复与重建；持续不断的学习与创新。

1. *危机管理的实质是非常态管理*

从有序性的角度可以将组织和社会分为两种状态：常态和非常态。所谓常态就是组织和社会生活的常规状态，一切按照原有的节奏运行，井然有序，有条不紊。而非常态就是非常规状态，一般都是由于突发性的危机事件中止了组织和社会的原有进程，扰乱了正常秩序，使其偏离正常轨道。与此相应，现代管理活动可分为常态管理和非常态管理两类。日常的管理活动都属于常态管理，而危机管理则归属为非常态管理的范畴。

第一，危机管理的状态是特殊的。组织和社会的发展是不确定的，从概率上来讲，不可能总是表现为常态，肯定会有非常态发生，这通常是由各种类型的危机事件所引起的，即我们所说的天灾人祸。当然，从总体上看，常态是占据主导地位的。时间上，常态时间远远大于非常态时间；空间上，非常态的范围常常局限于一定区域内。相比较而言，非常态持续的时间较短，范围也较小。但随着社会的发展变迁和科技的“双刃剑”效应，人类所面临的风险不断增大，危机的常态化趋势愈加明显，危机管理也越来越朝着常态管理的方向发展。

第二，危机管理的目标是使社会生活恢复到正常状态。在一个组织和社会中，危机事件不可避免，但由危机事件所导致的非常态却是可以管理和控制的。对非常态的管理体现出组织和政府的能力和管理水平，特别是领导者的决策水平和执政能力。当危机事件爆发时，社会偏离正常轨道，对秩序、安全和稳定造成较大影响，危机管理者有责任、有义务进行切实有效的管理，恢复正常的均衡、有序状态，这是危机管理的目的所在。从发展的视角看，其目的还不止恢复原状，而是要吸取教训，从根本上改善脆弱性，提高组织和社会抵御危机的能力。

第三，危机管理经常采用一些非常规的手段。相比常态管理所采用的日常程序和方法，在危机状态下，由于紧急情势的需要，经常不得不通过一些非程序性的、断然的手段来控制局势、缓解危机。这其中以法律手段和行政手段为主，经济手段为辅。公权力的施行具有极大的优先性、紧急性、强制性和权威性，可能会对公民的部分权利造成侵害（但不得突破权利克减的底线，即不得限制和剥夺公民的生命权、健康权、人格尊严等）。尽管如此，为了维护公共利益和绝大多数民众的福祉，这却是紧急状态下危机管理者经常做出的选择。

2. 危机管理是理论与实践、学科与职业的结合

从20世纪60年代起，西方发达国家开始从多学科、多角度对危机和危机管理进行全方位的研究，使危机管理理论成为一门独立的学科。作为一门学科，危机管理最早产生于对国际关系中政治危机的研究。危机管理理论的提出始于1962年的古巴导弹危机，它是指某种冲突状态处于转向战争或和平的关口时，为防止其引发战争而力图控制事态的体系。美国等国在总结历史危机事件的实证研究基础上，结合全球化理论、社会冲突理论、文明冲突理论等相关理论，对危机管理进行了深入研究。研究主要集中于政府研究机构、非营利组织和科研院所，并得到了很多私营组织的资助。对危机管理的研究越来越成为政府和学术界共同关注的课题。众多研究成果为西方各国建立和完善危机管理体制、机制和制度提供了理论指导，危机管理实践也得到了长足的发展，日趋成熟。

20世纪70年代后，随着自然灾害、环境污染和资源危机的加深，人类的生存与发展受到更多非战争因素的威胁，危机管理开始逐步将重心转向非军事性的危机领域，其标志是美国联邦危机管理局（FEMA）的成立。“9·11”事件后，美国对公共危机管理体系进行了调整和优化，成立了国土安全部，加强了对不同公共危机的专题研究与合作研究，进一步寻求有效应对公共危机的办法和措施。在应急策略、方法和应用方面，注重公共政策、定量化决策分析方法、标准化应急反应系统和综合资源管理系统的研究，并广泛运用信息化技术，从策略和手段上提高国家应对危机的能力。而在我国，危机管理这一概念引起人们的普遍关注和接受，还是在2003年SARS危机后。也正是从此之后，危机管理在我国才进入了发展的快车道，这与整个国家风险高发的国情是相适应的。

随着全球范围内危机管理实践的不断推进，危机管理越来越朝着职业化的方向发展，成为一种新兴职业。所谓职业化，就是一种工作状态的标准化、规范化、制度化。职业化包括职业化的素养、职业化的行为规范和职业化的工作技能三方面内容。在美国、澳大利亚等设有危机管理专门机构的国家，危机管理的职业性自不必言；即使在世界上其他国家，也有数量庞大的相关人员在从事着具有危机管理性质的工作，如警察、消防员等，为维护公民福祉而恪尽职守。为确保这一职业的专业化程度，各国都很重视对危机管理从业者的教育和培训。从入行的资格认证把关，到在岗的继续培训，再到定期或不定期的应急演习，自始至终均强调从业者具有完整的能力结构，符合危机管理的活动要求。各国还为之提供了先进的装备、设施和技术支持，所有这些都极大地促进了危机管理的职业化。

3. 危机管理在公私部门和领域中性质有所不同

危机管理的主体范围极为广泛。我们此处讨论的专指公共领域的危机管理，即对社会的基本价值和行为准则架构造成严重威胁、其影响和涉及主体具有社群性的这一类公共危机进行的危机管理，这与个人和私营组织所开展的危机管理有所区别。从性质上来说，这实际上是与公共管理和企业管理之异同相类似的问题。

第一，就主体而言，私部门危机管理的主体是企业等私营组织；而公共危机管理的主体更为多元，包括以政府为核心的广泛的社会力量。第二，就目标而言，私部门危机管理追求的是自身利益的最大化，在此基础上兼顾消费者和公众的利益，承担社会责任；而公共危机管理的目标是维护公共利益，增进社会公平，维护公共秩序和公共安全。第三，就手段而言，私部门危机管理更多的是运用经济手段，通过市场规则来提高自身的竞争力，趋利避害，克服危机；而公共危机管理以法律和行政手段为主，辅之以经济手段。

但公共危机管理和私部门危机管理也有很多相似或相通之处，主要表现为：第一，危机的影响是相互渗透的。如私部门危机常常是导致公共危机的原因，如强生公司泰诺药片中毒事件、“威望”号油轮泄漏事件等；而公共危机也可能给私部门带来损失甚至重创，如地震、洪水、火灾等灾害和事故。第二，公私领域危机管理的很多技术、方法和手段也是互通的，包括风险评估、预案制定、预警发布、危机公关，等等。“公共管理与私人管理在所有重要的层面上都不相同，而在所有不重要的层面上都是相似的。”这一论断同样适用于公共危机管理和私部门危机管理间的比较。

（二）危机管理的特征

1. 危机管理处置的时效性

危机具有突发性、紧急性的明显特征，这就使得危机管理必须讲求时效性。时间就是生命，时间就是效益，危机处置更是如此。一方面，危机发生初期（具体时间需视危机性质和规模而定）是处置危机的关键期，时间越拖，处置的难度越大；另一方面，危机发生后可能产生扩散，出现次生或衍生危机，使危机的损失和负面影响加大。因此，有效的危机管理必须在尽可能短的时间内将危机处置得当。具体来看，危机管理者应当机立断，迅速决策，抓紧落实，并与利害关系者及时开展沟通，从而迅速控制局势和事态的发展。总之，要力争做到危机不扩大、不升级、不蔓延，能否做到这一点，是判断危机处置成功与否的重要标准。当然，在人、财、物等资源紧缺和信息不对称的情况下，片面强调时效性也可能造成严重后果。决策者要收集足够的信息，要计算不同方案的风险，还要承受巨大的心理压力，这都可能导致决策和处置时间的延长。总之，在时效性与科学性之间，危机管理者和决策者必须找到一个适中的平衡点，这才是成功地处置和解决危机的关键。

2. 危机管理过程的阶段性

危机的发生和发展有其生命周期，危机管理也是一个系统的过程和循环。按照最为简单的三分法，可以将完整的危机管理过程分为事前、事中和事后三个阶段。更为普遍的划分方法则是更专业、更具体地将整个危机管理过程分为疏缓（mitigation）、准备（preparedness）、回应（response）和恢复（recovery）四个阶段。所谓危机的疏缓，包括消除或减少灾难出现的机会或影响的一切活动。其基本的出发点在于，一个社会即使不能预防灾难，至少可以通过各种努力减少灾难的损失。所谓危机的准备，是指做出计划，以确定在危机出现的时候如何有效地应对危机，它包括危机规划、危机训练、危机管理的资源准备和储备等。所谓危机的回应，是指危机出现以后，政府向危机的受害者提供援助，通过各种反危机的措施，控制和降低危机的损害。它是危机管理过程中最核心、最具挑战性的活动。所谓危机的恢复，是指通过各种措施，恢复正常的社会运作和秩序。这四个阶段是相互联系和循环往复的，体现了完整的、持续的危机管理过程。

3. 危机管理手段的强制性

公共危机管理主要是依靠行使公权力进行，而公权力是具有强制性的。强制性权力是公权力主体在公共管理中的重要手段。所谓强制性权力，是指社会成员必须绝对服从的权力，这是公权力实现对社会进行有效控制的必要条件。强制性权力的价值，主要体现在它以国家暴力为后盾，有能力限制那些不合作的反社会行为，并保持对全体社会成员所共有的普遍约束力。由于公共危机管理是要应对紧急的、危害性大的突发事件，因此强制性权力的运用就显得更为必要。在实际危机管理活动中，政府可以运用行政紧急权力，采取一系列紧急措施，包括大量的即时行政强制措施，必要时还可中断某些法律规范的实施，甚至暂停或限制公民的部分宪法权利。在危机管理中赋予政府如此广泛的紧急权力，也极大地增强了这种权力对公民权利的威胁性，使其极具恣意和滥用的条件与可能。因此，必须对其加以有效的监督和约束，任何紧急权力的运用都必须符合紧急状态法律的规定。

4. 危机管理技术的专业性

随着更多技术风险所导致的技术灾难的发生，危机管理对技术的要求不断增大，技术含量逐步提高。绝大多数危机管理工作都是由专业化的应急救援队伍完成的。专业应急救援队伍一般按照专业对口、便于领导、便于训练、便于执行任务的原则组建。专业的划分很细，如消防救援、水（冰）上救援、建筑物倒塌救援、狭窄空间救援、高空救援及生化救援等。由于技术要求的提高，对专业救援人员的素质要求也相应提高。如加拿大等国的专业救援人员除了实际救援训练外，还必须学习建筑结构、电器电子设备救援、管道救援、威胁判断、通信等相关的理论课程并通过考试。每类救援人员的资格都有严格的规定，如生化救援人员要同时获得水（冰）上救援、狭窄空间救援、高空救援及生化救援四种资格证书，而且每年训练时间要在150小时以上。值得一提的是，尽管救援人员的职业化程度不断提高，但面对更为复杂的专业问题时却仍往往无法自如应对，这需要来自更高层面的权威指导。对于一些由技术引起或专业领域色彩很强的危机类别，如何处置必须听从相关领域权威专家的意见，由专家参与制定应急方案，指导整个应急过程，从而将应急活动纳入高度专业化的正确轨道。专业知识和技能所蕴藏的巨大力量，在未来的危机管理实践中将愈加得以体现。

5. 危机管理主体的整合性

危机管理是政府的职责，各级政府在危机管理中扮演着十分重要的角色。但是，有效的危机管理需要政府、社会、企业、国际社会和国际组织之间的协作伙伴关系，其原因在于危机是没有边界的；受危机影响的是各种利害关系者；危机应对需要调动各种资源。危机管理主体的整合性强调的是一种统一领导、分工协作、利益共享、责任共担的危机管理机制。尤其在全球化时代，一个国家或地区出现的危机，不可避免地会产生国际化的影响，危机的扩散性决定了它关系到全人类共同的安全和利益，需要全人类共同面对。具体来说，就是需要国家和地区间的紧密合作，也包括国际组织的参与。联合国就一直致力于预防和管理各种各样的危机与灾难，联合国人道主义事务协调办公室、联合国难民事务各级委员会、联合国儿童基金会、世界粮食计划署和世界卫生组织都直接介入全球范围的危机和灾难的管理；国际气象组织、国际粮农组织、红十字国际委员会也介入国际和地区性的危机管理事务。一言以蔽之，危机管理已成为全球化时代摆在各个国家和政府以及国际社会面前的新课题，已成为全人类共同面对的机遇和挑战。

第四节 危机管理者的角色与能力结构

在危机管理日趋职业化的情况下，危机管理者的角色与要求具备的能力就成为危机管理职业发展面临的重要问题，这也是选拔合适的危机管理者必须明确的首要内容。

（一）危机管理者的角色

国际危机管理者协会对危机管理者给出的定义是："一个拥有知识、技术和能力去有效管理复杂的危机管理事务的人。"换言之，危机管理者的任务就是预防和减少危机带来的损失，挽救生命与财产。当然，这也使其自身暴露在危机面前，是具有一定危险性的职业类型。

1. 危机管理者与危机响应者

在危机管理中有很多不同的角色，其中危机管理者（emergency manager）和危机响应者（emergency responder）最为普遍。危机响应者包括警察、消防员以及紧急医护人员等，他们负责直接应对危机，处理威胁，以减少潜在或实际的损失。一般而言，危机响应者负责应对的事件发生频率较大、影响范围较小、造成的损失也相对有限。

与此不同，危机管理者专注于一系列宽泛的危机事件，他们需要把握更大范围的危机管理策略，协调不同危机响应者的行动，而不是亲临一线从事具体工作。当然，很多危机管理者在入职初期也受过基本的危机管理技能培训，而且相当一部分危机管理者是由危机响应者晋升而来的。总之，危机管理者的职责范围要比危机响应者宽广得多。

2. 公私部门的危机管理者

公共部门的危机管理者在各级——中央、省市或者地方——政府中工作，私部门的危机管理者则可能在化工厂、核电站或运输部门工作。两者的职责有很多相似之处，但也存在很大的区别。第一，私部门危机管理者一般工作在单一的业务、地点或行业中；第二，私部门危机管理者对自身的员工负责，而不是对公众负责。总体而言，私部门的危机管理行动也有助于挽回生命和财产损失，但它们在危机管理中的责任却是很有限的。

3. 不同层级的危机管理者

对于一座城市或城镇来说，危机管理很少以一个单独的部门出现。它常常设立在消防或警察部门内部，与其他相关职能整合运行。

对于区域而言，危机管理者发挥的功能并不完全一致，尤其是资源不足的困境会在很大程度上制约危机管理职能的运行。因此，地方的危机管理者必须与上级、其他机构、专家、媒体和私部门保持紧密联系与合作，以完成自身使命。

中央政府的危机管理者所处的地位是超然的。他们负责全国危机管理战略、法律和政策的制定，提供人、财、物等资源的支持，提供技术的配套和引导，并监督地方的危机管理行动绩效。一般而言，层级越高，越强调对计划的重视以及组织合作与协调等方面的努力。

无论何种角色的危机管理者，都需要具备全面的知识和能力结构，以适应复杂的危机管理工作的需要。这些知识和能力包括：关于危机的全面知识、自身机构和社会的综合知识，危机疏缓、准备、回应和恢复的知识，组织能力，沟通能力，计划能力，人力资源管理能力，等等。正是这些知识和能力使得危机管理者与危机响应者区别开来。危机管理者必须从许多不同的技术训练中综合努力，他们并不需要胜任所有的技术要求，但必须明白如何将这些不同的知识和能力正确地运用于危机管理中。

（二）危机管理者的职业要求

职业化的要求在于：它需要具备起码的素质和能力，为此需要经历一定的教育和培训；它要求具备完整的知识体系，并且能够在工作中发展新的知识；它要求其成员有义务关注与其职业相关的行为。完成上述功能的过程就是一个职业化的过程。就此看来，职业化的危机管理者所应符合的基本要求包括：

1. 资格证书

现代职业观有一个对所有职业必要特征的共识，那就是职业要求拥有成员资格，以排除掉那些不符合条件的人（Trank and Rynes，2003）。这些成员资格常常需要通过教育和培训才能获得。因此，成熟的职业应当具有一致的标准，通过教育和培训来证明一个人具有解决特定问题的知识和能力，这通常采取从可信赖的机构获得资格证书的方式进行。

在国外，危机管理领域最为权威的资质就是危机管理者证书，它由国际危机管理者协会颁发，每五年审核一次。获取危机管理者证书需要填写申请、满足能力要求和通过考试。申请者必须拥有学士学位和三年以上危机管理工作经验；实地指挥过一场危机事件或在危机演习中扮演过重要角色；参加过各一百小时的危机管理培训和一般管理培训，危机管理培训应当覆盖危机疏缓、准备、回应和恢复四个阶段；申请者还必须完成一篇危机管理论文。只有满足以上所有的能力要求，申请者才有资格参加考试，考试合格者可以获取证书。

2. 知识体系

职业的第二个特征是它应具备“逐渐发展和得到认可的知识体系”（Hays 和 Reeves，1984，p. 137）。该知识体系应当具有科学性，更重要的是它还要具有系统性，即关于如何产生、评估和使用知识的一致性规则。已经存在的知识结构体系和发展新知识的规则“构成了职业的创新和基础知识的延伸”（Trank 和

Rynes，2000，p. 191)。

危机管理是一种有着严密内在规则的职业。因此，危机管理总是依靠由很多的自然和社会科学组成的知识体系，知识体系中的每一门类都有某一特定部分与危机管理直接或间接相关。知识体系在很大程度上促使危机管理成为一种职业。一个广为接受的职业知识体系构成了实践的基础，管理者能够运用这一基础提供绩效评估的指标。此外，它也有助于设计教育和培训内容。总之，知识体系使危机管理有别于其他职业。

美国国家研究委员会指出："教育、研究和技术所扮演的角色在先进的危机管理中扮演了至关重要的角色。"（NRC，2003，p. 5）危机管理者是从业者，不是研究者，但研究者能够提供其研究计划和时间的一系列科学根据。因此，从事实践的危机管理者应当支持和参与研究，并在实践中检验和运用研究成果。对于从业者和研究者来说关键的是寻找一切可能的机会进行合作。发展危机管理知识体系的好处是毋庸置疑的，它使从业者越来越注重学历的提高，并将有助于缩小从业者和研究者之间的距离。

3. 道德伦理

职业的第三个明确特征是它具有道德上的标准。各种职业及从业者的交往表现为职业准则的形式，正如弗里德森所指出的，一种职业的思想体系提供给成员"一个更大更高的目标，该目标也许能超越他们的想象"（Friedson，2001，p. 122)。这种态度表明职业的身份或文化支撑着辨别和解决问题的判断力。职业的道德规则反映了成员们信奉的一些基本价值的存在，它是提倡遵守专业精神的证明，那些不遵守规则的人们将受到惩罚。

国际危机管理者协会在其会员中强调道德的作用，并且制定了一套正式的道德标准。这一标准包括三个部分：第一部分强调需要尊重人民、法律、规章和财政资源；第二部分强调获取信任、力争公平和资源的有效使用；第三部分指出会员的职业精神应该建立在教育、安全和保护生命财产的基础之上。总之，强调在法律和组织资源的范围内进行危机管理是显而易见的。这些标准要求管理者扮演"忠实的仆人"的角色。

随着危机管理者职业道德标准的出台和实施，其在危机管理的道德讨论中扮演了主导的角色。尽管可能存在不同的道德标准，但危机管理者持续性地重视职业道德问题无疑具有积极意义，这能够推动危机管理的职业化进一步得以提升。

（三）危机管理者的职业发展

尽管迄今为止，危机管理作为一门职业发展得并不十分成熟，但至少可以认为它是一种发展中的职业。危机管理者同样需要不断地发展，这包括在职教育和在职培训两类。

1. 在职教育

深度的教育所带来的知识是在培训和工作中难以获得的。教育由宽泛的可以运用于许多情形的原则组成，强调的是基本原理、模型和理论。教育以传授知识为基础，有助于提高解决新问题的能力，而这些是不会在计划和培训中明确给出的。

职业学位课程的发展是危机管理职业成熟化的表现，其好处主要表现在两个方面。第一，职业学位课程有助于从不同的理论学科中获取基本原理与步骤，并运用这些知识去解决问题。危机管理学位课程运用了自然和社会科学方面的资料以及其他专业领域的资料，如工程学、规划学和公共卫生学等。将这些信息资料系统结合，有助于解决危机管理工作中存在的问题。第二，它将专业实践人员与研究人员集合在一起。专业人员通常只是运用知识体本身，并没有时间去推敲和扩展，对于知识体系进行推敲和扩展更多的是研究人员的事。现在越来越多的高校成立了危机管理研究中心或公共安全研究所，从事这方面研究的人员也越来越多。职业学位课程可以使专业实践人员与研究人员进行深入交流，从而实现相互促进。

2. 在职培训

培训与教育不同。培训针对的是一个相对狭窄的目标，即提高绩效，特别是提高完成特定情景任务的技能；强调实务和操作实务的方法；根据当前实践和有待解决的问题而设计培训内容；经常更新培训手段以保持对关键技能的掌握。

培训是危机管理者提高实际能力和实现知识更新的理想途径。各国通过专设培训机构、在高校或行政学院建立培训基地、举办各种讲习班、进行短期交流等各种形式对危机管理者开展培训。如英国应急规划学院、加拿大应急准备学院、澳大利亚危机管理中心教育与培训小组等机构就专门负责对危机管理者的培训工作，中国国家行政学院也正在筹建国家应急管理人员培训基地，以加大对危机管理者的培训。

美国的每个警察局都设有培训基地，培训要求十分严格。一般新招警员都要接受 30 周左右的训练，合格后才能上岗，在岗警察每年还要接受 13 周的继续培训。对消防人员的培训也很正规，如康涅狄格州消防学院设有飞机、车辆及住宅火灾灭火的仿真设施，学员可以在模拟训练中学习各种应对火灾的消防理论和实战技能。为提高危机管理者的应急能力和水平，欧盟经常开展形式多样的培训活动，如在荷兰、法国、爱尔兰等国定期举办的欧洲消防局长暑期课程，在法国召开的重大灾难和环境保护的暑期班等。

第二章　危机管理的系统与结构

系统与结构即事物各组成要素的框架，它是事关危机管理整体与全局的大问题。危机管理的利害关系者包括政府组织、营利组织、非营利组织、社区组织和社会公众等不同的利益主体，在危机管理活动和过程中发挥着彼此各异而又不可替代的作用。体制与机制是危机管理系统的核心，解决的是系统的静态架构与动态运行的重大问题。组织是基本的危机管理单元，要设计和建立有效的危机管理组织，由危机管理组织来集中处置和回应危机。

第一节　危机管理的利害关系者

利害关系者即在其中受益或受损的实际或潜在主体。公共危机影响广泛，涉及众多，开展危机管理必须尽可能地将所有的利害关系者囊括在内，并考虑如何与之协商和互动，这是成功的危机管理所必需的。

（一）政府组织

政府组织不仅是公共危机管理的利害关系者，更在其中扮演着一种主导和核心的角色，这是由政府的本质、职责和能力所决定的。

1. 维护公共安全是政府的本质要求

公共安全是社会文明的基本价值。无论是建立在马克思主义基础上的社会主义国家，还是建立在自然法和社会契约论基础上的资本主义国家，都把提供和维护公共安全视为国家产生的基础和国家的本质特征。而政府作为公共利益的代表，具有维护公众利益的天然职责。即使在没有责任的领域，政府也是民众寄予期望的最终对象和保护伞。因此，当公共危机严重威胁到公共安全时，政府应当仁不让地带领民众去管理危机，战胜危机，这是政府的本质属性使然。

2. 公共危机管理是政府的应尽职责

现代政府的重要职责就是提供公共物品和公共服务。公共安全是一种重要的公共物品；提供公共安全服务，保护人民生命和财产安全，是服务型政府的一项基本职能。由于危机管理具有很强的正外部效应，在危机状态下，如果政府不加以干预，公共利益就会受到侵害，社会公平就会受到冲击。因此，使危机管理成为一种人人都可享用的公共物品和公共服务，就成为政府的重要职能。危机管理成功与否，已对政府的公共管理能力形成巨大挑战，影响到人们对政府执政能力的认同，甚至影响到政府的合法性基础。在此意义上，危机管理也是政府的一种政治责任。

3. 政府具备公共危机管理的能力

由于危机的突发性、不可预测性和损害的广泛性，个人的力量在危机面前显得微不足道，只能依靠组织化的力量才能与灾难相抗衡。而在各种组织形态中，只有政府才具备在危机管理中的领导能力。政府掌握着大量的资源，享有制度安排和实施的合法权力，拥有层级化的、组织程度和专业化程度很高的政府组织体系和法律授予的合法强制力，具有强大的动员能力和组织能力，这是任何其他组织都无法比拟的巨大优势。因此，由政府领导全社会进行危机管理责无旁贷。

4. 政府在公共危机管理中的实际使命

具体来看，政府在公共危机管理中的使命和责任包括：建立和完善公共危机管理的组织体系和机构；制定并完善公共危机管理的法律、法规和规章体系；为公共危机管理提供充分的物质和财政资源支持；建立公共危机管理的信息系统和决策支持系统；建立有效的危机沟通机制；加强危机管理的教育和训练，增强整个社会危机管理的意识与能力；促进危机管理的多边与国际合作等。

总之，在危机状态下，更需要一个强大的、可依赖的、负责任的政府。政府作为公共服务的提供者、公共政策的制定者、公共事务的管理者和公共权力的行使者，不仅与危机管理利害相关，还在其中处于主导地位。当然，政府组织内部也有纵横划分，与危机管理的具体相关度，则要视不同类别、不同层级的危机事件而定。

（二）营利组织

营利组织，又称第二部门，是对货物和服务等进行生产与流动的组织形态。营利组织对于危机状态下国家治理的意义早在“弦高犒师”的时代就体现出来了。由于同样是资源的拥有者，营利组织可以成为政府的重要合作伙伴，尤其是在资源紧缺的危机状态下。因此，营利组织也是公共危机管理的利害关系者。

1. 营利组织经常受到公共危机的影响

由于公共危机的破坏性大，涉及面广，经常对营利组织的日常经营造成冲击和影响，打乱了企业的正常发展计划。尤其是水、电、气、电信、交通等关系国计民生的命脉行业和部门，与公共危机的相关度更大，承受公共危机的脆弱性更强。从这个角度上讲，营利组织是公共危机的直接利害关系者。自身可能遭受损失和趋利避害的特性，使得营利组织更加自觉地参与到危机预防和应对中来。

2. 营利组织本身可能引发公共危机

在现实生活中，有不少危机是由企业的生产事故引发的。尤其是一些大型企业和从事高危生产的企业在生产活动中有时会发生一些事故，这些事故有时会侵入公共领域，引发公共危机。企业在从事可能引发重大事故的生产时，应当采取预防措施防止事故发生；制定应急预案，并严格按照预案做好技术和物资等方面的准备；一旦发生事故，企业有责任采取各种措施、千方百计地防止危机扩大和升级，尽量减少危机造成的损失。企业也有责任将事故的情况及时向政府告知或汇报，在政府的领导下及时消除险情。对于自身引发的危机，企业还有义务对造成的损失进行赔偿，并承担法律责任。

3. 营利组织参与公共危机应对

公私合作（public-private-partnership，PPP）是现代社会重要的治理模式。通过这一基于各自专业领域的合作机制，公私部门可以运用彼此的技术和资产来为公众提供设施与服务，更合理地分配资源，更有效地满足公共需求。这一模式同样适用于危机状态下的管理情境，将营利组织的优势纳入到危机规划、预防、处置和恢复等全过程中来，对于提高危机管理的效率和效果作用明显：第一，能够提高营利组织的危机应对能力，第一时间开展自救，保护自身及公共利益；第二，有利于发挥自身资源优势，为灾区提供资金、物资、技术设备等各种援助；第三，在危机后迅速反应并恢复正常运作，有利于地区的恢复与重建。

4. 营利组织与政府共担风险

公共危机管理并不完全是政府的责任，对于属于其他主体的责任，应当交由其自身承担，政府由统抓统管变为监督指导；对于能够转移的风险，则应通过保险的形式转移出去。保险就是保险公司与受灾体签订保险合约，按经济合同履行灾害赔偿义务。尽管形式特殊，但目的也是为了分散风险，减少损失，帮助被保险人及时获得灾害的经济补偿，从而迅速恢复生产，重建家园。世界上许多重大的危机事件，都由于保险义务的履行而减轻了受害人的损失。具体方式包括：第一，政府对某些行业和领域实施强制性保险政策，如交通事故意外保险等；第二，鼓励发展商业保险，如农业保险、自然灾害保险、气象灾害保险等。

营利组织与公共危机管理利害相关，公共危机管理需要众多营利组织的参与和帮助。政府作为危机管理的主导者，应在其中发挥引导作用，为营利组织参与危机管理创造良性的机制与氛围，帮助企业提高预防和应对危机的能力，从而在危机管理中发挥更大的功效。

（三）非营利组织

非营利组织是不以营利为目的且具有正式组织形式，具有一定的自治性、志愿性、公益性等特点的非政府组织，又被称为社会组织或第三部门。它主要包括非营利的院校、社区组织、医院、研究所、基金会、文化和科学技术团体、各种咨询服务机构、志愿组织、公益性组织等。

西方非营利组织参与危机救助已有200余年的历史，最早是传教士开始从事某些预防应对灾难的教育和救助工作。20世纪60年代早期开始，许多新近独立的国家和第三世界国家出现的危机使得非营利组织的工作更为系统和有序地开展。到20世纪80年代，非营利组织已成为世界范围内危机管理的重要力量和渠道，为参与危机救助、增加人类福祉发挥了重要作用。

1. 非营利组织参与危机管理极为必要

作为一种平衡和调节机制，非营利组织的出现极大地弥补了政府失灵和市场失灵给危机管理带来的缺憾。一方面，非营利组织独立于政府，较少受到官僚机制束缚；反应较为灵敏，在提供公共服务时更加迅速灵活；能够通过社会募集资金和志愿资源，弥补政府提供公共物品的不足，从而充分发挥在民众与政府之间的缓冲作用，协助危机的解决。另一方面，在提供危机管理这一公共物品时可能出现市场失灵，而非营利组织的“非分配约束”属性可以使其机会主义行为得到有效约束，从而发挥相对营利组织在提供产品与服务方面的比较优势。

2. 非营利组织具有参与危机管理的意愿

危机管理所涉及的很多领域都是非营利组织所熟悉的，如卫生医疗、环境保护、维持和平等。通过参与危机管理，非营利组织能够在更大程度上发挥自身价值，获取更多的关系资源和社会资本，这对于其自身发展至为重要。在国家层面，这将增加非营利组织与政府部门的互动，从而达成双赢；在国际层面，这可使非营利组织参与更多国际活动、获得更多国际资源。与学术机构的联系有助于非营利组织提高科研、教育与培训的能力；与企业界的联系更便于获得资金和技术等方面的支持；与媒体的联系有助于非营利组织建立良好的声誉。

3. 非营利组织具有参与危机管理的比较优势

第一，与当地社会联系紧密。多数非营利组织活跃在社会基层，深入草根民众，服务弱势群体，为上下沟通开辟了新的快捷有效的渠道。第二，弹性组织体制。非营利组织开放的组织体制和扁平化的层级结构，便于组织内外进行物质、能量、信息的交流，能够对社会基层的呼声作出迅速反应。第三，公益与中立。相对政府所表现出的较强的政治性而言，非营利组织更侧重于公共性和社会性，不容易卷入利益纷争。第四，敢于承担风险和创新。非营利组织比政府和市场更敢于承担风险，富有创新欲望，并善于在被忽略的领域发现需要和进行创新。第五，专业优势。非营利组织一般在某一领域具有专长，且不受思维定式的约束和干扰，能够帮助政府提升危机决策的广度和深度。第六，规模优势。经过长期发展，非营利组织已成为遍布全球、具有相当规模和影响力的重要力量。如此规模庞大、数量众多、范围广泛的非营利组织也是其他任何组织无法比拟的。

4. 非营利组织能够在危机管理中发挥其独特作用

在危机发生前，非营利组织能够利用其极其广泛的社会触角和成员基础，大量收集信息，为危机提供预警，防患于未然；通过各种渠道及时地反映危机信息，协助政府相关部门的决策，做好前期准备工作。在危机发生过程中，非营利组织能够聚集社会闲散力量、募捐及组织志愿服务，共同参与危机应对；关注政府无法或来不及关注的弱势群体利益，弥补政府角色的缺位。在危机发生后，非营利组织能够辅助政府部门进行恢复重建，通过各种方式帮助解决重建工作的资金来源；针对危机给人们带来的精神创伤，进行心理干预和治疗，帮助人们从危机中尽快恢复；通过宣传、培训、公益活动等形式深入持久地开展危机教育，增强社会整体的危机应对能力。

但从实际情况看，非营利组织参与危机管理也存在着获取捐赠困难、政府不支持甚至阻挠以及效力优先等级较低等方面的问题。理顺非营利组织参与危机管理的机制，加大外部支持和内部建设，是推动其在危机管理中发挥作用的必然选择。

（四）社区组织

社区组织是在现代工业化和城市化的进程中，为适应解决一系列新的城市问题，如在新的城市社会结构中的冷漠、孤独、无助、贫困、犯罪率上升等的需要而最早在欧美国家城市中发展起来的。社区组织的发展、功能的扩展以及地位的提升，使之成为现代城市公共治理系统的末梢和基础环节。

在公共危机管理中，社区组织同样具有重要的地位。社区贴近基层民众、贴近现实生活、贴近危机现场的区位优势，使其能够在危机宣传、教育培训、危机预防、危机监控以及实际应急过程中发挥重要的辅助甚至主导作用。西方国家已经进行了一系列的社区参与危机管理实践，如邻里守望制度、街区守护者项目、社区危机响应团队等。亚非拉地区的发展中国家也很重视社区在危机和灾难应对中的作用，并逐步形成了社区基础（community-based）的危机疏缓模式。尽管形式不同，但其共性在于均注重对社区危机管理能力的培养，发挥其在减灾救灾中的基础性作用。通过对自上而下的传统模式的修正，它能够更多地考虑当地的利益和需求，充分运用当地资源和潜在能力，弥补社区的危机防范薄弱环节，有效预防并及时应对危机发生。

1. 社区参与公共危机管理的意义

一般而言，社区是危机预防和应对的基层单位。第一，不管危机程度如何、属于国家层面还是地方层面，都是由当地社区居民承担不利后果，危机预防和应对效果直接关系到社区及居民的切身利益。第二，危机发生后的 72 小时是危机处置的关键期，而政府可能无法立即赶到现场提供救援，因此社区等本地力量往往成为危机事件的第一应对者。第三，预防为主、未雨绸缪是危机管理的重要原则。深入细致地做好日常的预防和准备工作至关重要，而社区贴近实际、扎根基层的优势在此可充分发挥。

2. 社区参与公共危机管理的目的

社区参与公共危机管理也是通过教化与授权，使社区居民明确问题与需要，共同计划、管理、控制与评估集体行动，共同承担责任的过程。将危机管理置于社区有效防范和应对的基础上，目的在于发挥社区在危机管理中的基础性作用，有效预防，及时应对，迅速遏止，减少损失，建立自我依靠的能够有效抵御危机和灾害风险的弹性化社区。具体来说：第一，减少社区的危机防范薄弱环节。第二，增强社区预防和应对危机的能力。第三，提升社区公众的危机与风险意识。第四，第一时间应对危机，将危机遏止在萌芽状态，使生命和财产损失最小化。第五，提高社区的恢复力，加速危机后的恢复重建，缓解危机带来的冲击与压力。

3. 社区参与公共危机管理的指导原则

第一，全过程的参与性：社区居民，尤其是处于危机防范薄弱环节的群体或家庭均应全程参与风险评估、危机疏缓、危机准备等工作，在决策、执行、监督等各个环节中贡献力量。第二，回应性：危机管理措施基于社区居民切实感受到的迫切需要，充分考虑居民对危机风险的认知和期待解决问题的优先性，从而体现了居民对社区的自主权。第三，整合性：在危机前、危机中、危机后各个阶段，社区均应考虑并采取相应措施；社区与政府部门、非营利组织、其他社区等均保持密切联系，以便及时寻求外界援助。第四，前瞻性：注重危机发生前的预防、疏缓和准备。第五，广泛性：采取结构性与非结构性等多种措施，确保短期、中期与长期计划相结合。第六，全面考虑：在弥补危机防范薄弱环节的基础上照顾到社区各类群体的利益，综合考虑各利害关系者的角色与作用。第七，权力下放：使社区居民能够更多地接触和利用本地资源，获取基本的社区服务，对事关切身利益问题的决策更有发言权，这也将增强居民参与其他公共事务的信心。第八，发展导向：危机管理应着眼于社区的长远和可持续发展，而不仅针对解决目前的困境与问题。

当然，社区参与公共危机管理在各国尤其是发展中国家具体推行，仍然面临着不少问题。公众在危机面前可能出现集体意识缺失，取而代之的是自私和个人行动，从而导致社会秩序混乱，反社会行为普遍；在政权体系中的地位决定了社区的组织结构弱化，缺乏独立视角和长远规划，这会影响居民对社区的信任以及自身潜力的发挥；由于受教育水平参差不齐，居民文化素质必然有所差异，这就造成相当多居民的危机观念和风险意识不强，再加上个人的不良习惯，使得在短期内培养与建立学习型的安全文化变得更为困难。

（五）社会公众

危机事件不仅是对政府能力的挑战，更是对社会整体能力的考验。全社会的共同参与，除了应调动营利组织、非营利组织和社区的力量，更重要的还在于普通公众的齐心协力。因此，在公共危机管理中，如何发挥公众的作用是非常重要的一环。

1. 公众在公共危机管理中的角色与作用

首先，在通常情况下，社会公众是公共危机直接威胁的对象，亦即受灾体。由于组织化程度低，个人力量又很单薄，公众更易受到危机的侵袭和冲击，生命和财产也更易遭受损失。其次，在很多情况下，公众是危机现场的目击者、见证者或当事人，公众能否在第一时间向政府报告或报警，在很大程度上决定了危机处置的成败得失；公众的提供信息和配合调查，也有助于危机事件的顺利解决。最后，公众也是很多危机处置的直接参与者。危机发生后，在救援力量到达现场之前，公众有组织的自救行为往往能大大减少危机的损失和影响，而这有赖于公众良好的危机素养。

2. 公众的危机素养是参与危机管理的关键

危机素养即公众在面对危机和灾难时所体现出来的素质、意识和能力。良好的危机素养不仅能够降低危机发生的可能性，还有助于避免可能导致的混乱和无序状态，减少危机带来的损失。它表现为面临重大灾难时的沉着冷静、临危不乱；表现为面对资源紧缺时的相互礼让、照顾老幼；表现为尽最大努力自救互救、不轻易放弃；表现为整个社会在危机状态下的秩序井然、一如往常。这是一种不易达到的精神境界，是社会发育成熟的标志和高度文明的体现。恰恰正是这种良好的危机素养，构成了发达的危机管理的社会基础，这也是西方危机管理成功的最根本经验。

3. 志愿服务是公众参与危机管理的有效形式

志愿服务是公民参与社会生活的一种重要方式。随着现代社会的发展，志愿者组织发挥的作用已从传统功能——慈善活动和福利事业，向着更广泛的社会领域伸展。就危机管理而言，已有大量的志愿者组织参与其中，危机管理已成为志愿者组织一项越来越重要的功能。在国外，志愿者作为从事危机救援的一支重要力量而得以接受专门培训，志愿者进行危机救援的专业化程度很高。就公民个人来看，许多人把从事公益事业看作自我价值的体现，从青少年时期就开始参加志愿服务；学校把学生是否参加过志愿服务作为对学生的一项考核标准；政府和企业也鼓励公众积极参与志愿服务，这实际上同样是社会发展成熟化的表现。

汶川大地震——中国志愿者参与危机管理的里程碑

2008年四川汶川大地震发生后，在抗震救灾的关键时刻，来自全国各地的志愿者不顾个人安危，不计个人得失，心怀唯一使命，自发奔赴灾区。学生、教师、医生、律师、商人、下岗工人、农民工、的士司机、海外华人……有着一个共同的身份——志愿者，他们成为汶川抗震救灾中一支不容忽视的力量。

在2008年5月12日汶川大地震发生当晚，第一支志愿服务队就赶到都江堰灾区，搭建帐篷协助医院收治伤员。5月13日，四川团省委通过电台、电视台、报纸、网络面向社会不间断播出志愿者招募公告，全国范围内的大量志愿者迅速向四川聚集。在抗震救灾过程中，先后有来自国内外近130万人次的志愿者来到地震灾区参加抗震救灾工作，志愿者参与人数之多、规模之大、积极性之高前所未有。

抗震救灾第一阶段中，志愿者主要从事现场搜救、医疗救护、卫生防疫、物资配送等志愿服务。在救援阶段后期，志愿服务的重点逐渐转为为灾区群众提供集中安置点、救助点、板房区、医院以及心理疏导和日常陪护等服务。可以预见，在恢复重建的漫长过程中，志愿者还将在地区经济重建、基础设施建设、卫生防疫与疾控、心理危机干预和教育等活动中继续发挥其不容忽视的作用。

第二节　危机管理的体制与机制

（一）体制与机制

体制与机制，是两个既相互区别又彼此联系的概念。对政府而言，体制通常是指政府的组织结构形式及其职能配置模式，在形式上，它体现为具有不同职责权限的政府机构所组成的静态的框架结构。机制指的是不同政府主体间相互联系和相互作用的方式，反映的是政府组织发挥功能的动态过程，在形式上，它是对政府组织运作方式及其动态过程所作的制度安排。

从理论上讲，体制和机制都可以看作政府组织为达成某种目标而作的一种制度设计，也就是说它们都是以制度规范的形式出现的，所不同的是它们各自反映了政府组织在实现其任务过程中的不同规则，即体制设定了框架结构和功能，机制规定了运行方式。例如，政府职能设置体现了政府发挥作用的基本方向和职责范围，政府机制则反映了政府发挥作用的具体方式和过程。

体制和机制是相互依存的，一方面，体制是机制形成和发挥作用的基础，没有体制支撑，机制就失去了存在的意义；另一方面，机制是体制功能发挥的载体，没有机制的运作，体制价值的实现也就没有了保障。

（二）国家层面的危机管理体制

世界各国对公共危机管理的强调和重视，首先就体现在国家层面的体制设计上。纵观各国中央或联邦政府对公共危机管理的体制构建，普遍经验包括：行政首脑担任最高领导；统一的协调咨询机构；分工合作的组织框架；常设、专门的危机管理机构等（见图 2—1）。各职能部门通过统一领导、横向协调、专业分工，共同维系国家层面危机管理系统的日常运转。

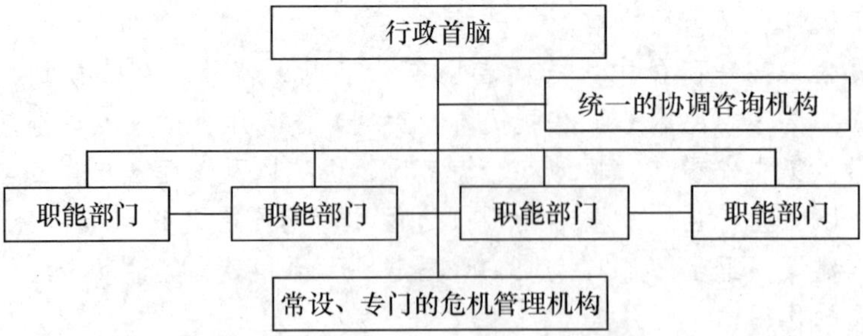

图 2—1　国家层面的危机管理体制

1．行政首脑担任最高领导

世界各国中央或联邦政府的危机管理都是以本国政体为基础；把危机管理作为政府职能的重要内容之一。政府的行政首脑担任最高领导，全面领导国家的危机管理工作。例如：美国总统、俄罗斯总统、日本首相和澳大利亚总理等。日常管理委托给直接下属的危机管理机构，重大紧急事件仍然由行政首脑担任最高指挥官和最终决策者，对重大事项进行决策，对关键性资源进行指挥调动和处理。这种体制确保了应对重大突发事件时的危机决策效率和重要资源的快速调配。

2．统一的协调咨询机构

鉴于危机管理的复杂性，中央或联邦政府通常组建专门机构，进行跨部门的协调和指挥，并为行政首脑提供决策的辅助和咨询。例如美国的国家安全委员会和国土安全委员会、英国的国内紧急情况秘书处和国内紧急情况委员会、澳大利亚的联邦抗灾特别委员会和危机管理委员会、俄罗斯的联邦安全会议、日本的中央防灾会议等。此类机构还兼有宏观的信息中心和最高协调中枢的功能。

国家安全委员会（National Security Council，NSC）和国土安全委员会（Homeland Security Council，HSC），是美国国家层面的多机构协调联合体，为总统就国际和国内安全问题与危机管理提供咨询和协助。NSC 的成员包括总统、副总统、国务卿和国防部长等，参谋长联席会议主席、中央情报局局长也可列席参加，委员会日常工作由总统国家安全事务助理负责。HSC 的成员则包括与国土安全有关的各联邦部门和机构的代表，日常工作由总统国土安全助理负责。总统国家安全事务助理和国土安全助理在总统的直接领导下，通过 NSC 和 HSC 分别负责国际和国内危机事件的跨机构协调工作。那些超越各部管辖范围的政策路线，能够通过在 NSC 和 HSC 系统形成决议，从而获得更高的地位和执行力。

英国政府于 2001 年大选后在内阁办公室设立了国内紧急情况秘书处（Civil Contingencies Secretariat，CCS），具体负责协调跨部门、跨机构的紧急救援活动。秘书处下设评估部、行动部和政策部三个职能部门。英国政府还专门设立了国内紧急情况委员会（Civil Contingencies Committee，CCC），与紧急情况秘书处保持密切的工作关系。委员会由各部大臣和其他官员组成，内政大臣亲自担任主席。委员会秘书负责指派领导指挥部门（Lead Government Department，LGD），委员会本身则在必要时在内政大臣的主持下召开会议，监督领导指挥部门的应急工作。紧急情况秘书处在紧急情况委员会的领导下进行危机政策制定、风险评估、部门协调和人员培训等日常工作，整合多部门多机构的职责，协调相互间的合作，为政府各部门提供支持，使英国能够有效应对破坏性的危机和挑战。

在澳大利亚，由总理担任主席、由联邦政府各部门和机构的代表组成的联邦抗灾特别委员会（The Commonwealth Counter-Disaster Task Force，CCDTF），是在危机管理方面协调各联邦政府机构的最高协调委员会。由危机管理局局长担任主席，由各州危机管理委员会的主席和执行长官组成的澳大利亚危机管理委员会（The Australian Emergency Management Committee），则是澳大利亚的最高危机管理咨询会议，为协调促进联邦和州的危机管理工作提供建议和指导。

俄罗斯联邦安全会议是俄罗斯危机管理的中枢指挥系统，在总统领导下发挥作用，是整个国家危机管理事务决策的核心。联邦安全会议主席由总统担任，副主席由总理担任，安全会议秘书由总统直接任命并直接向总统负责。联邦安全会议的主要任务是确定国家核心利益和安全战略，向总统提供保障个人、社会和国家安全问题方面的建议。一旦发生紧急事件，联邦安全会议启动紧急决策机制，安全会议秘书直接向总统汇报形势分析、预测和行动方案，由总统最终决策后，再由安全秘书负责贯彻执行。

日本由内阁府下设的以首相为本部长的中央防灾会议统一领导全国的灾害防治工作。中央防灾会议由首相、防灾大臣、其他各部大臣、指定的公共机关首长及相关专家组成。其责任在于：准备和促进灾害管理计划的起草、执行和灾害应急措施的执行；依照首相或防灾大臣的要求商讨有关灾害管理的事项；为首相和防灾大臣提供有关灾害管理的建议。

3. 分工合作的组织框架

公共危机的诱因呈现分散化、复杂化的发展态势，影响和涉及面也日趋广泛。因此，公共危机管理无法由一个部门单独应对，而必须由相关部门分工负责、协同配合。从实际情况来看，各国中央或联邦政府危机管理体制的基本框架均由与公共危机有关的职能部门组成，各司其职，各负其责，形成合力，共同推动国家层面重大危机事件的应对和解决。

美国的公共危机管理由联邦政府的31个相关机构（包括所有的15个部）以及美国红十字会共同参与负责。同样是联邦制的德国，公共危机管理在联邦层面涉及国防部，内务部，卫生部，环境、自然保护与核安全部，消费者保护、食品与农业部，交通、建筑与居住部等多个职能部门。英国中央政府的危机管理则由内阁办公室牵头，涵盖国防部，财政部，交通部，卫生部，环境、食品与农村事务部，工作与养老金部等部门。法国相应层级的危机管理涉及国防部，内务部，建设、交通与居住部，就业与团结部，区域规划与环境部等；其中，就业与团结部下辖的药品安全局、食品安全局、兽医药品局，区域规划与环境部下辖的水资源局、环境和能源控制局、放射性废弃物管理局等机构均承担各自的危机管理职能。

在公共危机管理的组织框架中，所有相关机构的角色和职责都应以制度化的形式得以确认。以美国为例，美国政府采用功能性的方法，整合联邦部门和机构以及美国红十字会的能力形成 15 个“应急支持功能”（Emergency Support Function，ESF），对应每个功能都指定了协调机构（coordinator）、牵头机构（primary agency）和支持机构（support agency），以有效提供支持、资源和服务。协调机构负责事前策划，与牵头机构、支持机构保持联系，并定期组织召开本功能相关机构的协调会；牵头机构作为功能的执行主体，负责提供人员，并尽可能获取足够的应急资源；支持机构应牵头机构要求，提供人员、装备、技术和信息方面的支持。英国政府则根据危机性质和情况需要，指定一个中央部门作为“领导指挥部门”，负责在中央层面上协调各部门行动。如发生传染病时由卫生部担任此职；出现环境事件时由环境、食品和农业事务部担任；发生重大交通事故时则由交通部担任。通过机构与功能的衔接对应，中央或联邦政府分工合作的组织框架得以建立，相关机构的危机管理职能和责任得到明确，从而为国家层面的公共危机管理提供了坚实的组织与资源保障。

4. 常设、专门的危机管理机构

很多国家在中央或联邦政府机构体系中都设有专门的危机管理机构，有部一级的设置，下设司局，在区域也设有各个分部，实行垂直管理。危机管理机构在隶属关系上，一般遵照效率原则，直接对行政首脑负责。配备有充足的编制，有行政经费和专项预算。具体职能一般可分为两部分：一是日常的危机管理职能，如危机管理战略规划和政策制定、教育培训和应急演练等；二是紧急状态下的具体协调职能，如应急响应、协调政府各部门和社会各个方面的行动等。

常设、专门的危机管理机构，至少有两个方面的优势。一方面，它可以实现综合协调，整合各方面的资源，统一指挥，快速响应，避免当突发事件的发生涉及多个职能部门或超出地方政府处置能力时，因沟通不便而导致资源配置的低效和行动的迟缓；另一方面，它可以保证危机管理过程的连续性，将危机管理纳入常态管理，避免临时应急组织只是被动地响应突发事件而对危机发生前的预防及事后的恢复等工作不利的缺陷。

美国政府进行危机管理的专门机构是联邦危机管理局（The Federal Emergency Management Agency，FEMA），它是 1979 年根据卡特总统命令，将原来 100 多个与灾害责任有关的联邦政府部门合并而组建的，直接向总统负责。FEMA 包括总部、内设机构、十个区域办公室以及国家应急训练中心，每个区域办公室对应几个州，直接帮助各州开展救灾和减灾工作。FEMA 的使命在于：领导美国对自然灾害的预防、准备、响应和恢复，使美国成为一个“有所准备的国家”。多年来，FEMA的职能不断强化，各种类型和规模的天灾人祸无所不管。随着“9·11”事件的发生和国土安全部的成立，2003年3月FEMA正式并入国土安全部。组建国土安全部是美国联邦政府50多年来最大一次的改组行动，也是继1947年组建国防部、成立中央情报局和国家安全委员会以来美国成立的最大的一个政府部门。它统筹指挥、协调22个机构，如司法部的移民与归化局、交通部的交通安全局、农业部的动植物检疫局、司法部的国内防备厅、联邦危机管理局等。它们既独立分工，又相互合作，共同构成保卫美国国土安全和实施危机管理的统一整体。具体包括四大业务分部：边境与交通安全分部、应急准备与应对分部、信息分析与基础设施保护分部以及科学技术分部。国土安全部的使命在于：预防美国境内的恐怖袭击，降低美国应对恐怖主义的脆弱性，减少潜在袭击和自然灾害造成的损失等。

澳大利亚政府负责危机管理的专门机构是澳大利亚危机管理局（Emergency Management Australia，EMA）。作为联邦政府内阁成员的司法部部长担任危机管理局局长，联邦政府各组成部门都指派专家共同参与工作。危机管理局的职责在于：负责联邦政府危机管理方面的日常事务；在州政府的请求下提供援助；向国内外的政府部门和私人组织提供危机管理的咨询服务；代表联邦政府在环太平洋地区开展救灾方面的对外交往等。危机管理局下设的具体机构包括：第一，危机管理联络处。负责对外联系；协调和推动管辖权限内的危机管理问题；为司法部提供危机管理方面的咨询和支持。第二，计划和实施处。负责危机响应计划；制定民防政策和计划；为各州及澳洲地区其他国家提供援助。第三，发展处。负责制定灾害预防和疏缓策略；向政府、企业和社区推行危机管理；制定危机管理政策。第四，知识管理及交易处。负责危机管理的全国性出版物、预算管理、组织绩效、人力资源管理、技术支持、网络服务、图书馆服务等。第五，教育和培训处。负责开展教育和培训；制定危机管理能力标准和课程、危机管理研究以及社区教育等。此外，危机管理局还下设国家危机管理协调中心，作为日常处理联邦应急事务的机构。

俄罗斯政府执行危机管理的专门机构是联邦民防、紧急情况与消除自然灾害后果部（简称紧急情况部），负责俄罗斯的民防事业和发生紧急情况时向受害者提供紧急救助。紧急情况部下辖联邦紧急状态行动指挥中心，该中心内设民防与灾害管理研究所和救援培训中心，并分设八个区域紧急状态行动指挥中心及八支专业救援队伍，救援队伍建设实现了救援力量主体的专职化、专业化和军事化。紧急情况部的统一信息网可以自动接收来自联邦、各地区和各联邦部委的信息，并与总统办公厅、联邦政府和其他高层国家机构相互协作。通常情况下，紧急情况的信息上呈到总统，总统召开联邦安全会议制定决策，应急行动部门执行决策，投入紧急事件应对。紧急情况部的监测和预测机构，负责对可能发生的紧急情况进行预测并采取预防措施。紧急情况部的紧急情况保险公司，还可在发生紧急情况时向国民提供保险服务。

(三) 地方层面的危机管理体制

由于多数公共危机的范围和影响有限，加之对危机响应时效性的要求，公共危机管理普遍采取属地管理为主的模式。在危机发生后，危机响应一般由事发地政府负责进行，中央或联邦政府一般不负责指挥，也很少介入地方的指挥系统。[1] 这使得公共危机管理更多地注重和依赖于地方层面。

从国际经验来看，地方层面的危机管理体制主要包括：行政首脑担任最高领导；直属行政首脑的决策协调机构；网格化的地方危机管理系统；一体化的应急指挥中枢等（见图 2—2）。

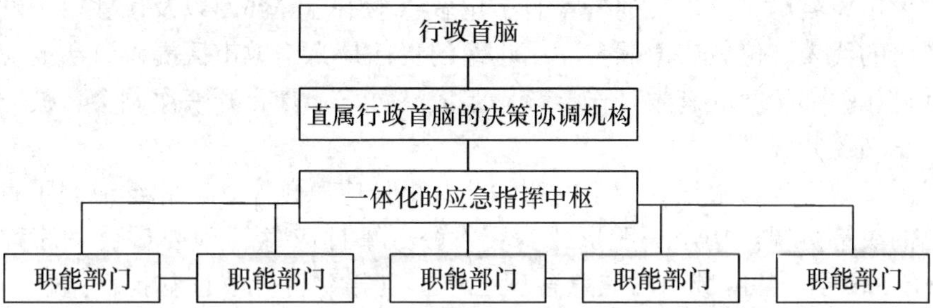

图 2—2　地方层面的危机管理体制

1. 行政首脑担任最高领导

在地方层面，无论县、市还是州/省范围内，均由各级政府的行政首脑负责危机管理全方位的领导。以美国为例，美国是一个联邦制国家，有 50 个州政府和 8.7 万多个地方政府。城市危机管理工作的最高指挥官是该市市长，市长有权任命或撤销下属，调配工作任务与资源，并及时向州政府求助。州长是该州范围内危机管理的最高负责人，甚至有权调动国民警卫队参与应急处置。对州政府无法应对的危机，州长可以要求总统宣布该州进入紧急状态，并向总统要求国会拨予资金帮助该州。在我国，各地方政府制定的突发公共事件应急预案也明确规

① 以美国为例，即便像“9・11”事件和“卡特里娜”飓风这样性质严重、影响重大的应急响应活动，也主要由纽约市政府和新奥尔良市政府作为指挥核心。

定，省长、市长等行政首脑为管辖区域内应急管理工作的最高领导。

2. 直属行政首脑的决策协调机构

为就可能发生的危机事件进行统一决策和沟通协调，各国的地方政府均成立了直属行政首脑的综合性机构。由于国情不同，该机构的具体形式包括委员会、办公室、小组等，不尽相同。但其职能皆为协调相关职能部门的应急活动，辅助本地区行政首脑及时科学地进行危机决策。

纽约市危机管理办公室（Office of Emergency Management，OEM）是纽约市进行危机管理的最高决策协调机构。在市长的直接领导下，危机管理办公室负责收集、传递和管理各类危机信息，进行危机规划；在危机发生后，与纽约市警察局、消防局、医疗服务机构、私营部门以及非营利组织等通力合作，最有效地调动所有资源，协调各方各司其职、各负其责。

伦敦市危机管理的核心机构是伦敦应急服务联络小组（London Emergency Services Liaison Panel，LESLP），其成员为来自城市治安服务部、伦敦消防总队、伦敦市警察局、英国交通警察署、伦敦急救中心等部门以及伦敦市下辖各级地方政府的代表。伦敦应急服务联络小组的责任是为伦敦市区提供就绪的应急服务，促进相关部门间的有效合作。该小组成员每三个月召开一次例会，彼此交换意见，总结经验教训。

我国各地方政府根据其制定的突发公共事件应急预案，也相继成立了直属行政首脑的决策协调机构，一般形式为突发公共事件应急管理委员会（简称应急委），统一领导管辖区域内的应急管理工作。应急委由行政首脑担任主任，相关部门领导担任副主任、委员，以及其他相关人员共同组成。应急委下设突发公共事件应急管理委员会办公室（简称应急办），作为日常办事机构，承担管辖区域内应急管理的具体工作。

3. 网格化的地方危机管理系统

地方政府均设有以处理各种危机事件为主要职责的机构，如警察局、消防局、卫生局、环保局等。由于危机事件涉及的专业性日趋强化，因此无法依靠某一个部门单独应对和解决危机，而必须将所有相关职能部门整合一体，形成一张严实的危机管理网络，通过对职责的分配和规定，有条不紊地应对各类可能出现的危机。

纽约市的危机管理系统包括纽约市消防局、警察局、交通局、环保局、信息技术和通信局、卫生防疫局、健康与心理卫生局、健康和医院联盟等众多政府机构。纽约市城市危机管理系统清晰界定了各机构在危机处理中的角色和责任，明确规定了各种不同类型的危机事项应当由哪些机构负责。有些危机由某一机构单独负责，有些危机则需要多个机构协同负责。

伦敦市的危机管理主要依靠由警队、消防部门和医疗部门构成的铁三角。在突发事件的应急处理中，警队的主要职责包括：与其他机构一起抢救幸存者的生命；在事故现场与其他机构一起提供救援；通过设置警戒线保护事故现场，疏散围观者，疏导交通；调查事故原因；收集并发布伤亡信息；代表法医确认人员死亡；防止犯罪活动；恢复正常秩序等。消防部门的主要职责是：搜索和救援幸存者；消防和预防火患；提供人道主义服务；处理危险品并保护环境；警戒线内的安全管理等。医疗部门则负责与其他机构一起抢救生命；为现场的伤者提供治疗、安抚和照顾；提供适当的运输及医疗人员、设备以及资源；运用恰当治疗分类法，确定伤者的优先撤离顺序等。此外，水电气的供应部门及通信部门、提供营救设施和装备的行业及企业、新闻媒体、非营利组织等也积极参与伦敦市的重大危机应对。

我国各地方政府制定的突发公共事件应急预案也将相关职能部门纳入到应急主体范围，包括公安、消防、卫生、药监、安监、交通、环保、市政、民政、宣传、外事、发展改革、财政、商务、农业、气象、地震、人防、水务、供电、供气、红十字会、慈善协会、保险等众多部门、机构和行业，涉及人员、经费、物资、基本生活、医疗卫生、交通运输、治安、人防、通信、公共设施、科技等方方面面。如果责任单一，则根据“谁分管，谁负责”的原则确定责任部门；在责任分散的情况下，有的地方还规定了主责部门、协作部门和保障部门，以做到分工合理，职责明确。

4. 一体化的应急指挥中枢

西方国家在地方层面一般设有一体化的应急指挥中枢，作为地方政府应急系统的心脏，实际指挥和协调应急活动中涉及的众多部门和机构。从组织结构上看，应急指挥中枢的最高负责人多是地方政府的行政首脑，而警察、消防、环保等相关职能部门均在应急指挥中枢设有席位和常设代表。

以美国为例，较大的城市和州都建立了应急运行中心（Emergency Operation Center，EOC），如休斯敦市应急运行中心是全美现代化水平最高、规模最大的应急中心之一。该中心警署、消防部门和紧急医疗救助中心被集中安排在一起，并与公共安全局、建设局等市政府部门共同组成了一个应急联动机制，最大限度地利用各种组织和资源，通过收集、分析和传递应急信息，发布预警。该中心实行无节假日 24 小时全天候值班，直接受理处置各种应急事务。中心可以直接调用警察和各方力量，避免通过其他机构而浪费时间；可以要求市政府其他部门提供信息；在应急过程中可以使用联邦政府设在该市的设备设施；应急运行中心负责人直接向市长报告情况，在发生重大危机事件时市长将亲临该中心，坐镇指挥，统一协调各方行动。

如果发生紧急情况，应急运行中心就是启动应急系统的机构。一旦应急系统被启动，应急运行中心就将承担以下职责：第一，紧急调拨人、财、物等资源，并协调各部门之间的行动。第二，作为信息交换中心，负责收集各种信息，并将信息发送给相关部门。第三，向外界发布消息。虽然政府各部门都有自己的新闻发言人，但在紧急状态下，应急运行中心应该是唯一的消息来源，由此避免消息多元造成的混乱。第四，接待视察和来访人员。危机发生地有可能得到联邦和州一级的援助。当有关机构派人来视察情况时，应急运行中心负责接待。

应急运行中心的建筑一般都相当坚固，并采取各种措施来保证中心及内部应急人员的安全。如洛杉矶市应急准备局的应急运行中心设在地下三层，备有多路通风系统及氧气供应系统；加州应急服务办公室的应急运行中心在建设过程中，在原有防震级别的基础上，还加设了加固框架。中心配有语音通信系统、网络信息系统、指挥调度系统、移动指挥装备、综合信息显示系统、视频会商系统、地理信息系统、安全管理系统等，并充分考虑安全认证、容积备份和技术支持等问题。应急运行中心主要作为应急基础设施存在，由政府一级的危机管理部门负责维护和保养，经费主要来自上级政府和本级政府。

在我国，有些地方政府已建立一体化的应急指挥中枢，一般命名为应急指挥中心。常见的情况是，应急指挥中心与突发公共事件应急管理委员会办公室（简称应急办）挂同一块牌子，设在政府办公厅（室）。应急指挥中心备有指挥场所和相应的设备设施，作为突发公共事件发生时的指挥平台。由于起步较晚，我国地方政府的应急指挥中心与国外相比，无论软硬件条件，均存在一定差距，尚需加大投入逐步改善。

（四）危机管理的机制

对公共危机管理而言，动态的运行机制是将组织结构所具有的职能落实到位的途径和保障，它与日常的实际操作紧密相关。因此，强调运行机制的设计和运用尤为重要。

1. 危机管理的全过程机制

公共危机从其生成到消除，有一个生命周期，国外危机理论一般将其分为潜伏期、爆发期、持续期和解决期等不同的发展阶段。当然，这些发展阶段只是危机生命周期的一般状态，而并非所有危机的必经阶段。但通过设想中的阶段划分，能够有针对性地拆分和细化危机管理行为，使其更为切实、有效。因此，西方国家普遍采取危机管理的全过程方法，即根据危机的生命周期，顺应危机的自身规律，将整个危机管理过程分为不同的阶段，然后针对每个阶段的特定任务及管理重点，制定相应的机制。这种全过程机制突出体现了“未雨绸缪，防患未然”的危机管理理念，通过有针对性的预防措施，减少危机发生的可能性，降低危机可能带来的损失。倘若忽视其中任何一个环节，都会对危机管理目标的实现带来障碍。

有关危机管理的全过程模式早在 20 世纪 70 年代初期就由美国的全国州长协会确定，在美国联邦危机管理局成立之后被采用。这种模式把危机管理的活动、政策和计划贯穿到四个基本的领域，即疏缓、准备、响应和恢复。其中，疏缓和准备是危机发生之前的行为，响应是危机发生过程中的行为，而恢复则是事后行为。在某种程度上，各阶段的工作可能会有交叉，例如恢复措施可能涉及对下一次灾难的疏缓和准备。但从理论上讲，这四个阶段构成了危机管理循环往复的过程（见图 2—3）。

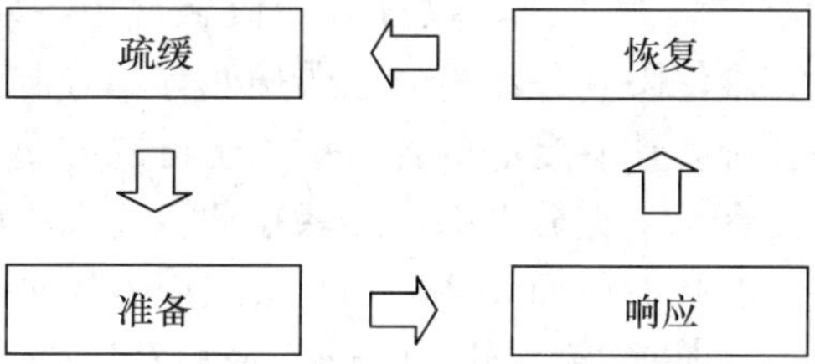

图 2—3　危机管理全流程示意图

第一，危机疏缓阶段。疏缓活动的目的在于事前预防和减少灾难的损失，如在设计建筑物时要考虑恐怖袭击和意外事故、强化易灾地区的建设和土地利用的管理、在易灾地区开展政府支持的灾害保险等。

第二，危机准备阶段。准备工作的重点在于设计响应阶段如何应急，以有效提升响应能力，包括制定应急计划和预案，建立危机预警系统，建设应急避难场所，做好应急资源储备，开展危机教育、培训和演练等。

第三，危机响应阶段。响应是对危机做出的立即反应和行动，包括协调各方进行救援、组织人员疏散撤离、保证食品和水源安全、提供医疗服务、维护公共秩序等。

第四，危机恢复阶段。恢复是善后处理的一部分，包括为受害者提供临时住所、清理废墟、初步恢复公共基础设施、进行各种资金援助和保险赔偿、灾后重新规划和恢复重建等。

2. 责任共担的参与机制

在公共危机管理中，不仅政府要承担主导责任，社会民众也应通过各种途径参与其中，形成政府、企业、非营利组织、社区民众等多元主体责任共担的危机管理机制。

危机无边界，公共危机造成的影响是广泛的，甚至会涉及灾区的每一个部门、每一个人。所以，危机管理不仅仅是政府的责任，更不只是某一个相关部门的责任，它应当是一项涉及全社会的系统工程。提高危机管理的社会参与程度，一方面可以缓解危机在公众中产生的副作用，另一方面可以降低政府应对危机的成本，提高政府的回应能力。

西方国家强调的就是这样一种全社会共同参与、责任共担的危机管理机制，提倡逐步建立起政府、企业、非营利组织、新闻媒体及社会公众相互合作的互助体系。如美国公共危机管理是由联邦政府、州政府、地方郡市、志愿义务组织、社会团体、私人企业等组成的，并将它们之间的合作纳入联邦应急计划。在个人层面，特别强调个人对灾难的认识，教育宣传应急常识，协助设计家庭应急计划，倡导购买合适的灾难保险，并注重对老弱病残等弱势群体的协助。在社会层面，建立完善的捐募系统，让有爱心的各阶层人士可以方便地找到捐赠途径，有效汇集和统筹分配救灾资源；充分发挥志愿者在危机管理中的积极作用，加强对志愿者的管理和培训。在政府层面，建立与社会组织、媒体、社区、公众的伙伴关系，发挥各自优势，弥补政府不足，构筑一张相互合作、无缝衔接的公共安全网。

我国向来重视通过广泛的社会参与应对危机。社会主义制度具有“集中力量办大事”的优势，这使得我们能够在极短的时间内进行最广泛的社会动员，发动一切社会力量，整合一切社会资源，形成解决危机的巨大合力。建国以来，我国应对历次重大危机的实践无不显示出这种参与机制的有效性和生命力。然而，与危机状态下的显著成效相比，这种参与机制在日常状态下显得相对薄弱。因此在未来的机制建设上，应当更加注重发挥企事业单位、社会团体、社区组织、新闻媒体乃至普通民众的积极性，使其共同参与到危机的预防和准备中来。同时，将单纯的行政动员向社会自身的动员机制转变，提高社会参与危机管理的自愿性、自主性和自发性，这是健全参与机制的发展方向。

3. 分级响应机制

分级响应机制就是按照一定的标准，将危机事件划分为若干层级，以此确定危机响应主体，采取相应的响应策略和方法。分级响应有利于政府适当而有效地应对危机，既保证危机事件的顺利解决，又不造成资源浪费。分级响应的前提在于明确危机的性质、严重程度和影响范围等，这些因素是决定下一步行动内容、形式和规模的依据。

以美国波士顿市为例，该市规定了四个层级的危机状态，由高到低依次为：

Ⅰ级：灾难性危机。存在对公共安全的大规模威胁，需要州政府和联邦的大规模应对和救灾行动。

Ⅱ级：严重危机。地方政府没有足够能力处理危机。局势要求州政府甚至联邦予以援助。州政府启动应急运行中心，州长依法宣布进入紧急状态。

Ⅲ级：小规模危机。局势较为复杂，救灾工作需要某些方面的援助，应向州公共安全行政办公室和州长办公室报告。

Ⅳ级：日常危机。地方政府足以应对，无须外界援助。州政府监控形势发展。

我国突发公共事件总体应急预案按照突发公共事件的性质、严重程度、可控性和影响范围等因素，将其一般分为四级：Ⅰ级（特别重大）、Ⅱ级（重大）、Ⅲ级（较大）和Ⅳ级（一般）。各地方政府突发公共事件应急预案则进一步细化了对层级划分的标准界定，如北京市亦将突发公共事件分为四级：

Ⅰ级：特别重大突发公共事件。指突然发生，事态非常复杂，对北京市公共安全、政治稳定和社会经济秩序带来严重危害或威胁，已经或可能造成特别重大人员伤亡、特别重大财产损失或重大生态环境破坏，需要市委、市政府统一组织协调，调度首都各方面力量和资源进行应急处置的紧急事件。

Ⅱ级：重大突发公共事件。指突然发生，事态复杂，对一定区域内的公共安全、政治稳定和社会经济秩序造成严重危害或威胁，已经或可能造成重大人员伤亡、重大财产损失或严重生态环境破坏，需要调度多个部门、区县和相关单位力量和资源进行联合处置的紧急事件。

Ⅲ级：较大突发公共事件。指突然发生，事态较为复杂，对一定区域内的公共安全、政治稳定和社会经济秩序造成一定危害或威胁，已经或可能造成较大人员伤亡、较大财产损失或生态环境破坏，需要调度个别部门、区县力量和资源进行处置的事件。

Ⅳ级：一般突发公共事件。指突然发生，事态比较简单，仅对较小范围内的公共安全、政治稳定和社会经济秩序造成严重危害或威胁，已经或可能造成人员伤亡和财产损失，只需要调度个别部门或区县的力量和资源就能够处置的事件。

4. 协议互助机制

同一区域内的相邻各地签订互助协议，当危机事件超出一地的应急能力范围时，其他各地应当给予救援，这已成为各国区域危机管理的普遍做法。通过相互救援而共同受益的互助协议，把应急救援的道德性义务上升为约束性责任，有助于实现紧急状态下的能力整合与资源共享，保证了救援的及时性、充足性和有序性。

以美国《加利福尼亚防灾与民防系统行政首脑互助协议》为例，该协议于1950年由加州境内的所有自治市、58个县和州政府共同签订。协议明确要求，一旦灾难发生地所拥有的资源不足以应对危机，签约各方就应尽己所能，通过互助系统向其提供资源、设施和服务等各项援助。全州共分六个互助区，每个互助区一般由两个或多个县组成。根据互助协议，互助服务涵盖了消防、治安、医疗保健、通信系统、交通运输、供水、道路和其他公共事业领域。在加州，从地方政府到州政府都加入了互助项目，因而形成了覆盖全州的互助系统。除此之外，在一些专业领域还存在着特定的互助系统，包括消防救援互助、执法互助和医疗互助等。这种制度化的应急互助机制，有助于实现应急资源的合理流动和优化配置，从而提升了政府紧急处置危机的能力。

再以日本首都区域圈的八都县市协议互助机制为例，为加强首都区域圈在灾害应急时期的相互协作关系，东京都、千叶县、埼玉县、神奈川县、横滨市、川崎市、千叶市和埼玉市八都县市签订了《灾害时期相互援救的协议》。签订该协议的目的在于：当一个受灾都县市单独难以应对危机时，其他都县市应本着友好的精神，相互协作进行救援，使受灾地尽快渡过危机并顺利恢复重建。救援协议内容包括人员、粮食、饮用水、生活必需品、医疗服务、救援设备、公共设施、恢复重建等。为了促进对受灾都县市的有效救援并防止救援方一齐救援可能造成的混乱，该协议对救援的优先次序也做出了规定。比如东京都受灾的话，埼玉县是第一救援都县市，千叶县是第二救援都县市……在日本，诸如此类的应急互助协议还有《全国都道府县在灾害时的广域救援协议》、《全国13个城市灾害时相互救援协议》等。

5. 对口支援机制

在没有事先签订互助协议的情况下，在危机发生后开展点对点的对口支援，也成为包括中国在内的各国危机管理的普遍做法和有益经验。对口支援机制的优势在于：一方面，有利于稳定救援秩序，提高救援效果，避免盲目性。危机爆发后，援助地方和单位可能一拥而上，客观上造成支援和受援的不均衡、不协调，最终导致救援效果不佳。采取对口支援，能够进一步细化和优化救援行动，确保一步到位，秩序井然。另一方面，也使救援责任得以明确。对口支援能够避免责任不清、相互推诿甚至钻空子的情况发生。明确各救援地方和单位的责任范围，也便于检查督促，促进支援。

在2005年松花江水污染事件中，哈尔滨就充分运用了对口支援机制，收到了良好效果。在黑龙江省内，五常、牡丹江、绥化、佳木斯、大庆、齐齐哈尔六市分别向哈尔滨市六区对应供水；在哈尔滨市内，118个市直机关与六区开展社区对接、对口支援和帮困工作，各县乡镇也与六区直接对接。2008年汶川大地震后，对口支援机制更是被提升到国家层面。国务院专门下发了《汶川地震灾后恢复重建对口支援方案》，按照“一省帮一重灾县”的原则，依据支援方经济能力和受援方灾情程度，在全国范围内建立了灾后恢复重建对口支援机制。除了海南省之外的东部和中部所有省市，加上西部的重庆市，支援省市共计19个，将分别对口支援四川省18个县（市），以及甘肃省、陕西省受灾严重地区。对口支援包括人、财、物、智力等多种形式，援助内容广泛，期限按三年安排。除此之外，四川省也建立了市州对口支援重灾乡镇的省内对口支援机制。对口支援机制在四川汶川大地震恢复重建过程中长期发挥着重要作用，为我国的危机管理救助机制探索出了有益经验。

6. 信息疏导机制

让公众知道危机的真相，是世界各国处理危机的一个共同点。在危机中，法律规定政府有责任向媒体公布危机真相，而媒体也有义务向公众传达准确的信息，有独立的权力参与危机管理的整个过程，并就某些公众感兴趣的问题做进一步的调查。比如，英国政府规定国家卫生服务体系在紧急情况下必须重视新闻媒体的作用，以便在发生导致人身伤亡的重大事故时，能够准确及时地向公众传达灾难信息，避免信息混乱、错误、拖延等原因产生的社会恐慌，从而稳定公众情绪。政府及时向公众告知真相，一方面，可以提高政府的公信力，增强公众对政府解决危机的信心；另一方面，可以稳定民心，引导公众积极支持、参与政府的危机管理，从而提高公共危机管理的效率和效果。

信息疏导普遍采用制度化的方式来进行，最常见的如新闻发言人制度。新闻发言人承担着向媒体和公众提供信息、沟通交流、用政策议程引导媒体和公众议程的公关职能。通过这种制度化、直观化、人性化的方式，可以有效确保权威信息的通畅，使主流声音牢固占领宣传阵地。目前在美国各级政府中大约有40 000名的新闻发言人，时刻准备向媒体提供信息，引导舆论。英国政府在应急指导原则中指出：各机构平时就应做好相应准备，在危机发生时及时设立专门部门，委任新闻官，专门处理媒体事务。俄罗斯政府也主动谋求与媒体的合作，通过召开新闻发布会的方式，建立和保证与媒体之间交流渠道的通畅，增强危机处置工作的透明度。近年来，我国政府新闻发布制度建设的步伐也在不断加快。迄今为止，国务院各部门已基本建立了新闻发言人制度，各省市地方政府也已经或正在制定和实施该制度。经过几轮较大规模的培训，我国新闻发言人制度的规范化和专业化建设进展显著，在处置突发公共事件中日益发挥其重要作用。

7. 教育培训机制

各国非常重视通过教育培训来培养全社会的危机防范意识，提高公众的应急反应能力，并使这种教育培训经常化、制度化和法定化。这对于提高危机管理效率、减少危机损失和社会动荡具有不可估量的作用。从国外的情况来看，凡是危机管理发展程度较高的，无不在教育培训方面投入了很大力度。

首先，将危机管理纳入学校教育。各国普遍注重从小开展危机教育，在美国，小学生就要开始接受正规的急救训练；中学生每周至少要上一节的急救课程，不通过考试就无法拿到毕业文凭；高中也常增设安全教育等一些应急课程，教授遇到地震、洪水时的应急措施。“9·11”事件后，美国大学很快就引入了国土安全、反恐和灾难处理等新专业，以适应国土安全部的成立对安全方面人才的大量需求。

其次，加大社会宣传。通过传统方式或新媒介向公众开展安全宣传教育，组织有关的安全培训，培养危机意识与应急能力。如加拿大的政府危机管理部门、公共场所、学校等，都备有危机自救互救方面的宣传材料。相关法规、政府应急预案、自救知识等各种宣传材料，通过基层政府和危机管理部门免费向辖区内居民发放。在日本，随处可见将校园、公园、绿地等公共设施作为避难场所的指示牌，此法强化了公众的危机意识。

再次，开展模拟训练。为培养公众的地震应急能力，日本各地设有许多地震博物馆和地震知识学习馆，亦称体验中心，免费向市民开放。这些中心内建有模拟火灾、地震情景的场所，供人们体验灾害实况、了解避难方法并学习自救互救技能。美国各大中小城市也设有消防训练中心，内部设备完善，有高塔训练、高楼救生训练场所、烟雾试验室、危险物品储藏实体区、水中救溺训练池等模拟救灾实际情景的训练场所。

最后，设立“防灾（安全）日（月）”活动。日本把每年的9月1日设为固定的“防灾日”，在这一天，日本全国各地方政府、居民区、学校和企业都要举行各种防灾演习，特别是各地震多发区的居民组织，都要进行一次综合性的防震训练和地域防灾训练。美国把每年的6月定为“全国安全月”，并设有不同的主题，以唤起和促进人们的安全意识，加强对公众的安全教育与培训。自2009年起，我国将每年的5月12日定为全国“防灾减灾日”，在“防灾减灾日”前后集中开展全国性的防灾减灾宣传教育活动，向公众普及灾害常识、防灾减灾知识和避灾自救互救技能，全面提高全社会风险防范意识、灾害知识水平和避险自救能力，从而最大限度地减少自然灾害所带来的损失。

8. 城市应急联动机制

目前，国内外许多城市都在探索如何提高城市的应急反应能力，芝加哥、纽约、洛杉矶、伦敦等发达国家城市率先走上城市突发事件应急联动的道路。所谓应急联动机制，就是将警察、消防、急救、交通、公共事业、民防等政府部门纳入一个统一的指挥调度系统，当公众求助时，只需拨打一个号码，便可连通指挥中心；指挥中心依据报警求助内容，分别调动相关部门进行紧急处置或联合行动，从而提供及时的救助和服务。

应急联动代表的是当今世界先进、科学的危机处理方法，其核心作用是能实现紧急突发事件处理的全过程跟踪和支持。从突发事件的上报、相关数据的采集、紧急程度的判断、实时沟通、联动指挥到应急现场支持、领导辅助决策，采用统一的指挥调度平台，借助网络、可视电话、无线接入、语音系统等各种高科技通信手段，在最短时间内调动公安、消防、环保、急救、交警等不同部门、不同警区的警力协同作战，对突发事件做出有序、快速、高效的反应。

应急联动这一概念最早出现于20世纪60年代，旨在通过对突发事件实行统一指挥，以减少各种危机带来的损失。目前，世界上许多国家都采用不同的三位数字电话号码作为全国处理紧急呼救的特服号码。例如：美国采用911，英国采用999，比利时采用900。全球现有的城市应急联动系统中，美国芝加哥市911中心以杰出的运行效率为众多发达国家及发展中国家的城市所研究和效仿。据统计显示，在世界范围内，芝加哥911系统响应时间最快，平均为1.2秒；日均接警量为1.5万件；911系统能够每小时处理3 000个呼叫，每年的呼叫能力达650万次。对于生活在芝加哥的290万居民来说，每月只需为自己的电话缴纳1.25美元的“911税”，便可无忧享受芝加哥的911服务。

在我国，建立城市应急联动机制最早也是最先进的当属广西南宁市。2000年，南宁市成立了我国第一个应急联动中心，负责建设、运行和管理国内第一套应急联动系统。该系统引进摩托罗拉的先进技术和设备，由计算机辅助调度、地理信息、电信、信息技术网络、无线调度通信、语音记录、大屏幕显示、车辆定位、卫星现场图像实时传送、安全监控、电源等子系统和相关配套系统组成。该系统建立了统一的指挥调度平台，将公安、交警、消防、急救、防震、防洪、人防、护林防火、公共事业等应急部门纳入统一的指挥调度中心，并在国内率先对众多的特服号码进行整合，市民只要拨打110、119、120、122其中任何一个号码就能及时获得所需要的应急服务。由于涉及部门众多、具体操作需要时间等原因，完全统一特服号码尚未实现，但这一趋势是可以预见的。总之，先进的应急联动机制成为南宁打造国内领先的城市安全环境的重要手段。

第三节 设计和建立有效的危机管理组织

（一）危机管理组织

危机管理组织是基本的危机管理单元。危机管理组织可能是一个独立的部门、部门的一部分，甚至是一个人。在实践中，危机管理组织可能具有不同的称谓，如民防办公室、危机管理办公室、国土安全办公室等。在中小城市或危机风险相对较小的地方，危机管理组织的设置可能相对简单；而在大城市或危机局势较为严峻的地方，危机管理组织的设置就更为复杂，甚至需要设立委员会等辅助机构来帮助制定和实施危机管理政策。

危机管理组织的基本要素包括：职位描述、人员配置、工作计划、财政预算和资金来源等。

1．职位描述

危机管理组织中的每个职位都要有职位描述，以此界定不同职位的职责权限。职位描述包括职位所要求的教育背景、工作经历和培训情况等明确的资格条件。

对于危机管理组织的领导者而言，清晰的职位描述尤为重要。通常，领导者应当是危机管理或公共安全领域的专家，具有领导组织内部日常工作的能力。领导者应当知道自己向谁负责，谁向自己负责，明确这一上下级关系与汇报程序。此外，领导者还需要与警察、消防、医疗救护、公共事业等横向的相关部门保持良好的工作关系，以获得足够的支持。

2．人员配置

危机管理组织配备有秘书、书记员等行政人员和分析师等专业人员。所有人员都需要职位描述，包括姓名、上级、职能、责任、任职资格等。组织应当支持工作人员开展联络活动、草拟计划、提供数据、安排会议并及时记录。为做好组织内部的绩效评估，组织应当每年对工作人员开展一次工作检查，制定新的绩效目标并加以培训。

在某些情况下，组织预算不足以支持每个员工有效工作。因此，也需要一些编外人员参与其中。他们掌握着各种技能，如计算机、通信技术等，因而同样有助于组织目标的实现。对他们也要定期进行绩效考核，以提升整个组织的绩效。

3. 工作计划

危机管理组织每年都应制定工作计划，以指导下一年度的工作。年度目标应当涵盖工作职责的各个方面，如脆弱性分析、灾难疏缓、危机准备、灾后恢复和危机教育等。目标设定后，应当评估自身达成目标的能力，这一评估将显示组织达成各目标的难易程度，并据此着手提升相应的能力。由于资金有限，可能在当年有效提升能力存在困难。因此，需要拟订针对这一能力的若干年发展计划，一般为五年。由于时限较长，以年度为单位设定短期目标、体现阶段性就显得更为重要了。

4. 财政预算

危机管理组织的财政预算需要在财政年度内对预期开支进行分类，并明确每一类资金的具体数额。典型的预算类型包括：人员薪金、设备费、电话费、差旅费、材料费，等等。预算还应预留出一定的应急资金，以待处置突发事件之用。

组织必须保证支出不会超出预算的范围，这对于常规的、持续性的开支并非难事，因为它是固定的。如设备维修费可以签约，电话费和差旅费可以相机削减，等等。相比之下，应急资金则更为难以预计。突发事件的规模、持续时间和影响都难以预料，但通过研究过去的记录或其他组织的经验能够为合理预算获得一定的借鉴和启示。

在进行预算准备时，必须证明预算条款的合理性。当出现新的开支需求时，应在预算申请的同时附以书面的预算陈述，并说明理由。在借鉴上一年度开支的同时，也必须根据下一年度的工作计划和通货膨胀情况进行相应调整。使用图表方式更有利于明晰预算条款和提升其解释力。

组织应当制定月度的预算报告，如若超出预算，则应设法缩减赤字。很多组织采取削减差旅费和培训费的办法。值得一提的是，培训费呈直线下降并不利于组织的长期、良性发展，应考虑其他更为有效的方法来减少开支。

5. 资金来源

危机管理组织所需资金的主要来源当属政府支持，包括同级或上级政府。在国外，危机管理组织的资金来源更为多元。如美国联邦危机管理局为各州提供很多资金支持的项目，各州可以提出申请，但必须符合联邦危机管理局规定的申请条件。地方各危机管理组织可以凭借自身条件向州危机管理局提出申请，联邦危机管理局区域办公室负责审查。此外，当地也有一些资金来源可以利用，如一些大型工业企业、商业部门等。

（二）有效的危机管理组织

何谓有效的危机管理组织？具体的评判标准是什么？资金、员工还是关系网？可以说，一个危机管理组织是否有效，是通过其危机管理措施的质量、适时性和成本来加以衡量的。

一个有效的危机管理组织应当同时具备有效的过程与结果：从过程来看，包括有效的活动计划、团队精神培养、形势分析、战略选择等。从结果来看，包括组织结果和个人结果：组织结果表现为产出（如脆弱性分析、应急计划、恢复计划）的高质量、数量、适时性、低成本等；个人结果表现为员工的个人努力和出勤率、工作满意度、权益保障等。

一方面，过程是实现结果的保障。有效的过程取决于三个因素：第一，危机风险和自身脆弱性；第二，组织外部支持；第三，组织内部因素。另一方面，理想的结果也会进一步推动过程。过程是动态的，因为成功永不止步。

1. 危机风险和自身脆弱性

曾几何时，许多经受危机冲击的组织都决心未雨绸缪，早作准备。危机频繁、持久的影响已经形成了一种亚文化，即组织内外将危机准备作为一种常态和习惯。辖区内危机风险较为缓和的组织可能任务相对较轻，而高风险的地区则更应严阵以待。除了亲身经历体会到危机外，通过媒体或他人叙述也能对危机产生鲜活的感受，如某一个消防局长能被另外一个消防局长的经历影响到。

2. 组织外部支持

没有资源，危机管理组织就无法开展工作。资源来自于政府、私营部门、媒体和公众等方方面面，因此，从组织外部获取支持至关重要，这直接影响到资源的获取和分配。政府是危机管理组织获取资源的首要来源，可以通过直接拨款、申请项目等方式获取政府支持；在市场经济条件下，企业资源也是不可忽视的重要方面，危机管理组织和企业存在着相互利用与合作的空间，关键是要理顺机制；与媒体建立联系和友谊，是危机管理组织提高声誉和地位的重要举措，这就需要加强对媒体的公关；此外，还要善于开展直接面向公众的活动。

3. 组织内部因素

研究表明，组织内部因素也在很大程度上影响组织的有效性。这些因素一般包括：对于领导职责的清晰界定、内部阶层的明确划分、持续的计划制定与贯彻、广泛的员工参与、部门与机构间的协调、良好的人际关系等。

曾有的危机经历也有助于提高危机管理组织的有效性。即使没有这种经历，组织上下对最大的危机风险达成共识也有助于提高组织的有效性。实践证明，有越多富有危机经历和实际危机处置经验的员工，有越翔实和完善的计划，对其他危机管理组织的政策与程序越熟悉，组织的有效性就越高。

其他影响危机管理组织有效性的内部因素还有：组织员工的数量、工作时间、下设部门与机构的数量等。下设部门与机构可以通过加强分工，提升专业化水平，进而提高组织的有效性。

（三）如何设计和建立有效的危机管理组织

危机管理组织可以是消防、警察等专司应急的部门，也包括卫生医疗、公用事业、环保、土地、水利、工会、红十字会等所有与危机管理有关的职能部门。如何从一开始就建立有效的组织，需要从以下方面着手：

1. 设计和建立组织结构

具有普遍意义的危机管理组织包括领导正职、领导副职、秘书长、信息官和下设各部门。领导正职负责主持会议，向政府、企业、媒体和公众全面代表整个组织；领导副职负责管理组织的内部事务，并在正职缺席时代理正职；秘书长负责安排会议事宜和记录工作；信息官负责处理所有信息工作，包括危机信息、计划信息、活动信息、预算信息等。

当组织内部分工明确且具体时，组织的有效性会大大提高。因此，危机管理组织也应适当设立业务部门。典型的业务部门包括：

（1）危机分析部门。负责识别组织及管辖区域的危机风险；分析组织及管辖区域的脆弱性；判断危机第一波冲击后可能出现的次生、衍生危机；确认学校、医院、监狱等人员流动性较低的高风险单位；等等。

（2）计划与培训部门。负责制定危机管理计划；针对危机响应人员进行培训，包括常规响应和特殊响应行动的能力培训；通过各种途径为培训寻求资源；开展危机演练，以检验危机管理计划；与主要的危机响应机构建立联系；等等。

（3）疏缓与恢复部门。负责开展各种疏缓活动，以降低组织及管辖区域的脆弱性；预先制定危机后的恢复计划；与公用事业、土地、建筑、社区等机构建立联系；等等。

（4）公众教育与对外联络部门。负责与媒体和公众进行沟通；解释组织的态度与行为；编写通俗易懂的危机宣传材料并向公众发放；开展针对公众的宣传与教育活动；等等。

（5）行政事务部门。负责制定明确的、可达成的组织年度目标；寻求资源支持；具体经手开支；就组织事务使内部成员集中思想、统一认识；等等。

2. 评估危机风险和自身的抗风险能力

只有明确组织面临的危机风险和自身的抗风险能力，做到知己知彼，才能有针对性地制定危机管理计划。它包括危机风险评估、组织脆弱性评估、危机回应能力评估和危机意识评估。

（1）危机风险评估。危机风险评估是指对组织及管辖区域可能面临的各类危机及其威胁程度进行评估。可根据各类危机类型的以往数据和经验，按照危机影响、次数和频度对其进行打分并排序，从而明确威胁较大的危机类型，并加以重点防范和准备。

（2）组织脆弱性评估。旨在评估组织及管辖区域的物质状况，包括地理位置、地理特征、面积大小、建筑物类型、土地利用、土壤类型等；评估经济社会发展状况，包括区域GDP、人均GDP、从事的主要经济活动、犯罪率等；评估人口状况，包括区域人口总数，老人、小孩、残疾人等弱势群体数量，社会流动人口数量等；评估危机重点防范区域，如重要机构、化工厂、仓库、交通要道等。

（3）危机回应能力评估。这是指对组织现有的危机回应能力做出判断，在此基础上予以改善和提高。它可细化为各类资源的动员与调配能力，如医疗设施（医院、诊所、药房、医生、医疗设备等）、通信设备（电视、公用电话、广播等）、交通工具（巴士、卡车、三轮车、自行车等）、供水设施（储水罐、钻井机、水泵、公共水站等）、供电设施（发电厂、临时发电机等）、卫生设施（公共厕所、公共浴室、垃圾回收站等）、搜救设备（起重机、推土机、刀锯、绳索、梯子等）、临时避难所（学校、礼堂等）。这些信息应形成一个详细的资源目录。

（4）危机意识评估。这一评估在于把握危机管理组织及民众对于危机的态度和认知，了解管辖区域内各种群体的期望，以此为参考制定危机管理计划。这可以通过调查问卷的方式来进行，应注重向不同阶层、年龄、性别的民众发放问卷，以考虑调查的全面性。

具体的评估方法包括：矩阵法、图表法、问卷法、打分排列法、后果预测法、角色扮演法、关键群体讨论、历史回顾与分析等。值得注意的是，风险评估、信息采集等过程必须对外公开，以获得民众的支持与配合。对于文化程度有限的民众，也应通过简单图表等通俗易懂的形式向其说明。

3. 制定危机管理计划

危机管理计划就是在对危机发生后的情况充分设想的基础上，对危机管理工作进行详细规定的方案。每个危机管理组织都应制定危机管理计划，这是为了指导未来的危机管理工作，因此必须密切联系实际，并在日常演练中不断完善，而决不能纸上谈兵。具体来看，危机管理计划包括响应计划、恢复计划和疏缓计划等。

危机管理计划的制定一般是由计划与培训部门负责。在计划制定过程中，必须保证计划制定者具有合格的能力和实际经验；应充分吸纳专业力量，尊重相关专家的意见，以保证计划的专业性。计划应包括基本计划、附件和具体的危机附录等内容。

在计划初稿拟订后，还要进行检查、修改和完善。对计划任务与实际能力的不一致，甚至不同计划间的不一致都要进行调整。履行组织内部的程序后，还要在管辖区域内面向民众征求意见，由公众教育与对外联络部门负责此项事宜。应留有足够的讨论时间，并适时召开至少一次征求意见会，公众可以自由参加并提出意见。

在所有这些的基础上，形成计划的最终稿。当然，这一最终稿也是相对的。危机管理计划的制定不可能一劳永逸，而要根据客观情况的变化不断修正。一般而言，两个因素会推动危机管理计划的修正：一是在危机，尤其是重大危机后根据经验教训修订计划；二是更为主动地、通过危机演练发现计划的漏洞与不足，并进行修改完善。

4. 寻求资源支持

资源是落实危机管理计划的关键。缺乏资源，计划便沦为空谈。资源的种类包括人力资源、财政资源、物质资源、科技资源等。

（1）人力资源。人为万物之本，人力资源主导和操控其他一切资源，因而是最为首要的资源。危机管理组织首先应充分利用组织内部人员，建立并完善录用、考核、晋升、奖惩等人力资源管理制度，调动内部员工的工作积极性；还应将志愿者纳入组织的活动范围，探索有效运用志愿者的机制和方法；在专业性较强的领域，应大力借助专家力量，平时就可建立专家库和智囊团，以便在面临突发事件时获取专业支持。

（2）财政资源。财力支持也是危机管理资源支持的重要组成部分。毋庸置疑，政府是危机管理资金投入的主要来源，危机管理经费一般被纳入国家预算体系；与此同时，也应拓展资金来源的其他渠道，如企业捐助、公益募捐等。在获取资金的同时，还要建立和完善配套的管理制度和审计制度，以保证资金的最优使用。

（3）物质资源。物质资源是危机管理得以实施的基本物质条件。而危机发生往往伴随着物资短缺，这是回应和解决危机的瓶颈所在。危机管理组织在平时应做好一定的物资储备，建立资源目录，并加强储备管理；同时，应注重发挥市场机制，通过订单、协议、契约等标准化程序向私营部门采购；也可实施鼓励政策，对重要物资的生产和流通企业提供奖励性补贴，使其保持适度库存规模以备应急之需。

（4）科技资源。在现代社会，有效预防和处置公共危机对科技的依赖性越来越大，对科技支撑的要求不断提高。危机管理组织应加大科技资源的投入，并加强与科技部门、科研机构和大专院校的合作，以有效提高危机管理的科技含量。

5. 营造组织文化

组织文化是组织内部成员共有的价值和信仰体系。由于是在组织长期的生存和发展中所形成的，组织文化与组织传统相互交织，在组织成员之间持续传播并不断得以强化，使成员形成一种思维和行为习惯，从而对成员的观念、思想和行为产生深刻影响。

正因为文化堪称组织的灵魂，组织文化是提高组织有效性的重要环节。要建立有效的危机管理组织，终归要建立有效的危机管理组织文化。通过文化建设，把各部门及成员的思想和行为统一到现有的组织目标、原则和活动上来，增强组织内部的凝聚力和向心力，使个人目标推动共同目标的实现，所有这些都将提高整个组织运作的有效性。

要建立有效的组织文化，需要明确组织认同的价值行为；识别每个成员的优势和劣势；满足成员的不同需要；给成员足够的时间去完成工作；给员工一定的独立性和施展空间；强调组织共享与协调；对个人业绩与进步及时予以肯定和奖励；强化组织荣誉感；等等。

第三章　危机管理的战略与政策

战略与政策是既相互区别又彼此联系的一组概念。所谓战略，指的是宏观、全局、长远的高度和范畴。古人云：不谋万世者，不足谋一时；不谋全局者，不足谋一域。这里所说的万世、全局，可以说就是战略。而政策是对战略予以落实、保障战略目标实现的一系列策略、措施和方法，是具体化的手段与工具。

总体来说，战略和政策之间是宏观与微观、整体与具体的关系。战略是在规划层面上对政策的统筹和指导，政策是在操作层面上对战略的落实与细化。公共管理离不开战略管理与政策工具，公共危机管理亦如此，它首先需要从战略高度来观察、分析和处理，但也需要实实在在的政策行动。在这一讲我们将对这两个问题进行阐述。

第一节　全面整合的危机管理模式

在现实社会中，政府面临的以及需要回应的危机是多种多样的；有效的危机管理需要政治的承诺和支持；有效的危机管理需要全社会的共识和危机管理意识；有效的危机管理需要中央政府整合各级政府、各种组织乃至于整个社会的力量；有效的危机管理需要政府动员和调动各种资源；有效的危机管理需要政府各种各样的政策、制度、法律的支持；在全球化的时代，有效的危机管理需要地区、区域和国际间的协作；等等。一句话，政府危机管理能力的大小取决于各种各样的因素及其相互的作用。因此，从国际社会和危机管理先进国家的经验出发，建立一个全面整合的危机管理模式是十分重要的。

所谓全面整合的危机管理模式，是指在高层领导者的直接领导和参与下，通过法律、制度、政策的作用，在各种资源支持系统的支持下，通过整合的组织和社会协作，通过全程的危机管理，提升政府危机管理的能力，以有效地预防、回应、化解和消弭各种危机，从而保障公共利益以及人民的生命、财产安全，实现社会的正常运转和可持续发展。

全面整合的危机管理模式，代表着一种危机管理的哲学和理念；代表着一种危机管理的基本制度安排；代表着一种危机管理的整合流程；代表着一套危机管理的科学方法。具体而言，全面整合的危机管理模式的基本特征和主要构成因素主要体现在以下几个方面：

（一）政治承诺、政治领导与政治支持（political commitment，leadership and support）

全面整合的危机管理认为，有效地预防、准备、回应和化解危机，保障人民的生命、财产安全，使人民免于危机的侵害和恐惧，保障社会的秩序和正常运转乃是政府的基本职能，也是政府的基本政治责任之一。作为一个负责任的政府、负责任的领导者、负责任的公共管理者，应该有这样的强烈的使命感、政治的承诺和政治责任感。政治领导者和高层公共管理者应该有强烈的危机意识、忧患意识，所谓“安而不忘危，存而不忘亡，治而不忘乱”；他们应该创造一种危机管理的文化和环境；他们应该积极地领导变革，通过制度、政策和管理的创新来预防和回应危机；他们应该积极地支持各种危机管理的计划和项目，并确立优先发展的次序；在危机爆发时，他们应该做出快速准确的决断，运用政治动员的力量，整合和调动各种资源回应危机；他们应该通过自己的行为，加强与人民的沟通，获取民众的信赖，展现公信力。

（二）全危机的管理（all types of disaster management）

政府和社会所面临的危机是各种各样的。人们一般把危机划分为自然的和人为的危机（natured disaster and human-made disaster）。区分自然的或者人为的危机的主要标准在于，视导致某种灾难或者危机的直接原因是否在于可以确认的人的行为（identifiable human actions）。要一一列举各种危机可能需要很长的清单，但是，有几种类型的危机由于其对人类的危害程度较大而引起人们的普遍关注，如地质和气候因素所引起的危机（geological and climatic hazards），典型的包括地震、海啸、洪水、热带风暴、火山爆发、山体滑坡等；环境因素所引起的危机（environmental hazards），典型的包括旱灾、饥荒、环境的恶化、沙漠化、害虫灾害等；工业和技术系统的失败所引起的灾害和危机；战争和冲突引发的危机（war and civil strife），如军事入侵、暴动、恐怖主义等；大规模的传染病所引起的公共卫生危机。尽管每一种灾变和危机的成因不同、特点不同，但是，从危机管理的角度来说都应纳入全危机管理的范畴。此外，各种危机之间也有相互的关联性，危机之间的相互关联使得某一种单一的灾变和危机会转化为复杂性危机。因此，危机管理要从单一危机处理的方式转化为全危机管理的方式，这包括了制定统一的战略、统一的政策、统一的危机管理计划、统一的组织安排、统一的资源支持系统，等等。全危机管理有助于利用有限的资源达到最大的效果。

（三）发展途径的危机管理（development approach to emergency management）

全面整合的危机管理模式认为，从本质上而言，一切危机都是人为的。人们所谓的许多危机和灾难，严格而言属于自然现象，只有当社会不能应对的时候，才会转变为灾难和危机。从另外一个层面上而言，社会发展过程中出现的许多危机大多是人类社会不理智和不适当的发展方式、行为方式和生活方式的结果。所以，一方面，发展途径的危机管理重视的是整个社会的危机管理能力的建设和发展，也就是社会做出有效的规划应对潜在危机、管理和减弱危机的影响以及尽可能地预防危机出现和重演的能力的提高。更重要的在于，发展途径的危机管理强调要从人类可持续发展的角度理解和进行危机的管理。人类社会必须重新思考自身发展的方式、行为的方式和生活的方式，谋求人与自然的和谐；人类社会需要重新思考个体、群体、社会、国家之间的相互关系，通过政治、经济、文化的改革建立一个健康的社会；我们需要重新思考国家的治理，通过改革不断致力于实现善政和善治；我们不仅仅要考虑现世代的发展和公平，更要考虑后世代的发展和公平。

（四）全过程的危机管理（an emergency management life cycle）

传统上，人们把危机管理的重点放在危机后的救济；二战后，人们开始把危机管理的重点转移到危机的准备上来；从 20 世纪 80 年代之后，人们进一步认识到：危机的发生和发展有其生命周期，危机管理也是一个系统的过程和循环。一个完整的危机管理过程包括四个基本阶段，即疏缓（mitigation）、准备（preparedness）、回应（response）和恢复（recovery）。所谓危机的疏缓，它包括消除或减少灾难出现的机会或影响的一切活动。其基本的出发点在于，一个社会即使不能预防灾难，也至少可以通过各种努力减少灾难的损失。所谓危机的准备，是指做出计划，以确定在危机出现的时候如何有效地应对危机，它包括危机规划、危机训练、危机管理的资源准备和储备等。所谓危机的回应，是指危机出现以后，政府向危机的受害者提供援助，通过各种反危机的措施，控制和降低危机的损害。它包括了许多重要环节，如警示、隔离与移民、搜寻和救援、灾难评价、紧急救助、基本设施的提供、沟通和信息管理、安全保障，等等。所谓危机的恢复，是指通过各种措施，恢复正常的社会运作和秩序。显然，危机管理的四个基本阶段是相互联系和不断循环的。

如果按照最简单的三分法，可以将危机管理的全过程划分为事前、事中和事后三个阶段。可以说，危机的疏缓和准备是事前阶段，危机的回应是事中阶段，危机的恢复是事后阶段。那么，同属事前的疏缓和准备究竟如何区分？我们认为，以前提假设为标准，可以将二者明确地区别开来。疏缓的逻辑前提在于假设危机的不可爆发性，即一切为了预防危机的发生，所有的疏缓行动都是为了千方百计甚至不惜一切代价阻止危机成为现实；而准备的逻辑前提则在于假设危机的不可避免性，即危机的发生是必定上演、无法阻止的了，一切都是在这一前提假设下，通过开展一系列的准备性活动，为危机发生后的实际回应奠定基础，并且降低危机造成的损失和影响。

（五）全面风险的危机管理（total risk management of emergency）

当代危机管理的一个重要趋向在于从单纯的危机管理转向风险的危机管理。风险是造成可预期的损失的可能性，风险管理是指运用系统的方式，确认、分析、评价、处理、监控风险的过程。危机管理的风险管理就是这样一种危机管理的主张和行为，即把风险的管理与政府政策管理、计划和项目管理、资源管理相整合，也就是与政府日常的公共管理的方方面面有机地整合在一起。在政府管理的过程中，实施风险的分析和风险的管理，包括建立风险管理的能动环境；识别主要的风险；分析和评价风险；确认风险管理的能力和资源；发展有效的方法以降低风险；设计和建立有效的管理制度进行风险的管理和控制。危机管理中风险管理的一个基本出发点在于：政府只有在政策、规划、资源的管理方面有效地实施了风险的防范与管理，才能有效地预防、疏缓和降低危机带来的损失。

（六）整合的危机管理（integrated emergency management）

危机管理是政府的职责，各级政府在危机管理中扮演着十分重要的角色。但是，有效的危机管理需要政府、企业、社会、国际社会和国际组织之间的协作伙伴关系（working partnership），其原因在于危机是没有边界的；受危机影响的是各种利害关系者；危机应对需要调动各种资源。整合的危机管理强调的是一种统一领导、分工协作、利益共享、责任共担的危机管理机制。

（七）建立在充分资源支持基础上的危机管理（emergency management based on sufficient resources）

全面整合的危机管理系统是建立在各种资源支持系统基础之上的。危机管理若缺乏必要的和充分的资源支持，无异于空中楼阁。一个现代化的危机管理资源支持系统包括：危机管理的信息系统和知识系统；危机管理的人力资源系统和教育培训系统；危机管理的财政资源系统；危机管理的物质资源系统；危机管理的政策资源系统；等等。上述各种资源的生产、分配、共享，以及各种资源的有效配置和使用，直接影响着政府和社会的危机管理能力。

（八）以绩效为基础的危机管理（performance based emergency management）

全面整合的危机管理强调的是以绩效为基础的管理，也就是说，为了实现有效的危机管理，政府必须设立危机管理的绩效指标。正如联合国所强调的那样，政府危机管理的指标必须具有可持续性（能够持续较长的时间）、可衡量性（明确界定成功的标准）、相关性（能够满足各种危机和灾变管理的要求）、及时性（满足近期和长远的需要）、能够实现（在政府确定的时间范围内能够达成）。此外，危机管理的绩效指标还必须明确、具有弹性、有机地与政府管理工作相整合、能够被政府部门和社会接受、能够反映国际社会的经验等。当然，仅有危机管理的绩效指标是不够的，还要进行绩效的管理，这包括绩效的衡量、绩效的监控以及持续不断的绩效改进等。

第二节　危机管理的战略选择

无论是从历史上，还是从现实的情况来看，中国都是一个各种灾变和危机多发的国家；各种各样的灾变和危机给中国社会造成了巨大的损失。中国政府和社会也经受住了各种各样的灾难和危机的考验，并且在危机管理方面积累了丰富的经验。尤其是 2003 年 SARS 危机之后，我国的危机管理开始步入快速发展的良性轨道，在理念、体制、机制、法制、资源保障等各个方面均取得了长足进展和积极成果。2008 年发生的一系列危机有效地检验了我国危机管理的发展成果，但也使一些深层次问题同时暴露出来。成果须巩固，发展待深入。从中国公共危机管理的现状出发，构建现代化的危机管理体制机制，全面提升政府和整个社会的危机管理能力，是中国全面实现小康社会和现代化的基本保障，也是当今和未来我们的战略选择。

（一）把危机管理纳入国民经济和社会发展的可持续发展战略之中

危机管理首先要求我们转变危机管理的观念。我们要避免就危机谈危机、就危机管理谈论危机管理的做法。事实上，导致危机发生的正是某些特定的政治、经济、社会和文化等因素。尽管人们不能消除危机，但是人们可以消除危机产生的部分原因，防止危机的扩大和恶化。因此，把危机管理纳入国民经济和社会发展的可持续发展战略之中是十分重要的。我们要把危机管理同经济的发展结合起来；把危机管理同资源节约和环境保护结合起来；把危机管理同文化发展结合起来；把危机管理同以人为本的发展结合起来；把危机管理同政治和法制的发展结合起来；把危机管理同社会基础设施的发展结合起来。一句话，要把危机管理的策略有机地整合到国家方方面面的可持续发展的战略之中。政府要在各种政策的制定中，把危机风险的认定和评估作为一个重要的方面和环节，以期收到防患于未然的效果。制定国家危机管理的整体战略和政策用于指导各级政府和整个社会的危机管理是政府危机管理体系的重要组成部分。因此，国家应考虑制定危机管理的战略和政策，以阐明国家危机管理的目标和基本的政策选择。危机管理的政策要涉及危机的评价、危机的预防、危机的准备、危机的回应、危机后的恢复和重建等各个方面。

（二）建立和完善政府危机管理的组织体系和机构

危机管理是各级政府、各个政府部门的职责和责任。把危机管理的职能整合到各级政府和各个政府部门的职能体系之中，整合到各级政府和各个政府部门的日常工作之中是十分重要的。但是，考虑到危机管理需要统一的领导、统一的指挥；考虑到危机管理需要协调和调动各种资源和力量；考虑到危机管理需要常态的管理战略、政策和机制，因此，建立统一领导、分工协调的危机管理体制是十分必要的。从国际上其他国家危机管理的经验出发，结合中国的具体情况，我国有必要在中央政府建立高层次的危机管理的领导、指挥和协调机构。这一机构的主要职能在于：制定危机管理的战略、政策和规划；进行危机信息管理；开展危机风险的评估；在非危机时期，负责危机的预防和预警工作；在危机发生期间，负责领导与协调工作；负责危机管理的监督管理工作；对政府管理者和社会公众进行危机管理的教育和培训等。在中央政府的统一领导下，明确中央各部委、各级人民政府危机管理的职能、职责和责任。考虑到危机的多样性，应明确不同政府机构承担某些特定危机管理工作时的职能和职责，从而便于形成统一领导、分工协调的危机管理体制。

（三）制定并完善国家危机管理的法律、法规和规章体系

我国已经制定和颁布了一些应对危机状态的法律和法规，如《突发事件应对法》等。但是，从整体上来看，国家危机管理的法律法规体系尚不完整。最核心的问题在于，我国宪法没有关于危机状态或紧急状态的规定，政府紧急管理权也没有明确的宪法授权；我国尚没有一部完整的危机状态或紧急状态法。因此，为了使政府危机管理法制化，使危机管理工作有法可依、有法必依、执法必严、违法必究，有必要积极推进危机管理相关的立法进程。首先，要在宪法中对紧急状态的确认、紧急状态的实施、政府紧急管理权等做出规定。其次，制定统一的《紧急状态法》。统一的紧急状态法应该就下列主要问题做出明确的规定：紧急状态的确认和宣布；政府的紧急管理权；政府在紧急状态下的回应措施；紧急状态下的法律责任等。最后，制定并完善管理和应对各种具体的危机或紧急突发事件的专门的法律、法规。

（四）为政府危机管理提供充分的物质资源和财政资源支持

物质资源和财政资源是政府危机管理的基础。政府要加大直接服务于人民的基础设施的投入，因为基础设施的落后往往是导致危机产生和扩大的一个重要因素。各级政府要把危机管理的预算纳入政府的预算体系之中；设立必要的专项基金，用于应对各种突发事件和危机，并且建立监督的制度和程序以保证基金的合法、合理以及有效使用。政府有必要建立完善各种战略性资源的储备制度；建立资源目录，以便在关键时刻有效地调动资源；同时就危机状态下资源的征用问题加以立法。

（五）建立政府危机管理的信息系统和决策支持系统

政府的危机管理，无论是危机的预防、准备，还是危机的回应和危机后的重建，都必须建立在准确、全面、适时的信息基础之上；政府危机管理的政策制定、危机决策也离不开决策支持系统的支持。危机管理最大的特点之一就在于危机的不确定性和环境的复杂性，因此，完善的信息管理对于危机管理能力的提高至关重要。一个比较完善的危机管理信息和决策支持系统包括：资料库、知识系统、规范模型、危机的预警系统、电子信息技术的应用平台等。要逐步将现代信息技术运用于政府的危机管理之中，通过科技的力量，提高政府危机管理的能力。

（六）建立有效的危机管理沟通机制

有效的沟通机制在政府危机管理过程中发挥着十分重要的作用。明智地、及时地进行信息沟通，即使不能防止危机的发生，也可以控制危机及其影响；良好的信息沟通，可以加强反危机的协调工作；良好的沟通可以防止信息的误传和谣言的传播；在危机发生时，政府与民众的及时沟通还可以起到稳定民心、警示、教育、监督等多重作用。危机管理过程中的沟通主要包括政府与民众之间的沟通、政府与新闻媒介之间的沟通、政府部门之间的沟通。不管何种形式的沟通，一定要保障信息的及时、准确和客观；要保证重要通信基础设施的安全和信息沟通渠道的畅通；要建立制度化的信息公开和发布制度。

（七）加强危机管理的教育和训练，增强整个社会危机管理的意识

国家危机管理的能力取决于多种因素，政府官员和公共管理者的危机管理意识、知识、能力，以及整个社会公民的危机意识、应对危机的知识和能力无疑是一个十分重要的因素。因此，强化危机管理的教育和训练便成为政府危机管理系统中不可缺少的组成部分。应当把危机管理的教育和培训纳入政府官员和公共管理者的教育和培训之中；在高等院校中进行危机管理知识和技能的教育；把应对各种突发事件的基本知识和技能的教育作为素质教育的一个组成部分；利用各种形式对社会公众进行危机管理知识和技能的传播和教育。为此，有关政府机构、教育和科研机构要加强危机管理的研究，形成系统化的知识；进行危机教育的需求分析；明确危机教育的目标群体；提供教育的资料。

（八）促进危机管理的多边合作和国际合作

在全球化的时代，一个国家或地区出现的危机，不可避免地会产生国际化的影响。危机管理问题一直是国际社会、国际组织和地区组织十分关注的一个问题。预防和管理各种各样的危机和灾难一直是联合国长期以来所致力的事业。联合国人道事务协调办公室、联合国难民事务各级委员会、联合国儿童基金会、世界卫生组织直接介入危机和灾变的管理；联合国开发计划署直接代表联合国协调危机管理事务；国际气象组织、国际粮农组织、国际红十字会和国际红十字与红新月联合会也介入国际和地区性的危机管理。在这个更加相互依存的世界中，我们的政府有责任、也有能力与国际组织在危机管理方面扩展合作。在危机管理上，我们要积极争取国际和地区性的组织在资金、人员、技术、教育和培训以及道义上的支持，同时也要加强与这些组织在信息方面的沟通。

第三节　危机管理的政策工具

所谓政策，是指政府为解决和处理公共问题，达成公共利益和公共目标，经过政治过程，发展出来的一系列原则、方针、策略、措施和方法等。简言之，政策是政府为解决某项公共问题或满足某项公众需要，所选择的行动方案。

政策工具（policy instrument），也称政府工具、治理工具，它是指政府将其实质目标转化为具体行动的路径和机制。它考虑的是政府选择用何种方式实现政府治理目标的问题，没有政策工具，政府的目标就无从实现。可以说，政府治理工具是联系政策目标和政策执行之间的桥梁，政府的治理目标只有通过有效的治理工具才能实现。因此，政府治理的核心就在于设计和选择有效的政策工具。

（一）危机管理的政策工具种类

公共危机管理作为公共领域内的一种非常态管理，与各种常态管理活动一样，也是现代政府的重要职能。如何完成这一职能，需要配套政策的支持，尤其是政策工具的选择和运用。

现代社会公共问题的复杂性，使得任何单一的政策工具都无法有效地解决某一公共问题。特别是公共危机问题诱因复杂，领域众多，所涉及的政策工具也尤为多元。但是政策工具的选择并非一个纯技术性的工作，也不存在一个理想、标准的选择模式，而是要综合考虑政策工具本身的特点以及政治、经济、社会文化等多种历史和现实因素。选择政策工具的过程其实就是一个对各种政策工具和政策情境进行评价的过程。

从另一个角度来说，政府政策工具的选择实际上也是在政府和市场之间不断倾斜摇摆的过程。一方面，由政府运用公共权力来直接提供某些公共物品和公共服务是政府的职责所在，政府直接供给能够确保公共物品和公共服务的充分提供，有助于实现社会公正；另一方面，由于市场机制本身具有自行纠正和解决问题的能力，因此某些公共物品和公共服务可以通过市场运作的方式实现供给，政府可以对此不加干预，完全由市场根据供求状况自发调节。

但实际上，完全政府供给和完全市场供给都存在着失灵的情况：政府供给能够维护公共利益，调整社会冲突，但却隐含着效率低下、资源浪费和寻租的风险；市场供给有助于降低成本、提高质量、促进竞争，但也面临着传统上的市场失灵的质疑。因此，政府与市场之间的选择是复杂的，不仅仅是这两端的选择，更是这两者构成的不同组合以及不同程度的资源配置方式的选择。这种选择的结果，使得形式多样的政策工具不断涌现，从而为政策的实际选择和运用留下了极大的弹性空间。

总体来说，各种不同的政策工具各有长短，并无绝对优劣之分。唯有多管齐下，才能实现政府的治理目标。从各国的实践情况来看，政府对政策工具的偏好正在发生转变，如强调市场机制、加大放松管制等，均表现出非强制性的工具倾向。政府在公共危机管理中的政策选择也要突破强制性工具的限制，根据危机的破坏性、影响范围以及政策工具本身的特征进行综合考虑，以实现公共危机管理政策工具的多元化。

依政府介入的程度不同，可将公共危机管理的政策工具大体分为五类：直接供给政策、政府管制政策、经济诱因政策、保险保障政策和宣传教育政策。这些政策工具既有与其他管理活动相通的共性，也不乏体现危机管理的特有属性，基本涵盖了公共危机管理运用最广、也最为常见的政策类型。

（二）直接供给政策

直接供给政策是指由政府部门直接生产和分配的政策类型。从政治责任的角度来看，公共危机是个人、家庭和市场机制都不能独立解决的问题，只能由政府通过动员社会资源和公共力量来加以解决。因此，政府是公共危机管理的天然主体，直接供给政策亦即政府介入程度最高、基本由政府包揽的危机管理政策工具。

1. 政策特点

政府采取直接供给的手段干预公共危机的特点就在于：第一，强制性程度较高。直接供给以国家机器和公权力的强制力为后盾，是一种“命令和控制”的管理方式，其他任何力量都无法干扰或阻拦，因此政策的执行力强、效率高、见效快。第二，直接性。直接供给是危机发生前后政府直接干预的一种手段，政策制定和执行的主体基本都集中于政府和公共部门，较为单一，效果也更为直接。第三，自治性程度较低。与社会和市场机制不同，直接供给是通过政府的行政权力体系来调动资源、执行决定、提供服务，相应的自治性较低。第四，缺乏透明性。直接供给的全过程基本由政府掌控，外界参与和影响的程度较小，这种不透明的机制可能产生的种种弊端也是直接供给政策常为人诟病之所在。

2. 政策领域

政府通过直接供给的方式来预防和应对公共危机的范围是广泛的，国防安全、公共基础设施、公共卫生、社会治安还有政府自身运作过程的管理等都属于这一范畴。其背后的逻辑在于这些领域的危机管理都具有正外部效应，由政府来组织和安排生产是必要的。在危机状态下，由于公众无法及时有效地做到对危机的及时预警、信息的及时获取以及在危机状态之下的理性应对，如果政府不加以干预，公共利益就会受到侵害，社会公平就会受到冲击。因此，在危机状态下，政府必须在最大程度上确保公众在危机事件中受到的损失最小化，使公共危机管理成为一种人人都可享用的公共物品。除了这些有形公共领域的危机管理之外，政府出台的一些能够产生广泛影响的公共政策（资源配置政策、收入再分配政策等）本身也隐含着风险，而这类风险的应对应该并且只能通过政府直接干预的方式来进行。与其他社会机构相比，政府的资源和信息优势是显而易见的，因此政府直接供给是最为直接、迅速、权威、可靠的政策工具，也是各级政府的应尽职责之所在。

直接供给政策的具体适用领域如下：第一，涉及需要行使合法权力的领域。如果社会上出现了公民个人的生命财产受到威胁的突发事件（如自然灾害，恐怖袭击等），作为唯一可以合法使用强制力的主体，政府的直接介入是最恰当的。第二，如果某项活动意义重大，社会影响广泛，一旦处理不善就有可能给社会带来灾难性损失的话，那么政府的直接供给也是最有效的政策工具。货币供给、传染病防治、国防安全都属于这种情况。第三，市场机制无法提供有效服务的领域。如果市场没有能力或不愿提供服务的话，政府的干预就是必要的。市场之所以无法提供既可能是由于风险太大无力承担（如太空研究、金融市场稳定），也可能是由于没有经济利益的激励不愿提供（如公共教育），政府的直接干预是解决这类潜在危机的最有效工具。第四，涉及政府自身管理能力的领域。政府组织体系的运行、公共服务的供给以及公共政策的出台本身也可能诱发潜在风险，而这些风险是其他任何政策工具都无力应付的，只能由政府来承担和化解。

3. 政策措施

（1）兴办与危机相关的公共工程。

公共工程主要是指道路、市政、电力、通信、住房、医院等公共基础设施建设项目。由于外部性和市场供给的失灵，公共工程一般由政府出面举办、投资和组织建设，所以可视为直接供给政策的典型代表。

兴办与危机相关的公共工程，主要是为了有效预防公共危机和在危机发生后尽快恢复重建。由于公共工程特别是大型公共工程的建设周期较长，可以从危机前延伸到危机后，即工程建设能够贯穿到危机生命周期的每一阶段。它不仅能够解决危机预防和准备工作供给不足的问题，在危机到来前做好最充足的准备，还能够创造大量的就业机会。尤其在危机发生之后，大量提供针对灾民的工作岗位实际上就是对其最好的救济和帮助。

从危机前来看，规划和建设应急避难所就是直接供给政策的典型措施。应急避难所能够为民众提供安全的避难场所，为避难人员维持基本生活、进行医疗救护提供物资支持。作为灾害多发的国家，日本相当重视避难场所建设，包括以公园、绿地为主和以学校、体育馆及其他公共会馆为主的两类避难场所，除设置明显指示标识及供水、厕所等基本设施外，还配备了食品、罐装水、毛毯、炊具等生活必需品和防灾救灾器材等物品。近年来，我国不少城市也开始了对避难所的规划和建设。2003 年 10 月 1 日，北京市建成了全国第一个系统规划的应急避难场所——元大都城垣遗址公园，目前北京市共建有 27 处避难所，可容纳 148.5 万人同时避难。

从危机后来看，最著名的灾后公共工程项目当属印度马哈拉施特拉邦（Maharashtra）在 1970 年爆发的旱灾中启动的就业保障计划，该计划每个月为 50 万难民提供了就业机会。阿根廷在 20 世纪 90 年代启动了 Trabajar 二期项目，用于应对国内急剧上升的失业率。埃塞俄比亚一直以来饱受饥荒和旱灾的困扰，该国制定的国家灾害预防与管理政策（NPDPM）中就规定，要通过公共工程项目为灾民提供就业机会，以帮助灾民通过就业来获取维持基本生活需求的收入。

（2）为危机管理提供资源保障。

公共危机出现前后，政府要做的最重要工作就是通过资源的调动和整合来预防和应对危机。从这个角度来讲，资源的储备和调动是公共危机管理的一项关键职能和核心工作。政府要确保危机管理的人、财、物、技术等资源及时到位，为公共危机管理建立强大后盾。

第一，人力资源。人力资源是主导一切的最首要资源，为危机管理投入人力是政府直接供给应急资源的重要内容。世界上大多数国家的应急响应工作都是由专业化的应急救援队伍完成的。为此，对专业应急救援人员的素质要求不断提高，在人员选拔和认可上实施严格的培训和考核标准。我国的各级各类专业应急队伍也在不断发展壮大，规模初现。以北京市为例，现共有专业抢险救援队伍 202 支、专业救援人员约 2.74 万人，为投入危机应急奠定了坚实基础。

第二，财政资源。公共财政预算要为危机管理提供财政支持。在危机管理实践中，很多政府按照本级预算支出额的 1%～3%安排了预备费，作为公共财政应急储备资金。还有的设立政府专项基金用于危机的预防、应对和灾后恢复工作。譬如，菲律宾政府设立了国家灾难基金（National Calamity Fund），该基金由国家灾害协调委员会负责管理，用于向遭受洪水、地震、海啸、爆炸、传染病和重大气象灾害的地区提供援助和救济，并支持灾后恢复和重建工作。德国于2002年易北河洪灾后成立了一项救灾与灾后重建专项基金，投入了约71亿欧元的税收收入到该基金中，还专门制定了一部法律对基金的使用进行管理。

财政补偿是公共危机发生后的一种补偿手段，其资金来源主要是国家的财政收入，资金发放具有临时性和随机性。在发生洪水、地震等重大自然灾害时，政府常常通过财政来安排救济款项，国家每年划拨的赈灾基金就属于这种政策工具。另外，当大规模公共卫生危机出现时，政府为维护全社会的公共利益而出台的政策也可能会对个体利益产生损害，此时由政府来进行补偿是正当的。以高致病性禽流感为例，2005年禽流感暴发后，我国政府明确提出对发生高致病性禽流感地区捕杀家禽的损失给予合理的补偿，中央财政从当年预算总预备费中安排20亿元，设立了专项防控基金。传染病防治是政府公共服务的一部分，它确保的是社会整体的利益和安全，其相应成本应由政府而不是个人承担。

第三，物资资源。物资保障是政府危机管理得以实施的基本物质条件，它包括对应急物资的紧急供应、调拨和管理，以及日常对应急物资的储备和管理。通过日常储备和管理，可以最大限度地避免危机状态下的物资短缺。政府应当对应急物资储备合理规划，结合调运方案科学布点，防止多头、重复储备；根据主要应急事项全过程的物资需求分类建立物资目录，整合物资标准；对生产方式特殊、需求波动较大的物资的生产能力进行储备，必要时紧急组织扩大生产；加强对日常物资储备的管理，建立严格的规章制度和责任落实机制，防止特殊时期出现政策空隙，保证物尽其用。

第四，技术资源。在现代社会，有效预防和处置公共危机对科技的依赖性越来越大，对科技支撑的要求不断提高。危机管理的趋势之一，就是加大科技的投入和运用，这也是直接供给政策的重要措施。如应急部门装备有先进的通信指挥系统，建立完全网络化、信息化、自动化的应急指挥技术平台和指挥中心；着重打造社会全面监控、有线通信、无线调度、异地会商、移动指挥、互联互通等功能，充分实现资源整合、信息共享；通过计算机、卫星遥感等高科技手段加强对自然灾害的预防等。

(3) 设计危机预警系统。

针对公共危机的具体特点，设计危机预警系统，这也是政府直接供给政策的内容范围。基于政府的资源优势和信息优势，由政府来设计和运行这一系统最为合适。

危机预警系统是指对预警对象、预警范围、预警指标和预警信息进行分析和研究，及时发现和识别潜在的或现实的危机因素，以便采取预防措施，避免危机发生的意外损害，把危机造成的灾害降到最低限度。危机预警系统主要起到评估预警信息、发出危机警报，防患于未然的作用。从横向职能体系来看，危机预警系统包括自然灾害预警系统、恐怖袭击预警系统、公共卫生预警系统、社会运行预警系统等。自然灾害预警系统又可根据地震、海啸、飓风等灾害类型进行详细划分。在相应技术的支持下，辅以统计资料、数学模型和计算机模拟等诸多分析预测工具，建立分门别类的预警系统已成为可能。预警信息一旦确定，即可通过电视、广播、手机短信等多元化、立体化的信息传播网络广为发布，不仅有助于政府迅速进行社会动员，还能避免信息误传，稳定人心，维护良好的舆论和社会环境。“9·11”事件后，美国建立了一套五级国家威胁预警系统，用红、橙、黄、蓝、绿五种颜色分别代表从高到低的五种危险程度，取得了良好效果。

4. 政策注意事宜

必须指出的是，尽管政府的直接干预能够确保危机管理服务的公平性和有效性，但也存在诸多问题：第一，脱离实际需要。政府垄断了直接供给的决策，可能会根据政府本身的偏好向民众强制性地提供供给，而无视当地的实际需要，民众只能被动地接受。第二，绩效问题。在直接供给的过程中，由于主体单一而缺乏竞争，容易产生效率低下、浪费严重、成本浩大、重复建设等绩效问题。第三，易发寻租腐败行为。由于透明性差，缺乏外界监督，直接供给可能成为官员寻租的手段，导致假冒伪劣产品和“豆腐渣”工程，最终损害公共利益和公民福利。

为避免和减少这些问题，直接供给政策的制定过程中应当广泛吸收公民参与，有关决策信息应让社会和公众知晓，给予公民参与和表达利益诉求的渠道，同时注重将自上而下和自下而上的决策机制有机结合起来。尤其是关系国计民生、事关重大或征地拆迁等直接涉及民众切身利益的政策事宜，在决策过程中更应广泛听取民众声音，吸收和接纳不同意见，在考虑真实民意的基础上进行决策，以减少决策的盲目性和决策失误。政策的执行过程中也应完善制度建设，加强自我监督，主动邀请和接受社会监督，保证效率和公平的统筹兼顾。但无论如何，单纯地依靠政府一己之力来应对公共危机是不足取的，必须兼顾其他政策工具的运用。

（三）政府管制政策

政府直接供给是公共危机管理最直接、最迅速的政策工具。但一般而言，对于社会中个人、企业和其他组织的行为引发的一般性的危机，政府没有必要直接干预，政府的责任仅仅在于使它们意识到自己的责任以及所要承担的后果。但对于那些会给其他人和组织甚至社会造成直接或间接损失的行为，譬如由企业污染引发的环境危机，政府就有必要采取管制措施对其活动和行为进行限制或控制。管制性的政策工具就是政府利用公共权力和权威，通过法律和法规，来规范社会组织和公民的行为，以达到政府治理的目标。管制性政策工具的最大特点在于，它以公权力为后盾，以法律和法规为依据，通过限制或剥夺人们的自由和权利来贯彻政策。

1. 政策特点

管制包括经济性管制和社会性管制，二者特点有所不同。经济性管制旨在确保产品和服务市场的竞争性，它主要是指政府对厂商的行为进行管制。其特点在于：第一，强制性程度高。在经济性管制工具下，除非得到管制者的许可，厂商不得进入市场，厂商如果违反规定就要受到处罚，许可证也有可能被吊销；消费者也有可能因违反管制条例受到惩罚。第二，既具有直接性也有间接性。直接性表现在：管制机构控制市场进出，设定价格，对违反规则的行为进行惩罚；间接性表现在：只要是在管制规定范围之内，生产决策和消费决策是市场的参与者自己做出的而不是政府。经济性管制的最终目的不是为了颁布规章和颁发许可，而是为了改变供给双方的交易关系。第三，自治性程度低。在经济性管制工具下，行政权力代替市场做出决策，因此自治性程度是比较低的。第四，透明度因对象不同而有所差异。对于受到管制措施直接影响的主体来说，透明度较高，而对于多数民众来说却是不透明的。

社会性管制旨在对那些给公众的健康、安全和福利造成直接影响的行为进行限制，其主要目标在于保护消费者的利益（譬如对食品的生产过程进行管制）以及维护公共利益（譬如对环境进行管制）。其特点在于：第一，强制性程度高。为了推动管制规则的具体实施，社会性管制工具引入制裁措施，对被管制者的行为具有很强的干预性。第二，间接性。社会性管制措施的执行往往授权给各层级的政府，而且在很大程度上还依赖于被管制主体的自觉汇报以及第三方的协助，因此具有很大的间接性。第三，自治性程度低。由于社会性管制措施的强制性程度高，被管制者不得不服从，因此只有较少的社会性管制措施是自主实施的。第四，透明度低。相比较而言，社会性管制是透明度比较低的政策工具。尽管政府可能会向公众开放管制过程，但大多数管制措施的技术性特征（譬如听证会内容的专业性）使得这一目标难以实现。此外，管制措施给被管制者带来的成本也是难以衡量的。

2. 政策领域

政府管制政策适用于诸多领域，而这些领域存在着一些共同特征：第一，负外部性（或称外部不经济性）。负外部性是指一种经济行为对外部造成消极影响，使他人和社会增加成本，收益受损，即外部不经济。外部性是非排他的，如果仅仅依靠市场机制，外部性的制造者不仅不会承担外部成本，相反还会获取边际收益。为了克服这种外部性，就必须求助于政府这只“看得见的手”进行管制。第二，具有公共物品属性。与私人物品相比较，纯粹的公共物品具有以下两个基本特征：非竞争性和非排他性。这使得它在使用过程中容易造成“公用地悲剧”，即个人过度使用公共资源，最终导致全社会成员的利益受损。有些领域（即使是私人活动领域）如果政府不加以管制的话，公众就不能享受到公共物品；而政府的管制能使全社会享受到这种公共物品带来的好处。第三，存在信息不对称。信息不对称主要存在于产品的供给者和消费者之间。一般来讲，消费者对产品信息的了解总是少于生产者。在信息不对称的条件下，消费者在市场博弈中居于弱势地位，完全依赖市场机制力量来监管并不能产生令人满意的效果，因此通过管制来保护消费者的利益是政府的重要社会职责。

具体来看，公共危机管理的政府管制政策主要适用于食品药品安全，刀具、枪械和危险品管理，环境保护，安全生产等领域中可能产生的危机。

（1）食品药品安全。

食品药品作为生活必需品，与人们的日常生活密切相关；食品药品的质量至关重要，直接影响人们的身体健康；一般消费者难以识别食品药品质量的优劣和真伪，只有依靠专门的技术人员使用专门的设备才能做出鉴定和评价。因此，政府管制应成为规范食品药品市场的重要途径。食品药品在世界各国受到复杂而严格的政府管制，发达国家均通过立法、审批等措施对这类行业进行管制，还设立了专门的管制机构来对食品药品质量进行严格的监管，如美国的食品药品管理局（FDA）。

（2）刀具、枪械和危险品管理。

从国际范围来看，刀具、枪械和危险品的管理在任何国家都是一个顽疾。如果这些领域政府管制不力的话，它们隐含的巨大杀伤力将会给公共安全和公民生活带来重大威胁。目前世界各国政府已对此形成一致认识，并积极采取措施加强对军火武器和危险品的管理。我国和世界上大多数国家和地区在枪械管理问题上采取的都是严格管制的办法，并在维护公众安全上取得了积极成效。

（3）环境保护。

环境污染是最典型的外部性问题。在市场机制下，厂商受到经济利益的驱使，往往会忽视自身生产活动对环境造成的影响，这种外部损失不可避免地被公众和社会分担了。市场机制本身是无法解决环境问题的，政府有必要对相关问题进行管制。政府应当将生产外部性的主体和受外部性影响的主体联系起来，使外部性“内在化”，让外部性的制造者承担污染成本。环境问题的性质和特征决定了政府在环境保护方面可以发挥特殊的作用：政府对经济活动的适度干预，可以纠正人们行为的“外部不经济性”；政府的环境行政行为有利于对环境污染和破坏进行预先控制；政府可以对环境保护工作进行整体协调；政府在培育环保市场、建立市场机制方面发挥基础性作用；政府是环境公共物品的主要提供者等。

（4）安全生产。

政府之所以需要进行安全生产管制的根本原因在于安全生产问题具有内部性，会引起市场失灵。所谓内部性是指由交易一方所经受的但没有在交易条款中说明的交易成本和效益，即不能获取潜在的交易所得。内部性因交易双方信息不对称引起。例如在生产中，居于交易弱势地位的劳动者往往对企业的工作性质和工作条件缺乏了解，企业主凭借其信息优势，不顾工作危险系数，在没有安全保障的情况下，让劳动者从事风险极高的工作；某些企业主为降低生产成本，还让劳动者在极其恶劣的、有损健康的环境中工作，使劳动者承受并未在交易条款中反映的成本，导致危害劳动者安全事件的发生。因此，政府通过多种措施对生产行业和生产企业进行管制是非常必要的。

3. 政策措施

（1）经济性管制的政策措施。

第一，价格管制。价格管制是经济性管制工具的核心内容。市场经济中的价格管制指的是在市场经济中政府对价格水平（譬如为稳定股市而对股票价格指数的管制）、价格变化（价格变化的方向和幅度）、价格结构（政府根据供求结构对供求的不同组成部分所进行的管制）和价格行为（市场交易中双方定价行为）的规定或者限制。政府对自然垄断行业（电力、煤气、自来水等）进行价格管制就属于这种做法。

第二，进入（出）管制。进入（出）管制是经济性管制工具的一项重要内容，它指的是对进入和退出管制性市场的厂商进行管制，一般采取颁发许可证和执照的形式；而申请者为了获取许可证就必须证明自己符合一定的生产条件和经营资格，譬如食品和药品生产行业的市场准入制度。如果政府不对此采取管制措施的话，那么不符合申请条件的生产者就有可能进入市场，从而埋下安全隐患。

第三，生产（消费）管制。它有两种基本形式：一种是对总产量或生产能力进行控制（产出控制）；另一种是对消费水平进行限制（消费控制）。产出控制的手段包括：政府做出规定要求厂商公平无偏见地向所有人提供服务；对被管制企业的产量进行限定；农业生产中的市场交易配额限制。消费控制的典型手段就是配给制（rationing），很多国家在发生全国性的危机（饥荒、战争等）时常采用这种政策。

第四，标准管制。标准管制就是通过确定产业的生产标准和技术标准进行管制。标准管制之所以成为经济性管制的常用手段就在于标准能够影响成本，成本影响价格，而价格会影响需求和生产。统一的标准能够影响个体和企业的行为，有助于防止危机的产生。尽管从性质上来讲，标准本身并不具有强制性，但只要是政府提出的标准都具有无形的威力促使被管制者遵守，从而达到政府预期的管理目标。

（2）社会性管制的政策措施。

第一，对政府所期望的行为和结果做出说明的一些法律法规。法律法规是最重要的管制工具，具有强制约束力。各国政府一般都会在那些容易对社会造成危机、影响公众健康安全以及影响社会可持续发展的行业和领域制定相关法律法规，对相关行为和产品进行规范。这些领域涉及食品安全、药物生产、枪支管理、环境保护、土地使用等。

第二，明确被管制者需要遵守的行为标准。标准的确定能够规范个体和企业的行为，标准的推广和有效实行有助于防止危机的产生。

第三，说明对违规行为的制裁措施。正是由于制裁措施的威慑力才使得行为主体主动表现出对规章制度的顺从。如果个体或企业的行为诱发社会公共危机，政府就可以采取制裁措施对危机的制造者进行惩罚。譬如，吊销企业生产许可证和执照、限期整改、责令关闭、施以经济处罚、限制贷款额度等。

总的来说，政府管制也是需要耗费大量成本的。政府为了收集信息、制定规则和确保规则得到落实，需要耗费一系列行政成本和执行成本。但是由于需要政府管制的领域是具有公共性和社会性的，一旦管理失控就会造成重大社会损失，因此在这些领域中，政府管制被认为是最有效、最公平的预防危机产生的政策工具。

（四）经济诱因政策

经济诱因政策是指政府通过预算安排和制度安排形成经济刺激，引导市场机制参与公共物品的生产和公共问题的解决。在公共危机管理中，经济诱因政策是指政府利用市场机制这只“看不见的手”取代直接供给和硬性管制，利用人们趋利避害的特性，阻止那些容易引发社会危机的行为，鼓励人们采取具有正外部效应的行为。与传统的“命令—控制”型工具相比，这种政策工具更有弹性，成本更低，也更有效率。

1. 政策特点

经济诱因政策的特点如下：第一，强制性程度低。政府管制政策通过相对强制性的禁止规定和控制措施来改变人们的行为，而经济诱因政策则是更依赖于强制性较小的经济障碍或经济奖励来阻止危害性的个体行为或鼓励那些能够给社会带来好处的行为。第二，间接性。与政府管制政策相比，经济诱因政策很大程度上依赖于市场决策，个体和企业根据政府的财政奖励和惩罚措施自主做出决策，因而间接性程度更高一些。第三，自治性。经济诱因政策的自治性程度是比较高的。民众无形之中就会受到经济激励措施的影响，知道政策目的是为了鼓励或劝诫某种行为。第四，透明性。经济诱因政策都是透明性程度比较高的政策工具，大多在公众的关注下进行，任何轻微的改动都可能引起社会争论。

2. 政策领域

在公共危机管理中，经济诱因政策适用的领域主要包括环境保护、能源安全、应急资源配置等。

（1）环境保护。

经济活动可以产生环境污染，用经济手段和政策工具也能够解决环境问题，从而实现经济和社会的可持续发展。在效果上看，经济手段比政府直接管制的办法更好一些。近年来，各国纷纷探索使用成本更低、效率更高的经济手段，刺激人们保护环境。从成本和效益方面入手，如制定的价格真实反映其社会成本，引导企业对经济活动进行选择，从而达到环境保护和资源可持续利用的目的。

（2）能源安全。

当前我国经济发展已进入一个新的阶段，能源问题不仅是国际社会共同关心的问题，也是确保我国未来能源安全、促进经济社会可持续发展的重大战略安排。在能源管理领域，应从以行政手段为主转向以经济诱导政策调控手段为主。通过综合运用税收、收费基金、补贴、转移支付等政策工具，促进节能降耗，减少能源消费，推动可再生能源发展，减少和控制污染排放，支持建设资源节约型和环境友好型社会。

（3）应急资源配置。

在危机管理中，政府可发挥市场机制，通过订单、协议、契约等标准化程序向私营部门采购应急物资；政府应建立应急物资信息库如库存地点、规模等，及时掌握动态以便于采购；也可实施鼓励政策，对重要物资的生产和流通企业提供奖励性补贴，使其保持适度库存规模以备应急之需。

3. 政策措施

（1）矫正性税收与收费（corrective taxes and charges）。

税收和收费是指通过价格机制形成财政激励，引导个体改变自己的行为，从而降低社会负面影响，维护社会大众的利益。税收和收费适用的领域主要是那些具有负外部性效应的产品领域，如汽油、烟酒生产等。从实践来看，政府在危机管理领域中所常用的税收工具包括：烟酒税、环境税和燃油税等，它们是预防健康危机、环境危机和能源危机的强有力的政策工具。收费制度比较典型的就是排污收费、产品收费等。

（2）许可证交易（permit trading）。

许可证交易运用最多也最为典型的领域就是环保领域，即排污权交易，常常配合政府的环境管制措施。它是指在维持总污染排放量不变的情况下，允许污染者对其污染控制做出弹性分配，即每个污染者可通过市场交易来取得（或出售）其不足（或多余）的污染许可量。被允许的污染水平以许可证的形式被分配到各个公司，那些污染指标没有使用完的公司可以将剩下的指标出售给其他公司，以此鼓励企业实施清洁生产，实现“零排放”。

（3）财政补贴、税收优惠与贷款（subsidy，tax expenditure and loans）。

政府通常运用这种政策工具对那些行为有助于预防和减轻社会危机的个人和企业进行补偿和资助，鼓励个人和企业采取那些具有正外部效应的行为。例如，对于采用清洁生产工艺和资源循环利用措施的企业给予减免税收、财政补贴、低息贷款等政策，这有助于降低企业生产活动引发环境危机的概率，还能推动创新。

（4）抵用券（voucher）。

抵用券是政府通过凭单的形式赋予个人有限的购买权，使其能够在既定的产品和服务中自由选择。抵用券所适用的领域一般是基础性的公共服务领域，是政府为了促进社会公平、实现均等服务对低收入者采取的一种补贴制度，也是政府为了避免由公共产品和服务短缺或不公而引发社会危机所使用的一种政策工具。最常见的如应对大规模饥荒的食品抵用券和地震过后的住房抵用券等。

（5）契约外包（contracting out）。

这种政策工具是指政府通过与私营部门或第三部门签订合同，由公司或社会组织来提供公共服务。契约外包给私营部门进行生产、提供服务、负责融资，是将公共部门风险转移给私营部门承担的一种方式。适用于这种方式的主要是具有规模经济效益的自然垄断性行业，包括基础设施建设、道路维护、垃圾收集，也包括公共危机发生后紧缺物资的供给等。

（五）保险保障政策

对于大多数公民而言，社会保险和社会保障是帮助其抵御危机的最有效防线。保险是当前最广为使用的风险转嫁机制。在工业化国家，保险是将个体风险转嫁给集体承担的普遍做法。资料显示，发达国家遭受自然灾害损失的30%～40%都能通过保险获得赔偿，而我国目前尚不到5%。同时，社会保障作为社会危机的减震器和安全网，也是危机管理的重要政策工具。基于风险存在的普遍性、不确定性和结果的破坏性，通过保险保障来转嫁风险不失为良策。

1. 政策特点

保险保障政策的特点在于：第一，强制性程度因险种而不同。由于政府开发保险项目的目的是帮助个人和企业应对重大自然灾害和危机，具有正外部性效应，因此大多数政府保险都是强制性的，而商业保险等其他险种的强制性程度则相应较低。第二，直接性程度因险种而不同。在一些由政府直接操作的保险项目中，政府负责设计保险项目的各个细节，政府拥有最终决定权。但有时候这项权力却被下放给政府公司（government corporations）而不是由政府部门直接负责。还有些保险项目是在私营公司的协助下运营的，私营公司在出售保险、提供险种和确定赔偿金额上有很大的自由裁量权。因此这些保险项目带有很大的间接性。第三，自治性程度也因险种而不同。自治性与直接性密切相关，二者都是由险种决定的。第四，透明度低。保险是透明度最低的政策工具之一，即使是保险的直接受益者也不清楚保险是如何运作的，这与保险本身的复杂性有关。

2. 政策领域

保险保障政策一般适用于自然灾害管理、环境保护和农业等领域可能产生的危机。

（1）自然灾害管理。

保险作为政策工具很多时候都用于应对自然灾害的危机管理。以洪水险为例，美国是世界上最早将洪水保险作为国家管理洪泛区的一种政策工具的国家，其目的是通过对洪泛区征收洪水保险费，增加土地使用的成本，抑制人们开发洪泛区土地的热情，以此来减少洪水灾害的损失并减轻政府财政的负担。但当时的洪水保险业务都是由私营保险公司承保的，政府不予资助。显然，这种将洪水保险作为一般商业保险的做法在实践中缺乏可操作性。因为如果没有政府的参与，一场大规模的洪灾就可能导致数家保险公司破产。因此，美国国会通过了《全国洪水保险法》，制定了国家洪水保险计划，设立了国家洪水保险基金，建立起由政府参与的国家洪水保险制度。值得一提的是，美国国家洪水保险计划并非对洪水造成的全部损失都负责赔偿，而仅仅局限于承保限额以内的损失，其目的只是为了满足人们灾后的基本生活需要。对于超出国家洪水保险计划范围以外的保险需求，可以向私营保险公司投保一般性的商业保险。

（2）环境保护。

环境保护关系到可持续发展的大问题。直接的环境保护措施需要花费政府大量的人力、财力、物力，而间接的手段——环境损害责任险就很好地解决了这些问题，并在一定程度上抑制了企业因为利益驱使而产生的破坏环境的行为。它是指保险公司根据污染者对环境的可能损害程度或废弃物储存费用大小收取保证金，当污染者由于意外原因造成污染事故时，其相应经济赔偿和治理费用将由保险公司承担，使环境损害处罚的风险转移到保险公司的一种保险方式。环境损害责任保险能够促使排污者改进工艺，提高污染治理水平，把污染损害降至最低，或把废弃物排放量降到最少，从而有利于实现保护环境的目的。

（3）农业。

农业是一国的基础产业，同时也是弱势产业。农业保险是市场经济国家扶持农业发展的习惯做法。在一些发达国家和部分发展中国家，已经形成了较为完善的农业保险制度和经营模式，保险已成为应对农业领域危机的一项重要政策工具，在防范和化解农业风险中发挥了重要作用。

3. 政策措施

（1）启动政府保险。

政府保险是指政府承诺赔偿重大灾害事件给个人和企业造成的损失。其具体运作是被保险方通过向政府缴纳一定数额的费用即保险金而参与到保险项目中来，一般而言，这种参与往往是强制性的。政府保险既可以由政府机关直接操作，也可以在私营保险公司的帮助下运作。政府保险的目的在于克服市场失灵以及促进更广泛的社会目标的达成等。它不同于私营保险公司之处在于：第一，由于政府具有强制征税的权力，政府能够强行推行某项政府计划，这样一来，重大灾害风险发生后，政府保险就能缓解民众受到的损失，而这些领域是私营保险公司不愿介入的。第二，私营保险公司提供保险是为了营利，而政府保险则是为了促成经济性目标或社会性目标的达成。

一般而言，政府保险项目有两种类型：一类是用于减少自然灾害给民众和企业带来的损失，这种保险带有一定程度上的自愿性，而且政府为了鼓励人们参加保险还会提供一些补助。譬如，美国于20世纪30年代开始对农作物进行保险，保险对象是美国作物主产区的主要农作物，1980年美国联邦农作物保险法获得通过后，作物保险的范围和对象扩大到更多地区的更多种作物。1996年以后，美国农业法制定了生产灵活性合同支付政策，联邦政府还向投保的农场主提供补贴，补贴数额约为所交保险费金额的50%～80%。还有一类政府保险项目的设立是为了抵御金融机构（银行等）破产所导致的损失，这种保险项目的强制性更大一些，在操作上一般也采用更为直接的方式。譬如许多国家为防范银行危机而建立的存款保险制度都是强制性的。

（2）鼓励商业保险。

仅凭国家的财政救助来弥补灾害带来的巨额损失是不足的。因此，应当完善目前的救灾模式，建立风险分担机制，除了由国家提供财力支持以外，还要调动商业保险和社会团体的力量。商业保险在应对公共危机、提供经济保障等方面发挥着非常重要的作用。

日本是个自然灾害频发而资源短缺的国家，常常受到地震、海啸和火山的侵袭，灾害保险在日本的救灾工作中发挥了很大作用。日本全国的地震投保率平均为17.2%，很多个人和家庭受灾后都能从保险中获得自救资金。2005年3月20日，日本福冈县以西海域发生里氏七级地震，这次地震之后，日本损害保险协会（Japan Damage Insurance Association）向福冈县支付了158亿日元（约合1.5亿美元）的保险金，帮助灾民迅速渡过难关。

当前我国的巨灾保险业务是以商业化模式运作的，但由于巨灾保险的风险较大，再加上各个保险公司受理偿付能力的限制，在20世纪90年代后期，分别对地震等巨灾风险采取了停保或严格限制规模、有限制承保的政策来规避风险，这种做法无疑埋下了隐患。2008年南方雨雪冰冻灾害、汶川特大地震等严重自然灾害的接连发生，使得加快推进我国巨灾风险管理体系建设刻不容缓。如何有效地发展保险市场，提高对巨灾风险的防范、识别、衡量、处理的能力与水平，是我国保险业未来发展的重要任务之一。

（3）公私合作保险。

由于有些重大危机一旦发生就会造成极大的损失，因此为巨灾风险进行投保的成本昂贵，即使对于那些金融保险市场发展得极为完善的发达国家来说这也是一笔不小的支出，因此单纯依靠私人部门为巨灾风险提供保险是不够的。这就需要将公共部门和私人部门的资源结合起来，扩大风险基金储备库的规模，由公私部门共同分担风险。如果风险超过了私人保险公司和再保险公司的承保能力，政府就应给予财政担保和再保。

在法国、西班牙、新西兰等国，巨灾风险的保险都是由国有的保险公司提供资助。在美国，1968年创立的国家洪水保险计划（National Flood Insurance Program）是联邦政府、州政府、地方政府和私营保险公司共同推出的一种合作保险，该计划由联邦危机管理局（FEMA）负责管理。类似的还有英国，英国虽然不是一个洪水灾害严重的国家，但仍有许多地区时常遭受洪水灾害的影响。20

世纪 60 年代初发生过几次大洪水之后，英国政府在加强防洪工程措施的同时，开始重视非工程措施，其中最重要的一个就是发挥保险的作用。为此，英国政府与保险行业协会签订了一份协议，该协议规定了政府和保险业在应对洪水灾害中所承担的责任，即政府承诺继续建立有效的防洪工程体系，以使保险损失控制在可以承受的范围内；保险行业保证向位于任何洪水风险区域的居民和小型企业提供财产洪水保险，以便在出现洪水损失的情况下给予补偿。公私合作共同为灾害风险融资的实践中值得一提的还有土耳其。土耳其在 1999 年马尔马拉（Maramara）地震之后成立了灾害风险基金储备库（TCIP），该基金由土耳其政府、土耳其最大的私人再保险公司 Milli Re. 和世界银行共同提供资金支持，是全球第二大灾害风险基金储备体系，也是分散灾害风险和进行灾害风险融资的公私合作的范例。采取类似模式的还有法国、美国的加利福尼亚和佛罗里达、新西兰、挪威和中国台湾地区等。

（4）开展小额保险。

除了上述传统保险方式之外，一种新型的保险形式——小额保险也有助于减少危机和灾害给人们特别是穷人带来的损失，促进灾后恢复工作的开展。小额保险是指根据风险发生的概率和可能造成的损失，向低收入者收取相对低廉的保险金，帮助他们抵御特定的风险。小额保险业务涉及医疗险、谷物险、牲畜险等，这些都有助于减轻穷人在灾害面前的脆弱性，稳定生产生活。

据统计，截至 2006 年 12 月有超过 40 个国家和地区在实践 20 余种小额保险产品，累计受众已经超过 8 亿人次，小额保险已成为继小额信贷以来发展最为迅速的农村金融产品。以印度为例，设在 Ahmedabad 的自雇妇女协会（SEWA）起初是作为非正规部门女性工人的工会组织而成立的。自 1992 年以来该协会与国有保险公司合作，共同发起了一个综合性的小额保险计划，包含人寿、医疗和财产保险等，为其成员提供小额保险服务。只需交纳 60 卢比的年费就可以加入该项保险计划，当年就有 32 000 名自雇妇女成为其成员。这项小额保险计划主要用于补偿会员的住院费用，同时还对会员伤亡及其配偶意外伤亡，因洪水、火灾或盗窃造成的财产损失进行赔偿。

由于小额保险的发展经验不足，但对于公共危机管理又极具意义，因此政府应当通过政策扶持促进其发展。总的来说，政府在小额保险中的角色主要体现在以下方面：第一，通过社会保障计划直接向民众提供小额保险。第二，创造恰当的管制环境。譬如，许多国家政府都在积极探索小额保险的范围、性质、经营主体资格、财政补贴等方面的内容，希望通过法规体系的构建为小额保险创造良好的外部环境。第三，引导传统保险进入低收入市场。譬如，印度政府规定外资保险公司如果要进入印度保险市场，前五年在农村地区销售的保单比例必须逐年增加。然而由于印度农村的家庭月收入较低，难以承受传统保险产品的保费，在这种情况下，许多外资保险公司专门开发了一系列小额保险产品，虽然这类新产品的保费很低，但能够满足农民的基本生活保障需求。

（5）运用金融工具转嫁风险。

由于巨灾的爆发有很大的不可预测性，其带来的巨额损失对于商业保险公司来说也是难以承受的。同时巨灾风险的规避在一定程度上也无法单纯地依靠传统的再保险机制加以解决。为了缓解再保险压力，业内人士开始将目光转向资金实力雄厚的资本市场，以期寻找传统再保险的替代品或补充方式，达到扩大保险资金来源、转移和分散巨灾风险的目的。一般使用的风险转嫁工具包括发行巨灾债券以及开发气候衍生品等。

巨灾债券（catastrophe bonds）是保险在资本市场上的金融创新工具，它是指商业保险公司为规避巨灾造成的损失，通过证券化方式发行的、与特定的巨灾损失相联系的债券。当巨灾发生时，可依据债券的发行条件，延迟、减少或免除偿还本金，以此作为补偿灾害造成的损失的资金来源。目前发达国家的一般做法是，通过发行专门的巨灾债券筹措资金来解决巨灾风险的承保问题。巨灾债券作为资本市场的工具，其收益取决于灾害的性质和后果的严重性。如果灾害没有发生，那么债券投资者就会收回本金并获得一笔回报，而灾害一旦发生，投资者的本金和利息就会转给保险公司来兑现再保险合同。巨灾债券的首次发行是在1996年，从此之后其地位与日俱增。目前巨灾债券多是关于地震、飓风、暴风雪等自然灾害的，如瑞士再保险公司（Swiss Re.）的加利福尼亚地震债券、联邦服务汽车协会（U. S. A. A.）的美国海湾和东海岸飓风债券、丰泰再保险公司（Winterhur Re.）的暴风雪债券等。

气候衍生品（weather derivatives）是将金融工具的理念用于自然灾害的风险管理，为风险的转移提供了一种新途径。由于天气是人类有史以来最难控制和预测的不确定因素之一，气候变化对很多产业及经济活动都有着明显的影响。气候变化和不可抗拒的自然灾害不仅直接影响农业产出及能源产品的需求，间接影响面也很广泛，如饮料业、旅游业、运输业、服装业、电力行业，等等。这些对天气高度敏感的产业和企业为了平稳获利，避开不理想的气候造成的风险，往往通过气候衍生品这种金融工具来降低风险。

（6）社会基金。

社会基金是一个由全社会多个部门参与的项目，主要是为一些小型公共投资项目提供财政资助（一般是财政拨款），以满足灾害抵御能力较弱的地区和弱势群体的需求，其长远发展则主要依赖于公共部门的资源投入。这类基金主要有就业基金、基础设施建设基金、社区发展基金、社会服务基金等，一般用于投资覆盖社会的基础设施，如卫生、教育、供水等。

迄今为止，全球共有60多个国家通过社会基金为灾后重建工作提供财政支持，尤其在拉美和非洲的发展中国家，社会基金已经成为重要的社会保障工具，在灾害风险管理和应对突发事件工作中广为运用。如洪都拉斯在1998年曾遭受飓风“米奇”袭击，其社会事业投资基金在飓风过后的重建工作中发挥了重要作用。灾后，该基金被迅速分配到重灾区，用于住房、供水、公路和桥梁系统的修复工作。在100天的时间里，就有2 100项工程设施的建设和修复工作得以完成，总价值约4 000万美元。

我国现正处于社会转型和危机频发期，贫富差距、社会保障、失业问题都隐含着社会危机，有必要运用各种创新手段把市场化的风险转移、风险分散和损失补偿手段引入到危机管理中，形成一体化的风险转移和风险分担体系。在这个工作中，政府的角色应该逐步转变，由“一线指挥”变为“保险公司的最后屏障”。也就是说，在巨灾保险中，政府应当扮演最后再保险人的角色，在商业保险公司损失惨重时给予一定的财政补偿，从而促进保险公司的可持续发展。除此之外，政府还要通过一些社会保障计划帮助民众迅速恢复危机后的生产生活。值得一提的是，很多发达国家还将本国的危机风险由本国的保险体系向全球范围内的风险基金储备库转嫁，这些储备基金一般由国际再保险公司负责管理，以大量的财力资源为后盾；而不发达国家的风险分担还仅仅停留在本国范围内。

（六）宣传教育政策

宣传教育属于社会性的政策工具，也是一种基础性的政策工具，一般是配合其他政策工具（直接干预和政府管制等）使用，主要起辅助性作用。其做法是通过宣传教育与倡导传达知识和达成共识，从而达到社会动员的目的。这种政策工具通过大量的信息宣传和教育培训来达到所期望的政策效果：决策者将某个政策问题或某种行为模式传达给目标群体，从而影响其想法、知识和观点，最终带来人们行为的改变。一方面，宣传教育在预防危机的产生中扮演了重要角色，有助于促进社会共识，引导个体行为，是减少风险和避免危机发生的有效办法；另一方面，一旦发生不可抗的危机事件后，宣传教育还有助于民众了解危机事态，积极地进行自救互救，并且配合政府的工作。

1. 政策特点

宣传教育政策的特点主要体现在以下方面：第一，强制性程度低。由于宣传教育并非通过强制性的手段而是试图通过信息改变人们的行为方式，是否要改变以及如何改变则取决于民众自己的意愿，与政府管制政策相比，这种政策工具使得民众有更多的决策自主权。第二，直接性与间接性并存。在某些情况下，政府会直接告诉民众应该怎么做，譬如政府会明确告诉民众在洪水来临时要撤离以及如何自救。有时候政府则是扮演了间接的角色，要求其他社会主体提供信息，实现信息共享，从而帮助公众做出判断。第三，自治性程度低。事实上，信息教育工具很少能够自动发挥作用，它需要经常明确地对抗或抵消社会和经济机构对政策制定者不利的信息。有效的宣传教育工具需要政策制定者认真地参与宣传内容的制定，决定传递什么信息、传递给谁和怎样传递。在信息社会，信息的不断变化和不同信息之间的竞争性使得民众接受的信息量极为庞大，要使信息充分发挥行为导向作用，必须精心设计信息的内容和传递途径。第四，透明度因具体使用的宣传教育手段不同而有高低之分。政府发布的公共信息或开展的公共教育活动都是公开透明的，因为只有这样才能吸引公众的注意力，从而影响公众对其行为做出改变。而在另外一些类型的宣传教育中，政策制定者的行为则很少受到关注。如酒精或香烟警告标签对消费者是透明的，但是人们很少把这些标签和政府的宣传教育工具联系起来。

2. 政策领域

宣传教育政策的适用领域极为广泛，政府在公共安全、公共卫生、能源安全、环境、就业、儿童福利等领域都常常对民众进行宣传教育。从理论上讲，宣传教育主要涵盖以下领域：第一，信息不对称或获取信息成本过高的情形。有时候民众的信息获取途径出现问题，政府就常常采用信息公开或发布警报的方式进行纠正，增强信息的透明度。第二，公共政策的目标群体极为分散，缺乏组织。如果政策结果的达成需要民众的广泛配合，而这些民众比较分散，管制措施无法适用或使用成本过高，这时政府就可以运用宣传教育的手段来影响人们的思想和行动。第三，当传统的以命令—控制为基础的政策工具不能发挥效用时，或者不存在其他的法律和政治工具能够有效影响民众的行为时，宣传教育的作用就凸显出来。

由于宣传教育的主体是政府，因此根据政府在其中发挥的作用可以将此类政策工具大体划分为两种类型：第一，政府直接提供信息，促成预期结果的达成。公众教育（如禁烟运动等）、技术支持、专家咨询服务和大规模的社会宣传都属于这种方式。例如政府倡议的预防和控制艾滋病宣传教育、防火宣传教育、设立专门的机构提供咨询和建议等。第二，政府并不直接提供信息，而是要求其他社会主体提供信息，实现信息共享，从而帮助公众做出判断。培训、科研、报告、审计、标记、信息公开、环评、听证会等都属于这一范畴。譬如，政府为督促民众的健康饮食而要求食品生产厂家在产品的包装上明确标明产品的营养价值，希望以此来影响民众的购买习惯，但是政府并不直接对消费者购买商品的行为进行干预。

3. 政策措施

(1) 开展危机宣传。

在危机状态下，宣传是安定人心、化解危机的重要政策举措。有效运用宣传这一政策工具，需要发挥不同宣传主体的优势，政府、专家、媒体、社会组织等都应在其中发挥应有作用。更应在平时就注重危机宣传工作，建立长效的宣传机制，通过潜移默化使公民增强危机意识。要灵活运用报纸杂志、广播电视、互联网、手机短信等宣传工具。

(2) 普及危机教育。

与宣传旨在改变人的思想和行为相比，教育则是着眼于知识和能力的提高，也更具基础性和普及性，是公共危机管理的重要政策工具。危机教育的内容包括危机防范意识、道德意识、心理承受能力和危机应对能力等。应面向专业应急人员和普通民众有针对性地开展危机教育。危机教育尤其应从小抓起。

(3) 加强危机演练。

民众良好的心理素质和应变能力一方面来自日常的危机教育，另一方面则来自实际的危机训练。对于政府和具体应急部门而言，定期或不定期的危机演练更为重要。一方面，应推广模拟训练，使民众有机会在体验中心等训练场所体验灾害实况、了解避难方法并学习自救互救技能；另一方面，要加大对应急部门和民众的日常危机演练，提高社会整体的危机应对能力。

第四章　危机的风险与风险管理

在公共危机管理领域中，越来越多的研究者将风险作为衡量危机发生概率与预期危害后果的标尺，以风险管理替代传统的危机回应模式成为一种世界范围内的大趋势。危机风险管理将风险确认、风险评估、风险控制、风险转化等一系列活动整合进组织日常的政策管理、项目管理与资源管理之中，有助于前瞻性地消除或减轻危机事件可能造成的内部与外部损失。现代的危机管理实践要求组织的管理者必须具备风险管理意识，将组织的常规管理与风险管理有机结合起来，为组织创造更加有安全感的内外部环境。

第一节　风险的概念与内涵

（一）什么是风险

从词源学上讲，"风险"一词的来源模糊，充满争议。有的学者认为这个词来自阿拉伯语，有的学者认为它来自希腊语和拉丁语。有的学者认为它起源于14世纪的西班牙，有的学者认为它来自1319年的意大利文献。[①] 但无论源于何处，其早期含义均与带来客观危险的事物有关。

据艾瓦尔德考证，这个词来自意大利语的risque，出现在现代早期的航海贸易和保险业。在早期的用法中，风险被理解为客观的危险，体现为自然现象或航海遇到礁石、风暴等事件。而这个词的现代用法是新的，其含义已经不是最初的"遇到危险"，而是"遇到破坏或损失的机会或危险"。从这个角度来讲，风险是一种选择而不是宿命。

① Piel Strydom, *Risk*, *Environment and Society*, Buckingham, Open University Press, p. 75.

据卢曼考证，“风险”一词在德语中的现代用法首次于16世纪出现，17世纪通过法语和意大利语被引入英语中。经过两个多世纪的发展，风险这一概念与人类的决策和行动的后果联系更加紧密，并被视为对待影响个人、群体和组织的事件的特定方式。现如今，风险的概念范围已大大拓展，反映出事物发展过程中因矛盾激化而导致的各种打破常规的非正常状态。

“风险”一词最初创制于航海时的空间指代，后来转向时间方面，比如用在银行业计算投资决策对借者和贷者可能带来的结果，再到后来，这个词就用来指代各种各样的不确定的情况。与危险的客观性和不可改变相比，风险概念表明人们创造了一种文明，以便通过有意采取的预防性行动以及相应的制度化措施，预见不可预见的后果，控制不可控制的事情。

从近代保险业产生以来，特别是20世纪60年代以来，出现了大量的风险研究文献，涉及流行病学、工程学、经济学、医学等自然科学和社会科学中的诸多学科。对风险的研究一度只局限在相对狭小的领域，但如今已在公共政策需求的推动下，它发展成为一个多学科的研究领域。① 这些学科从各自的角度对风险给出了定义。其中有代表性的包括：

统计学、精算学、保险学等学科把风险定义为某个事件造成破坏或伤害的可能性或概率。这个定义带有明显的经济学色彩，采用的是成本—收益的逻辑。

某些人类学家、文化学家的定义：以道格拉斯和维达夫斯基为代表的人类学家、文化学家把风险定义为一个群体对危险的认知，它是社会结构本身具有的功能，作用是辨别群体所处环境的危险性。尽管风险在本质上有其客观依据，但必然是通过社会过程形成的。②

某些社会学家的定义：卢曼也认为风险是一种认知或理解的形式，但强调风险并非一直伴随着各种文化，而是在具有崭新特征的20世纪晚期，因为全新问题的出现而产生的。乌尔里希·贝克把风险首先定义为技术对环境产生的威胁，然后不断扩大该概念的适用范围，使之与反思的现代性理论联系在一起，抽象为一个具有普遍意义的概念，以揭示现代性对人类产生的影响。他也把风险视为一种认知，但承认它也是客观存在的，是一种辩证的统一。

此外，相关领域对风险的界定还包括：

---

① Sheldon Krimsky and Dominic Golding eds., *Social Theories of Risk*, Westport, CO: Praeger. p. 354.

② Douglas and Wildavsky, *Risk and Culture: An Essay on the Selection of Technological and Environmental Dangers*, Berkeley: University of California Press, 1982.

澳新风险管理标准（AZ/NZS）的定义：风险指的是某个会对目标产生影响的事件发生的可能性。要从发生概率和结果两方面对其进行衡量。①

英国政府的风险报告中的定义：风险是指行为和活动结果的不确定性，无论这种结果是正面的机会还是负面的威胁。它是风险发生的概率和影响的联合体，它还将人们所感受到的风险的价值包括在内。②

美国总统/国会委员会的定义：风险是特定后果发生的可能性，一般是不利的后果，它在特定的情境下发生。③

其他定义：如韦伯字典中将风险定义为"遭到伤害、损害或损失的可能性"（Websters，1983）。《现代汉语词典》把风险定义为"可能发生的危险"。

我们认为，风险是指影响未来事件及其结果的某种不确定性，它是关于某一事件发生的可能性及其对发展目标的影响的描述。具体来看，风险的概念包含了定量和定性两种尺度。这两种概念反映了风险的客观性和主观性两种不同特性。

（二）风险的定量概念

风险的现代观念源于印度—阿拉伯的编号系统，但是直到文艺复兴时期人们才开始正式地研究风险，概率论就是在这一时期提出来的。今天的定量风险管理技术是建立在17、18世纪数学进步的基础之上的（Bernstein，1996）。从早期数学家付出努力来研究与赌博有关的概率问题到现在，风险已经演化成一种组织、理解和分析信息的工具，以便人们进行决策。

在进行风险界定时，数学原理的运用使得方法论的进展符合人们的一致认识。这种方法论建立在以下理念之上：风险是未预期事件的概率与后果的乘积。这也是关于风险一词的典型的定量概念，用函数可表示为：

$$R(\text{risk})=P(\text{possibility})\times C(\text{consequence})$$

针对不同类型的风险，这一定义还可演化为不同的形式。如联合国在其实施的"国际减灾战略"项目中，主要针对自然灾害风险，认为风险是灾害与受灾体

---

① Standards Australia and Standards New Zealand，*AS/NZS 4360*：*2004*，*Risk Management*，Sydney，NSW. ISBN 0 7337 5904 1，2004.

② Strategy Unit of Cabinet Office，UK，*Risk*：*Improving Government's Capability to Handle Risk and Uncertainty*［R/OL］，http：//www. strategy. gov. uk，2002.

③ Presidential/Congressional Commission on Risk Assessment and Risk Management，*Framework for Environmental Health Risk Management & Risk Assessment and Risk Management in Regulatory Decision-Making*，Washington D. C.，1997.

脆弱性相互作用而导致不利后果发生的可能性。[①] 这个风险定义中有两个关键因素：一是灾害程度；二是受灾体的脆弱性。实际上，这两个因素都与人类的风险应对能力有关。风险应对能力是指个人、群体或组织在灾害面前利用现有资源获取有益结果的能力，它也是降低灾害程度、减少脆弱性的重要因素。因此，风险定义的函数也可表示为：

R(risk)＝H(hazard)×V(vulnerability)/C(capacity)

就基础设施风险而言，美国国土安全部认为，风险的大小取决于三个因素的综合作用：外在危险、自身脆弱性以及风险承受体的价值。[②] 在这里，风险定义的函数可以表示为：

R(risk)＝H(hazard)×V(vulnerability)×V(value)

在以上两维或多维的定量风险模型中，风险被理解为确定某个危害事件对人类和环境造成的影响。然而社会学家认为这样解释风险太狭隘了，人们应该从多个角度来理解风险。单纯地对风险进行技术评价并不足以解决风险中隐含的社会特征，在这种情况下进行决策理由就不充分（Kasperson，2000）。

因此，决策者和参与风险讨论的人们就开始把对风险的定量测量与风险的社会维度结合起来。

（三）风险的定性概念

一些社会学家考虑到风险发生在一定的社会基础之上，因此认为应该对风险的定义进行拓展。风险或不利事件所传达出来的意义，绝不能仅仅理解为通过计算得出的风险概率与后果，也绝不是一系列统计数据所能够包含的，而是具有更加复杂的意义。而且，由于社会领域中很多风险的不可计算性，使得概率与后果乘积的计算方式变得不适用，因此需要重新考量。

英国皇家学会指出："考虑到风险评估的条件性，人们应该接受这一点：风险评估的基础是社会、制度和流程，也就是说，风险是个社会概念。"（Royal Society，1992）

---

① United Nations International Strategy for Disaster Reduction，*Living with Risk*：*A Global Review of Disaster Reduction Initiatives*，New York：United Nations. http://www.unisdr.org，2002.

② U.S. General Accounting Office（注：2004年更名为Government Accountability Office），*Homeland Security*：*A Risk Management Approach Can Guide Preparedness Efforts*［R/OL］，http://www.gao.gov，2001。

Klinke 和 Renn 在风险定义中纳入了对人的影响力和价值观的考虑："风险指的是人类的行为和重大事件对人类的价值观产生影响的可能性。"（Klinke 和 Renn，2001）

凡是以这种定性方式给风险下的定义都与人类的活动和社会价值观紧密联系在一起（Wint，2004）。

定量风险模型的不足之处在于它没能将一些风险的间接后果考虑在内，譬如，责任以及人们对制度失去信心。要解决这个问题，就需要在风险决策过程中将社会关注的问题考虑在内。Kasperson 提出的一个解决办法是对风险的社会学含义进行详细描述，也就是说要认识到"风险体验的社会结构和流程，风险对个体认识和群体认识的影响，以及这些反应给社区、社会和经济体带来的影响"。社会学家指出了一些定性因素——信息处理过程、体制结构、社会群体行为以及个体的反应等，他们强调定量与定性方法的结合。

例如，社会学家史蒂夫·雷纳认为，在社会意义上，风险是信任、赞同和责任的统一体。对于可能引发风险的政策和社会议题，公众关注的问题主要是：风险议题的决策机构是否值得信任？风险议题是否能得到大多数人的赞同？用于分摊不良后果的责任是否明确并可接受？① 因此，风险定义的函数还可表示为：

$$R(\text{risk})=T(\text{trust})\times C(\text{consent})\times L(\text{liability})$$

值得一提的是，定性研究方法虽使人们对风险的性质了解得更为全面，但在这样的定性框架下进行的风险评估也有可能会使人们担心主观好恶或偏见会支配风险评估的过程。实际上，这一担心是不无道理的，这也是定性方法通常为人诟病之处，因此更加需要将定性与定量方法相结合。

第二节　风险管理的基本性质

（一）风险管理的概念

国际上一般把风险管理（risk management）界定为：识别、评估和判断风险，采取行动减轻后果，以及监控和回顾进展的全部过程；从广义上来看，也包

① Rayner, S, *Risk in Cultural Perspective: Acting under Uncertainty*, Norwell, MA: Kluwer, 1990.

括管理者的理念、角色和责任以及组织文化等。风险管理意味着组织的管理者确认、分析与评估组织运行中可能面对的危机与承担的风险，并采取一系列的干预行为避免、消除或降低危机风险，以保证为组织的生存与发展创造安全的内外部环境。

虽然风险管理的实践自古有之，但自觉的、有意识的风险管理直到近代才真正发展和成熟起来。作为一种管理理念与行为，风险管理最初是由工商业企业在激烈的市场竞争环境中所创造的。企业在经营管理活动中不得不面对众多不同类型的危机事件，如金融风暴、生产事故、工人罢工、经济波动、自然灾害等，众多企业的管理层在实践中逐步认识到危机的不可避免性与危害性。为减少突发性危机事件对企业造成的损害，企业管理者在确立经营战略、制定计划与日常管理等各环节中加入对风险的计算及对其应对措施，最终就形成了风险管理这一特有的经营管理活动。

此后，公共部门也逐步将风险管理的理念引入到公共管理与公共服务的过程中。政府作为最重要的公共部门，无时无刻不在应对着各种危机事件；危机事件与危机状态不仅阻碍政府实现维护公共利益的组织目标，也对政府自身构成威胁。政府事务由于政府自身性质及其涉及公共领域的广泛性和复杂性，天然地与风险和不确定性密切相关。与私人和商业领域的风险相比，政府面临数量更繁多、形式更复杂的风险。从这一意义上讲，在危机面前，政府与企业、公共部门与私营部门的处境是一致的。因此，公共部门的管理者同样将风险管理作为有效应对危机的工具之一，处理与风险有关的事宜甚至成为政府的重要职能和工作环节。

公共危机管理视野中的风险管理具有两方面的内涵。一方面，风险管理意味着公共部门的内部风险管理，即消除或削减公共部门自身及其内部人员所承担的风险；某些公共部门（如消防、卫生、安全部门等）是应对危机的第一梯队，是危机事件与危机状态的直接影响对象，其机构与成员是危机风险的直接承担者；为了保障组织机构及其人员的安全，组织管理者需要在日常管理中实施风险管理，以创造安全的内部环境。另一方面，风险管理意味着公共部门的外部风险管理，即以降低外部公众所承担的风险为目标的风险管理。公共部门的职责是向社会提供公共服务，消除与减轻危机对公众所造成的风险也是公共部门的责任范围。公共部门同样需要利用各种治理工具，预先抑制某些危机事件的发生，降低外部公众可能承担的风险，减少公众的损失和伤害。

（二）风险管理的流程

风险管理既为众多企业所青睐，也是政府公共管理的选择；不同类型、不同层次的组织都可能有自己独特的风险管理活动。即便对于同一组织而言，风险管理的实际内容和方式方法也会随着危机类型的变化而有所不同。我们认为，风险管理作为超越公私部门的一种管理模式，其基本流程包括风险确定、风险分析、风险评价、风险决策与计划、风险处置、反馈与调整。

1. 风险确定

风险确定是风险管理过程的首要环节，其意味着组织管理者需要明确组织将要承担什么样的风险。危机的多样化决定了风险的类型是复杂的，有的研究者将风险分为战略风险与操作风险两种，而每一种风险又可以细分为不同的类别。① 风险确定是整个风险管理过程的基点，管理者必须首先区分即将承担的风险属于什么类型，才可能制定相应的政策与应对策略。

2. 风险分析

风险分析指的是组织管理者对危机发生的可能性与预期危害程度进行分析与预测，以确定危机的风险程度。风险分析意味着管理者运用定性与定量的分析工具，对危机产生原因、条件、危害、危机承受者等各方面进行全面、客观、深入的考察，最终预测危机爆发的概率，估算危机可能造成的损失，以确定组织与外部公众可能承担的风险。

3. 风险评价

风险评价是指管理者依据风险分析的结果，对风险的严重程度进行确认。风险是一种潜在的威胁，意味着组织或外部公众可能承受某种程度的损失；组织管理者需要根据风险程度决定投入风险管理的资源总量，以保证风险管理过程符合成本—收益标准。在实际的风险管理过程中，风险评价通常体现为风险的定级，即管理者按照一定标准将风险划归入某一既定的风险等级。

4. 风险决策与计划

风险决策与计划指的是组织管理者以降低风险为目的的决策与行为规划。风险管理不等于消除风险，而往往只意味着在一定程度上降低风险。因此，组织管理者必须首先通过风险决策与计划确定风险管理的目标，即确定在多大程度上降低风险。其次，在现代组织管理过程中，计划是行为的先导，没有周密计划的行为是很难达到预期目标的。管理者必须对复杂的风险管理过程制定行为计划，以保证风险管理目标的顺利实现。

---

① 战略风险包括政治风险、经济风险、社会风险、环境风险、立法风险等，操作风险包括职业风险、财政风险、物理风险、技术风险等，参见 *Worth the Risk*：*Improve Risk Management in Local Government*，http://www.audit-commission.gov.uk。

5. 风险处置

风险处置是一系列消除与降低风险的具体行动的总和。风险处置是组织管理者具体实施某些特定的措施，创造安全的内部与外部环境的过程。作为风险管理流程各环节中内容最为丰富的一环，风险处置包括风险消除、风险置换、风险隔离、风险分散、风险延缓等各种各样的具体行动。

6. 反馈与调整

风险管理是一个具有连续性的管理循环。组织管理者们认识到，一劳永逸的风险管理活动是不存在的；管理者们必须关注风险管理活动的反馈信息，及时调整风险管理的具体措施，以保证风险管理活动的持续有效性。

（三）风险管理的效用

为了有效抵御危机的可能损害，无论是私营部门还是公共部门都越来越注重风险管理的应用。有的研究者认为，风险管理是超越公私部门界限的抗风险工具；在危机管理领域，有效的风险管理是善治的组成部分之一。[①] 实践证明，风险管理对于个人、组织乃至整个社会抵御危机的潜在损害都具有积极作用。我们认为，公共危机管理中的风险管理体现为内部风险管理与外部风险管理两方面，风险管理的效用也就表现为创造安全的内部与外部环境。

第一，风险管理有助于消除或降低组织在危机状态下可能承受的损失。对于组织而言，风险管理的效用在于保证组织及其人员避免遭受生命、健康、财产等方面的损失。风险管理有助于组织更为有效地认识与控制其可能承担的风险，促使组织在危机发生之前预先做好应对准备，降低自身的脆弱性，提高应对危机事件时的工作效率，最终防范或消减危机造成的现实损害。风险管理是组织管理者营建安全的内部环境的活动，这对于某些公共部门而言特别重要。以消防部门为例，在消防部门日常管理工作中引入风险管理，使高层、中层与基层的管理者都注重风险确定、风险评估、风险控制、风险训练等管理环节，这是确保消防人员生命安全与提升组织工作效率的保障。[②] 总之，创造安全的内部环境，降低组织自身的脆弱性，这是风险管理对于组织的主要效用。

第二，风险管理有助于消除或降低社会公众在危机状态下可能承担的风险。

---

① *Worth the Risk*: *Improve Risk Management in Local Government*, http://www.audit-commission.gov.uk.

② Jonathan D. Kipp, Murrey E. Loflin, *Emergency Incident Risk Management*: *A Safe and Health Perspective*, A Division of International Thomson Publishing Inc., 1996.

公共部门必须承担向公众提供公共服务的职责，公共部门的风险管理既需要为组织自身的生存和发展创造良好的内部环境，也需要为社会公众创造安全的外部大环境。因此，某些公共部门需要将风险管理融入对社会公众的日常管理活动中，保证组织的外部公众能够免于某些危机灾难的损害。不少公共部门自身承担着预防危机、确保安全的法定职责，这就更需要积极开展社会风险管理，防范某些危机事件的外部效应，创造安全的社会大环境。实践证明，社会管制机构等公共部门实施的风险管理有助于降低社会公众承担的风险，有利于维护组织外部环境的安全与稳定。

第三节　风险管理的过程分析

风险管理是个连续的行为过程。无论是私营部门的风险管理还是公共部门的风险管理，其基本过程一般都是由分析与规划、执行与控制、沟通与协商、监测与评价四个部分组成。分析与规划过程主要包含了风险确定、风险评估与风险规划等活动；执行与控制过程意味着风险规划的执行，其内容往往是一系列风险控制措施；沟通与协商过程是指就风险问题与社会公众的交流互动；监测与评价过程则主要指对风险管理全过程的总体评估。

（一）分析与规划过程

各国的管理者在风险管理过程中都十分重视风险分析与规划工作。风险管理首先要求管理者明确即将承担的风险的来源、类型、特征、严重程度；同时，管理者必须根据特定的风险状况制定不同的行动规划。分析与规划过程的主要任务就在于促使管理者对危机风险有全面的认知、对应对风险的行动有全面的构想，分析与规划过程为风险管理的实施阶段奠定了坚实的基础。

风险问题的识别是分析与规划过程中的首要环节。加拿大政府就将可能引起公共危机的风险分为技术、权利、职业、交通、环境、资源、消费、食物、经济、安全十个领域，并识别各个领域的具体风险问题，以此制定风险规划（见表4—1）。

表4—1　　加拿大政府公布的已识别的风险领域及问题

风险领域	具体风险问题
技术	核技术、生物技术、基因工程、信息技术等
权利	人权、劳资谈判权、善待动物等
职业	安全生产等

续前表

<table>
<tr><th>风险领域</th><th colspan="2">具体风险问题</th></tr>
<tr><td>交通</td><td colspan="2">汽车、摩托车、铁路、飞机、船只及其他水上工具、管道（油、汽、水等）、电力问题（特别是电磁领域）等</td></tr>
<tr><td>环境</td><td colspan="2">气候变化、空气、水、土地污染（酸雨、城镇烟雾等）、滥伐森林、有毒物质、物种变异、鱼类问题、臭氧减少等</td></tr>
<tr><td>资源</td><td colspan="2">可再生资源（鱼、木材、水等）、不可再生资源（石油、煤、天然气、矿物等）</td></tr>
<tr><td>消费</td><td colspan="2">汽车（安全带、安全气袋、缓冲器、燃料标准等）、药物、医疗设备、儿童玩具、炸药、游览船等</td></tr>
<tr><td>食物</td><td colspan="2">食物在生产和分配中的污染、食物中的杀虫剂残渣、牛奶中的荷尔蒙、转基因食物等</td></tr>
<tr><td rowspan="3">经济</td><td>金融工具和制度方面</td><td>债务安全、储蓄保险等</td></tr>
<tr><td>购买方面</td><td>产品标志和商标、误导广告、质量保证等</td></tr>
<tr><td>收入水平方面</td><td>雇佣保险、工人赔偿、退休金计划等</td></tr>
<tr><td rowspan="4">安全</td><td>国家安全</td><td>防御侵略、防止颠覆等</td></tr>
<tr><td>个人安全</td><td>警察、火警等</td></tr>
<tr><td>基础设施</td><td>水坝、桥梁、道路、管道等</td></tr>
<tr><td>自然灾害</td><td>天气灾害（飓风、洪水、冰雹、暴风雪、干旱）、地震、森林或草原火灾等</td></tr>
</table>

资料来源：Treasury Board of Canada，*Integrated Risk Management*：*Implementation Guide* ［R/OL］，http://www.tbs-sct.gc.ca，2004。

风险等级的确定是分析与规划过程中的重点。风险是一种不确定的危害，风险的不确定性越大，风险管理的不确定性也就越大，风险管理者的工作也就越复杂困难。为了尽可能地降低风险管理的不确定性，管理者通常需要对潜在的风险进行计算与评估，并且依据一定标准确定风险等级。在风险管理过程中，管理者通常依据危机爆发的可能性与危机危害的严重性两个维度确定风险等级。风险与危机发生概率及危机危害程度成正相关关系，危机发生概率越大，风险就越大；危机危害程度越高，风险也就越大。管理者以危机发生概率与危机危害程度为基本维度，创制危机风险分析矩阵，将风险分为不同等级（见表4—2，图4—1）。管理者通过风险分析，最终确定特定的危机风险属于哪一等级。近年来，越来越多的危机管理者将危机风险分析矩阵与风险等级引入了对自然或非自然灾难风险的评估实践中，特别是在某些自然灾害发生频繁的地区，危机管理者预先划定风险等级有助于提高风险管理的效率。

表 4—2　　　　　　　　　　**危机风险矩阵之五分法**

危机危害程度	危机发生的可能性				
	确定	很可能	可能	偶尔	罕见
致命	极度风险	极度风险	极度风险	极度风险	高风险
剧烈	极度风险	极度风险	极度风险	高风险	高风险
中等	极度风险	高风险	高风险	中等风险	中等风险
较小	高风险	高风险	中等风险	低风险	低风险
可以忽略	高风险	中等风险	低风险	低风险	低风险

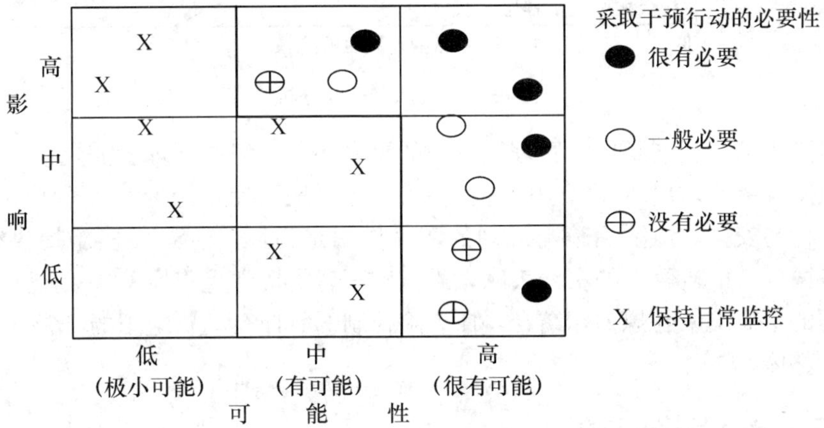

图 4—1　危机风险矩阵之三分法

风险分析过程中的另一项重要任务是确定风险的可接受水平（acceptable level of risk），也就是风险的容忍度（见图 4—2）。虽然管理者总是期望组织免遭各种危机的影响，都希望“零风险”的出现；但事实上，任何组织都必须承担一定程度的风险。有效的风险管理并不能够完全消除所有风险，而只能在一定程度上降低风险。既然组织不可避免地需要承担一定风险，那么这就意味着并非在任何情况下都有消减风险的必要；一方面，完全消除风险是不可能的，另一方面，在危机发生的可能性与危害程度都不高的情况下，实施风险管理可能不符合经济标准。因此，组织管理者需要在风险决策之前确定什么是可接受的风险水平，什么是不可接受的风险水平。管理者在进行风险确定、分析与评估的过程中必须确定组织可接受的风险水平；当组织所面对的危机风险低于可接受的风险水平，那么管理者一般不采取专门的风险控制措施，如果危机风险超过了可接受的风险水平，管理者就必须进行风险规划、实施风险控制行动，力争将危机风险降至可接受的风险水平以下。

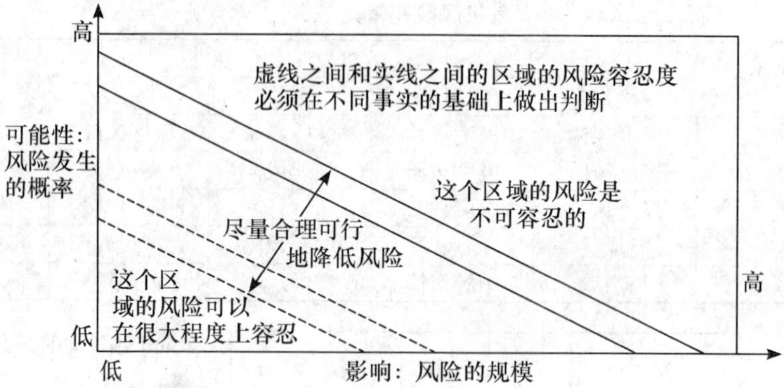

图 4—2 风险容忍度分析

风险决策与规划是风险管理流程中的重要环节。组织管理者需要根据风险类型、风险等级制定出风险管理的总目标，并且对风险控制行为以及资源调配进行总体设计与安排。风险决策与规划的实际作用是为风险管理的实施提供行动指南。各国公共危机管理的实践表明，组织管理者需要注重将风险决策与规划和组织管理的常规决策与规划相结合，使风险控制的具体行动与组织的日常管理糅合为一个整体。

（二）执行与控制过程

风险管理中的执行与控制过程指的是组织管理者执行风险规划与实施具体风险控制措施的过程。在公共危机管理领域，风险管理的执行与控制过程又被称作风险处理（risk treatment）。危机管理主体需要利用不同的治理工具，采取不同效能的风险控制措施，以便实现降低危机风险的目标。执行与控制过程构成了风险管理过程的主体部分，其最重要的效用是直接营造安全的内外部环境。

风险管理过程中可供管理者选择的风险控制措施众多，其中包括风险消除（elimination）、风险置换（substitution）、风险隔离（isolate）、风险分散（spread）、风险延缓（delay）、风险补偿（compensation）、个人保护设施（personal protective equipment），等等。风险消除意味着从源头上遏止危机事件的发生，杜绝危机状态的出现，使组织运行实现“零风险”，这一风险控制措施最为理想化，但实施成本巨大。风险置换意味着以相对较小的风险替代较大的风险，使风险降低到可接受风险水平以下。风险隔离并不直接降低危机的发生概率与危害程度，而是致力于在危机与危机影响对象之间制造“隔离带”、“防火墙”。风险分散意味着尽量通过延长危机爆发的时间、扩大风险承担区域等方式避免危机的破坏力集中于某一时间或某一区域，力争在风险总量不变的前提下降低每个承受者可能遭受的损失。风险延缓主要指拖延危机爆发的时间，为管理者采取应对措施赢得充分的时间。风险补偿意味着在无法避免或消减风险的情况下预先准备好补偿资源，以降低风险承担者的实际损失。个人保护设施主要指组织管理者为组织成员提供各种安全保障，以降低其面对危机事件时的脆弱性。总之，风险控制措施与行动的种类非常复杂，管理者的选择范围极为广泛。有经验的管理者通常会依据各种控制措施的有效性与实施成本选择较为适用的几种，而并不追求最理想或最优的控制措施。

政府作为风险管理的主体，不仅需要进行内部风险管理，更需要承担起创造安全的外部环境的重任。政府部门需要利用有力的治理工具完成风险控制的任务。各国的危机风险管理实践表明，作为现代政府治理工具之一的管制也是有效的风险控制工具。政府部门可以通过政府管制规范与约束组织和个人的行为，以防范危机造成的风险；而政府管制的供给不足往往会增加个人和组织可能承担的风险。美国食品与药品管理局（FDA）等部门成功的风险管理实践证明，政府管制有助于保障组织成员与公众的生命健康，也有助于使社会可能承担的损失最小化。

但近些年来，风险管理的范围和方法已大大超越了政府机构所采取的管制行为。第一，政府部门的风险管理者在降低风险的时候往往考虑采取管制途径和自发途径。因为我们的社会面临着越来越多复杂风险问题的挑战，特别是有些问题与周围的环境相抵触，而政府掌握的资源却很有限。第二，风险管理的实施逐渐超出了政府领域，地方企业、个体公民包括工人、农民甚至渔民都在进行风险管理。这样一种看法逐渐成为共识：受到风险问题影响的各利害关系者的积极参与能够提高决策质量。在此背景下，一些非强制的、自愿型的风险管理手段往往更为有效。例如，美国环保局（EPA）的综合风险信息系统（IRIS）提供了一个电子数据库来说明接触环境中的各种化学物品对人体健康可能造成的影响。该系统不仅提供了上百种商业化学用品的具体风险信息，它还是获取风险管理信息的有效途径，并且与20多份专门的风险指南文件都建立了联系。总之，在风险控制的过程中，政府治理工具的选择关系重大；政府中的风险管理主体需要运用正确的治理工具，以创造安全的内外部环境。

（三）沟通与协商过程

风险管理不仅包括执行与控制的硬性过程，也包括与利害关系者沟通与协商的软过程。公众在其健康、财产、幸福和环境等方面都面临着风险，对于不同类别风险的责任归属及应对措施的分配方面，政府需要与不同的利害关系者进行交流与沟通。这样个人就能决定怎样在风险面前最好地控制其行为和判断政府正在代表他们采取的行动。为了使政府能够履行此项职责，获得公众的信任是至关重要的。近些年来，公众对政府机构和科学的信任度不断降低。对于政府和官员的信任度通常比对独立于政府的信息来源的信任度要低；即使一些风险事后被认为处理得很好，公众的信任水平也并不高。因此，面对公众处理风险，政府应当首先考虑如何获得和维持公众的信任。

政府应向公众公开其处理风险的原则，包括公开透明、广泛参与、行动适当、基于证据和明确责任等。第一，政府要在对风险性质的理解上和处理风险的过程中做到公开透明。政府应该及时公布对于影响公众的风险的评估，并解释所使用的数据、假设、价值观和评估方法，以及将要如何处理风险。当风险信息必须被保密时，政府要解释其原因。第二，政府要在决策过程中，广泛吸纳受风险影响的公众的意见。在整个风险识别、评估和管理过程中，政府要鼓励广泛的代表团体和公众的参与。在政策发展、风险评估和风险管理的所有阶段都要开展双向交流。第三，政府在处理风险时要行动适当，在需要时要采取预防措施。面对公众处理风险的行动与需要的保护水平要成比例，与其他行动一致，并且指向风险。在政府确信发生有害影响时，以及可能性和后果的科学评估显示了不确定性时，就要果断采取预防措施。第四，政府要在具有所有相关证据的基础之上制定决策。要把识别和评估风险作为其事务的核心部分，其目标在于保证考虑到所有相关因素，包括对面临风险的察觉、公众关注以及社会价值观。当收到不同意见时，应通过公开的讨论来阐明那些问题。第五，政府在管理风险时要划分责任到位，以便控制风险。要保证愿意承担风险的人也对其结果负责，其目标在于赋予个人选择权以决定如何管理影响他们的风险，且确保不会给其他人带来不可接受的风险或损失。

显著提高公众的信任水平可能需要很长一段时间，但可以采取许多措施来解决一些关键的基本问题，政府应该把实施这些原则作为改善风险管理行动的一部分。第一，就影响公众的风险问题向他们提供信息。政府就风险所做的沟通应该建立在公开和透明原则的基础之上。面对公众处理风险的部门应该尽早公布它们的风险评估（除非具有免除的明确理由），以及基本事实、假设、信息来源和程序等，以使公开详察能够进行。例如英国国内紧急情况秘书处（CCS）曾采取多种行动改善在紧急事件期间的风险沟通和报告，包括建立网站“英国恢复力”（UK Resilience）来提供洪水、重大事故和恐怖主义等多种风险信息；通过媒介紧急事件论坛（MEF）建立与国家和地区新闻媒介的合作平台；并与英国广播公司（BBC）共同开发信息发布工具，以使各方在向公众提供真实信息方面走得更近。第二，开展双向沟通，以使主要风险的决策能够及早而广泛地包含所有相关因素。应探索吸纳利害关系者和广泛公众的新方法，尤其是通过网络平台直接从公众那里获取建议。第三，在危机状态下理清沟通的程序。政府与媒体的密切联系有助于保证危机沟通时保持更大的一致性。在媒体误报较多的地方，应考虑更多地利用直接的沟通渠道，如互联网；当已经通过网络来提供信息时，就应考虑如何充分发挥这一媒介的潜能。第四，更好地运用由可信、公正的来源提供的信息。当风险存在较大的不确定性或争议时，可利用更多由独立机构提供的信息，这将使人们更容易分清事实、假设和判断；也可通过对提供信息的来源和不同专家的意见解释清楚，以保证公平公正。第五，在专业和非专业视角之间加强对话。在专业的风险咨询机构中，至少应包括一位非专业的成员，并在必要时就风险问题的沟通寻求建议。

（四）监测与评价过程

风险管理中的监测与评价过程侧重于分析与评估风险管理活动的效果与效率。组织进行风险管理的目的是降低可能承受的损失，风险意味着组织运行的额外成本；但风险管理本身也是有成本的，管理者需要在风险确定、风险评估、风险控制各管理环节中投入相当的资源。因此，对于有效的风险管理过程而言，风险管理所消耗的成本应该小于风险所造成的额外成本，即风险管理的成本小于风险管理的收益。监测与评价过程的目的就在于考察风险管理的成本和收益，以便为管理者调整与更新管理措施提供依据。

在监测与评价过程中，各国的管理者偏爱成本收益分析（cost benefit analysis）的方法。成本收益分析是一种量化的分析评估工具，在风险管理的监测与评价过程中被用于分析与评估风险控制的预期或现实影响。成本收益分析要求确定风险控制的成本与收益，并且将其转化为货币上的价值以便进行比较；成本收益分析认定那些收益大于成本的风险控制过程是有效的。企业管理者最早将成本收益分析用于风险管理的监测与评价，其评估对象多为内部风险控制活动。政府在公共危机管理过程中也逐步采用成本收益分析方法，其评估对象扩大到社会风险控制行为。但是，公共部门的风险管理与企业风险管理差异巨大，成本收益分析在评估政府的风险管理效用的过程中遭遇了众多困境，如赋值与定价的困难、贴现率难以确定、成本收益分析过程的高成本，等等。因此，公共部门的管理者又创制出不少新型的分析工具以替代成本收益分析，比如零风险分析（no-risk analysis）、比较风险分析（comparative risk analysis）、成本效益分析（cost-effectiveness analysis）等都是管理者常见的选择。①

“9·11”事件发生后，美国政府加大了对国土安全风险的评估力度。美国国土安全部认为，风险的大小取决于三个因素的综合作用：外在危险的大小、自身脆弱性的多少以及风险承受体的价值。因此，风险评估的内容包括危险评估、脆弱性评估和价值评估。危险评估旨在识别和评估所面临威胁的规模和潜在的破坏性大小；脆弱性评估是识别现有的和潜在的弱点与漏洞，并对弥补这些漏洞提出建议；价值评估是评估和比较保护风险承受体抵御风险的意义和价值，以确定优先保护的对象。在得出综合评估结论后，就可以决定采取何种防范措施。具体来说包括三种：不予回应并接受风险（零成本，风险最高），通过采取合理的防范措施来降低风险（一定成本，风险有所降低），采取一切可能的措施来防范风险（成本最高，风险最小）。至于采取何种措施，则要分别进行成本收益分析，通过比较做出决定。

第四节　公共危机风险管理

作为一个古老的概念，风险向来与危机相伴而行。危机尚未发生称之为风险，风险失去控制则为危机。人们在长期与危机抗争的过程中，经过反复实践，已经积累了规避、预防和减少风险的很多经验，并对其消化总结、提炼概括、融会贯通，从而形成了危机管理的风险管理方法，这对于减少危机发生的可能性、降低危机损失无疑具有重要意义。

危机风险管理（disaster risk management）就是通过对危机风险的管理来带动危机管理，以达到关口前移、有效预防的目的。这种危机管理主张和行为的一个基本出发点在于：政府只有在政府政策、规划、资源管理等方面有效地实施了风险管理，才能有效地预防、舒缓和降低危机所带来的损失。具体的管理手段包括：建立风险管理的能动环境、识别主要风险、分析和评价风险、采取不同策略处置风险、建立制度以有效管理和控制风险，等等。

各国危机管理的实践也表明，风险管理已经逐步成为公共危机管理的重要内容。各国的危机管理者开始将风险管理作为一种前瞻性与长期性的危机管理活动，并且将其作为对传统危机回应模式的替代或补充。危机风险管理意味着危机

① Robert W. Hahn, *Risk, Cost and Lives Saved: Getting Better Results from Regulation*, Oxford University Press, 1996.

管理者将风险确定、风险评估、风险控制等一系列风险管理措施整合进组织的日常管理之中，以实现预防危机、降低风险的总体目标。危机风险管理具有传统危机回应活动不可企及的优势。有效的危机风险管理成为公共危机管理的标杆之一。

（一）从危机回应到危机风险管理

对于世界各国的危机管理者而言，风险管理是对传统危机回应行为的一种替代。传统的危机管理模式以危机回应为主要内容，基本上偏重于危机状态下的应对与处理措施。然而，各国危机管理者认为，单一的危机回应往往并不能有效地降低危机可能造成的损害，并且也不利于降低危机管理的总成本；传统的危机回应模式不足以应对日益复杂的危机事件与危机状态。有的研究者认为，危机并非仅仅是突发灾难性事件的结果，也是长期未得到管理的风险（自然的、社会的、经济的）的产物。因此，应急性的危机回应是不够的，危机管理者应该通过危机风险管理防患于未然，降低组织与公众的脆弱性。①

与危机回应相比，危机风险管理更具有前瞻性。危机回应意味着在危机事件爆发之时应对危机的危害性影响，而危机风险管理则意味着在危机发生之前控制风险，增强组织与公众的抗危机能力。从某种意义上讲，危机风险管理与危机缓和、危机准备是一体的；危机风险管理既致力于预防危机，又致力于降低组织与社会的整体脆弱性，危机风险管理的主旨就是在危机发生之前预先降低个人、组织与社会所承担的风险。危机回应活动是被动的反应性行为，危机风险管理是主动的前瞻性行为；相比之下，危机风险管理更有助于降低个人、组织与社会的现实损失。

与危机回应相比，危机风险管理更具有稳定性。危机事件的突发性决定了危机回应在很大程度上是危机管理者临时采取的某种应急行为。危机回应活动是一种非常规的管理行为，本身就具有较强的不确定性。危机风险管理则是一种整合于组织日常管理活动中的相对稳定的管理行为。通过实施全面风险管理，将风险分析、风险控制等具体措施整合于组织的政策管理、项目管理、资源管理、培训管理等常规管理活动之中，使控制风险成为各管理环节的任务之一。危机回应是偶然的、不确定的管理活动，而危机风险管理是稳定的、常规的、长期性的管理行为；对管理者而言，危机风险管理的成本与过程更易于控制。

与危机回应相比，危机风险管理更具有有效性。危机回应的有效性主要体现

---

① Suvit Yodmani，*Disaster Risk Management and Vulnerability Reduction*：*Protecting the Poor*，Asia and Pacific Forum on Poor，2001.

为降低危机状态下各方的现实损失，而危机风险管理的有效性体现为预防危机的发生与提高个人、组织与社会的抗危机能力。危机风险管理的有效性既可以表现为遏止危机事件的爆发，又可以表现为降低危机状态的破坏力；其拥有危机回应所不具备的特殊功效。此外，与危机回应活动相比，危机风险管理的效力更为持久。危机回应的效力通常是短暂的、即时的，而危机风险管理的效力是持续的、长期性的；危机风险管理能够增强组织与社会在很长时间范围内的抗危机能力，有助于组织与社会应对多次危机与灾难的影响。

当代危机管理的一个重要趋势在于从对危机的回应转化为对危机的风险管理。这是因为与危机回应相比，危机风险管理更有利于应对日益复杂化的危机事件与危机状态。为了追求危机减缓的长期收益，危机风险管理成为越来越多的危机管理者的选择。

（二）有效的危机风险管理的特点

无论是企业的经营管理者还是政府的公共管理者都期望通过有效的风险管理实现控制内外部风险的目的。风险管理日益成为公共危机管理中的重要内容，不少危机管理者认为，风险管理虽然不可能消除一切危机风险，但有效的危机风险管理能够以较低的成本减少组织内外部的危机风险。追求有效的危机风险管理成为危机管理者的工作目标之一。我们认为，有效或良好的危机风险管理具有前瞻性、公开性、综合性、连续性与协同性几个方面的特点。

其一，前瞻性。与传统的危机管理模式相比，有效的危机风险管理的最大特点就是具有前瞻性。传统的危机应对模式是典型的反应性管理，只有当危机事件爆发、组织已经陷入危机状态的时候，组织管理者才可能采取应对措施；而危机风险管理的目的恰恰在于预防危机，有效的危机风险管理能够在危机状态形成之前使组织预先做好应对准备。

其二，公开性。有效的危机风险管理过程必然是一个公开、透明的过程。研究者多次强调风险管理中风险沟通（risk communication）的重要性。风险沟通是风险相关信息的交流过程，其有助于承担风险的各方共同参与决策。研究者认为，在公开透明、信息沟通充分前提下的风险决策才可能更为正确，风险管理过程才更为有效①；事实也正是如此。

---

① U.S. Department of Health and Human Service, Food and Drug Administration, *Managing the Risks from Medical Product Use: Creating A Risk Management Framework*, Task Force on Risk Management, 1999.

其三，综合性。有效的危机风险管理是由一系列管理活动构成的综合性管理模式。有效的危机风险管理并非组织管理中的某一个环节，而是贯穿于组织日常政策管理、项目管理、资源管理等诸多管理环节之中；有效的危机风险管理意味着贯穿组织管理始终的全面风险管理。

其四，连续性。有效的危机风险管理的连续性意味着风险管理应是一个管理循环。对于组织而言，没有一劳永逸的风险管理；组织管理者必须注重对风险管理政策、措施与行为的不断调整与更新。在众多研究者眼中，有效的危机风险管理是没有终点的循环。

其五，协同性。有效的危机风险管理是组织各部门相互协同合作的结果。风险管理不仅是危机应对部门的职责，也是组织内部各个部门都必须关注与配合的工作。有效的企业风险管理是企业内部各部门协同作战的成果，有效的公共危机风险管理则是不同部门、不同层级政府组织之间相互合作的产物。

事实证明，对于公共部门而言，有效的危机风险管理有助于创造安全的内部与外部环境；无论是组织自身还是外部公众都可以获得安全的收益。有效的危机风险管理无疑已经成为成功的危机管理过程的重要参数之一。

良好风险管理过程的构成要素①

研究者认为，良好风险管理（good risk management）是善治的组成部分；良好的风险管理过程应该包括以下几方面内容：

第一，组织对于以下问题达成共识：组织所面对风险的性质，风险的类型与程度，风险的可能影响，组织的抗风险能力。

第二，存在定期的与持久的风险监控与报告机制，包括预警机制。

第三，风险管理的执行成本与收益得到适当评估。

第四，组织定期对内部风险控制系统进行评估并公布评估结果。

第五，风险管理不一定追求消除风险，但一定要了解与有效控制风险。

（三）标准化的危机风险管理

标准化是提升管理绩效和水平的有效办法。早在 1995 年，澳大利亚就颁布

① *Worth the Risk*：*Improve Risk Management in Local Government*，http：//www. audit-commission. gov. uk.

了风险管理国家标准，并建立了风险识别、分析、评价、处理和监控的基本框架。澳大利亚危机管理中心随即根据这个标准，组织编写了《应急风险管理应用指南》，将风险管理机制引入危机管理行动中。由此，风险管理逐渐成为澳大利亚实施危机管理的一个基本模式。1999 年，澳大利亚标准委员会和新西兰标准委员会共同制定了澳新风险管理标准（AS/NZS4360），这也是迄今为止世界上影响最大、运用最广的风险管理标准。影响较大且被 ISO 认可的国家性标准还有加拿大风险管理标准（CAN/CSA-Q850-97）、英国风险管理标准（BS-6079-3：2000）和日本风险管理标准（JISQ2001：2001）等。

澳新风险管理标准的正文包括五个部分：应用范围与概念、风险管理要求、风险管理概论、风险管理步骤、风险管理记录和档案；另外七个附件则为实际操作提供了一套适合各类组织风险管理的方法。从风险管理过程来看，澳新风险管理标准把风险管理分为确立情境、风险识别、风险分析、风险评价、风险处置、风险协商/沟通、风险监控/报告七个步骤（见图 4—3）。第一，根据组织的战略、目标、能力等确立风险管理情境。第二，识别最有可能发生的风险。第三，分析风险发生的可能性和影响。第四，评价风险是否可以接受，对可接受的风险保持监控和定期报告，对不可接受的风险及时处置。第五，处置风险的方法包括：避免风险、减少发生的可能性、降低后果及影响、转移风险、共担风险等。第六，与利害关系者就风险问题进行协商与沟通。第七，对风险及处置效果保持监控并定期报告。

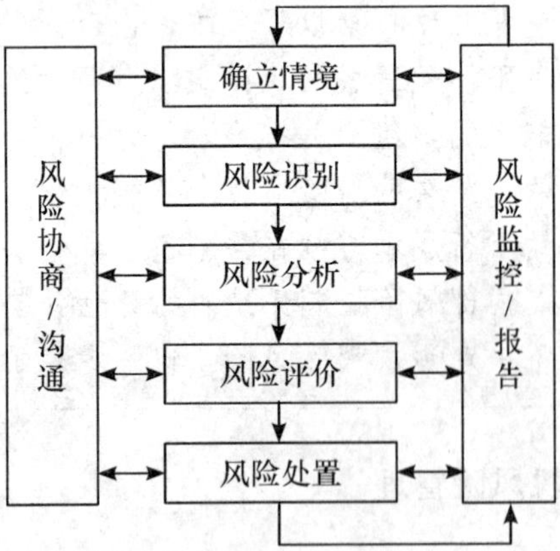

图 4—3　风险管理的全过程

资料来源：Standards Australia and Standards New Zealand，*AS/NZS 4360：2004*，*Risk Management*，Sydney，NSW. ISBN 0733759041，2004。

澳新风险管理标准的特点在于：第一，它对风险和收益进行了整体分析，因而适用于所有的风险情境和组织。澳新风险管理标准的整个过程都交织了对机会和收益的考虑；注重将风险管理的理念注入到组织文化中，整合到业务活动和日常工作中；由于兼顾公、私和第三部门的需要，它还包含了对财政、卫生和环境等各类风险的评估。第二，它强调确立风险管理情境。包括将外部利害关系者的价值观纳入考虑范围，确立外部情境；根据组织的制度、目标和利益确立内部情境等。第三，它强调协商，而不仅仅是沟通。协商是通过相互影响而不是通过权力对决策产生影响；也就是说，协商能够集合各利害关系者的观点和意见，但并不等同于共同决策。

第五章 危机规划

世界范围内的危机管理实践证明，危机规划是有效回应危机的前提之一。危机规划作为危机准备的重要内容之一，是以有效回应危机为目的的综合性计划过程。良好的危机规划有助于明确危机回应的目标，统筹安排危机准备资源，增强危机管理能力与危机抵抗能力。如果缺少优先的危机规划，危机管理者将在危机真正到来之时贻误战机、浪费宝贵时间，无法及时减轻危机的危害性影响。因此，危机规划应该成为危机回应的基础。

危机规划既是指一种特定的规划过程，也意味着作为规划过程最终成果的行动计划。危机规划文本是危机规划的表现形式，具有特定的内容与结构。危机规划过程要遵循合理应对阻力、采取全危机的方法、全面参与、基于正确假设、确保适当与弹性、坚持培训与评估、保证持续性等指导原则。一个相对完整的危机规划过程由情境分析、目标设定、拟订行动方案、可行性分析、创制危机回应方案集、调整与更新规划六个步骤组成。

第一节 危机规划的基本概念

规划是行动的前提，有效的危机回应行动要以相对完备的危机规划为先决条件。而究竟何谓危机规划却存在广义和狭义之分。

（一）广义的危机规划

广义的危机规划包括了危机管理循环过程中各个阶段的行动规划，如疏缓规划、准备规划、恢复规划等。在此，明确危机规划和危机执行（emergency operations）的区别有助于理解广义的危机规划。

危机规划是事前所做的准备，包括标准化的训练内容以及获取必要的资源；危机规划始于脆弱性评估，从而识别最需强化的事宜；危机规划明确危机本身需求和回应需求，确认可用资源，并为回应危机制定相应的战略和策略。而与规划不同，危机执行要求以规划为基础，并着眼于绩效；在执行过程中，不仅有对资源的需求，还要求危机响应者根据危机状况随时评估所需；危机响应者要以一种创造性的方式满足回应需求，而不能亦步亦趋。

虽然危机规划和危机执行存在很大程度的区别，但二者还是有所关联的。将其功能相整合有助于发挥危机规划对执行的支持作用，避免规划的纸上谈兵和无用武之地。更重要的是，危机执行由危机响应者和危机管理者两方面的行动所组成。危机规划的过程，为回应危机时的决策提供了框架，也为决策者建构了各种在面临现实挑战时的可选方案。在危机未发生之时，危机规划者做了大量的细致工作，以便在危机到来时为决策提供支持。

危机规划旨在做好准备，并最终影响危机回应和恢复。危机规划能够在面临危机本身需求和危机回应需求时更好地指导实践。所谓危机本身需求（agent-generated demands），是指那些由危机本身引发的需求，这些危机可能来自风、水、地震、热源及流感等，它们威胁到人类的健康、安全、财产和环境。而危机回应需求（response-generated demands）是由危机回应行为所引起的，如危机发生后协调各方救援、维持秩序等。危机规划的过程，还明确了可开展的疏缓措施，监督疏缓措施的开展，并决定了开展效果。总之，危机规划在整个危机管理过程中都扮演了重要角色。

（二）狭义的危机规划

狭义的危机规划指的是危机准备阶段中，危机管理者为了有效回应危机而制定的行动规划。我们所说的危机规划主要是指狭义上的危机规划。

危机规划与危机回应过程中的执行规划（operations plan）是两个较为相近的概念。对于这两种危机管理中的规划，研究者通常持有两种观点：一种观点认为，危机规划是执行规划的一部分，危机规划归属于执行规划；有的研究者将危机规划当作执行规划中的一个要素，认为危机规划只不过是执行规划的子集而已。另一种观点认为，危机规划与执行规划是两个相互独立、处于不同阶段的行为规划；执行规划以危机规划为基础或参照，是危机规划在危机状态下的调整与延续。①

我们认为，危机规划与执行规划都属于广义上的危机规划之列，都是危机管理循环中的行为规划；但危机规划与执行规划又是相互独立、互有区别的（见表5—1）。危机规划是危机管理者在危机准备阶段做出的行为规划，而执行规划是

① UNHCR，*Contingency Planning Guideline*，1996.

危机回应阶段的行为规划；危机规划是前瞻性的危机管理行为，其建立在对未来不确定情境的分析与预测基础之上，而执行规划是反应性的危机管理行为，其建立在对当下危机状态的确认与评估基础之上。这正是危机规划与执行规划最为关键性的区别。联合国难民署在一份报告中详尽地说明了危机规划与执行规划的区别，这对于我们正确理解这两个极为相似的危机管理行为大有帮助。

表 5—1　　危机规划与执行规划的区别

区别	危机规划	执行规划
与危机事件的关联	危机爆发之前	危机发生过程中
规划范围	综合的或以预测情境为基础的	战略的与具体的
合作者	所有可能的合作者	仅限于执行与实施合作者
聚焦点	发展共同的情境	有效与快速回应
关系	发展的	实用的
计划类型	协商型的	指示与协商型的
定位	功能	责任
时间框架	不确定的	固定的、紧迫的

资料来源：UNHCR，*Handbook of Emergencies*，United Nations，2001。

（三）危机规划的概念

我们认为，危机规划是指危机管理主体在危机发生之前，面对不确定的环境，为消除、减缓或更好地回应危机状况，而预先确定危机情境（scenario），设定行动目标，谋划行为方略，创建可能的危机回应系统的综合计划过程，以及作为这一过程最终成果的综合计划。

危机规划是危机爆发之前的前瞻性管理活动。“必要时再计划不如没有必要时就提前计划”。预警信号是危机规划的导火线；预警系统通过对相关数据与信息的收集、处理、分析，并在此基础上预测未来危机状态的爆发、扩散与危害性影响。当预警系统发出预警信号，确定即将有某种危机和灾难发生之时，危机管理者就必须进行危机规划，力争在危机状态到来之前形成完备的战略部署与行动规划。

危机规划是危机回应过程的指导方略。危机规划的直接目的是为危机回应阶段危机管理者的具体措施与行动提供指导。危机规划确定了危机回应的目标，预先勾画了危机处理行为最终需要取得的成果；危机规划谋划了危机回应阶段的行为方略，提供了可供危机管理者选择的行动集合；危机规划还对资源积累、创建危机回应系统进行了总体的布置与安排，有助于危机管理者在危机发生前后合理开展危机管理工作。

危机规划既是危机准备的重要组成部分，又是危机管理中不可缺少的重要一环。从企业危机管理到公共危机管理，危机规划都是管理者普遍的行为选择之一。危机规划最初是企业处理自身所面临危机状态的管理工具；工商企业在经营管理活动中不可避免地受到不同类型危机事件的影响，为了降低危机事件对企业经营业绩的影响，企业管理者预先分析危机事件的潜在影响，并在此基础上制定危机状态下的行动计划，以保证有备无患。公共部门的管理者借鉴企业经营管理者的危机规划行为，将危机规划引入公共危机管理过程，以作为应对各种自然与非自然灾难的前瞻性行动。在公共危机管理循环中，危机规划是危机管理者在危机爆发之前的行为准备，其目的在于降低危机状态下个人、组织与社会的脆弱性；危机规划是构成危机准备框架的基本要素之一，是危机准备其他措施得以顺利实施的基础性保障，是有效回应危机的先决条件。

第二节　危机规划的任务与性质

（一）危机规划的任务

危机规划在危机准备以及危机管理过程中承担了重要的任务。我们认为，在危机准备阶段，危机规划的主要任务包括：确定危机情境、确立危机回应目标与创建危机处理方案集。

1. 确定危机情境

危机情境是危机管理者与分析者通过科学预测，对未来即将发生的危机事件以及危机状态的预先描述。危机情境是建立在充分、可靠信息与科学分析基础之上的假想状态；危机情境不是危机管理者与分析者凭空想象的结果，而代表着一种合理的科学预测。危机管理者通常需要以危机情境为基本依据，对危机准备与危机回应行为进行规划。因此，危机规划的首要任务就是确定危机情境。在危机规划过程中，危机管理者必须充分利用可得的信息与经验，尽量把握未来危机事件与危机状态的可能情状。一般而言，危机管理者需要考察所有的可能情境，但最终必须选择其中可能性最大的一个，否则危机规划将会过于复杂。

2. 确立危机回应目标

危机规划既要对未来危机状态的可能情况做出预测与描述，还要在危机情境的基础上确立危机回应的目标。危机回应目标指的是危机回应过程完成之后应该取得的成效与实现的状态。危机规划是对于未来危机处理与回应行动的综合规划，而任何危机管理行动都必须具有明确的目标，否则就是盲动。因此，为危机状态下的回应行为确立目标，危机规划责无旁贷。

3. 创建危机处理方案集

创建危机处理方案集是危机规划过程中最具体的任务。危机规划是以有效回应危机为目标的行为规划，其意味着设计与安排各种应对危机的措施与行动。危机管理者需要依据危机情境与危机回应目标，对危机状态下可能、可行的行为进行设计与安排，最终整合为成型的"政策套餐"或行为集合。

（二）危机规划的性质

危机规划是公共危机管理循环中的重要行动，无论危机管理者所面临的灾难是天灾还是人祸，良好的危机规划都可能成为有效处理与回应危机的推进器。危机规划作为危机准备框架的基本构成要素与一种特殊的危机管理行为，具有明确务实、全面性、预测性、弹性与协调性五个基本特性。

1. 明确务实

危机规划不重务虚而重务实，注重行为规划的结果，是一种结果导向的行为规划过程。危机规划关注的是危机状态下现实可行的回应行为，以及在多大程度上降低了危机承受者的脆弱性。危机规划以可行的行为集合为主要内容，以提供可能的行为选择为主要任务；"如何付诸行动"永远是危机规划的聚焦点。

2. 全面性

危机规划的内容非常广泛，一般意味着危机发生之前的全面规划。正如有的研究者所指出的：一方面，危机规划对危机准备过程中的其他准备活动进行安排；另一方面，危机规划又聚焦于设计危机回应的行为集合。① 同时，危机规划对危机状态下可行的回应行为进行了全面的设计与规划，提供了全面、综合性的行为选择。

3. 预测性

危机规划是危机准备阶段的行为计划，是危机发生之前的前瞻性措施。从各国实践来看，危机管理者通常将危机情境分析作为危机规划过程的首要步骤，将确定危机情境作为危机规划的主要任务。危机规划的基础是对未来危机情境的预测，这决定了危机规划必然具有预测性的特征。

---

① WFP, *Contingency Planning Guideline*, UN World Food Program and Office of the Humanitarian Adviser, 1996.

4. 弹性

危机规划意味着对未来危机状态的预测与处理危机的行为设计。危机事件与危机状态的复杂多变，使得危机规划者必须面对不确定的环境做出行为选择。因此，危机规划必然是一种弹性较强的行为规划。危机规划不需要对危机管理者的行为做出严格限定，而只需要为危机状态下的危机管理者提供丰富的选择。

5. 协调性

危机规划过程与危机规划文本都具有协调性的特征。危机规划是多方参与的综合计划过程，危机规划又是对未来各类危机处理行为的综合计划；这决定了危机规划必然是对各方利益与各类行动进行协调与整合的过程与产物。规划过程与规划文本的协调性一直是各国危机管理者关注的要点之一。

（三）危机规划的内容与过程

作为一个过程的危机规划通常意味着一定的组织和人员，依据一定的步骤和程序，确立共同的危机情境，就一定的目标达成共识，并确定如何决策与应对的一系列行为。作为这一过程的结果的危机规划通常体现为特定形式与格式的计划文本。各国危机研究文献中所指的危机规划既可以是过程意义上的，也可以是文本意义上的。

规划制定者应当明白规划内容与规划过程的关系。规划过程是整个规划分析和战略决策的源泉，而规划内容则是浓缩了这些分析和决定的结果与精华。规划过程还包括了为制定规划而协调和讨论的过程，规划内容正是在这所有过程中得以草拟和确定的。

在规划过程中，规划制定者必须了解目标、资源和相关主体的相互作用。规划的首要目标是保护公共健康和安全，其次则是保护财产。综合考虑这些因素，才能决定如何处置危机事宜。规划要考虑的资源包括受训人员、相关设施、装备和物资。相关主体是指那些应在危机规划中采取行动的个人、家庭和商业组织等，它们在危机管理中发挥着不同的作用。所有这些目标、资源和主体均应纳入危机规划的过程，这一过程强调工作描述和任务分配，也包括组织、训练、装备和演习等。早期规划可以假设受到人力和其他资源的严重限制，而持续性规划则要针对回应提出相关要求，规划过程还可以检验脆弱性、资源和回应行动等。所有这些都是在冷静的氛围中和完全理性下做出的，但实践证明，在假想的条件下很难对危机的真实状况和影响做出十分准确的判断，这给危机规划的过程带来了更多困难。

规划过程使得规划知识与回应环境相联系，这样能够减轻危机响应者的压力。规划过程的直接目的是出台规划文本，而最终目的是指导处于不确定状态和高压下的主体，通过事前规划达到快速而有效的回应。回应不是寻找未知资源的时候，也不是判定或争辩哪个组织应该负责的时候，这些事情应该在规划过程中解决，在规划内容中体现。危机规划也强调预案和动员，这就更不能仅限于规划文本上，而应有效体现在规划过程中。

危机规划的过程是对威胁、脆弱性、资源和行动的咨询、研究、分析和选择。最终的规划是一份文本，是对规划过程结果的提取，形成了在危机发生后处置危机的蓝图，使规划过程中的共识成文化和系统化。规划的过程，内容的撰写都是团队完成的，首先由一个小团队草拟规划文本，然后在参与者之间交流，并通过危机响应人员得以反馈。总之，要确保危机规划的过程在规划内容中得以反映，还要确保危机规划的可行性和可操作性。

第三节　危机规划的内容与结构

（一）危机规划的文本结构

危机管理者通过危机规划过程，最终制定出危机规划文本，并以此作为应对危机状态的指南。危机管理者认为，一个结构严密、内容完备的危机规划文本是成功应对危机的前提。各国的危机规划实践表明，无论是国家层次、地区层次还是社区层次的危机规划，其在文本的基本结构与主要内容上都存在一致性。根据国外研究者的研究归纳，危机规划在文本结构上一般可分为两部分：即危机规划的战略陈述与行动计划。前者对整个危机规划的总体目标、行动方略、规划环境进行概述，而后者对具体的措施与行动进行描述（见表 5—2）。

表 5—2　　英国的危机规划陈述（presentation of an emergency plan）

章节（section）	内容（content）	概要（summary）
主要信息（general information）	对该规划简短的、全面的描述。规划的目的，该规划所涉及的相关的一些风险评估项目。	规划的必要性（why the plan is needed）。
管理、控制与协调（management, control and coordination）	控制安排。明确主要的参与组织团队及其角色与责任。界定关键的概念、条理和术语。确定主要的设施、场所和通信。	规划如何执行以及确定规划的参与者（how the plan works & who has a role in the plan）。

续前表

章节（section）	内容（content）	概要（summary）
激活，包括警报和待命（a ctivation，including alert and standby）	发布危机警报的相关程序，激活主要的参与团队，同时还包含如何确定危机发生的相关程序。	规划何时被激活（when the plan is activated）。
行动（action）	规划主要的参与组织和团队（关键的组织、军队、部门、政府官员等）以及为应对危机采取的行动。	规定何人应做何事（what the plan says will be done and by whom）。
附件（annexes）	列出主要的参与组织和团队。相关资源以及进一步的信息。包括：更多风险评估内容，相关的培训和演习的政策等。	规划参与者的联系方式（who has a role in the plan-contact details）。

资料来源：HM Government，UK，*Emergency Preparedness*，2005，11，p. 65。

1. 危机规划的战略陈述

危机规划的战略陈述意味着对危机规划的背景、危机规划的总体目标、危机规划的责任、作用等方面的总体表述。在内容上，危机规划的战略陈述可能包括引论、危机评估与排序、危机回应战略、组织机构与管理体制、人力资源状况、信息沟通体系、危机应对教育与培训规划七个部分。引论的功能在于确定本规划的基本过程、目的以及相关责任人；危机评估与排序主要完成危机情境的预测与描述；危机回应战略意味着危机状态下基本的行动指导原则与方略；组织机构与管理体制部分确定具体责任部门；人力资源状况部分强调危机回应行动所需要的人员支持；信息沟通体系部分确定了如何通过一定的制度化、规范化的过程将正确的信息传达给正确的人；危机应对教育与培训规划部分主要论述了如何向公众普及、传授危机相关知识与技能等。危机规划的战略陈述部分一般并不直接论及危机应对的具体措施，而是对危机回应行动的背景环境、前提条件、支持系统进行确定、设计与安排。

2. 危机规划的行动计划

危机规划的行动计划意味着对危机状态下的具体应对行为进行设计与安排。在内容上，行动计划可能包括所有可行的危机回应措施与行动。危机回应行动的复杂多样决定了行动计划内容的丰富庞杂，而危机规划篇幅有限，难以将所有可能的应对行为完全列举。因此，危机管理者通常只将可行性最大的危机应对行为作为行动计划的内容。危机规划的行动计划部分是危机规划文本的主体部分，其对于危机应对措施与行为的行动主体、行为程序、行为规则、预期收效、注意事项等做了全面的说明与规定，以作为危机状态下现实应对行动的蓝本。

无论危机规划文本的详略长短，这种文本结构的二分法对于科学规划危机应对措施都具有积极意义。不同层次的危机规划文本固然可以各有特色，但在基本结构上都不可缺少战略陈述与行动计划两个部分，否则便不能成为完整的危机规划。

（二）良好的危机规划文本的特征

各国的危机管理者发现，良好的危机规划能够大大降低应对危机的成本，减轻危机的破坏作用。因此，各国政府纷纷创制危机规划手册、指南，以期指导不同层次的危机管理部门制定出良好的危机规划文本。良好的危机规划文本是危机规划过程的理想产物，是有效的危机应对措施的有力保障。根据各国危机管理者长期的危机规划经验，我们认为，良好的危机规划文本具有以下四个方面的特征：

1. 全面而不烦琐

良好的危机规划文本在内容上既要全面又不烦琐。危机与灾难的复杂多变决定了危机规划内容的丰富性与广泛性。危机规划必须对危机发生前与发生后的诸多行为做出全面的设计与安排。良好的危机规划必然是全面的危机规划，同时又不能陷入烦琐的泥淖。危机规划内容的全面并非意味着事无巨细一律归入危机规划的内容，过于烦琐的危机规划文本并不利于危机管理者做出及时有效的反应。危机规划是全面的规划，但首先必须是对危机应对过程中所有重要方面的规划，而不是对一切事务的列举；危机规划过程是一个有选择、有侧重的规划过程，作为其产出的危机规划文本在内容上必然是有选择、有侧重的；无重点、烦琐的危机规划文本不是良好的危机规划。

2. 简明而不含糊

良好的危机规划文本在表达上应该是既简明而又不含糊的。危机规划旨在指导危机管理者做出及时有效的应对行为，因此，危机规划文本的表述必须是简明易懂的。各国危机管理部门在创制危机规划文本的时候都注重其语言表达的简明性，以求便于不同层次、不同知识背景的危机管理者理解；过于学术性或过于冗长的危机规划都不利于危机管理者及时做出决策与采取行动。同时，简明并不代表含糊；危机规划文本的表述必须准确、明了，否则很难发挥出对危机管理者的指导作用。

3. 具体而有弹性

危机规划为危机管理者提供了具体的行为选择。危机规划的操作性就体现为文本上的具体性。危机规划的操作性很强，良好的危机规划必须能够对危机应对行为进行具体的规定与说明，因为危机管理者最需要的是具体的行为方案。同时，危机规划是对于危机状态下应对行为的预先规划；这决定了良好的危机规划必须是具有弹性的。危机规划必须为危机管理者的行为预留一定的余地，否则将无法应对未来具体情境的变化。

4. 可行而有创造性

良好的危机规划文本为危机管理者提供了既可付诸实践、又富有创意的行动方案。危机管理者视危机规划为行为指南，危机规划所设计与安排的诸多危机应对措施都必须是现实可行的。良好的危机规划又必须是富有创造性的。危机与灾难种类繁多，且不断变化，这决定了有效的危机回应措施也必须不断更新；原先有效的应对措施可能因为时间的推移而丧失效用，危机管理者必须不断创造出新方案、新办法，才能够有效应对变化中的危机状态。

（三）危机规划的模本

人类面对的危机种类繁多，因此危机规划的内容也异常复杂。不同层次、不同内容的危机规划在各国危机管理研究文献中层出不穷。而对于我国的危机管理而言，危机规划还是一个新鲜事物，特别是公共部门，还没有形成进行危机规划的习惯。中国是一个自然灾害发生较为频繁的国家，灾难发生后的应对不力通常给公众造成更为严重的损失；特别在SARS危机之后，研究者与管理者纷纷认识到了危机规划的必要性。不同层级的公共危机管理部门都有制定危机规划的需要，特别是某些危机与灾难的高发区域尤其如此。各国的危机管理实践为我国提供了大量可以借鉴与学习的经验，许多国家的危机管理者已经创制出了成熟的危机规划模本；这样的模本是对众多危机规划文本共同特点的梳理与概括，体现了危机规划文本的一般形式。我们认为，对于一个公共危机管理部门而言，以下的危机规划模本较为简洁、完整，可以作为我国危机规划文本的参照与标杆。

理想的危机规划模本

第一部分：总体形势与危机情境

这一部分作为危机规划的开篇，主要以确定危机管理环境与危机情境为主要任务。主要包括以下内容：

（1）外部环境总体概况。

（2）危机潜在原因、萌发过程。

(3) 危机事件与危机状态的可能情状与影响。
(4) 危机减缓的可能因素。
(5) 危机承受者的总体情况。
(6) 危机应对的可用资源。
(7) 危机回应的引发因素。
(8) 危机管理部门内部资源、行动、能力以及经验，等等。

第二部分：政策与整体执行目标

这一部分的任务在于确立危机应对行为的总体目标与战略规划，为危机状态下的回应行为提供原则性的指导。主要包括以下内容：

(1) 总体战略目标、原则与指导方针。
(2) 多样化的子目标体系。

第三部分：部门目标与行动

这一部分是危机规划文本的主体，其任务在于为各管理主体设计可行的应对措施与行为；这一部分为危机状态下的危机管理者提供了具体的行动指南。主要包括以下内容：

(1) 职责划分。
(2) 管理与总体协调体制。
(3) 各管理主体可采取的行为集合。
(4) 预算，资源调动、配置的程序。
(5) 危机回应行为的时机、范围与限制。
(6) 各管理主体预期的行动结果与成效。

第四部分：反馈、维护及调整程序

这一部分主要规定危机规划如何得到调整与修正，主要包括以下内容：

(1) 反馈过程及控制程序。
(2) 危机规划的评估。
(3) 责任部门与责任人。

资料来源：UNHCR，*Contingency Planning Guideline*，1996，有改动。

需要注意的是，这一模本体现了危机规划文本的一般模式，但并非完全详尽、无一疏漏。中国的危机管理者既要借鉴已经成型的一般危机规划模式，也要因时、因地制宜，创制出有针对性、独创性的危机规划。

第四节　危机规划过程

（一）危机规划过程的指导原则

危机规划的过程可以视为完成一个又一个任务，而这又是受到一定环境的影响的。遵循一系列指导原则有助于完成任务并克服环境的影响。凯伦特利（Quarantelli，1982）列出了10条指导原则，亚历山大（Alexander，2003）、林德尔和佩里（Lindell和Perry，1992）的研究也类似，罗克特（Rockett，1994）甚至提出了19条指导原则。在这里，我们主要关注学者们普遍提出的危机规划过程的共性原则，它们需要在危机规划中得以清晰地体现，以指导危机规划的过程。

1. 合理应对阻力

危机规划不可避免会遇到很多阻力，其原因包括：大多数人不愿意考虑危机；规划要占用时间和资源等。即使认同规划的必要性，出于保护自身利益的原因，很多部门也会抵制危机规划。而更多的部门则是想在规划中分一杯羹，获得更多的人力资源和财政预算。总之，要开展危机规划，尤其需要领导者的支持和推动，需要规划专业人员公正无私的努力。

2. 全危机的方法

危机规划的过程应该包含对各种危机的规划。危机规划者应该识别不同类型的环境危机（如飓风和地震）、技术事故（如核泄漏）、人为危机（如罢工或恐怖袭击）等，然后判断不同的危机需要如何进行回应，是否有相同的处置方式。一旦可用同一方式处置，则人员、流程、设备等也可共享，并可在平时共同训练。这种全危机的方法还有助于提升危机行动的可靠性。只有当发生危机的要求不同时，规划才需要附加针对特定危机的内容。

3. 全面参与

良好的危机规划能够通过寻求相应途径，使管理者和员工主动认可危机回应的目标和责任，从而促进不同组织间的协作。因此，需要所有回应组织间达成协议，其中包括责任、优先次序和资源配置。这些组织包括危机管理机构、存在危险源的组织（如核电厂和化工厂）、学校、医院等。不同组织具有不同的能力，因此必须形成合力，在危机评估、危机回应等工作中共同发挥作用。各组织也需注意其他组织的行动及其缺陷，以利于实现资源的最优配置。

4. 基于正确假设

危机规划必须基于对危机威胁、后果和管理方法的正确假设，而这来自于系统分析。因此，危机规划者必须能够识别最有威胁的危机，并确定风险区域；必须掌握危险区域所拥有资源的情况，以及如何才能降低脆弱性；此外，规划者还须了解危机的基本内容，如爆发速度、影响范围和持续时间等。实践证明，往往直到危机被识别时，规划者和官员们才认识到相关知识的匮乏，并意识到与专家联系的必要性。这样的情况不只针对面临危机的人类活动，正如人们常说的，不知道真相并不可怕，把错误的认识当成真相才更可怕。因此，危机规划的过程必须以科学为基础。所有危机规划还要基于对外部援助的正确假设。在重大灾难中，医院可能被毁坏甚至夷为平地，道路破坏也会导致外部援助无法到达。因此，要做好一定甚至较长时间自力更生的准备。

5. 确保适当与弹性

有效的危机规划需要对回应危机的适当行为做出规划，但也需要基于持续危机评估的即时规划。细致的危机规划能够推动更快的危机回应，这虽然重要，但却不是危机规划的唯一目标。事实上，回应的适当与速度一样重要，而持续危机评估确保了回应的适当性。在决策高压下，危机管理者必须有所作为，但最佳行动应是积极监控事态，以求获取进一步的信息，而不是无谓的甚至错误的行动。良好的危机规划必须使危机管理者明白这一点。危机规划还应强调弹性，使危机管理者能够根据情况变化及时做出回应。危机规划的过程应该统筹全局，遵循宏观原则，而不能过于注重细节，因为这不仅无法操作，而且很多可能性是事先预想不到的。

6. 坚持培训与评估

危机规划对培训与评估提出了要求。培训旨在对参与危机回应的民众解释规划的内容。通过培训，个体（包括消防员、警察、医护人员和公共服务人员等）都必须根据其在危机回应中的角色，履行各自职责；培训范围还包括医院、学校、疗养院和其他领域的相关人员。他们必须了解危机规划的进程，以及在规划中的角色与责任。预定的危机回应方案还需要通过相应的危机演练和演习进行测试。这能够检验培训的情况、装备和物资等，加强不同组织和个体之间的协作与沟通，并使危机回应组织公开化，这将增加它们的可信度。

7. 保证持续性

危机规划是一个持续性的过程。由于来自环境、科技、人为等各方面因素的威胁，要求危机规划及时觉察和回应这些挑战。这一点经常被忽视，因为人们经常视危机规划为一种产物，而不是过程。如果仅把危机规划视为一种产物，很可能会导致对某种危机已做好充足准备的假象。由于危机影响、人员状况、组织重组等很多情况都会随时间而改变，因此应当经常检查和修正危机规划的内容及程序，这一切最好是定期进行。

（二）危机规划过程的步骤

危机规划既体现为一定的文本形式，也是一个连续的行动过程。各国的研究者在关注危机规划文本的同时也非常重视对危机规划过程的研究。在众多研究者眼中，如何创制出透明、科学、高效的危机规划程序是一个具有重要意义的课题。我们认为，一个相对完整的危机规划过程由情境分析、目标设定、拟订行动方案、可行性分析、创制危机回应方案集、调整与更新规划六个步骤组成。

1. 情境分析

当信息与预警系统发出明确的警示信号之后，危机管理者就必须着手进行危机规划。危机情境是危机应对行为规划的基础与前提，危机情境分析就是危机规划过程的第一步。情境分析指的是危机管理者依据相关信息与预警系统所提供的信息，分析危机可能产生的危害与影响，对未来的危机事件与危机状态进行预测与描述。

从某种意义上讲，危机情境分析是危机风险分析与脆弱性分析的整合产物；情境分析既蕴含了风险分析与脆弱性分析的内容，又意味着对风险分析与脆弱性分析成果的整合与提升。危机规划中的情境分析意味着对危机爆发过程以及危机状态进行全景式的预测与描绘，危机情境包括了危机事件爆发时的特征、危机状态持续的时间、危机的影响范围、危机影响下人们可能的反应、危机危害的范围与程度等；简而言之，危机管理者必须预想出危机状态下最有可能出现的情况。危机情境分析要求危机管理者掌握充足、真实的信息，具有较高的危机知识水平与分析能力，还必须拥有充分的想象力；在危机爆发之前勾勒出危机状态的可能情状，这是一件难度很大的工作。

2. 目标设定

目标设定是危机规划的第二个步骤。任何内容的行动规划过程都离不开行为目标的设定，没有目标的行动是毫无积极意义的盲动。危机规划旨在为危机状态下的应对措施与回应行为进行预先安排，而设定行动目标则是做出具体行动安排的前提。目标对于行为有着指导与统领的作用，切实可行的目标是有效的危机回应行动的前提。

危机规划中的目标设定既包括战略层次目标的确立，也包括各个子目标的确定；危机管理者最终需要得到的是一个整合的目标体系。

目标设定意味着确定危机应对行为预期取得的收效与最终应该达到的状态。一般而言，彻底消除危机的危害是不可能的，危机规划的目标只能定位于尽量降低危机的危害性影响。因此，危机管理者需要依据危机情境，以及自身拥有的可用资源与具备的能力，为未来的危机应对行为设定切合实际的目标。

3. 拟订行动方案

在危机规划过程中，危机管理者花费了大量的时间与精力拟订危机状态下的各种行动方案。无论是应对自然灾害还是人为灾难，单一的行动方案是不够的，危机管理者需要以多样化的行动处理变化复杂的危机状态。此外，危机规划是危机爆发前的前瞻性行为，危机情境仅仅是一种预测性的描述，危机管理者所面对的环境依然充满了高度不确定性。因此，危机管理者只能依据可能出现的危机情境，一一确定可能的危机应对措施。危机的复杂多变与环境的不确定性决定了危机管理者必然要拟订多种行为方案。在这一规划阶段，危机管理者要充分发挥想象力与创新意识，为应对危机提供多种行动方案。

4. 可行性分析

可行性分析指的是危机管理者对已经拟订的各种行动方案进行分析、评价，评定不同方案的可行性。面对高度不确定的未来环境，危机管理者期望尽可能地拟订所有可行的应对措施；然而，囿于可用资源与能力的限制，危机管理者不可能在危机状态下实施所有可能的行动。因此，危机管理者必须从诸多行动方案中选择一部分可行性较大的方案，作为危机状态下的首选措施。

危机规划中的可行性分析是技术性较强的工作。危机管理者必须考虑危机情境的可能情状、应对行为的特征与可能收效、必需的资源与支持等诸多因素，对各项危机应对方案的可行性进行排序，最终选择排列靠前的一部分行为方案，以备创制危机回应方案集之用。

5. 创制危机回应方案集

危机规划过程的主要产品之一就是危机回应方案集。创制危机回应方案集意味着危机管理者将通过可行性分析的诸多行动方案整合为一个有机整体。正如前文所述，危机事件与危机状态的复杂性决定了应对措施的多样性。因此，危机管理者需要根据设定的目标，将可行的应对行动按照一定的规则组合起来，形成能够发挥出合力的集合体。

创制危机回应方案集是危机规划过程的关键性步骤，不少危机管理者将其作为危机规划过程的最重要环节。我们认为，危机回应方案集无疑是危机规划的主要产出，危机管理者聚焦于这一阶段的工作理所当然。在创制危机回应方案集的过程中，危机管理者最需要关注的问题是如何使各行动方案彼此协调、相互强化，最终能够形成大于单个方案效用简单相加之总和的“合力”。

6．调整与更新规划

危机规划是一个动态的过程，在很多研究者眼中，这一过程有开端但没有终点。这些研究者认为，危机规划必须经历不断的调整与更新，否则就有丧失效用的危险。随着外部环境、可用资源等各方面条件的变化，危机规划本身也需要得到不断的调整与更新。危机管理者在完成危机规划文本的创制之后，还必须定期或不定期地对危机规划本身进行检视，并且依据信息与预警系统传递的新信息进行适当的调整与修正。如果危机规划已经无法适应形势的变化，那么危机管理者就必须及时更新旧的危机规划，重新开始新的危机规划过程。

粮食危机规划的规划步骤

饥荒是一个世界性的问题，容易演变成为危及国家甚至世界安全的危机事件。因此，粮食危机规划一直是各国以及各国际组织关注的危机管理议题。根据饥荒预警系统（FEWS）所提供的《粮食危机规划与回应框架》，创制一个完备的粮食危机规划应完成以下步骤：

步骤一：确立危机规划目标。粮食危机规划目标应与国家粮食安全政策的长期与短期发展原则相一致。

步骤二：确定粮食安全的威胁来源。规划者需要确认能够对全国或地方层次的粮食安全产生威胁的所有潜在因素。

步骤三：确定检测粮食安全威胁的指标与信息来源。

步骤四：描述出可能的粮食安全结果情境。规划者必须确定粮食危机影响的地区与人群、发生的季节并且依据饥荒的历史状况预测可能造成的影响。

步骤五：确定粮食危机的危害程度。规划者需要依据危机可能造成的不同危害程度划分不同的危机情境，确立脆弱性水平，并确定采取行动的临界点。

步骤六：制定初步规划。规划者依据危机回应的目标、回应选择集合、预期的财政投入、公众的脆弱性与能力等制定粮食危机的规划草案。

步骤七：加强后勤支持与操作能力。

步骤八：调整政策与制度框架以适应粮食危机规划的内容。

步骤九：改进信息的发布程序并安排新闻媒体。

步骤十：改进预警信号的发布程序。

步骤十一：制定退出战略。

步骤十二：有规律地更新危机规划与程序。

资料来源：Famine Early Warning System，*Framework for Food Crisis Contingency Plan and Response*，2000。

第六章　危机预警

政府和社会在应对危机的实践中逐渐认识到，要有效地减少危机带来的损失，就必须重视危机的预防和准备，将危机管理的关口前移。而危机预警就是达成上述目标、实现关口前移的必然路径。从构成来看，可将危机预警分为硬件和软件两部分。硬件主要是指危机预警系统，即使用的物资设备和技术手段。软件可称之为危机预警机制，即危机预警系统的运行方式和动态过程。本章将分别对危机预警系统和建立有效的危机预警机制进行介绍。

第一节　危机预警的概念与功能

（一）危机预警的概念

预警最早源于军事，中国古代的烽火制度①，就是一种典型的预警制度，即通过预警提前发现、分析和判断敌人的进攻信号，并把这种进攻信号的威胁程度报告给指挥部门，以便提前采取应对措施。随着社会发展与技术进步，人们把预警一词逐步应用到政治、经济、社会、自然等多个领域，预警一词也演变成为一个广义概念。

所谓危机预警，就是根据有关危机现象过去和现在的数据、情报和资料，运用逻辑推理和科学预测的方法、技术，对某些危机现象出现的约束性条件、未来发展趋势和演变规律等做出估计与推断，并发出确切的警示信号或信息，使政府和民众提前了解危机发展的状态，以便及时采取应对策略，防止或消除不利后果

---

①　烽火制度起源很早，西周时即已存在，一直延续到明清时期，与我国封建社会相伴始终。汉代边塞亭燧上的警戒信号大约有六种，即蓬、表、鼓、烟、苣火、积薪。白天举蓬、表、烟，夜间举苣火，积薪和鼓则昼夜兼用。明代对举烽报警有严格规定：来敌百人以下举1烽放1炮，500人2烽2炮，千人以上3烽3炮，5 000人以上4烽4炮，万人以上5烽5炮。长城沿线每隔10里就有1座烽火台，这样，几千里的防线上，数小时以内就可知道敌情，进而形成了一个完整的报警系统。

的一系列活动。

从内容上看，危机预警主要包括“预”（预测）和“警”（警示）两个组成部分。其中，“预”指的是特定部门以先进的信息技术平台，通过预测和仿真等技术收集、整合、处理相关信息，预测某一类事件的发展动态。从信息流程来看，“预”以由外而内为主，间有互动；其作用对象也主要为特定的部门机构。“警”指的是根据预测结果，通过公共媒体、政府内部信息渠道等，及时对特定的目标人群发布警示信息，从而把危机可能给特定部门和潜在的受众群体造成的损失降至最低。当然，“预”和“警”之间相互联系，协调配合，形成了一个完整的运作流程，从而可以有效地发挥危机预警的应有功能。

（二）危机预警的原理

危机预警之所以实现对危机的预测和警报，来源于预警的工作原理（见图6—1）。

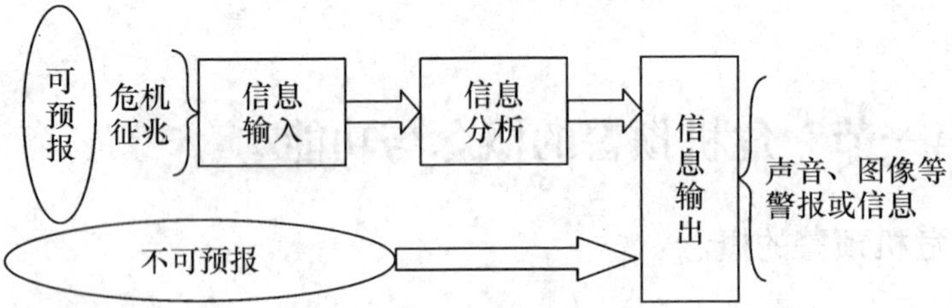

图 6—1　危机预警的原理

危机具有不确定性，其规律还没有完全为人类所知，但随着科技的进步和人类认知水平的提高，对危机发生规律的认识也在逐步提高，人们在实践中认识到危机发生前往往会有一些征兆，这些征兆与危机具有相关性。因此可以通过监测征兆来预报潜在的危机。但这些相关性有强弱之分，并不构成绝对的因果关系，因此有些预报不是十分精确，有时只是一种概率的大小，甚至还会出现错误。但这种预报对于危机管理有着重要的意义，人们可以通过一定的努力阻止危机的发生；即使不能完全阻止危机发生，危机预报也能使政府和公众做好预防和应对的准备。而且，随着知识和技术的进步，这种预报的准确性总是在不断提高。

危机征兆也是人们在长期的危机应对中逐渐认识到的，并且必须满足相关性和可行性才能成为预报的依据。相关性在于危机征兆与危机之间存在因果关系或较高的相关系数，可行性在于对这些征兆的监测和分析在当前的技术、经济和法律条件下是可行的。这两个特征也能解释为什么有的危机可以预报，有的危机没有预报就突然发生了。就是因为有的危机人们还没有发现与其相关性大的征兆，如恐怖袭击；有时虽然知道某些征兆与危机的发生具有一定的相关性，但由于各种条件的限制无法有效监测和预报；还有的危机从出现征兆到形成危机的时间极短，如火灾。这些无法预报的危机直接进入了信息输出阶段。

（三）危机预警的功能

危机预警属于整个危机管理过程的事前阶段。通过预警，可以对可能发生的各种形式的危机有一个事先估计，提前做好应急准备，选择一个最佳应对方案，以最大限度地减少危机带来的损失。在某种程度上，危机的预防和准备比单纯解决某一特定的危机事件更为重要。因为如果能在危机发生前及时消除危机产生的根源，那么均衡的社会秩序就能够得以有效保障，我们也可以节约大量的人力、财力和物力。政府管理的目的是“使用少量钱预防，而不是花大量钱治疗”①。因此，危机预警显得更为重要而有意义。危机预警的功能主要表现在以下几个方面：

1. 预见功能

通过对各个领域中特定指标要项的研究，找出某些敏感性指标的异常变化并预先指出其发展征兆。这种预见功能是危机预警的首要功能，而其他功能都是由此衍生出来的。

2. 警示功能

通过对特定指标要项的检测，可以就有关信息和结果向有关部门或社会公众发出警示，发挥导向作用，提醒各方做好准备。

3. 阻止、化解功能

对于很多现实问题，可以通过预警加以相应的阻止和化解，从而在某种程度上防范危机事件的发生。这是危机预警最重要也是最现实的目标。

4. 减缓、延缓功能

对于可能难以规避的危机类型，如恶劣天气、自然灾害等，只能尽可能地利用现有和潜在的条件来尽力减缓、延缓其发展的速度，减少其带来的损失，避免危机的扩大和升级。这也是危机预警的重要功能。

---

① ［美］戴维·奥斯本、特德·盖布勒：《改革政府——企业精神如何改革着公营部门》，205页，上海，上海译文出版社，1996。

第二节　危机预警系统及其建设

(一) 危机预警系统的功能要求

危机预警系统的建立，首先应当明确功能要求。有效的危机预警系统至少应满足以下几点：

1. 及时性

危机预警系统是信息搜集、传递、处理、识别与发布的系统。任何环节的不灵敏，任意环节之间过程的不迅速，都会导致系统的预警失去意义，从而使危机预警系统无法发挥“报警器”的作用。

2. 准确性

危机预警系统不仅要求能够对信息进行快速搜集与处理，还要在短时间内对复杂的信息做出预警判断。这就要求我们针对各种危机机理制定出科学、实用的信息判断标准和确认程序，并严格按照制定的标准和程序进行判断，避免预警的主观随意性。

3. 公开性

危机信息一经确认，就必须客观、如实、及时地向社会公开。信息不公开，不仅不能动员全社会力量投入危机应对，还将极大地加剧危机的处置难度。

(二) 危机预警系统的建设原则

危机预警系统在建设过程中应遵循如下原则：

1. 合法性

依法管理一切社会事务是法治社会的基本特征。德鲁克指出：“权力必须具有合法性，否则，它就只有力量而无威信，只有强权而无正义。”①

在危机管理过程中，政府应急管理权力行使的合法性特别关键。紧急状态下，政府虽然拥有了许多特殊权力，但不能误用、滥用应急管理权，必须坚持依法应急的原则。

危机预警系统的建设也要坚持合法性原则，符合国家的法律法规，依法建立。坚持合法性的目的就是为了提升危机预警系统的法律地位，使危机预警系统

---

① ［美］德鲁克：《管理前沿》，132页，北京，机械工业出版社，2006。

获得法律规章制度的保护，从而保证危机预警系统的权威性。

2. 可靠性

危机预警系统是一个由多个不同子系统构成的信息系统。各子系统之间组合方式的不同将直接影响系统的可靠性，必须考虑预警各子系统的构成及相互联系，考虑影响系统可靠性的因素。可通过系统可靠性模型与可靠性分析达到上述目的。

系统可靠性分析的方法主要包括以下几个方面：第一，系统可靠度估计。引入单元可靠度函数，运用相关模型计算系统可靠度。第二，寿命预测。根据系统可靠度，可以计算系统的平均寿命、保证寿命、可靠寿命等。此外，可以计算系统的寿命分布规律、失效率。第三，模拟分析。模拟分析可以完成复杂系统的可靠性分析。系统可靠性模型主要包括串联系统、并联系统、k/n 表决系统、串并联混合系统、储备系统、复杂系统等几种方式，每种方式模型的可靠程度各不相同。

系统可靠性不仅要在设计危机预警系统时予以考虑，更要在系统的运行过程中注意调整。根据危机发生的实际情况，随时纠正预警系统设计中的问题，避免预警反应迟缓或过激。

3. 经济性

危机预警系统的建设要注意经济性。任何工作的开展都要事先考虑成本预算，危机预警系统的建设也一样，不仅要考虑预警的成效，也要考虑预警系统的建设成本。理想的目标是以低成本的建设高效地识别并解决问题。

4. 可操作性

可操作性是指危机预警系统的建设要符合现阶段国情和不同地区的实际情况，建立在相应的人员和物资储备基础上，操作简单，容易实施。可操作性是危机预警系统能够应用于实际的基本要求。为保证系统的可操作性，就必须要先保证相关资源的可利用性，预警必须建立在相应的人员、物资和技术条件可利用的基础之上。

（三）危机预警系统的设计原理

1. 组织机构

危机预警系统的设计是一项复杂的系统工程，需要投入人力、财力、物力进行系统研究。为此，需要建立一定的组织机构来具体负责。组织机构的建立是危机预警系统设计的前提和基础，通过设立一定的组织机构，配备必要的专业人员并明确其职责，预警系统的设计才具有组织保障。

2. 子系统

危机预警系统是一个有机整体，为保证系统的高效运行，各子系统之间要相互配合，进行协作。在设计危机预警系统时，要明确系统的构成，由哪些子系统有机组成。为满足上述基本功能，至少要设计四大系统模块，即信息采集加工系统模块、预测系统模块、决策系统模块、警报系统模块。

3. 计算机与网络技术

危机预警系统的设计需要高速、安全、可靠、易用的计算机与网络技术。危机预警系统需要不断采集、加工信息，需要海量存储设备。① 而不同类型危机预警系统的设计，对计算机软硬件系统、网络的要求也不一样。支持危机预警系统的计算机操作系统主要有 VMS、UNIX、Windows NT 和 Linux，每种系统的优缺点各不相同。危机预警系统的信息安全，需要考虑加密模块设计所需的各种信息安全技术。

4. 数据库

数据库系统的使用为危机预警系统的预警决策提供强大支持，为及时地预防和应对危机赢得时间。一般而言，危机预警系统的数据库和其他系统相互结合形成一个复杂的系统。数据库系统的构成至少包括以下几个方面：第一，常规数据库。包括如建筑、人口、交通情况等一些基本的社会与地理信息，还包括公共安全信息。第二，数学模型库。包括信息识别与提取模型、事件发展与影响后果模型、人群疏散与预警分级等模型。第三，预案库。包括针对可能发生的事故灾害预先制定的应急预案或方案。第四，决策库。在预警决策的时候，存在各种情况变化，需要根据不同数学模型与相应资料判断危机扩散方向、速度和范围，实时、适时地调用决策库决策。

5. 模型库

模型库建设的目的在于通过提供灵活、动态的构模功能增强危机预警系统的预警能力。它包括预置模型、用户自定义模型的模块、完成模型运行所需输入数据的自动提取及运算结果的存储。为用户提供构模语言，根据用户的申明及知识库中的知识自动构造问题解答途径，从而使得预警系统的表现智能化。

6. 方法库

方法库包括数据统计分析、计量经济分析、系统动力学、层次分析法、多目标决策和动态规划等数学工具，也包括网络与图论知识、控制论、风险价值法等理论方法。

---

① 目前市场上的存储产品主要有磁带库、光盘库、磁盘阵列等。

（四）危机预警系统的工作流程

1. 信息采集、加工

预警需要信息作为基础。及时、准确的预警意味着长期采集和跟踪相关信息，并对信息进行相应的鉴别与处理，以找出诱发危机的因素。

预警信息是原始信息经处理、滤除伪信息和信息噪声后的信息。为把握信息运动规律，需要运用信息论的知识。1948年，美国科学家申农提出信息论，研究信息传输和信息处理系统中的一般规律。具体而言，如何提高信息传输系统的有效性和可靠性是狭义信息论的研究范畴；而广义信息论则是利用狭义信息论来研究机器、生物和人类获取、交换、传输、存储、处理、利用和控制各种信息的一般规律，设计并制造各种智能信息处理和控制机器以便部分模拟和代替人的功能。

2. 监控

危机监控是对引起危机的各种因素进行监测与控制，特别要监控危机的特征性信息，对危机的演化方向及变化趋势进行分析判断。

3. 协调

危机预警系统的功能发挥，不仅需要危机预警系统的各子系统之间相互协调、相互配合，更需要相关部门的彼此协调与配合。协调是部门之间及各等级之间合作的质量。① 所有组织都需要横向与纵向的协调机制，使决策与执行形成紧密配合的有机整体。例如地质灾害预警，不仅要求气象部门承担预警职责，更要求救灾管理部门、国土资源部门等相关部门进行及时协作与默契配合。

4. 预测

危机预测是对监测得到的信息进行鉴别、分类和分析，运用一定的预测方法，对危机发生的概率、可能发生的危机类型与造成的社会危害做出评估的过程。

5. 决策

危机预警也是一种决策分析。这种分析按照决策者对周围环境的认知程度分为确定型决策、不确定型决策和风险型决策三类。在确定型决策中，环境条件是确定的，对于各种方案可以得出确定的结果，决策者可以从中择优；在不确定型决策中，环境条件不确定，将出现不同情况，且各种情况出现的概率无法估计，从而由各方案得出的结果也不确定；在风险型决策中，环境条件不确定，但能估

① 参见［美］达夫特等：《组织行为学》，381页，北京，机械工业出版社，2004。

计各种情况出现的概率，可以通过决策分析为合理选择方案做出决策。危机预警决策就属于第三类——风险型决策。

6．发布

预警发布是危机预警系统的重要功能。在这一环节，明确危机发布机构、发布渠道、发布内容等至关重要。从世界范围来看，各国在危机信息的发布中一个较为普遍和成功的做法，就是遵循信息发布梯度规则——谁代表政府发布，发布什么程度的信息，都应遵循从高层人员到基层人员、从官员到专家、从宏观层面到微观层面、从政策层面到技术层面的一定梯度差异。

（五）危机预警系统的组成部分

根据预警理论的逻辑过程以及预警系统的逻辑功能，危机预警系统应该包括四种具备不同功能的子系统：信息收集、加工、存储子系统，预测子系统，决策子系统，警报子系统。

1．信息采集、加工、存储子系统

（1）信息采集子系统。

该系统的任务是对有关危机风险源和危机征兆等信息进行收集。信息采集子系统应收集以下信息：第一，预警对象及领域选择。此类信息收集工作应侧重重点对象，以重要类型情况和内容为重点。第二，预警目标选择。初步判断这些对象可能引发哪类危机或契机。第三，预警的重点选择。即确定哪一个对象最为重要，哪些潜在的危机或契机可能构成重大影响等。

信息采集的途径有多种，既包括传统的大众媒体，又包括新兴的互联网；既包括利害关系者的抱怨与批评等外部渠道，又包括组织内部所提供的数据以及内部人员的看法、建议等；既有日常的信息传递和沟通渠道，又有特定时期的专项调查等。总之，要从多种渠道、多种角度收集相关的信息，以便从中发现危机的先兆。

在信息采集时要注意信息传递的障碍，这些障碍可以分为人为的障碍和非人为的障碍。人为的障碍一般是由于所要传递的信息与信息传递者之间有利益上的相关性，传递者会根据自己的需要对信息进行加工处理（如增加、删除、篡改等），使信息在传递过程中失真，从而影响了危机预警系统的准确性。解决的办法是，通过选择合适的传递者和规章制度的重新制定，来减少或消除信息与信息传递者之间的利益相关性。非人为的障碍一般是由于系统本身存在的缺陷或干扰所导致的，这就要求系统设计尽可能完善，并有很强的抗干扰能力。

（2）信息加工子系统。

信息加工子系统的任务是对收集的信息进行整理、归类、识别和转化等。危机预警系统收到警报后一般需要对信息进行整理和分类，使之更有条理、更加清晰。通过数据库、计算机辅助系统、信息技术网络等多种现代化信息处理手段，对信息进行分类收集、整合与筛选。尤其是在指标性危机预警系统中，信息与危机之间缺乏显而易见的联系，信息的整理和归类就显得更为重要。

首先，对信息的真实性进行甄别。如果不同信息之间存在矛盾，那么信息的真实性就应受到怀疑。如果信息的来源缺乏客观性，信息传递的环节众多，信息传递者与信息的内容有较强的利益相关性，信息传递过程中受到的干扰较大，那么信息的真实性也就存在问题。因此，对于收集到的危机信息，需要有一个去伪存真的甄别过程。

对信息进行整理和归类之后，信息就显得非常清晰和有条理，也就能够从整体上把握所收集到的信息。当然这还不够，系统还需要对信息进行识别，以排除干扰信息和虚假信息。信息传递过程中由于人为的因素或沟通过程存在“噪声”和沟通障碍，导致信息的部分或全部内容丧失真实性，而这往往是在信息传递过程中自然产生的，那么，如何识别虚假信息呢？

第一，可以通过审视信息的来源、信息传递过程的各个环节以及信息传递者加以判断。如果信息的来源缺乏客观性，信息的传递经过许多环节，信息传递过程有许多“噪声”，信息的传递者与信息之间有很强的利益相关性，那么信息的可靠性和真实性就非常值得怀疑。通过仔细审视这些过程，就可以发现信息是如何失真的、真实客观的信息是什么，并决定如何改进信息传递过程。

第二，可以通过信息之间的比较而发现。如果所收集的信息之间存在很大的矛盾，就要怀疑这些信息的真伪。经过信息的整理和分类，并对信息进行识别之后，危机预警系统就拥有了一些较为全面、真实、有用的信息，此时系统就可以将这些信息转化为一些简单、直观的信号或指标，为系统进行决策做好准备。

其次，对信息进行归类。在对危机相关信息的真实性进行确认的基础上，需要对不同的信息进行分类，做到信息的系统化、条理化，以便于危机评估工作的开展。

（3）信息存储子系统。

信息存储是有组织的信息的一种存在方式，是一种异时信息利用行为。信息收集子系统的工作会源源不断地产生大量有关危机征兆的原始观测数据；与此同时，信息加工子系统也会不断地将这些原始数据加工成为一系列有序信息。把这些数据和信息有效地保存起来，以供当前或将来利用，这就是信息存储子系统的任务。信息存储的最终目的是为人们的异时、异地利用提供方便。

2. 预测子系统

科学的预测是危机管理的前提，该子系统通过对信息采集、加工、存储子系统提供的数据进行分析，选取合理的预测方法，预测危机爆发的可能性及危害程度，预测危机的演变、发展和趋势等，为预警决策提供科学的依据。

(1) 预测子系统的主体职能。

危机预测子系统的主体职能有五项：

第一，在风险向危机转化的临界，敏锐地发现危机的征兆，并根据对征兆的分析，得出或验证有关危机演进的初始判断。

第二，即时预测危机的发展速度和影响程度，以规划危机应对的总体原则和可行步骤。危机的“度”决定了危机管理的“度”，依据前者的变化趋向确定后者“行”与“止”的边界，是危机预警应着力解决的一个基本问题。

第三，调查研究利害关系者的态度和行为，在监测中发现主要矛盾、重大损害和紧迫问题，以制定针对性策略，实现重点突破。

第四，追踪预测危机议题，了解议题的形成原因、传播机制和变化趋向，为有效设置、引导或改变议题提供决策资讯。

第五，收集和利用与危机密切相关的其他信息，如类似危机的应对案例与历史记录、压力团体的法规政策与管理规章、市场格局的形成和发展态势以及危机预警的相关知识等。

(2) 预测的分类。

按照预测方法和性质的不同，可以将预测分为：定性预测、定量预测和综合预测。定性预测主要是依靠人的观察分析能力，借助于人的经验和判断能力对事物未来表现的性质进行推测和判断，主要方法有主观概率法、调查预测法、德尔菲法、类推法和相关因素分析法等。定量预测也称统计预测，主要依靠历史统计资料，运用概率论和数理统计方法建立可以表现变量之间数量关系的模型，并利用这一模型预测对象在未来可能表现的数量，主要方法是时间序列分析和回归分析。综合预测是指以上两种方法的组合应用。

按照研究对象的不同，可以将预测分为：社会预测、经济预测、科学预测、技术预测和军事预测等。

按照预测期限的长短，可以将预测分为：短期预测（1 年左右）、中期预测（2～5 年）和长期预测（5 年以上）。这里的长短之分因预测对象而异。

(3) 预测的基本步骤。

第一，确定预测目标。

第二，收集、整理历史资料，编制时间序列。收集的历史资料的时间跨度应尽可能长短适中、满足需要。在这个过程中要注意两点：资料不可比时应整理为可比资料，时间序列中的极端值应剔除。

第三，绘制统计图，据以确定时间序列的构成和影响因素。

第四，分解时间序列，选择预测方法，确定预测模型。

第五，外推预测，估计预测误差。

第六，提出预测报告和策略性建议，追踪检查预测结果。

(4) 实现有效预测的五类信息。

先决信息：即有关模型化所需的准备性信息。如模型化的简单设想，原始概念、框架、草图，有关的经济理论、事实和一般规律，以及必要的数学知识等方面的信息。

外界环境信息：即有关原型外延的信息。包括定义明确的原型界限，原型外部对原型的影响以及它们之间的相互作用。

内部结构信息：即原型体系内部的结构信息。包括原型的组成方式，原型和子原型存在的形式、功能及相互关系等。

原创性状信息：即原型作为一个整体的性态状况方面的信息。包括原型存在的目的、形式、行为、形状、特征以及发展趋势和变异、消亡的条件等。

数量信息：即已数量化或可数量化的信息。包括现在的、历史的、不同空间的原型及模型化的数据资料、图表以及原型的量变规律，乃至数量化及收集方式等。

当以上五类模型化信息失真时，预测就无法正常地发挥作用。

3. 决策子系统

这里所说的决策，实际上就是预警决策。决策子系统的功能是根据信息加工及预测子系统的结果，决定是否发出警报和发出警报的级别，并向警报子系统发出指令。

在制定决策依据时，要决定危机预警各个级别的临界点，以及这些临界点需要指标达到何种水平。如果信号或指标无法直接显示危机是否发生，而只是表明危机发生有多大的可能性，那么也可以根据危机发生的可能性大小确定不同危机预警级别的临界点。比如说，危机发生的可能性很大就发出红色警报，表明要高度警惕危机的发生。可能性大小也可以精确地用概率来表示，例如，可能性大要求概率在 80％以上，有可能要求概率在 60％～80％之间。在具体的决策中，系统根据信号或指标的水平判断是否达到了危机警报的临界点，达到了哪一个临界点，从而决定是否发出危机警报和危机警报的级别。

4. 警报子系统

警报子系统主要是判断各种指标和因素是否突破了危机警戒线，根据判断结果决定是否发出警报、发出何种程度的警报以及用什么方式发出警报等。警报子系统的职能是：根据危机评估的结果，对发生概率较低、但危害程度较大的潜在危机向社会发出预报，提醒有关部门及人员注意，并提前采取预控措施；对发生概率较高、危害程度较大的危机，需要立即进行警报，向危机响应者和广大潜在受众告知危机可能发生，以及拟采取的应对措施。

预报与非紧急状况相对应，是一种经常发布的危机预测报告。有关部门将根据发布的危机预报，调整和修订危机预控计划，以常态管理方式继续进行危机预控；警报与紧急状况相对应，警报一旦发出，公共部门的正常工作秩序就要被打破，并且要立即紧急动员，抽调人、财、物，迅速投入反危机斗争。所以，两种危机信息发布形式所反映的管理方式是不同的，所得到的结果也是不同的。不能用预报代替警报，也不能用警报代替预报。是预报还是警报，管理者必须做出准确的判断。

为了有效实现警报的功能，警报子系统必须考虑以下几个方面的工作：

（1）预警方式的选择。

在发布预警信息时，要考虑预警的方式，要根据公众所处的环境和公众的心理特点选择与之相适应的预警方式。收音机、电视机、计算机网络（包含电子邮件、互联网）、广播系统、移动通信、警笛等都可以视具体情况灵活采用，都可成为发送危机警报的渠道或载体，使公众及时了解权威、准确的相关信息，从而引起警觉、了解事情真相，并及时采取预防措施。

以气象预警为例，随着社会需求的不断增强和气象现代化建设的不断推进，气象部门加强了气象预警信息发布平台建设，初步形成了涵盖广播电视、手机短信、网络等媒体的气象预警信息发布平台。广播电视天气预报成为人们获取气象信息的主要平台，手机短信成为气象信息预警的主要手段，互联网网站成为气象预报预警信息发布的生力军。此外，气象部门与许多报纸合作开辟气象专栏、建设121电话平台、在城市主要街道建设气象信息显示屏和气象预警塔、在沿海建设海洋气象广播电台，等等，实现了气象预报预警信息“无微不至、无所不在”①。

（2）警报的内容要求。

为了使危机管理部门和潜在受众能够准确无误地理解警报信息，以及时采取措施，危机警报的内容应尽量清晰、确定、简单明了，不能有歧义和含糊不清。

① 《气象预警信息发布平台建设初具规模》，见 http://www.gov.cn/ztzl/content_355068.htm。

（3）警报的沟通要求。

第一，警报系统要根据危机管理部门和潜在受众的特点选择合适的警报，要求能被危机管理部门和潜在受众迅速、清楚地得知。根据这个要求，危机管理部门和潜在受众的分布情况是警报要考虑的第一个因素。危机管理部门和潜在受众都能理解警报的内容是选择合适警报要考虑的第二个因素。应当根据危机管理部门和潜在受众的文化水平与心理特点决定所要采取的警报方式，使警报能被他们清楚地理解。同时，警报本身还应具有很强的感官刺激性。

第二，要定期对危机管理部门和潜在受众进行教育和培训，使他们更易于理解警报的内容。在多数情况下，普通民众对警报所代表的含义只是大概了解，有时会导致对危机反应的迟钝。因此，需要对他们进行教育和培训，以帮助他们准确地理解危机警报的含义。

第三节　建立有效的危机预警机制

在危机预警系统的基础之上，应当建立规范、长效的危机预警机制。国内外的实践证明，有效的危机预警机制体现在全方位、多层次、多手段、全面参与等各个方面。

（一）全方位的危机预警

全方位的危机预警就是要使危机预警覆盖到尽可能多的危机。从实践的角度看，虽然危机的发生具有不确定性，但在一定时期内和特定地域内，总有发生频率较高、要求政府和公众经常预防和面对的危机。因此，危机预警应该覆盖尽可能多的可以预见的各种危机。

较为常见的危机可分为三类：第一，自然灾害。包括各种气象灾害、地质灾害等。第二，人为灾难。如恐怖主义。第三，技术灾难。如涉及化学品存储和运输、核设施和水坝安全等的灾难。全方位的危机预警应当尽可能地覆盖这些危机类型。

1. 自然灾害预警

人类自古以来受自然灾害的侵袭不断，它给人类带来了严重的生命和财产损失，因此自然灾害的预防和应对就成为危机管理的重要任务。实践证明，绝大多数发出公共警报的事件与灾害天气有关。因此，对自然灾害的预警也是各国危机预警中最重要的组成部分。

以海啸为例，人类经常受到海啸的威胁，2004年年底的印度洋海啸造成约30万人伤亡，损失惨重。国际社会一直致力于建立和完善海啸预警系统，其中美国和日本的海啸预警最为先进。美国在1948年就建立了太平洋海啸预警系统，参与这一系统的有包括美国在内的26个国家。

太平洋海啸预警中心设在夏威夷，同时在太平洋上设有近百个监测站，随时监视海面波动、海啸的发生及其强度。系统使用的是美国海洋和大气局开发的深海评估和预报传感装置，装置安装在海洋中，当海啸波浪经过时，该装置可测出海水深度变化，并将信息传送到海面的浮标上，再通过卫星传送到海啸监测站。通过卫星、电缆和预警系统相连，而预警中心又和巨大的地震监测网相连，能在第一时间监测到那些有可能造成海啸的地震，从而及时发出警报。预警系统在美国西海岸和各岛屿都有分站，并和地震数据中心直接联网，一旦有地震发生，所有数据几乎都同时传入阿拉斯加的海啸预警中心总部。经过预测分析，总部向有可能受海啸影响地区的分站发出警报，再由分站向该地区有关部门报警。从总部接到地震报告、做出预测、到有关部门接到海啸报警，一般不超过10分钟。2004年印度洋海底大地震发生15分钟后，太平洋海啸预警中心就从檀香山分部向参与联合预警系统的26个国家发布了预警信息。由于印度洋缺乏海啸预警系统，从而造成了极其惨重的后果。灾后，印度政府宣布加入太平洋26国的预警系统并在国内投资建立海床压力监测系统用以预测海啸发生。同时美国宣布在两年内扩建现有的太平洋海啸预警系统，并首次在大西洋上建立预警系统，以全面保护美国海岸安全。

日本作为岛国，长期受海啸影响。为此，日本开发和建立了世界上最为先进的地震海啸监测预警系统。该系统24小时不间断运行，与全国各地的地震监测仪、潮位监测站、海啸监测站等相互连接，判断地震有无引起海啸，并通过GPS等手段监测海啸在海上的动态，及时发出海啸预警。1999年，日本还开始采用海啸监测预警技术支撑系统。新的海啸预报方法采用数字模拟方式，根据各地海岸的地质和地理情况，预先在计算机上模拟日本近海各地发生的地震，然后计算出海啸到达沿海各地时的高度和规模，利用其结果建立数据库（一共模拟了大约十万个地震所发生的海啸情景）。一旦发生地震，就可从数据库中选择该地震震源断层面的位置及与此次地震相似的情景，输出所要的海啸预测数据。事实证明，完善的海啸预警系统对日本预防海啸、减少损失发挥了极大的作用。

2. 人为灾难预警

人为灾难主要是因为人的主动而目的明确的行为造成的灾难，在“9·11”事件之后人为灾难凸显为恐怖主义活动。对各国而言，来自国内和国际的恐怖主义活动严重影响到国家的安全和稳定。为此，美国专门成立了国土安全部，并针对恐怖主义实施了国土安全预警系统。

美国国土安全预警系统为联邦、州、地方机构和美国公民提供遭受恐怖袭击的危险程度。警戒级别由司法部部长和国土安全部部长在国土安全咨询会议上进行商讨，最终由司法部部长签署决定，然后经会议讨论是否采纳。采纳后，由国土安全办公室发布，相关信息将告知联邦机构、州和地方执法部门、国会议员、州长、州国土安全官员和私营部门法人。

美国国土安全预警系统采用的是红、橙、黄、蓝、绿五色预警标识，分别代表严重、高、升级、警戒和低五级威胁程度，以标明当前国家所处的安全状态（见表6—1）。每种颜色代表了恐怖袭击不同程度的危险，同时也预示了相应的防范措施。这些防范措施包括了政府部门、私营部门和公民个人的防范行为。

表 6—1　　美国国土安全五色预警标识

颜色	威胁程度
红	严重
橙	高
黄	升级
蓝	警戒
绿	低

（1）红色，严重危险。采取的防范措施有：

- 确认关键的紧急需求
- 确保应急人员和资源到位
- 指挥、调动和维持运输系统
- 关闭公共设施和服务机构（如银行、邮局等）

（2）橙色，高度危险。采取的防范措施有：

- 与联邦、州、地方执法部门、国民警卫队或其他军事力量协调必要的安全措施
- 对公众活动提前发出警告，并考虑更换场地或取消活动
- 准备好应对意外事件的程序
- 限制可能为威胁所利用的条件

（3）黄色，超出一般的危险。采取的防范措施有：

- 加强对重要地点的监视
- 与当地相关机构协调应急计划
- 确认是否需要对防范措施进行改进

● 恰当地执行应急回应计划

(4) 蓝色，一般危险。采取的防范措施有：

● 检查和指定危机回应力量或有特定要求地点的通信连接状况

● 审核和更新危机回应的程序

● 向民众提供有助于其恰当行动的信息

(5) 绿色，低度危险。采取的防范措施有：

● 相应改进和执行制定的防范措施

● 确保国土安全人员接受适当的国土安全预警系统和相关机构防范措施的培训

● 确认易受恐怖袭击的地区和设施的薄弱环节，并采取措施加以改善

由此可知，国土安全预警系统不仅提供了代表不同危险程度的几种颜色，还是一个综合系统；不仅告知了公民当前危险的程度，同时也包括了对政府、企业和公民个人的一系列行动的指导。这一系统能将全社会的力量动员起来预防恐怖袭击等人为灾难。当然，更明确的预警还要依靠情报系统的情报才能确认。

3. 技术灾难预警

技术灾难主要指因为技术、特殊物品或设施的使用而存在或造成的危机。科学技术的运用在提高生产力的同时也能造成巨大的损害，所谓“高科技，高风险”。技术灾难的预警也是危机预警的重要内容。常见的技术灾难包括核泄漏、水坝事故、危险品[①]事故等。

以美国为例，美国对危险品的管理主要在于政府的日常监管，这在很大程度上减少了危险品造成的技术灾难。联邦有害物质管理法（FHSA）、毒性物质控制法（TSCA）、危险物品运输法（HMTA）等许多法律对危险品存储和运输做出了明确规定。同时，交通运输部对危险品警告标签等方面也有严格的管理法规，比如焰火产品的运输包装，雷管、炸药等易爆物品的运输包装，泡沫灭火剂的包装材料和压力容器如工业用气瓶、罐，等等。加州还在考虑立法，给运输危险品的车辆安装全球卫星定位系统，以便更好地进行监控。

为了防止水坝造成的灾害，美国在水坝管理中也引入了预警系统。从1981年起，美国已投资6.03亿美元，发展先进的监测技术，制定有效的监测程度和计划，对357座大坝进行了安全监测。典型的水坝预警系统由三部分组成：数据自动收集系统、控制中心和警报器。数据自动收集系统可以自动收集与水坝安全

① 危险品是容易引起爆炸、燃烧、中毒、腐蚀或有放射性的物品的总称，如TNT、汽油、汞、硝酸、铀矿石等。

有关的一些数据，并把数据不断地传送到控制中心。控制中心会进行数据分析，同时控制中心也与户外警报器相连。警报器设在水坝崩溃可能威胁到的城区，一旦控制中心的数据分析显示水坝会发生安全问题，警报器就会发出警报，居民就会开始撤离。同时控制中心还会定期对警报器进行测试，警报器的警报有三种："系统测试"、"水坝出现紧急情况，马上撤离"和"警报解除"。

（二）多层次的危机预警

危机的发生有地域性的特征。有的危机影响范围比较大，如灾害天气可能是全国性的，这就要进行全国范围的预警；而有的危机可能只局限在一定的区域范围内，比如河流流域的泛洪，这就只要在其可能影响到的范围内预警即可。危机预警的层次性的差异由此体现出来。事实上，有效的危机预警机制就应体现层次，既达到了预警效果，又避免了资源浪费。

全方位的危机预警着眼于预警范围，是横向性的；而多层次的危机预警则是从预警运作和管理的纵向着眼，旨在打造纵横交错的预警体系。以下同样以美国为例来看危机预警的层级化：联邦政府建立了全国性的危机预警系统，可以为所有的地区提供服务；州和地方也在各自范围内建立了覆盖本区范围的危机预警系统，在危机发生时发出警报和提供信息；此外，城市由于人口集中，地域较小，也建立了自身的危机预警系统。

1. 国家危机预警系统

国家危机预警系统用于总统在紧急情况下直接向公众发布警报和信息，这些警报和信息通过广播和电视被公众接收，而不是逐级传送。及时有效的信息能使受到自然灾害、技术灾难或恐怖主义威胁的公众及时采取行动，以保护生命和财产安全，降低不确定性和恐惧并尽早恢复重建。

国家危机预警系统不是单独设置的独立系统，而是整合现有的通信系统而形成的。它由以下部分组成：广播电视网络，AM、FM广播和电视广播站，低功率电视台，等等。根据联邦通信委员会的规定，这些系统和站点参与危机预警计划，使用共同的危机预警系统协议。联邦通信委员会要求它们具有解码器，以接收紧急信息，并向公众发布紧急信息。

国家级的危机信息由联邦危机管理局或白宫通信局依总统命令通过专用的首要接入站点网络发布，各州也有首要接入站点，所有的广播、电视和有线系统都被要求传送紧急信息。当有紧急情况发生时，联邦通信委员会就会发出信息代码，站点的接收设备就会接收，解码器进行解码。所有的正常节目都会中断，发出危机预警警报和信息。

随着技术的进步，有更多的方式可以接收国家危机预警系统的警报和信息。系统使用了联邦通信委员会和国家气象服务接受的数字特定区域信息编码协议。所有声音信息必须带有数字数据的首要代码，以确认信息来源（如气象服务还是地方政府）、事件代码（如飓风或洪水）、受影响地点、信息有效时间（以15分钟或30分钟为单位）、信息发出的日期和时间。数字信息能够被接收、储存和在危机预警系统的解码器、计算机、手机及其他数字接收设备上显示。所有广播和有线电视经营者都被要求安装符合数字特定区域信息编码协议的编码和解码设备。鼓励公众购买国家海洋和大气管理局的气象服务收音机或使用数字特定区域信息编码协议声音警报系统技术的接收设备。

2. 州和地方危机预警系统

州和地方危机预警系统的运行机制和国家危机预警系统一样，只是它用于地方范围内的危机预警，使用者多为地方的行政长官，面向的是地方民众。在地方，市县的危机管理官员参加地方的应急通信委员会，委员会成员包括国家气象服务的代表、危机管理官员、广播和有线系统的经营者。地方危机预警系统由这个委员会建立。而州一级的危机通信系统由州危机管理局建立。

例如得克萨斯州的紧急信息由危机管理部门依州长或其他官员命令先用电话或传真传送到五个中继站。所有广播、电视和有线系统都被要求监视最近的中继站，并在收到信息5分钟内传送紧急信息。

地方政府的预警方式更加多样化，有的地方政府会通过危机预警系统和网站的电子邮件或传真向地方媒体、执法部门和危机预警计划的其他参与者（公共汽车、出租车、投递服务等）发出危机警报。

3. 城市危机预警系统

城市危机预警系统用于城市的危机管理官员在其管辖范围内向居民提供紧急信息。城市的管辖范围相对较小，同时有国家和地方预警系统的覆盖，因此城市危机预警系统要相对简单一些。虽然预警系统会因城市的规模而有所区别，但美国城市的预警系统还是有许多共同点：

第一，与恐怖袭击相关的预警，由国土安全部决定警戒的级别。较大城市的警戒级别在国土安全部决定的基础上，城市官员也可以根据特定情况做出调整。

第二，灾害性天气是预警的重要内容之一，由国家气象服务中心统一提供。

第三，预警系统定期检测，包括检测警报设备和有线电视的预警能力等。

（三）多手段的危机预警

公众因为所处的环境和自身特点的不同，就要求有与之相适应的预警方式。

为了满足不同公众接收预警信息的需要，必须采取多种预警方式，如室外报警器、有线电视、广播、网络、电话等。要保证一种渠道无法工作时，能用其他方式发出预警信息；保证不同环境下的人都能接收警报；也要保证身体有特殊情况（如视力、听力障碍）的人能够接收警报。这是有效的危机预警机制的必然要求。

1. 文字手段

危机预警的文字手段主要有手机、传呼机、电子邮件、网站等。在国外，公民普遍使用手机等能接收文字信息的设备接收危机预警。个人可以到政府指定的网站注册，确认接收设备的类型和接入号码。这样一旦发生紧急情况，个人就可以接收危机管理机构统一发布的警报和信息。在一些地方，危机管理机构还通过电子邮件或传真向社区发出预警，由社区通过一定方式传达给居民。政府还会在官方网站上以多种语言版本提供预防危机的相关信息和行动指南，适合于不同国籍的人，保证了危机预警覆盖到尽可能多的民众。

文字手段的优点在于以文字符号为主来传递信息，说明性很强；手机和电脑拥有无可比拟的用户数量；受众精确，信息抵达率高；移动性强，不受地域的限制；信息传播速度快、效率高。但缺点在于文字的表现形式仍显单一，立体感不强，且篇幅受到限制，难以进行全面宣传和深度报道。

2. 声音手段

危机预警的声音手段包括电话、广播、警报器等。在西方国家，家庭和大部分商业电话自动登记，紧急情况下危机管理机构可以通过电话传达危机指令，指令可以用多种语言传达，并可被听力不好的人接收。当有灾害发生时，公众只需打开广播就可收听信息。接收天气广播的专用收音机接收到灾害天气信息的同时能发出警报声音，同时还有专门为盲人和有听力障碍的人设计的专用收音机。户外警报器也是广为应用的预警方式。这些警报器安装在遍布城市的警报器杆上，为室外或远离其他警报设备的人提供警报。警报器使用电池供电，不受停电干扰，并能发出各种警报声，以向一定区域和人口发出警报。

声音手段的优点在于声情并茂，能刺激人的听觉感官，便于预警宣传；受众极广，群众性强，对文化程度没有要求；接收器材固定性高，因而特别适合社区、家庭等固定组织接收。但缺点也在于移动性不强，对于流动公众难以体现效果；声音转瞬即逝，在听众没有心理准备的情况下，必须反复播放才行；且易受到电话机、收音机、警报器等设备故障的影响。

3. 图像手段

危机预警的图像手段主要是指电视、网络视频等。在西方国家，电视媒体高度发达，并已成为危机预警的重要渠道。只要发生重大危机事件，正常的节目内容就会中断，各电视台通过文字和画面迅速报道，反复播放。危机发生后，人们往往第一时间选择打开电视了解情况，甚至政府官员也和普通民众一样通过收看电视获知灾情。

图像手段的优点在于集字、声、像、色于一体，既有视觉效果，又有听觉功能，还具备直观形象性和动态感，因而富有极强的冲击力和感染力；覆盖面广，公众接触率高。缺点则在于受收视环境的影响较大，器材质量、信号接收等都会影响预警效果。

总之，每一种媒介都有自己存在的缘由，一种媒介永远不可能替代其他的媒介形式，而只会开拓出一片自己的生存空间。对于危机管理机构而言，这些媒介都可以运用于危机预警，不存在孰优孰劣之分。关键在于按照危机预警的性质和要求，根据传播对象的具体特点，选择最为适当的预警手段，方体现多手段的危机预警的真正内涵。

（四）全面参与的危机预警

危机预警主要由政府负责，但为了利用现有资源，避免重复建设，政府以外的力量也应广泛参与到危机预警中来。这不仅能够增强政府危机预警的能力，也可以有效地利用社会资源，给公众带来便利。参与危机预警的非政府力量主要包括私人商业组织、非政府组织、社区、家庭和个人等，这与非政府力量在整个危机管理中的参与是一致的。以下仅以各方在美国国家预警系统中的参与为例，简要述之。

美国的国家危机预警系统充分体现了私人商业组织、非政府组织等在其中的参与作用，因为整个国家危机预警系统就是通过整合现有资源而成的，并非独立建构。从目前来看，美国国家危机预警系统的参与组织有：

1. 广播类

- ABC 美国广播公司
- 美联社（APR）
- 哥伦比亚广播公司（CBS）
- 美国有线新闻网（CNN）
- 琼斯卫星广播（Jones Satellite Audio）
- 穆迪广播网（Moody Broadcasting Network）
- 相互广播公司（Mutual Broadcasting System）
- 美国音乐广播网（MUZAK）

- 美国国家广播公司（NBC）
- 美国国家公共广播（NPR）
- 寰宇之星（Unistar）
- 国际联合通讯社（UPIR）
- 美国各网络媒体企业

2. 电视网络类

- ABC 美国广播公司电视网
- 哥伦比亚广播公司电视网（CBS）
- 福克斯电视公司（FOX）
- NBC 美国国家广播公司电视网
- PBS 电视网

3. 有线节目供应商

- CNN 有线网和 CNN 标题新闻
- 美国电影频道（Cinemax）
- 迪斯尼频道（Disney Channel）
- ESPN 体育频道
- HBO 付费电视网
- 电影频道（Movie Channel）
- TNN 纳许维尔电视网
- 儿童频道（Nickelodeon）
- 作秀时刻（Showtime）频道
- VH—1 时尚频道
- 天气频道（Weather Channel）

4. 有线服务

- 美联社（AP）
- 路透社（Reuters）
- UPI 国际联合通讯社

5. 公共承运

- AT&T 美国电话电报公司

6. 其他企业

即有意加入国家危机预警系统的企业可以向联邦通信委员会提出申请，获得批准后，即可成为国家危机预警系统的参与者。

第四节　危机预警的问题与改进

（一）危机预警可能出现的问题

1．危机预警系统本身的问题

（1）系统本身的运行问题。

首先，系统出现部分瘫痪和完全瘫痪。可能是由于软硬件故障导致系统本身出错，也可能是由于不可抗力或人为因素所致。其次，系统感应到危机信号时无法发出或不能及时发出危机警报。可能是系统需要经过很长时间通过复杂的过程才能得出结论，也可能是各子系统之间或子系统内部存在相互不兼容使得子系统之间或内部不能及时、准确传递信息等原因。

（2）危机信号缺乏代表性。

这是由于在建立危机预警系统时忽略了这些信号，或者没有认识到这些危机信号的重要性而没有将这些信号作为系统的感应信号。也可能是系统建立之初不存在这些信号，或者这些信号与危机发生之间的关系并不重要，但随着环境的变化，这些信号出现并成为危机发生的重要信号，而系统也没有根据环境的变化进行动态的更新，系统也就不能感应这些信号；或者环境的变化会使有些原来的危机信号不再是危机的信号，也会使系统存在新的干扰信息和虚假信息，系统如果不能及时更新就有可能出现错误的警报。

这两个缺陷，前者可以称为系统设计的静态缺陷，后者可以称为系统设计的动态缺陷。系统对于干扰信息和虚假信息的识别能力过低，也会使系统发出错误的警报。系统设计时临界点设置得过低，导致系统对许多假设的危机威胁发出了警报；临界点设置得过高，会出现系统失灵，导致对真实的危机威胁没有发出警报；系统设计得过于灵敏，对一些微小的信息也能进行有效的放大从而达到临界点，使系统发出错误的警报；系统抵抗人为破坏的能力低，会使系统受人为因素的控制而发出错误的警报。因此，临界点的设置应尽量合理可行，以避免系统失灵和系统发出错误的警报。

2．对危机预警的激励不足

激励不足会使与危机预警相关的人员消极怠工，缺乏广泛收集相关信息的积极性，降低预警系统中相关设备的维护频率，影响危机评估的质量。尤其是对于一线工作人员而言，如果缺乏足够的激励，将严重影响危机预警系统的运行与维护。

3. 信息传递过程中出现障碍

有些组织层次过多，使得危机信息传递的环节过多，造成信息失真与信息延误。有些由于未能建立制度化的危机信息沟通渠道，缺乏明确的信息传递路径指示，导致危机信息传递效率低下。有些由于通信系统不稳定或存在着资源不足的现象，使得危机信息传递不及时、不准确。

4. 危机评估的准确性不高

在危机评估过程中，由于历史数据不准确、不完整，对收集到的各种信息整理不到位，使一些虚假信息被当作真实信息作为评估依据，而一些真实信息却被当作虚假信息惨遭筛除，从而严重影响评估的准确性。在采用专家意见看法的过程中，可能会由于专家资质及判断标准存在差异，影响到专家小组的整体水平，也影响到危机评估的准确性。

（二）如何改进和完善危机预警

改进和完善危机预警，需要从预警工作的每一个环节做起，主要包括以下几个方面：

1. 保证警报的准确性

警报内容必须准确无误，如果发生错误的警报，就会大大降低警报的可信度。导致发出错误信号的原因有很多，可能是由于危机预警系统本身的原因，也可能是由于系统没有根据环境的变化及时调整，还可能是由于人为麻痹所致等。研究错误警报的原因，对于保证预警的功效至关重要。

2. 预警信号必须简单、明确

对公众的预警要尽可能简单明了，让所有公众都能准确获得将要面临的威胁信号。预警信息要言简意赅、直截了当；精确的行话和专业的术语要变成简单、朴实、明确的公众用语。预警应传达以下内容：消息来源、日期和时间；紧急区域所在地；威胁的性质；威胁可能造成的危害；威胁可能持续的时间；威胁冲击的程度；在可能的紧急区域中需要采取的基本措施等。这些内容要不断重复，要让每一个公众都能注意到每一个细节，了解其确切的含义。实践证明，模糊的信号往往容易引发混乱，或是反应迟缓或是反应过激。因此，发出的预警信息必须十分确凿、言简意赅。

3. 提高公众对预警信号的接收能力

提高预警信号接收能力，具体体现在以下三个方面：第一，发布预警传播工具的完备。第二，懂得警报的含义。如果不懂得其确切含义，警报的发出也就没有意义。比如，在1988年英国的克拉彭铁路事件中，伦敦紧急服务中心曾发出大量的“黄色警报”。当时的圣乔治医院的接线员也收到了“黄色警报”；但是，由于她并不了解“黄色警报”的含义，因此，该医院并没有做好相应的救护准备，导致大量伤员没有得到及时救治。又如，在美国安道尔发生的一次龙卷风袭击中，由于人们对龙卷风警报一无所知，因而失去了最佳的避灾时机，引发了严重的生命和财产损失。第三，避免公众因怀疑警报可信度而延误最佳处理时机。

4. 加强对公众心理的研究

从众心理是人类常见的一种惯性心理，人们在缺乏足够的信息或对信息内容丧失判断力的情况下，从众选择可能是一种心理上较为安全的选择。公共危机具有突发性的特点，而且危害程度较深，当事人在短时间内会产生一种应激反应，如果不能及时疏导，往往会造成绝望、无助、抑郁、恐慌、盲从等心态。要积极运用心理学知识，研究公众对公共危机的心理反应，采取及时、正确的措施加以引导和疏导。

5. 建立健全信息报告制度

危机预警系统在危机监测过程中，一定要做好信息报告工作。通过信息报告工作，及时提供预警信息，有利于危机管理工作的早发现、早介入和早解决。信息报告制度的建设主要包括：报告的内容、报告的时间、由谁报告及报告的对象、报告的手段、报告的形式，等等。此外，为保证信息报告制度的有效执行，还需要对信息报告的责任做出明确规定，并建立责任追究制度，追究不按规定上报有关信息的责任。没有严格具体的规定，就不可能做好信息报告工作。

6. 加强资源整合

通过整合现有的危机处置资源，加强各危机管理部门相互沟通和协调并提高效率，确保建立优势互补、分工明确的危机预警保障体系。

第七章　危机的疏缓与预防

从某种意义上说，危机与灾难是人类生产与社会生活中的一部分，预防、治理、抗击各种自然的与非自然的危机无疑是人类发展历程中的重要内容之一。自然灾害与人类活动造成的种种灾难往往给整个社会带来巨大的损失，而面对种种祸及大众的危机，个人的力量是微不足道的；人类只能依靠组织化的力量才能有效地抗击与回应危机与灾难。因此，危机的治理理所当然是重要的公共事务，作为公共事务主要管理者的政府必然要担当起应对、治理各种危机的重任。

公共危机管理是现代政府的重要职责之一。公共危机管理首先是一整套连续的管理过程；任何危机的产生、爆发、结束与再生都遵循某一时间序列不断循环往复，针对“对手”的这一特性，公共危机管理必然以“循环”的形态出现。与危机做斗争，寄希望于在某个时间点上“毕其功于一役”是不可能的，成熟的公共危机管理体系必然是一个连续的循环链。

危机疏缓是公共危机管理链的一环，危机疏缓意味着在某一危机事件发生之前采取多种措施以防止危机的爆发或消减危机爆发时对自然、社会以及公民个人的有害影响。我们认为，在任意一个相对独立的危机管理链中，危机疏缓处于整个危机管理时间序列的首位，是整个危机管理过程的开端，是危机准备、危机回应与危机恢复的基础。

第一节　危机疏缓的概念与性质

（一）危机疏缓的定义

即使在这个发展极不均衡的世界里，还是存在所有国家、种族、民族都必须关注的共同问题——各种灾难所引致的公共危机就是其中之一。无论是发达国家还是发展中国家的政府，都不能无视自然与非自然危机的存在。危机疏缓作为危机管理循环中的必要一环，必然是各国政府在公共危机管理过程中无法忽视的关键性内容。

我们可以把危机疏缓看作所有在危机发生前消除或减缓危机潜在影响，消减危机对社会、个人损害程度的行动集合；简而言之，危机疏缓意味着在危机发生之前遏止或遏制危机。危机疏缓这一特殊的公共危机管理行为具有三方面的含义：

首先，从行为时间上看，危机疏缓发生在危机发生之前。危机疏缓有危机预防（prevent）的意蕴，危机疏缓意味着公共危机管理主体在公共危机形成或爆发之前就已经采取相关行动与措施，而并非在危机产生之后才实施应对举措；危机疏缓是建立在某种合理预期基础之上的前瞻性的主动行为，而不是被动的、反应性的行动。

其次，从行为目标上看，危机疏缓具有高、低两个层次上的目标。危机疏缓的高层次目标是在危机形成之前消除危机，彻底避免发生自然或非自然灾难，将危机“扼杀于摇篮之中”；危机疏缓的低层次目标是在危机爆发之前提高整个社会的抵抗能力，以便在危机真正到来的时候尽可能地降低损失，即使危机非来不可也要做到未雨绸缪、防患于未然。正如世界卫生组织（WHO）在一份报告中所述，“主要的”（primary）危机疏缓是减少灾难的出现（presence），而“次要的”（secondary）危机疏缓是消减灾难的影响（effect）。[①]

最后，从行为内容上看，危机疏缓意味着一整套相关的行动“集合”。联合国开发计划署（UNDP）将危机疏缓这一术语界定为“在危机发生之前减缓危机影响的所有行动”[②]，并认为危机疏缓包括危机准备与长期的危机减缓措施。UNDP 对危机疏缓的界定略显宽泛，但的确客观地反映了世界各国在公共危机管理实践中进行危机疏缓的现状。从战略性的规划调整到具体的技术性措施，从经济结构、行政组织内的变革到建筑标准、卫生设施的改良，危机疏缓的内容十分广泛、丰富；危机疏缓不是公共危机管理主体做出的某项政策或某个行动，而是复杂的“政策套餐”或行动集合。

（二）危机疏缓的必要与可能

抵御自然或非自然的灾害、应对人为或非人为的公共危机，这一直是不同政治制度下各国政府都不敢忽视的职责；由此看来，公共危机管理的历史并不算

① WHO，*Emergency Health Training Programme for Africa*，Panafrican Emergency Training Center，1998.

② UNDP，*Disaster Mitigation*，Disaster Management Training Programme，1994.

短。然而，危机疏缓备受各国政府重视的时间却不是很长。即使在美国、加拿大这样的发达国家，危机疏缓的理念得到广泛认同也还只是 20 世纪 90 年代的事情。[①] 危机疏缓的重要性之所以能在较短的时间内得以充分彰显，是公共危机危害性日益扩大与人类认识和控制危机的能力不断增长两大趋势共同作用的结果。

公共危机危害性的日益扩大决定了危机疏缓的必要性。无论是洪水、飓风、火灾、传染病等自然灾害还是大工业发展带来的“技术性灾难”，公共危机的形式随着现代社会经济的发展越来越趋于多样化，而其对人类生命、健康以及社会有机体正常运转所造成的危害程度也越来越大。正如有的研究者所指出的那样：一方面，科技水平日益飞速发展；另一方面，灾害与危机对社会的损害越来越大，这是现代社会的悖论（paradox）。[②] 面对烈度与日俱增的公共危机，在传统的危机应对措施很难有作为的情况下，公共危机管理者必须学习在危机爆发之前“先发制人”，采取多种措施避免或延缓危机的发生，提前做好防范危机的准备，以降低公共危机对个人与社会的损害。

更为重要的是，人类认识和控制危机能力的不断增长使危机疏缓成为可能。危机是可怕的，因为危机对人类社会的破坏作用是巨大的；但危机并非不可抵御。危机的起始、形成与爆发都是遵循一定客观规律且能够为人们所认识的。严格地说，一切危机和灾难都是人为的，是人类不理智、不合理的生产方式、生活方式和行为方式的结果。人类既然可以是危机的制造者，也自然可能成为危机的有效防范者与消除者。随着人类社会的进步与发展，人类认识危机和控制危机的能力得到不断增长，并且增长的速度越来越快。进入 21 世纪，人类对于公共危机的预测能力、预防能力与抵抗能力都得到前所未有的提高。在不少领域，人类已经具备了在危机发生之前就防患于未然的能力。仅以传染性疾病为例，在 19 世纪困扰人类的许多恶性传染病在 20 世纪后半期都得到了有效的控制与预防；伤寒、天花、痢疾等疾病在人类知识存量与卫生医疗设施不断更新的作用下得到了有效地预防与遏制。[③] 实践证明，人类至少可以在为数不少的领域成功地实施危机疏缓行动，21 世纪的公共危机管理者已经具备了危机疏缓的知识与技能。

---

① John Newton，*Towards A National Mitigation Policy*，*An Investigation of Efforts to Create Safer Communities*：*Experiences in Canada and The United States*，Office of Critical Infrastructure Protection and Emergency Preparedness，2000.

② Institute for Catastrophic Loss Reduction and Emergency Preparedness Canada，*A National Mitigation Policy*，1998.

③ UNDP，*Disaster Mitigation*，Disaster Management Training Programme，1994.

昆士兰州危机疏缓之路

澳大利亚的昆士兰州是一个自然灾害发生较为频繁的地区。洪水、飓风、暴风雨、泥石流、森林大火、地震等灾难不断侵扰着昆士兰州的居民，这些频繁发生的灾难给昆士兰州造成了每年高达三亿美元的经济损失。州政府与地方政府投入了大量的资金与资源进行危机回应与危机恢复，但收效并不明显。

进入20世纪80年代之后，澳大利亚政府的危机管理哲学发生了变化，表现为其逐渐认识到危机疏缓这一前瞻性危机管理活动的重要性。昆士兰州政府也认识到，危机管理应该是一个由危机疏缓、危机准备、危机回应与危机恢复构成的管理循环，并将本州的危机管理重点由原先的危机回应与危机恢复转移到危机疏缓上来。就此，昆士兰州政府采取了一系列危机疏缓措施，包括：

建立州危机疏缓委员会；

实施地方政府危机疏缓意识与教育计划；

在重点地区实施危机疏缓工程；

实施自然灾害风险管理研究纲要；

实施地区性洪水疏缓计划；

创制危机风险管理文本等。

昆士兰州的危机疏缓活动取得了预期的成效。研究表明，每投入一美元用于危机疏缓活动，就能降低三美元的经济与社会成本。越来越多的危机管理者意识到，危机疏缓将成为危机回应与危机重建的基础。

资料来源：Queensland Government Department of Emergency Service，*Disaster Mitigation*，http://www.disaster.qld.gov.au。

（三）危机疏缓的特性

危机疏缓作为公共危机管理循环中的一环，对于消除与减缓危机对人类社会的危害性影响意义重大。危机疏缓意味着在危机真正爆发之前预先消减危机的影响，与公共危机管理循环中的其他环节相比，危机疏缓具有前瞻性、宏观性、多样性与持续性的基本特征。

1. 前瞻性（proactive）

前瞻性指的是先发制人地提前行动以应对预期的困难。前瞻性是危机疏缓最重要的特征。尽管不同的研究者对于危机疏缓概念界定不同，但大家至少在一点上存在共识：即危机疏缓是在危机发生前的行动。传统的危机管理模式往往是反应性的（reactive），即通常是危机爆发之后的回应与处理；而危机疏缓则意味着依据相关知识与经验，在危机爆发之前预先采取措施，抑制危机的形成，减缓危机的不良后果，这与传统危机管理的反应性特征恰恰相反。简而言之，危机疏缓强调的是未雨绸缪与防患于未然，是一种富有前瞻性的管理模式。

2. 宏观性（macroscopic）

宏观性是危机疏缓的另一重要特性。近十年来各国公共危机管理的实践表明，危机疏缓更多地体现为通过调整国民经济结构、政府管理体制、社会组织体系等宏观构架，改变人类不合理的生产方式与生活方式，以此实现减缓危机的目标。这是因为公共危机产生的根源往往存在于宏观性的制度、规则体系之中，期望消除或控制危机的发生，必须从宏观入手。即使是洪水之类的自然灾害，其发生源头往往也与人类不适当的生产方式与经济结构相关；期望在洪灾暴发之前减缓危机，必须改变原有的经济结构与生产模式，这都需要进行宏观层面的努力。

3. 多样性（comprehensive）

危机疏缓不是某种单一的措施或政策。人类面临着众多不同的公共危机与灾难，这决定了危机疏缓必然具有多样性的特征。依据美国联邦危机管理局的分类，人类所面对的灾难与危机包括自然灾害、技术灾难与人为灾难三种；而这三种危机又各自涵盖了众多不同类型的危机与灾难。公共危机管理者需要通过不同的危机疏缓行为预防与控制不同类型危机的爆发。危机疏缓既包括调整国民经济结构的经济性活动，又涵盖加强社区抗风险能力建设的社会性行为；既关注设定安全标准之类的技术性措施，又重视机构改革等组织与制度建设工程。随着在公共危机管理中重要性的日益突出，危机疏缓的内容与形式也越来越丰富多样。

4. 持续性（sustaining）

加拿大政府的一份报告将危机疏缓定义为减缓与消除危机长期影响与风险的持续性行为①，这无疑揭示出了危机疏缓的另一重要特征，即危机疏缓意味着公共危机管理者做出的某种持续不断的长期性努力，而并非暂时的权宜之计。绝大多数危机或灾害都不是“突如其来”的，危机从萌生到爆发都经历了一个过程；同时，危机与灾难往往此起彼伏，一种危机的结束往往意味着另一种危机的萌

① John Newton，*Towards A National Mitigation Policy*，*An Investigation of Efforts to Create Safer Communities*：*Experiences in Canada and The United States*，Office of Critical Infrastructure Protection and Emergency Preparedness，2000.

生。因此，危机疏缓必然是危机管理者必须予以长期关注的活动，危机疏缓理应成为公共危机管理中的常规行为。

近十几年来，越来越多的研究者相信，危机疏缓能够在很大程度上杜绝某些危机与灾难的发生，或是有效地降低危机与灾难给公民、社会、自然环境带来的损害。从20世纪后20年到21世纪伊始，在许多国家的公共危机管理实践中，危机疏缓成为管理者关注的焦点之一。危机疏缓在美国、加拿大、澳大利亚、新西兰等许多国家的公共危机管理实践中得到了广泛的应用。纵观各国近年来的危机疏缓实践，可以发现世界范围内危机疏缓实践呈现出以下几个趋向：

第一，危机疏缓趋向常规化。危机疏缓作为公共危机管理的一个重要环节，已经逐步被整合到各国政府的公共管理体系之中；危机疏缓不再是临时性的措施，而已成为政府日常公共管理的组成部分。危机疏缓的常规化趋向主要表现在两个方面：一是危机疏缓法制化，不少国家的政府都出台了相关的疏缓法，并以此作为指导与规范公共危机疏缓行动的法律依据，使危机疏缓具有稳定性与可预期性；二是各国政府组建长期存在的专门机构或团队承担危机疏缓的领导与协调工作，使危机疏缓行动具有连续性与日常性。

第二，危机疏缓趋向战略化。危机疏缓已经不再是某一地区或某一部门的措施与行动，而成为关系一国之发展的战略行为。许多国家的公共危机管理者都致力于构建全国性的危机疏缓战略，如澳大利亚政府于1996年由国家危机管理委员会（The National Emergency Management Committee）建立全国性的危机疏缓战略框架以消减危机与灾害对个人、社会、经济与环境的影响。

第三，危机疏缓趋向全面化。危机疏缓应用的领域越来越广泛，随着人们对危机性质的认识水平不断提高，公共危机管理者在越来越多的领域里开始进行有效的危机疏缓行动；无论是地震、火山爆发、飓风、旱灾、洪水还是人为的恐怖活动、技术灾难，危机疏缓都有用武之地。

加拿大的全国危机疏缓政策

加拿大是一个自然灾害频繁发生的国家。在经历了1996年沙格奈河大洪水、1997年红河盆地洪水与1998年的冰风暴之后，加拿大政府以及众多的危机研究者开始意识到制定全国性的危机疏缓政策乃是当务之急。

1998年，加拿大灾难损失减缓研究会与“加拿大危机准备”两个组织共同主办了全国性的危机疏缓研讨会。会议的主题就是如何创建全国性的危机疏缓政策，以减缓各种自然灾害对加拿大经济社会造成的损害。

会议不仅申明了全国性危机疏缓政策的重要性，还对全国性危机疏缓政策的具体内容做了阐述，为加拿大的危机疏缓活动勾画了基本蓝图。加拿大的研究者认为，全国性的危机疏缓政策应该包括：

第一，创立全国性的危机防护基金。从中央到最基层的各级政府需要建立以危机疏缓为主要目标的基金，其总额应超过每年3 000美元（这一数字仅仅为近5年来平均每年危机恢复成本的10%）。危机防护基金投入不多，但收效往往十分明显，符合成本收益标准。

第二，鼓励私人组织参与和支持危机疏缓活动。制造业企业、房产主、银行、服务型机构等私人组织，无论单独还是合作，都可以作为危机疏缓活动的参与者、资助者甚至是项目负责人。政府组织不需要垄断所有危机疏缓行动，而只需要关注某些高成本的危机疏缓项目；私人组织能够担负起部分危机疏缓的职责。

第三，建立全国危机疏缓秘书处以协调全国的危机疏缓行动。全国危机疏缓秘书处承担协调危机疏缓行为、沟通危机疏缓信息、优化各方合作关系的职责，以保证全国范围内危机疏缓行动的一致性与协调性。

第四，在危机恢复经费中为危机疏缓做好准备。危机恢复经费中的15%应作为危机疏缓的投资。危机恢复与重建并非只意味着恢复原状，还需要为下一轮危机管理循环积累部分资金与资源。

第五，将危机疏缓定位为政府各部门的基础职责与优先权。

第六，将公民捐款用于危机疏缓。加拿大公众的赈灾捐款多用于危机恢复过程，但一般仍有剩余；应将余留部分作为危机疏缓投资，以减少危机再发生的概率。

第七，建立全国危机疏缓合作伙伴关系。为有效减缓全国范围内的各种自然灾害，必须建立包括各层级政府、私人组织以及其他利害关系者的全国危机疏缓合作伙伴关系。

资料来源：John Newton，*Towards A National Mitigation Policy*，*An Investigation of Efforts to Create Safer Communities*：*Experiences in Canada and The United States*，Office of Critical Infrastructure Protection and Emergency Preparedness，2000。

（四）危机疏缓的基本过程

危机疏缓是复杂的行动集合，同时又是一个连续的、遵循一定顺序的行为过程。尽管各国政府与不同国际组织采取的危机疏缓行动千差万别，有的细致几近烦琐，有的简单近乎粗疏；但从众多的危机疏缓实践情况来看，危机疏缓的基本过程都是趋于一致的。一般说来，危机疏缓的基本过程包括四个部分：危机确定与风险评估、危机疏缓计划、危机疏缓执行和危机疏缓评估。

1. 危机确定与风险评估

联合国开发计划署在一份报告中将危机确定与风险评估当作危机疏缓的最关键部分。我们认为，不管危机确定与风险评估是否是最关键的部分，至少是危机疏缓的首要步骤。联合国开发计划署认为，认识与了解危机与灾难意味着必须明确：危机是如何生成的、危机爆发的可能性与规模、危机损害的物理机制（physical mechanisms）、最易受损害的部分与因素、危机破坏的后果。① 我们认为，危机确定与风险评估至少包括三个方面的内容：第一，界定危机性质，即必须明确将要发生什么样的灾难与危机，导致灾难的可能原因是什么，以及发生灾难与危机的可能性有多大；第二，评估危机影响，即必须对潜在灾难和危机的预期影响进行预先评估，在危机真正爆发前测定危害的广度与强度；第三，评估脆弱性，即必须评估危机承受者的抵御能力，抵御能力越强，脆弱性越低，反之则脆弱性越高，最终确定最大风险因素（element most at risk）——危机影响评估与脆弱性评估又共同构成了危机风险评估。“知己知彼，百战不殆”。人类面对的危机与灾难数量众多，危机疏缓旨在先于危机爆发而控制危机，期望在危机与灾难发生之前就能未雨绸缪以避免生命、财产等方面的损失，要实现这一目标，危机管理者就必须首先了解危机。因此，危机确定与风险评估是危机管理者的首要举措，也是危机疏缓过程的首要步骤。通过危机确定与风险评估，公共危机管理者能够清晰地了解危机疏缓的标靶，以便制定与实施危机疏缓计划。

2. 危机疏缓计划

危机疏缓计划指的是公共危机管理者在危机爆发之前，以危机确定与风险评估为基础，对危机疏缓具体项目、措施以及相应资源进行设计与安排，最终形成一定的行动方略与政策规划。危机疏缓计划的产出通常有两类：一是短期的危机疏缓规划，二是综合性、宏观性的危机疏缓战略。无论是短期的操作性规划还是长期的危机疏缓战略，危机疏缓计划都对危机疏缓的具体行动起着指导作用。危机疏缓计划为整个危机疏缓过程确定方向、确立规则、提供具体的行动方案与操作规程，良好的危机疏缓计划有助于降低整个危机疏缓行动过程的不确定性，促使危机疏缓活动在不确定的环境下取得预期的收效。各国政府对危机疏缓计划的重视程度显得尤为突出。以美国为例，美国政府 2000 年的危机疏缓法案中就对

① UNDP, *Disaster Mitigation*, Disaster Management Training Programme, 1994.

各州的危机疏缓计划做出了具体而严格的规定，该法案为地方政府危机疏缓计划的制定前提、制定过程、计划内容提供了统一、规范的标准。危机疏缓计划是危机疏缓执行过程的依据与前提，并且催生了一种风险基础的发展路径①（risk-based approach to develop），以推进人类社会在抗御危机的同时实现可持续发展。

3. 危机疏缓执行

危机疏缓执行通常指的是危机管理者依据危机疏缓计划，直接采取具体措施与行动，以预防危机或提前控制危机潜在影响的过程。危机疏缓执行是危机疏缓计划的具体操作，是整个危机疏缓过程的主体部分。在整个危机疏缓过程中，危机疏缓执行的内容最为丰富与复杂。公共危机管理者期望在危机发生之前消除危机隐患或控制危机影响，通常需要从两方面入手：一是采取措施杜绝产生危机的源头；二是增强个人与社会抗御危机的能力，这便是危机疏缓执行的两大基本内容，而其中各自包含的具体危机疏缓项目与措施则更加复杂多样。正如联合国开发计划署所指出的，任何一种危机都无法找到一种标准化的解决方法。成功的危机疏缓执行需要依靠众多组织与个人的共同努力，以及众多资源的投入与相关知识的储备；没有成功的危机疏缓执行，即使再周密的危机疏缓计划也不可能奏效。实践证明，许多本不是“突如其来”的灾难给公民与社会造成巨大的损失，并非因为人们对潜在的危机浑然不觉，也不是因为事先没有规划与部署，其原因往往是所谓的“执行难”。

4. 危机疏缓评估

危机疏缓评估意味着对危机疏缓执行结果及其影响进行检测、估计与评价，最终对危机疏缓的结果做出结论。危机疏缓首先是一种结果导向的管理行为；在投入了各种资源、实施了各种战略措施之后，能否真正预防危机或减轻危机对社会的危害，这是公共危机管理者最关心的问题。因此，危机疏缓评估必然成为危机疏缓全过程中不可缺少的一个环节。危机疏缓评估意味着测定实施危机疏缓行动之后，危机爆发的概率与危机对人类生命健康、社会经济等方面造成的实际危害，以确定危机疏缓行为是否真正实现了预防与控制危机的目标。根据各国危机疏缓的实践，成本收益分析是应用最广泛的危机疏缓评估工具。危机疏缓的目标在于消除或减轻危机的危害性影响，同时危机疏缓本身也需要一定的资源投入，因此，计算危机疏缓行为投入与产出之差就成为危机管理者比较普遍的选择。公

① Josh Moga, *Disaster Mitigation Planning: The Growth of Local Partnerships for Disaster Reduction*, http://www.adpc.org.

共危机管理者测算危机疏缓的成本与实施危机疏缓行为之后个人与社会的总收益，再通过计算个人与社会的净收益以评定危机疏缓的成败；如果成本超过收益，则说明现行的危机疏缓行为得不偿失，需要加以调整与改进。

（五）危机疏缓的效用

从被动的危机回应到富有前瞻性的危机疏缓，这是20世纪末以来公共危机管理的变革趋势。事实证明，危机疏缓的广泛应用的确对于预防与控制公共危机起到了相当重要的作用。美国华盛顿州危机管理局曾经总结了危机疏缓对于社会的七大好处：挽救生命与保护财产，危机疏缓能够预先防控危机与灾难，减少不必要的人员伤亡与财产损失；降低面对未来灾难的脆弱性，持续的危机疏缓可以增强社会抵御危机灾害的能力，获得长期的安全收益；积累灾后资金，危机疏缓能够在危机发生之前就预先做好资金方面的准备，以便在危机发生之时提供资金支持；加速危机恢复与重建，危机疏缓即使不能避免危机的爆发，也能够在危机发生之后加快恢复与重建的速度；明确社会责任归属，危机疏缓有助于明确社会对其公民生命、健康、财产等方面的责任；促进公众参与决策，危机疏缓战略的形成过程有利于社会公众的交流与合作；危机疏缓还能够让政府官员了解公共危机，增强公共危机管理意识与知识水平。① 危机疏缓之所以在全世界范围内得到广泛应用，最重要的原因就在于危机疏缓的确是一种积极有效的危机管理行为。我们认为，危机疏缓的效用主要体现在以下几个方面：

1. 避免危机

危机疏缓有危机预防的含义，即意味着在危机与灾难产生之前采取一定的措施与行动，预先杜绝危机萌生与爆发的可能性。正如前文所述，任何危机和灾难的萌生与爆发都是有一定原因的，而危机与灾难的源头在很大程度上恰恰是人类自身不适当的生产方式与生活方式。公共危机管理者在危机产生之前实施危机疏缓行为，最关键性的作用就是通过对人们生产方式与生活方式的调整，在一定程度上消除萌生危机的源头，防止危机与灾难的出现。随着人类自身知识水平与实践能力的增长，越来越多的危机与灾难可以得到有效的预防；在充分的知识与资源支持下的危机疏缓行为能够降低危机产生的可能性。当代的危机管理实践证明，尽管囿于知识与能力的限度，危机疏缓行为不能成功地预防所有危机；但在为数不少的领域，有效的危机疏缓行动的确可以防止部分危机的萌生与爆发。

---

① Washington State Emergency Management Division，*Keeping Hazards from Becoming Disasters*：*A Mitigation for Local Government*，2002.

2. 增强抗危机能力

危机在某种意义上讲也是人类社会发展的常态，至少基于目前人类的知识水平，危机与灾难不可能完全得到消除。公共危机管理者虽然不能通过危机疏缓避免所有的危机，但依然可以通过危机疏缓防患于未然，在危机爆发之前就控制住危机的危害性影响。危机疏缓的另一效用就是在危机爆发之前增强公民与社会的抗危机能力。从各国危机疏缓实践可以看到，相当一部分危机疏缓措施的主旨都是为了增强个人、社区以至于整个社会抵御危机的能力。危机疏缓通过对社会经济结构、政府管理体制、社会组织体系、社会心理状况的调整，降低了整个社会面对灾难的脆弱性，增强了社会的总体防御能力。因此，危机疏缓不仅能够减缓某次危机与灾难的危害性影响，而且能够在相当长的时期内减轻多种危机与灾难对公民和社会的损害。

3. 降低损失

危机疏缓的作用是长期性的，降低危机造成的生命、财产损失是危机疏缓的直接效用。无论自然还是非自然的灾难，其最严重的后果就是造成人员伤亡与财产损失；降低生命与财产损失无疑是公共危机管理的最直接目的。当危机与灾难无法避免的时候，危机管理者最重要的工作就是如何尽可能地降低危机对公民与社会的损害。危机管理者通过危机疏缓能够预先使公民与社会做好抵御危机的准备，并且提前为危机回应与危机恢复打下基础，最终消弭危机的部分危害性后果。美国、加拿大、澳大利亚等国政府纷纷采取危机疏缓措施预先防控洪水、地震等自然灾害，虽然不能避免这些自然灾难的爆发，但对于降低自然灾害造成的人员伤亡与经济损失却起到了巨大的功效。

4. 减少危机管理成本

公共危机管理作为公共管理的内容之一，同样必须遵循管理的基本原则；高质量的公共危机管理意味着管理的低成本与高收益。有效的危机疏缓则往往是一种低成本、高回报率的“投资”。公共危机管理者们发现，在危机爆发之前采取措施预防与控制危机的管理成本往往小于危机爆发之后再进行应对的管理成本；同时，投资于危机疏缓阶段的结果往往使危机回应与危机恢复阶段的开支大大降低。总之，对于整个公共危机管理循环来说，危机疏缓的高投入通常意味着危机管理总成本的降低。近 20 年来，各国政府既要致力于进行有效的公共危机管理，又必须面对难以应付的财政负担，在如此情况之下，能够切实减少危机管理成本的危机疏缓理所当然地受到各国公共危机管理者的青睐。

危机疏缓、危机准备、危机回应与危机恢复共同构建了公共危机管理循环，其中危机疏缓是公共危机管理循环的基础环节。危机疏缓为危机准备、危机回应与危机恢复奠定了基础、创造了有利条件、提供了必要的知识与资源支持，有效的危机疏缓能够促进危机准备、危机回应与危机恢复的顺利进行。简而言之，有效的危机疏缓往往是成功的公共危机管理的基石。

第二节　危机疏缓与危机风险评估

联合国开发计划署的一份报告曾经将危机风险评估定义为“与危机及其反应有关的信息的收集与分析”①。报告认为，危机风险评估无论是对于灾前预防还是灾后重建都有重要作用。危机风险评估在公共危机管理循环的每个环节中都不容忽视；而危机疏缓中的危机风险评估则显得尤为重要。正如1994年在日本横滨召开的“世界自然灾害减灾研讨会”所宣称的那样，危机风险评估是实施适当与成功的危机疏缓措施与政策的必需步骤。在危机爆发之前进行成功的危机风险评估，是有效危机疏缓行动的前提。

（一）危机风险评估的含义

联合国开发计划署在一份名为《脆弱性与危机风险评估》的报告中将危机风险评估界定为：“确定与测量影响人类、财产、环境的危机的风险的分析过程，这一过程还包括对应对危机的可用资源的评估。”② 简而言之，危机风险评估意味着对危机相关数据与信息的收集、整理、研判与评价。

危机风险评估是危机管理者收集、整理与分析相关信息的过程。在危机风险评估实践中，担当危机风险评估主体的既可能是法定的危机管理机构及其有关工作人员，也可能是组织外部的专家与研究者；无论评估者是危机管理机构内的政府官员还是“外脑”、“智库”，都可以看作广义上的危机管理者。危机风险评估的对象是所有与危机相关的数据和信息，信息越充分，评估的可靠性与准确性就越有保障。从某种意义上讲，危机风险评估就是一个由信息收集、信息整理、信息研判与信息评价组成的信息管理过程。首先，评估者需要通过各种渠道掌握危机来源、危机特性、危机表象、危机危害等方面的相关信息；其次，评估者需要对零散的数据、信息进行整理，按照一定标准去粗取精、去伪存真，使有用、可靠的信息有序化；再次，评估者需要对整理好的信息进行分析、研究并做出判

① R. S. Stephenson, *Disaster Assessment*, Disaster Management Training Program, 1994.

② UNDP, *Vulnerability and Disaster Assessment*, Disaster Management Training Program, 1994.

断，从中提炼出分析结果；最后，评估者必须对分析结果进行评价，对危机爆发的概率、危机影响的程度等方面做出最终结论，通常还需要对危机的级别进行评定。

危机风险评估可以分为紧急评估（cursory assess）、标准化分析（standard analysis）和高级分析（advanced analysis）三类。紧急评估通常适用于某些突如其来的危机状况；紧急评估是一种相对简单迅捷的评估模式，评估者需要在极为有限的时间内对危机的本质、最重要的影响以及最易受危机影响的因素进行确定、分析与评估。标准化分析是危机风险评估中应用最为广泛的一种；与紧急评估相比，标准化分析的科学性与准确性更为显著；评估者通常依据标准化的程序、利用标准化的分析工具对危机的相关方面进行定性与定量测评，并向危机管理者和社会公众提供指标化的数据与信息；大多数公共危机管理者对标准化分析都有强烈的偏好。高级分析是危机风险评估中最为复杂的评估模式；高级分析意味着对某类危机与灾难进行长期、全面、深入的研究，以测定这类危机的成因、特征、影响范围、消除方法等；这一评估模式需要大量资金、人力与技术支持并且通常要持续很长时间，因此评估对象一般都是具有全国性影响的危机与灾难。

人类面对着众多的危机与灾难，避免、消除与缓解危机的前提是认识与理解危机的来龙去脉。危机风险评估有助于公共危机管理者全面、细致、深刻地认识危机与灾难的起因、性质、影响与相关因素。有的研究者认为，危机风险评估回答了一个基础性的问题：如果危机爆发将会发生什么？① 在众多研究者看来，危机风险评估为公共危机管理奠定了知识基础。在公共危机管理过程中，危机风险评估的确承担了很多重要的任务。联合国开发计划署对危机风险评估的诸多任务进行了总结归纳，最终得出了危机风险评估的四项基本任务：确定危机对社会的影响、确定消减危机损害的措施的必要性与优先次序、确定可用资源、确定长期恢复与发展的可能性。② 第一，危机风险评估必须完成对危机危害的可能性与破坏程度的测评；以洪灾为例，危机风险评估的任务必须包括评估洪水泛滥的可能性、洪水影响的地区、洪灾的规模等级、受灾居民与社区的范围、洪水对受灾地区经济的直接破坏程度与长期影响等。第二，危机风险评估必须对消减危机的诸多措施进行评价；任何一种危机与灾害的应对措施都不是唯一的，评估者需要分析各种措施的有效性与实用性，并进行评价与排序，尽量选定最优的措施。第

① The Iowa Emergency Management Division, *Hazard Analysis and Risk Assessment*: *2003 Local guide*, 2003.

② UNDP, *Vulnerability and Disaster Assessment*, Disaster Management Training Program, 1994.

三，危机风险评估需要确定危机管理者应对危机的可用资源；评估者不但要对危机有所了解，还必须对危机管理者自身的力量进行评估，对危机管理过程中可用的人力、物力、财力、技术等进行计算，对抵御危机的综合能力做出客观评价。第四，危机风险评估还需要对灾后的情况进行预先评估；评估者需要有前瞻性思维和战略性眼光，既要认识到某次危机对社会发展的长期影响，更要善于在危机之后发现新的发展机会。

（二）危机风险评估的内容

危机风险评估的重要性是毋庸置疑的。在危机爆发之前进行危机风险评估，这是很多国家政府与国际组织在公共危机管理过程中的选择。不同国家的公共危机管理者赋予了危机风险评估不同的内容。从目前各国的危机管理实践来看，研究者普遍认同危机风险（risk）是危险（hazard）与脆弱性（vulnerability）的函数。因此，危机风险评估的内容主要有两方面，即危险评估与脆弱性评估。

1. 危险评估（hazard assessment）

危险评估意味着对某一危机或灾难的危害规模、危害种类与危害特征的分析与评价。危险评估的对象主要是危机与灾难本身，评估者需要收集与研究危机发生地区、频率、持续时间、危害程度等方面的信息，以判断危机与灾难的性质与影响程度。

危险评估通常由危机确认与损害评估两个子步骤组成。危机确认指的是评估者对危机与灾难的类型、性质与特征进行确定，损害评估则意味着评估者具体认知与分析危机的破坏力。评估者首先需要确定哪一种类型的危机和灾难可能降临到所测地区或社区；评估者必须结合历史的经验与现有的知识，利用预测工具，对潜在的威胁进行辨认；评估者需要分清未来影响公民与社会的危机是自然的还是人为的，是周期性的还是偶发性的，是自然灾害、技术危机还是人为灾难；评估者最后必须详细划分所测地区或社区可能面对的危机与灾害，并提供一份详尽的危机列表。危机确认过程中的分析与评估多是定性的；而损害评估则意味着对危机更为具体与细致的研究与分析，这一阶段的分析以定量分析为主，评估者通常应用指标化的定量分析工具对危机的破坏力进行计算与评价。危机的破坏力与多种因素相关，因此，损害评估的内容范围极为广泛：危机爆发的概率、危机的“震中”与影响区域、危机持续的时间与过程、危机损害的主要承受群体、危机损害的类型、危机危害的程度、危机可能产生的“后遗症”等都在评估者的测评范围之内。同时，评估者还必须尽可能使危机损害评估的结果指标化与数字化。因此，危机损害评估过程通常是危机风险评估中最为复杂与困难的环节，大量的危机分析与评估工具都是适应危机损害评估需要的产物。

危险评估的最终目的在于对危机与灾难有客观和准确的认知，使公共危机管理者和社会公众了解自己的对手，预先知道将经历什么样的危机与承担多大的危险。危险评估不仅是危机风险评估的开端，也是整个危机管理的开始，危险评估的产出为人们预防与应对危机提供了知识基础和智力支持。

2. 脆弱性评估（vulnerability assessment）

脆弱性评估意味着对危机承受者可能遭受损害的程度进行分析与预测。脆弱性原来指的是存在于系统中的某种弱点与缺陷，或指系统对于某一特定威胁或危机的敏感性，或指遭到破坏的可能性；世界银行在《2000/2001 年世界发展报告：与贫困作斗争》中以脆弱性喻指公众和社会面对危机与灾难时的抵御能力①；危机管理过程中的脆弱性分析就是通过确认与分析危机承受者的内部弱点与缺陷，以得出危机承受者的总体抵御能力。

脆弱性分析通常由创制危机影响清单、测算抗危机能力与确定最脆弱要素三部分组成。创制危机影响清单即对遭受危机影响的对象进行确认、列举与分析。危机和灾难的承受者往往不是单一的，脆弱性分析通常从创制“冒险”（at risk）要素的清单开始；一旦评估者通过危险评估确定了危机的类型与影响区域，接下来就需要将受到特定危机影响的所有特点要素一一加以确定，按年龄、性别、职业等标准划分的人群，农业等经济部门，重要建筑与基础设施，文化设施（图书馆、博物馆、学校等）等通常是各国危机影响清单中必不可少的基线数据（baseline data）。测算抗危机能力是脆弱性分析的主体部分，评估者需要依据危机影响清单对所有危机承受者的抗危机能力进行测评；测算抗危机能力通常是一个复杂的定量分析过程，评估者必须计算公民个人、组织以及基础设施的抗风险能力、产业经济结构的风险承受力、社会应对危机与损害补偿的资源储备等；测算抗危机能力的过程也是确定危机承受者自身弱点与缺陷的过程，评估者能够从中找出不同危机承受者内部存在的“软肋”。确定最脆弱要素指的是评估者依据不同危机承担者的抗风险能力，找出其中抵御风险能力最弱的部分。危机损害的对象是多种多样的，个人生命健康、经济发展速度、社会聚合力等方面都可能因为危机而受到损害；公共危机管理的目的是增强抗危机能力与减少危机损害，但囿于资源的限制，毫无遗漏地消减所有损害是不可能的，于是各国的公共危机管理者往往偏重于将有限的资源用于提高最脆弱要素的抗风险能力，因此，确定最

① 参见世界银行编著：《2000/2001 年世界发展报告：与贫困作斗争》，北京，中国财政经济出版社，2001。

脆弱要素便成为脆弱性分析中的必要部分。

如果说危险评估的主旨是“知彼”，那么脆弱性评估的目的就是“知己”；危险评估让人们认识与理解危机，而脆弱性评估则促使人们认清面对危机时自身存在的问题。只有做到“知己知彼”，危机管理者才不至于盲动，危机管理循环的各个环节才能够得以顺利开展。

（三）危机风险评估的系统与过程

危机风险评估在公共危机管理中的重要性日益突出，这促使危机管理者们越来越重视对评估的计划与管理，许多国家的中央和地方政府专门制定了危机风险评估的指导手册（guidebook）以供公共危机管理者使用。为了保证评估结果的高质量，各国的公共危机管理者已开始着手建立危机风险评估系统与完善危机风险评估过程，这种制度建设与程序优化双管齐下的发展方略值得我们学习和借鉴。

1. 危机风险评估系统

有效的危机风险评估需要制度上的保证，这几乎是一个不争的事实。从收集基本数据到做出最终结论，危机风险评估是一套复杂的行动集合。为了使这一系列复杂的行动彼此协调且互补互利，必须具备一定有关组织设计与数据处理的制度安排，于是便形成了由诸多基本要素依据一定规则组合而成的危机风险评估系统。[①] 联合国开发计划署对于危机风险评估系统的论述较为完整，其形象地将危机风险评估系统描绘为一台信息捕捉与处理机器，而这台机器则由全面评估规划、基线数据、数据收集系统、数据整理与分析中心、信息报告程序、传播链、质量控制与标准设置程序七个部分构成。

（1）全面评估规划（overall assessment plan）是整个危机风险评估系统的基础。全面评估规划是参与评估各方都认同的行为安排，它确立了不同评估主体的责任范围、行动方针、标准工作程序与报告途径。当危机管理循环的重点不断变化时，全面评估规划还规定着不同管理阶段评估工作的变化趋向。全面评估规划通常需要被整合到整个危机规划之中，以成为危机风险评估过程的指导方针。

（2）基线数据（baseline data）为危机相关数据信息的分辨与收集提供基准。基线数据通常包括以下一些内容：受影响人群的规模与结构，“生命线系统（lifeline system）”（如水、能源、交通、通信等）的位置与特性，消减危机的可用资源的储备、分布以及所有者，受影响地区的管理机制等。这些基本信息以综

① R. S. Stephenson，*Disaster Assessment*，Disaster Management Training Program，1994.

合性的数据集合的形式，构成了危机风险评估信息处理全过程的原始基线。

（3）数据收集系统（operational data collection system）的职能是依据基线数据辨别与收集所有相关数据与信息。数据与信息越充分，危机风险评估的质量越可能得以提升。因此，危机风险评估需要一个高效能的数据收集系统。数据收集系统是危机评估系统的子系统，是由诸多危机信息搜集点、数据传递通道、调查团队等要素组成的，是整个危机评估系统的信息输入端口。

（4）数据整理与分析中心（data collation and analyses centers）承担着危机风险评估的主要工作，对零散的数据进行整理、研究、分析与评价。危机风险评估系统中通常有一个或多个数据整理与分析中心，专家与研究人员在一定的组织资源与技术设施的支持下，对数据收集系统提供的数据与信息进行精加工，最终得出可靠、可用的结论。

（5）信息报告程序（procedures for reporting and dissemination）的目的是向决策者提供数据整理与分析结果。公共危机管理者的决策必须建立在对危机风险的科学认知基础之上，信息报告程序的职责是及时向决策者提供可靠、可用的信息，以便危机管理者采取正确的危机疏缓、准备、回应及重建措施。

（6）传播链（communication links）的职能也是信息输出。与信息报告程序不同的是，传播链并不向决策者输出信息，而是向其他群体输送危机风险信息。危机管理者通过传播链将可靠、可信的危机相关信息传递给其他管理部门与社会公众，以谋求催生有利于危机管理的安全文化（safe culture）环境。

（7）质量控制与标准设置程序（procedure for quality control and standard setting）的作用是对评估全过程进行监督与控制。危机风险评估的数据收集、信息处理、内部管理都必须遵循全面评估规划，而质量控制与标准设置程序正是实现这一点的具体保障。

2. 危机风险评估程序

危机风险评估是一系列连续的行为，由遵循一定顺序的多个步骤所组成。从世界公共危机管理的发展现状来看，各国的危机管理者普遍期望确定标准化的评估步骤与程序，以保证危机风险评估的稳定性与可靠性。各国的危机管理者根据一定的标准将危机风险评估过程分解为遵循一定顺序的几个主要步骤，以此作为实际危机风险评估行为的指导与参照。不同国家、不同地区认同的危机风险评估程序各有差异，但总体上来说，目前存在两种较为普遍的危机风险评估标准化程序。

第一种危机风险评估程序可以命名为内容程序，评估者依据评估内容与对象的差异将危机风险评估分解为危机界定、危机损害评估、脆弱性分析、全面风险评估四个主要步骤。危机界定是指评估者对危机事件的特性进行描述，确定危机与灾难的种类、性质与特征。危机损害评估是指评估者确定危机影响领域、预测危机爆发的可能性、测定危机损害对象与破坏力，完成危险评估的基本任务。脆弱性分析是指评估者对个人、群体与社会的抗危机能力，对其在危机中可能受到的损害程度进行估算，完成脆弱性评估的任务。全面风险评估则是指评估者在完成前述分析之后，将对危机与对危机承受者的分析结果结合起来，最终对危机与灾难的总体影响做出结论性的评价，即对不同的危机风险做出社会政治性的价值评判。在危机风险评估实践中，全面风险评估意味着确定某次危机和灾难的等级。在一般的情况下，风险等级将作为主要的评估结果提交给决策者以作为危机管理者选择战略与采取措施的依据。

第二种危机风险评估程序可以命名为行为程序，评估者主要依据评估活动形式的差异将危机风险评估过程分解为评估准备、收集数据、分析与研究、报告结论、反馈与修正五个主要步骤。评估准备是指危机管理者为危机风险评估过程做前期准备，确定信息需求与可用资源、划分评估任务与确定评估责任、制定评估计划等都属于评估准备的内容。收集数据是指评估者辨别与搜集与危机相关的数据与信息。分析与研究是指评估者对收集到的数据与信息进行整理、研究、分析，通过去粗取精、去伪存真使零散的数据条理化，同时由表及里地透过现象把握危机的特性，最终得出评估结论。报告结论是指评估者通过法定程序将评估结果报告给决策者。反馈与修正指的是评估者依据危机管理循环各阶段的实际情况对原有的评估结论进行调整与修改。

内容程序与行为程序是对危机风险评估过程的两种不同的分解模式。我们认为，以评估内容为依据的内容程序相对来说更能体现出危机风险评估的特征，而行为程序则难以体现出危机管理的特色；并且越来越多的危机管理者选择了第一种危机风险评估程序，这应该也是公共危机管理的发展趋向之一。

（四）危机疏缓中的危机风险评估

危机风险评估是各国公共危机管理实践中必不可少的内容之一，世界范围内的危机管理者对危机风险评估的重视程度与日俱增。正如前文所述，公共危机管理过程是由危机疏缓、危机准备、危机回应与危机恢复构成的循环系络；危机风险评估并非公共危机管理循环中的某个阶段，也并不隶属于危机疏缓或某个管理环节；危机风险评估作为危机管理的要素之一，贯穿整个危机管理循环的全过程。

1. 危机风险评估贯穿公共危机管理的全过程

公共危机管理循环的任何一个环节都离不开对危机及其影响的认知、研判与评价。公共危机管理循环是预防、应对、控制与消减危机的过程，而任何管理措施都必须建立在对危机真实、准确的认识基础之上；如果危机管理者缺乏对危机相关信息的认知与对危机状况的准确评估，那么危机管理过程很难真正做到“用正确的方法解决正确的问题”。同时，危机往往一直处于变化过程之中，危机管理者面对高度不确定的危机状况必须不断调整管理方略、措施与手段；而要做到随机应变、应对自如，则离不开对危机变化趋向的准确把握与对危机影响的及时察觉。危机风险评估意味着对危机及其影响的认知与评判，这恰恰为决策者和管理者提供了认知基础与知识支持。因此，危机风险评估必须被整合进危机管理循环的每一个管理环节之中。一方面，危机风险评估在危机管理的每一个阶段都有其特殊的任务与效用，危机风险评估在不同管理阶段中发挥自身特有的作用，服务于不同管理阶段的管理目标；另一方面，危机风险评估本身也是一个不断提升与发展的循环过程，评估者随着不同管理阶段的更替不断修正与改进评估进程与评估结果，以保证评估结果的高质量。

危机风险评估在危机管理不同阶段的目标

根据联合国开发计划署的分析，危机风险评估贯穿于整个危机管理过程，危机风险评估在危机管理过程的不同阶段具有不同的目标与任务。

危机预警阶段

(1) 确定危机承受者在多大程度上采取措施抵御危机的可能影响。

(2) 对有关执行评估的准备计划进行安排。

危机爆发阶段

(1) 确认危机并评估总体的损害程度。

(2) 确定、描述并估算危机影响的人群。

(3) 协助确定消减危机风险的措施与资源。

(4) 确定政府的回应能力。

(5) 协助预测未来的重要问题。

(6) 协助管理与控制紧急回应措施。

危机重建阶段

(1) 确定受影响人群的优先次序。

(2) 确定政府的灾后援助措施。

(3) 估算全国与国际的资源支持。

(4) 评估持续援助与恢复措施的产出与效力。

危机复原阶段

（1）确定重要经济资源所遭受的损害以及对于发展政策的影响。

（2）评估危机对当前发展规划的影响。

（3）确定危机所创造的新的发展机遇。

资料来源：UNDP，*Vulnerability and Disaster Assessment*，Disaster Management Training Program，1994。

2. 危机风险评估是危机疏缓的基础与前提

危机疏缓是危机管理循环的主要环节之一，危机疏缓意味着在危机爆发前采取措施预防与控制危机及其影响；对于应对某一特定危机的管理过程而言，危机疏缓通常处于危机管理时间序列的首位。危机疏缓的目的是在危机真正爆发前避免危机或尽可能降低危机的危害性影响，而要实现这一目的则要求危机管理者对危机有全面、准确与深入的认识。危机风险评估是危机疏缓的基石，对危机疏缓发挥着基础性作用。纵观各国的危机疏缓实践，无论选择什么样的危机疏缓战略，危机管理者通常都将危机风险评估置于整个危机疏缓过程的首位。正如前文所述，危机风险评估是危机疏缓基本过程的第一步骤，是危机疏缓计划、危机疏缓执行与危机疏缓评估等管理步骤的前提。同时，危机风险评估在很大程度上直接决定了危机疏缓战略与措施的选择。依据联合国开发计划署的研究，危机风险评估侧重点的不同会直接导致危机管理者选择不同的危机疏缓战略：侧重于危险评估的危机风险评估往往催生积极的危机疏缓措施，而侧重于脆弱性评估的危机风险评估则容易催生消极的危机疏缓措施。

3. 危机风险评估工具

在危机管理者的眼中，危机疏缓中的危机风险评估需要解答的问题实在太多。因此，危机管理者一直注重有效的危机风险评估工具与技术的研究与开发。现代科学技术的日新月异与危机管理实践的不断发展共同催生了众多高效的危机确认、风险评估与危机疏缓工具。

危机风险评估工具的种类繁多。人类面对的危机种类过于繁杂，对于危机的分析与评估必须跨越众多学科之间的鸿沟，有时甚至超出人类现有的知识存量与认识能力。适用于一切人类危机的危机风险评估工具是不存在的，任何危机风险评估工具都只能在有限的范围与领域内发挥作用。根据美国联邦危机管理局的相关研究，在危机疏缓过程中应用比较广泛的几种危机风险评估工具与技术包括：地理信息系统（geographic information system，GIS）、遥感（remote sensing）技术、计算机模型（computer models）、数据库与索引（database and indices）、数字通信技术（digital communication technologies）等。

地理信息系统是具有关键性作用的危机风险评估工具。地理信息系统是一个由组织化的人员与一定数据处理设施所构成的评估体系，其职能是搜集、储存、整理、分析与展示所有与地理状况有关的信息。[①] 地理信息系统的产出通常是危机地图（disaster map），危机管理者通过地理信息系统提供的危机地图，能够全景式地了解所在地区潜在的危机与灾难及其影响范围、本地基础设施基本状况、人群分布与结构、最脆弱因素的分布状况等诸多信息。地理信息系统将数据与信息绘制成直观的地图，能够帮助危机管理者高效地组织资源以创制有效的危机疏缓战略。美国等发达国家的危机管理者将地理信息系统作为重要的危机风险评估工具，应用于洪水、地震、山体滑坡等自然灾害的危机疏缓过程中，取得了显著的成效。中国幅员辽阔，地理情况复杂，自然灾害较为频繁，如果能够广泛推广地理信息系统并绘制危机地图，对于预先防控自然灾害无疑是大有好处的。

美国卡罗来纳州金斯顿市的地理信息系统

因为饱受洪水的侵害，美国卡罗来纳州的金斯敦市决定将地理信息系统作为危机管理规划的技术基础。金斯敦市的地理信息系统将市区地图与数据库相结合，以地图为依托形式，将分界信息、基础设施信息、人群信息与财产统计信息整合为一体，便于管理者与社区公众组织创制有效的危机疏缓战略。

金斯敦市的地理信息系统提供了四个主要方面的信息：

第一，分界（boundary）信息：城乡分界线、国家洪水保险计划中的洪泛区、泄洪区、沼泽地、分水岭、投票区、用地区域、绿化带、公共用地与公园等。

第二，基础设施（infrastructure）信息：交通系统、水坝与防洪堤、公用事业、关键性设施、危险废弃物的处理与储存区、洪水测量设施等。

第三，人群（demographical）信息：人口密度、特殊群体的分布（残疾人、老人、儿童）、社会经济数据（私房房主、租赁人、外出业主）等。

第四，财产（property）统计信息：破坏的种类与程度、洪水造成的重复损失、税收、财产分布、税卡信息、估定价值、家禽家畜、危机疏缓基金规划的购置财产与成本等。

---

① Ajay Lavakare, Adityam Krovvidi, *GIS & Mapping for Seismic Risk Assessment*, RMSI, National seminar on Habitat Safety against Earthquakes and Cyclones, New Delhi, 2001.

金斯敦市的地理信息系统不仅是危机疏缓阶段的技术基础，而且适用于危机管理的全过程。在危机疏缓规划与风险降低过程中，管理者利用GIS预测洪水对基础设施、建筑与人们的影响，并追踪疏缓措施的效果。在危机回应阶段，管理者可以利用GIS获得重要信息，如金斯敦市的消防部门就拥有自己的GIS系统。在危机恢复阶段，地方官员可以利用GIS了解社区的需要，以便合理规划重建项目。

资料来源：*FEMA Mitigation Case Study*，http://www.fema.gov。

遥感技术可以定义为一种无须在数据收集设施与评估对象之间设置物理介质的信息收集模式，从摄像设备到人造卫星平台的微波系统都是遥感技术应用的体现。遥感技术通常是地理信息系统的辅助工具，对于测绘危机地图具有重要作用。

计算机模型指的是危机风险评估人员以现有的知识经验为基础，设置一定的计算机程序，虚拟出危机产生、爆发的情况及其可能的影响，以便对危机可能产生的危害进行预测。随着现代计算机技术的飞速进步，公共危机管理者越来越多地应用计算机的虚拟功能对潜在的危机进行测算与分析。

数据库与索引侧重于危机相关信息的整理与储存。危机管理者依靠建立规模庞大、分类细致、搜索便利的数据库与索引系统，为危机疏缓提供长期的知识支持。

数字通信技术的主要功能在于危机风险评估者之间的沟通与交流，旨在促进各危机信息数据库之间的信息共享，以便形成全国连通的危机信息网络。

第三节　危机疏缓战略

危机疏缓的战略化已经成为世界范围内公共危机管理的一大发展趋势。各国的危机管理者在认识到危机疏缓重要性的同时也渐渐体察到危机疏缓战略化的必然性。特别在美国“9·11”事件发生之后，各国政府开始逐步检视公共危机管理中的“软肋”，如加拿大政府在一份报告中写道：“近来，我们的经历与体验中尽是些重大的灾难、持续膨胀的成本、不断增加与变化的风险，利害关系者所关注的重点是当前亟待改善的危机应对途径”①，而改变如此窘境的办法正是创制

① Office of Critical Infrastructure Protection and Emergency Preparedness，*Towards A National Disaster Mitigation Strategy*，2002.

全国性的危机疏缓战略。无论是发达国家还是发展中国家，越来越多的政府部门开始着手制定全国性或地方性的危机疏缓战略。

（一）危机疏缓战略的概念与性质

公共危机管理中的危机疏缓本身就有某些“战略”的含义，许多国家的研究者在界定危机疏缓概念的同时就夹杂进了不少“战略”的特质；在某些危机管理者的眼中，危机疏缓与危机疏缓战略几乎成了一对同义词。我们认为，危机疏缓战略指的是危机管理主体为在较长一段时间内消减与预防危机而做出的全局性、长远性与决定性的综合规划；危机疏缓战略通常体现为特定危机疏缓战略目标下，众多危机疏缓措施的有序集合。危机疏缓战略是危机疏缓计划的子集，是一种特殊的危机疏缓计划。与其他危机疏缓计划相比，危机疏缓战略具有长远性、全局性、决定性与整合性四个方面的特征。

第一，长远性。危机疏缓战略在时间上具有长远性的特征。危机疏缓战略的着眼点是未来，其关注的是长远利益而不是短期收益，危机疏缓战略的目标是在较长的时间范围内预防与控制危机的发生及其影响。危机疏缓战略意味着对公共危机管理者长期行为的谋划，它规范了较长时期内的危机疏缓行为。危机疏缓战略的时间跨度通常都很大，以越南政府的实践为例，仅 2001 年越南农业与农村发展部制定的危机管理战略的时间跨度就长达 20 年。

第二，全局性。危机疏缓战略在空间上具有全局性的特征。危机疏缓战略通常都是具有广阔视野、通观全局、统筹全局的危机计划；危机疏缓战略从危机管理系统的最高层次着眼，对危机疏缓过程的各个方面、各个阶段都给予规范与谋划。

第三，决定性。危机疏缓战略在危机疏缓过程中具有决定性作用。危机疏缓战略规定了危机疏缓行动的长期目标，为危机管理者提供了行动指南，是其他危机疏缓操作计划的指导方略。危机疏缓战略是危机疏缓行为坚持正确方向的保证，是成功实现危机疏缓总体目标的保障。

第四，整合性。危机疏缓战略是诸多危机疏缓措施的有序组合。危机疏缓战略为在长时间内预防与控制具有全局性影响的危机与灾难，通常需要从危机疏缓行为菜单中选择合适的危机疏缓措施，同时根据战略目标的需要将诸多危机疏缓措施有机组合为一个整体。从某种程度上讲，危机疏缓战略就是整合的危机疏缓计划。

危机疏缓战略已经成为各国公共危机管理者面对日益复杂的危机环境而做出的普遍选择。危机种类、发生频率与影响程度的大幅度增长给危机管理者带来了巨大的压力，特别是某些时间持久、影响范围广泛、发生过程复杂的危机与灾难构成了对危机管理者的主要挑战。而危机疏缓战略能够使危机管理者在危机爆发之前就顺应客观环境的变化，及时采取措施与调动资源，从穷于应付的被动地位转变到从容开创未来的主动地位。危机疏缓战略为某一群体、社区或整个社会的危机疏缓行为提供基础性原则，确定优先的危机疏缓项目并优化了危机发生之前的决策过程；危机疏缓战略将不同政策、规划与管制所确立的危机疏缓措施整合为一个有机整体。[①] 危机疏缓战略作为危机疏缓计划的核心，为各项危机疏缓计划的制定与执行从整体上确定了基本轮廓与主要依据；危机疏缓战略有助于各项具体危机疏缓措施的相互补充与协调，并有利于减少与避免短期行为对危机疏缓活动的干扰；危机疏缓战略还具有强大的凝聚与动员作用，有助于激励危机管理者通过长期不懈的努力最终消除与控制危机的影响。更为重要的是，危机疏缓战略往往是国家总体发展战略的重要组成部分，其承载着维护稳定与可持续发展的重任。无数危机疏缓的实践证明，缺乏战略眼光与战略思维的危机疏缓行为往往不能有效实现避免与防控危机的目标；现代的危机管理者必须具有战略意识，将战略管理理念引入危机疏缓过程，把危机疏缓战略的制定与执行放在应有的重要位置上。

有效危机疏缓战略的十条原则（越南）

越南政府在2001年制定的《越南危机疏缓与管理第二次全国战略与行动规划2001—2020》中具体列举了有效危机疏缓战略的十条原则：

原则一：确定与评估危机危险与风险是建立适当与有效危机疏缓政策、措施的基础性需要。

原则二：危机预测与准备是危机疏缓与危机管理的首要目标，在不同层次的政策规划中都占据优先位置。

原则三：权威人士、各级组织、普通公众都必须与危机管理机构协同合作，共同担负起危机预测与准备的任务。

原则四：能为全社会带来长期经济收益的危机疏缓措施优于能为部分群体带来短期经济收益的危机疏缓措施。

原则五：不同类型的危机疏缓措施要保持内在一致性。

① Florida Department of Community Affairs，*The Local Mitigation Strategy：A Guidebook for Florida Cities and Countries*，http://www.dca.state.fl.

原则六：选择危机疏缓措施时必须考虑其技术上的可行性、可靠性与成本，必须依据一定参数对危机疏缓措施进行评估，如资源的可用程度、地理因素、发展条件、可能的破坏程度、基层社区的支持程度等。

原则七：自然危机与人为危机的危机疏缓措施必须相互协调，不能造成自然危机与人为危机此消彼长的局面。

原则八：危机疏缓战略必须与特定地区的经济发展水平以及全国的经济发展状况相协调。

原则九：危机疏缓措施必须与消除贫困与保护自然资源的措施相协调，以保证发展的公正性与可持续性。

原则十：中央政府与地方政府、不同政府部门之间、出资人与各类组织（包括非政府组织）之间的合作是执行危机疏缓战略与措施的最有效途径。

资料来源：Ministry of Agriculture and Rural Development，*Second National Strategy and Action Plan for Disaster Mitigation and Management in Vietnam 2001—2020*，http://www.undp.org.vn/dmu。

（二）危机疏缓战略的内容

越来越多的公共危机管理者认识到，高质量的危机疏缓战略对于危机管理的全过程具有重要的意义。各国的危机管理者制定了不同层次的危机疏缓战略；大到国家战略，小到地区、社区和组织战略，世界范围内已经形成了较为成型的危机疏缓战略体系。实践证明，危机疏缓战略发展较为成熟的国家在危机的预防与处理方面均很成功；成熟完备的危机疏缓战略往往既能够大大降低危机管理的总成本，又能够有效地消减危机可能造成的危害性影响。美国、加拿大等发达国家的危机疏缓战略发展得较为成熟，无论是国家层次的战略还是地方、社区层次的战略都已制定得比较完善，这大大有利于其应对长期性的危机与突发性灾难；不少发展中国家也逐步开始重视危机疏缓战略在国家发展战略中的地位与作用，如越南政府从20世纪90年代就开始制定侧重于预防自然灾害的危机疏缓发展战略，已经形成了较为成型的危机疏缓战略体系。

中国国土面积庞大，自然灾害的爆发频率较为频繁，受自然灾害影响的地区广泛，受灾人群通常数量巨大。面对中国特有的自然状况与危机发生规律，各级政府已经采取了一定的危机预防与疏缓措施，也出台了《防洪法》等危机疏缓色彩比较浓厚的法律法规；但无论是中央政府还是地方政府都尚未制定过成型的危机疏缓与预防战略。当前，中国不仅缺少国家层次的危机疏缓战略，而且社区、部门层次的危机疏缓战略同样欠缺。为了经济有效地抵御危机灾难，我国各级政府以及相关部门都必须借鉴世界各国成功的危机疏缓战略，结合中国目前公共危机的特征与可用资源存量，创制出符合中国国情的危机疏缓战略。因此，我们有必要了解危机疏缓战略的主要任务、组成要素与制定过程。

1. 危机疏缓战略的主要任务

危机疏缓战略是一种特殊的危机疏缓计划。管理学中的计划指的是管理者对组织目标、工作安排、资源配置的设计与谋划；其主要任务就体现在确定目标、安排工作与配置资源三个方面。战略是对组织长远发展方向、全局工作安排和总体资源配置的综合规划，因此，危机疏缓战略的主要任务也必然包括明确危机疏缓战略方向、设计全面工作计划与整合总体资源三个方面。

危机管理者在危机疏缓过程中必须依靠危机疏缓战略为其指明行动的方向。危机疏缓的战略方向是危机疏缓愿景、目标与原则的集合。公共危机管理者必须对长时间跨度内可能发生的危机与灾难进行科学预测与评估，并在此基础上勾画出采取危机疏缓行动预期实现的结果；危机管理者对实施危机疏缓行动后某一段时间内危机消减的预期状况就是危机疏缓愿景。危机疏缓目标是危机疏缓愿景的具体化，危机疏缓愿景只是勾勒出危机疏缓的大体状况，而危机疏缓目标则详细规定了在特定时期内的危机消减程度。危机疏缓原则是指导危机疏缓行动过程的一些基本规则与方针，是危机疏缓执行者面对环境变化时的行为规范与指南。

危机疏缓战略意味着某种危机疏缓政策套餐与措施集合。危机疏缓战略必须为危机疏缓中的各项工作进行全盘规划，如危机疏缓的各责任主体及其相互之间的关系、危机疏缓具体项目与措施的步骤、危机疏缓团队的构成等。危机疏缓战略的任务在于将诸多管理机构、参与者以及利害关系者凝聚成危机疏缓的合力，促使多样化的危机疏缓措施与工具形成有机整体，共同发挥功效。

危机管理者通过危机疏缓防控危机与灾难，必须依靠一定的资源支持。战略层次的危机疏缓计划所安排与配置的往往是战略区域的全部可用资源。危机疏缓战略的重要任务之一就是计算与配置总体资源，以便为长时间内支持危机疏缓行动提供充分的资源。

危机疏缓战略的主要任务主要体现为以上几个方面，而具体的战略任务则复杂得多；战略层次越高，具体的战略任务就越繁杂。各国的危机管理者普遍认为，危机疏缓战略的任务越具体详细，危机疏缓的过程就越顺利。以越南政府 2001 年制定的国家危机疏缓战略为例，其明确提出的具体任务就包括 12 条。

《越南危机疏缓与管理第二次全国战略与行动规划 2001—2020》所列举的 12 条任务

一、统一国家规划中危机准备与疏缓规划的管理与执行。

二、实现国际组织、政府与非政府组织之间危机疏缓信息、经验的交流，定期更新国家危机疏缓与管理行动规划的内容，以适应未来发展的需要。

三、指导以洪水、森林火灾、工业事故以及其他安全问题为对象的灾害保险基金的创建工作。

四、指导救济与援助力量的创建工作。

五、与国际力量协同合作。

六、创制灾难风险评估与灾难损害评估地图。

七、确定灾害地区建筑的设计、结构与施工标准。

八、检查用地规划、住宅规划、工业区规划以及各种危机准备与疏缓规划过程。

九、主持“为了更安全的社区”等安全项目规划。

十、组织对大型基础设施的检测与评估。

十一、2010 年进行自我检视，总结成就与不足，并确定下一个十年规划的目标。

十二、指导对国际组织、政府以及公民个人的危机相关信息的发布工作。

资料来源：Ministry of Agriculture and Rural Development，*Second National Strategy and Action Plan for Disaster Mitigation and Management in Vietnam 2001—2020*，http://www.undp.org.vn/dmu。

2. 危机疏缓战略的组成要素

危机疏缓战略通常是多个相关议题与项目的组合，危机管理者通过危机疏缓战略解决了许多相关议题，对危机疏缓中某些不可回避的问题做了解答。从逻辑结构上看，危机疏缓战略是危机战略预测、危机疏缓目标与危机疏缓战略措施规划的集合体；而从内部议题上看，危机疏缓战略又是诸多基本要素的有机结合。

加拿大政府在 2002 年的一份研究报告中列举了危机疏缓战略中的基本要素，较为周延地概括了危机疏缓战略所解答的一般问题。其所列举的基本要素可以分为以下几大类：领导与协调力量、合作力量与参与者、危机界定与风险评估、支持系统、项目与措施。

第一，领导与协调力量。危机疏缓战略必须回答“谁进行危机疏缓”这一问题。危机疏缓战略中必须明确规定危机疏缓的行为主体，如果危机疏缓行动的行为主体是多元的，那么危机疏缓战略中还必须确定各行为主体的协调力量。危机疏缓的实践证明，政府、企业、NGO等都可能成为危机疏缓的领导力量，危机疏缓主体的多元化成为未来的发展趋势之一；在这一情况下，危机疏缓行动中的协调力量就显得更为重要。因此，作为长期行为指南的危机疏缓战略中必须出现有关领导与协调力量的规定。

第二，合作力量与参与者。危机疏缓战略必须回答“谁参与危机疏缓”这一问题。各国的危机管理者在进行危机疏缓行动的时候越来越关注利害关系者与公众的广泛参与。事实证明，对于具有战略意义的危机疏缓行动而言，利害关系群体与公众的广泛参与是必不可少的。不同层次、不同类型的危机疏缓行为主体之间的合作关系与参与群体状况必然需要写入危机疏缓战略中。

第三，危机界定与风险评估。危机疏缓战略必须回答“危机是什么”这一问题。危机界定的功能是确认危机的种类与性质，风险评估的目的是测定危机潜在的危害性影响。成功的危机界定与风险评估是有效的危机疏缓的基础，这几乎是危机管理中不争的事实。危机疏缓战略中无法回避对未来相当长一段时间内可能出现的危机进行预测、分析与评估。

第四，支持系统。危机疏缓战略必须回答“危机疏缓的可用资源有什么”这一问题。危机疏缓战略意味着对未来可用资源的配置，有效的危机疏缓过程离不开各种支持力量。危机疏缓的综合性决定了其支持系统的庞大与复杂，信息、知识、资金、设备、基础设施、人员等资源都是危机疏缓支持系统的组成部分。危机疏缓战略必须立足全局，对较长时间范围内的所有可用资源进行确认与配置。

第五，项目与措施。危机疏缓战略必须回答“危机疏缓的具体行为有什么”这一问题。危机疏缓战略是危机疏缓的行动指南，必须针对特定的危机给出适当的行动方略与防控方案。危机疏缓的项目与措施种类极为丰富，世界范围内的危机管理者都贡献出了许多行之有效的危机疏缓措施；危机疏缓战略正是诸多具体项目与措施的有机组合。

3. 危机疏缓战略的制定过程

危机疏缓战略的制定是一项复杂而困难的工作。危机管理者需要有足够的想象力与创造力才能完成对全局工作的设计与谋划。为了降低危机疏缓战略的制定成本，各国的危机管理者试图为危机疏缓战略的制定过程创制规范性程序，如美国佛罗里达州政府就明确规定危机疏缓战略的制定过程由风险与脆弱性数据回顾、聚焦脆弱性分析、确定特定危机疏缓措施、危机疏缓措施的成本收益分析、排列危机疏缓措施优先次序、危机疏缓措施整合六大步骤组成。① 此外，还有更为复杂的分步方法。我们认为，危机疏缓战略的制定过程至少应包括进行战略分析、确定战略目标、形成战略规划、战略展示与调整四个步骤。

第一，进行战略分析。危机疏缓战略制定过程的第一步就是进行战略分析，战略制定者必须对未来某一特定时间范围内危机与灾难的基本情况、危机承受者可能具备的抵抗能力、危机疏缓战略规划与实施的有利与不利因素进行前瞻性的分析。战略分析本质上意味着一种面向未来、把握全面的科学思维过程，对于危机疏缓战略的制定全过程来说，战略分析的最大作用就是确定危机疏缓战略的出发点与现实依据。

第二，确定战略目标。危机管理者在战略分析的基础之上必须确定特定时期内危机疏缓的战略目标。解决问题的前提是正确地提出问题，战略目标决定着战略规划是否合理，也决定了战略实施的成败。危机管理者需要合理利用危机确定与风险评估的结果，根据战略规划的期限与自身的执行能力，创制出一个可行的综合性目标体系。

第三，形成战略规划。战略规划是危机疏缓战略制定过程中的主体部分。形成战略规划意味着危机管理者需要将连续的危机疏缓行动编制成一定的计划，并且在计划中突出未来的总战略目标。这一步骤中包括了诸多子步骤，危机管理者需要分解战略目标，将未来的总目标分解为众多特定时间与特定组织限制内的子目标；危机管理者需要具体的危机疏缓项目与措施，以落实各阶段、各部门子目标的实现；危机管理者需要对具体措施进行评估并排序组合，以确定优先行动与步骤；危机管理者还需要将具体措施整合为战略，即根据一定规律将不同阶段、不同部门的危机疏缓项目与措施组合成一个有机的整体。

第四，战略展示与调整。当成型的战略规划形成之后，危机管理者还必须进行战略展示与调整。危机管理者必须将危机疏缓战略公布于众，以便接受各方的检视；如果危机疏缓战略有违背公共利益或违反法律规定之处，则必须进行调整与修正。并且，危机疏缓战略在实施的过程中，也必须不断经受检视与评估，不断调整。

---

① Florida Department of Community Affairs，*The Local Mitigation Strategy*：*A Guidebook for Florida Cities and Counties*，http://www.dca.state.fl.

（三）危机疏缓战略的实施途径

战略管理原本是企业管理所运用的手段，但20世纪末以来，战略管理日益得到了公共部门的重视。战略管理不仅可以引入公共部门的一般管理过程，也可以成为公共危机管理的重要工具。一般意义上的战略管理由战略制定与战略实施两大部分构成，在危机管理领域也是如此。

制定出有效的危机疏缓战略并不能完全保证危机疏缓过程的顺利进行。知易行难，成功的战略管理离不开成功的战略实施过程。战略实施是将战略构思转化为现实绩效，将文本上的战略规划转变为实际中的行动，将战略目标转变成现实状况的过程。没有切实有效的实施过程，危机疏缓战略只能是一纸空文，难以对现实中的危机疏缓进程起到多大作用，也就不能在危机爆发之前真正消减危机的影响。因此，各国的危机管理者都比较重视危机疏缓战略的实施，并且在实践中逐渐形成了三种典型的战略实施途径，即自上而下的政府主导途径、自下而上的社会主导途径与公私合作伙伴关系途径。

1. 自上而下的政府主导途径

自上而下的政府主导途径意味着危机疏缓战略的实施部门是各级政府及其内部机构。在自上而下的政府主导途径下，各级政府及其内部机构是危机疏缓战略的主要实施者与执行者，其他组织、个人至多只能起协助作用；政府是危机疏缓行动的最高领导力量，其他组织、个人的行为必须服从政府及其机构的领导与指挥；政府及其机构承担了大部分危机疏缓项目与措施的执行任务，而其他组织、个人能够有所作为的空间则很小。

自上而下的政府主导途径的形成有其合理性。政府作为公共利益的保护者，维护公共安全、消除公共危机是政府不容推卸的职责；从中央政府、地方政府到最基层的政府组织，都有减缓与预防本辖区内各种危机与灾难的责任。更为重要的是，政府作为危机疏缓战略的实施者具有很多方面的优势。政府调动与配置公共资源的能力通常都是所有组织中最为强大的；危机疏缓战略的实施需要大量人力、财力、物力、科技投入以及知识信息的支持，而往往只有政府才具备全面调配某一地区内所有公共资源的能力。危机疏缓战略中的诸多项目与措施也只能由政府辅助实施；危机疏缓往往意味着通过对社会某些宏观结构进行调整以改变不当的生产方式与生活方式，这些宏观层面的调整只能由政府来完成；危机疏缓项目中大量涉及大型基础设施的建设与大规模公共物品的提供，这些也是只有政府才能有效完成的公共事务。实践证明，特别是对于全国性的危机疏缓战略而言，政府是首选的实施者。

自上而下的政府主导途径也存在一些问题。首先，不同层级的政府之间、不同的政府机构之间的协调问题往往是制约危机疏缓战略顺利实施的障碍。各级政府以及各政府部门之间的利益冲突与合作意愿不足往往会造成危机疏缓战略执行中的互相推诿与扯皮，最终影响战略实施的效果。其次，政府存在执行能力不足的可能。政府不是万能的，政府在财政汲取、资源调配、信息沟通等方面都可能力有未逮，未必能为长期的危机疏缓行动提供足够的支持；政府的行政效率也可能阻碍危机疏缓战略的实施，使许多项目与措施得不到及时、有效的落实。最后，政府主导途径还可能产生忽视公民需求的问题，使得公民参与不够，以至于带来危机疏缓战略执行成本的增大。

2. 自下而上的社会主导途径

自下而上的社会主导途径意味着危机疏缓战略实施的主体是非政府组织与公民社区。自下而上的社会主导途径与自上而下的政府主导途径恰恰相反，各种各样的企业、非营利组织、社区自治组织、志愿者团体以及国际组织成为危机疏缓战略的实施者与领导力量，而政府则退居“二线”，更多地担任“顾问”或“后援”的角色。近年来，危机疏缓战略实施的社会主导途径得到了危机管理者的高度关注，很多公共危机管理研究者都提出建立社区基础（community-based）的危机疏缓模式以超越传统的危机管理模式。

自下而上的社会主导途径具有许多政府主导途径无法企及的优点。第一，社会主导途径有助于实现公众的充分参与；处于草根（grassroots）地位的公民是各种危机与灾难的直接承担者，将危机疏缓战略的实施主体从高高在上的政府下沉到各种非政府组织，有助于危机管理者在战略实施过程中及时了解民情民意，更加切实地维护公民的利益，同时也有利于争取公众的支持与协助。第二，社会主导途径能够为危机疏缓战略的实施提供诸多稀缺资源。单一的非政府组织或社区的资源调配能力自然不及政府，但众多非政府组织与社区所形成的治理网络则能够提供许多政府无力供给的资源；更为重要的是，某些非政府组织与社区垄断着某些特定的稀缺资源，它们对于危机疏缓战略目标的实现往往具有决定性意义。事实证明，特别是对于地区性危机疏缓战略的实施，自下而上的社会主导途径已经得到了前所未有的推广。

然而，自下而上的社会主导途径也存在不少问题，其中最为关键的问题在于各国公民社会发展的不均衡性。自下而上的社会主导途径必须以足够的“社会资本”作为基础。对于公民社会力量强大的国家来说，社会主导途径的可行性较大；而对于公民社会力量尚在积蓄之中的国家而言，社会主导途径就显得过于理想化了。

拉丁美洲社区基础的危机疏缓

自上而下的危机疏缓模式曾在拉丁美洲暴露出诸多缺点，危机疏缓过程通常为少数强有力的群体所控制，社区参与受到严格限制。但进入20世纪80年代之后，情况发生了变化，以社区为基础的危机疏缓模式逐步显现出其特有的优越性。20世纪80年代以来，社区基础的危机疏缓模式在减缓洪水、干旱、地震等灾害方面体现出以下特点：

第一，创制危机疏缓计划的权力与责任归属于社区基层组织。

第二，问题得到了很好的界定；由于人们能够向社区基层组织表达他们的真实需要和优先次序，社区基层组织能够在灾后实施回应性的危机疏缓措施与战略。

第三，社区基层组织的存在使得人们可以对危机做出迅速而有效的回应。

第四，人们自身的本地知识以及专门技术成为首要资源，这使得社区基础的危机疏缓计划投入很小而收益巨大。

第五，危机疏缓计划是由多部分组成的，包括不同的活动（住宅建筑、健康和农业），灾害（洪水和干旱）和危机的不同阶段（突发事件及其恢复）。

资料来源：Lorna P. Victoria，*Community Based Disaster Mitigation*，Regional Workshop on Best Practice in Disaster Mitigation，2002。

3. 公私合作伙伴关系主导途径

无论是自上而下的政府主导途径还是自下而上的社会主导途径都有其“软肋”；因此有的研究者认为，危机疏缓战略的有效实施必须依赖第三种途径，即公私合作伙伴关系主导途径。所谓公私合作伙伴关系主导的危机疏缓战略实施途径意味着政府与非政府组织①相互合作，共同作为危机疏缓战略的实施者；在这一途径下，政府与企业、非营利组织、社区之间并非领导与被领导的关系，而是相互平等的合作伙伴关系。我们认为，公私合作伙伴关系主导途径是近来兴起的治理与善治（governance and good governance）理念在危机疏缓领域的特殊体现。兴起于20世纪末的治理与善治理念打破了由单一主体管理公共事务的思维模式，主张建立多元主体的治理网络以实现对公共事务的良好管理。治理与善治

① 此处的非政府组织是最广义上的，包括除政府之外的所有正式组织，如企业、第三部门等。

意味着政府与非政府组织对公共事务的共同管理，而危机疏缓战略实施的公私合作伙伴关系途径恰恰体现了治理与善治理念的精神内核。①

公私合作伙伴关系主导途径的最大优点在于集合了自上而下与自下而上两种途径的长处，并实现了二者的优势互补。公私合作伙伴关系主导下的危机疏缓“将政府的财政资源与管制力量和公民社会组织的积极能动性与资源整合为一体”②。成功的危机疏缓行动确实也需要公私各方的协同合作，正如美国前总统克林顿所言，成功的危机疏缓需要所有层级的政府、学术、专业与志愿组织、公司企业以及所有美国公民的智慧结晶与共同努力。公私部门相互合作，共同作为危机疏缓战略的实施者，既能够兼备政府主导与社会主导模式的优点，又可以弥补对方的不足；这对于危机管理者来说无疑是一种最优的选择。事实上，越来越多的危机管理研究者已经注意到了公私合作伙伴关系的美好前景，危机管理中的公私合作也越来越频繁。

对于发展中的中国而言，公私合作的途径固然是最理想的选择，但并不意味着这一途径在任何情况下都是最可行的选择；中国在发展不均衡的状态中实施危机疏缓战略，必须根据特殊的情境选择最为可行的实施途径。因此，自上而下的政府主导、自下而上的社会主导与公私合作伙伴关系三种实施途径都可能是我们危机疏缓过程中的可行选择。

第四节　危机疏缓的项目与措施

美国前总统克林顿曾经提到：“危机疏缓意在降低风险与减少危机影响，这一雄心勃勃的大胆构想有可能获得巨大的收益。”越来越多的政治家与研究者认识到了危机疏缓在危机管理循环中的特有地位。在各国的公共危机管理实践中，成功的危机疏缓项目与措施为数不少。危机疏缓项目与措施是危机疏缓战略的具体化，是直接防控危机与灾难的具体行动。危机管理者在危机疏缓战略的指导之下，依据不同时间段、地区与危机性质采取行动，预先防止危机的爆发或增强社会的总体抗危机能力，以实现危机疏缓的总体目标。

---

① 有关治理与善治理念的详细阐述参见俞可平主编：《治理与善治》，北京，社会科学文献出版社，1999。

② Josh Moga，*Disaster Mitigation Planning：The Growth of Local Partnerships for Disaster Reduction*，http://www.adpc.org.

（一）多样化的危机疏缓项目与措施

危机疏缓项目与措施指的是危机管理者创制与实施的具体危机疏缓策略、政策与行为。危机疏缓项目与措施通常体现为操作性很强的行动方案，可供危机管理者直接付诸实践。

危机疏缓意味着在危机发生之前预先避免危机或消减危机爆发时可能产生的影响，而危机疏缓项目与措施正是达成这一目标的工具与手段。我们认为，危机疏缓的项目与措施主要从两个方面入手以实现危机疏缓的初衷：一方面，危机管理者通过各种具体的危机疏缓项目与措施尽量降低危机萌生与爆发的概率，力求防止某些危机和灾难的爆发，从源头上消除危机的危害；另一方面，危机管理者还采取另一些特定的危机疏缓项目与措施尽可能地降低社会、组织与个人的脆弱性，增强他们的抗风险能力，以降低危机爆发时可能造成的损失。联合国开发计划署将前者称为积极的危机疏缓措施，而将后者称为消极的危机疏缓措施。我们认为，无论是积极的还是消极的危机疏缓措施，在某些方面都是具有共同点的，这些特性使其区别于危机管理循环的其他行动。

任何危机与灾难都没有万无一失的疏缓措施，这迫使危机管理者必须创造出众多可供选择的危机疏缓措施；在危机疏缓的过程中，“以不变应万变”的情况通常是不存在的，而“以万变应一变”却往往是正常现象。为了有效地预先防控危机，人们发明与创造了多种多样的具体危机疏缓措施（见表 7—1）。20 世纪末以来，危机疏缓的发展趋势之一就是危机疏缓具体行为的多样化。危机管理者与研究者发现，期望在危机爆发之前就预先防止或控制危机，所需要采取的行动与完成的任务实在太多、太复杂；许多行为都有危机疏缓的功效，但都难以全然实现危机疏缓之目的。于是各国研究者对危机疏缓行为的界定都较为宽泛，不少研究者认为危机疏缓可以泛指危机发生之前的所有防控行为；在各国的危机管理实践中，具体的危机疏缓项目与措施数量繁多、类型复杂，且有与日俱增的趋向。面对如此庞大的危机疏缓措施清单，联合国开发计划署做了比较科学与清晰的分类，将危机疏缓措施分为组织制度建设、自然规划、设计与工程、经济性措施与社会性措施五类。[①] 这种分类相对比较周延，基本涵盖了主要的危机疏缓项目与措施；更为重要的是，这一分类方法有助于不同知识背景与专业领域的危机管理者在众多复杂的危机疏缓措施清单中迅速地选择可用的措施。

---

① UNDP, *Disaster Mitigation*, Disaster Management Training Program, 1994.

表 7—1　　危机疏缓的具体措施

危机类型	主要危机疏缓措施
洪水	通过土地使用控制与区域规划以避开潜在洪泛区 对洪泛区的建筑进行设计，加强其抵御洪水冲击的能力 建设抗渗漏的基础设施 洪水保险
地震	设计具有抗震能力的建筑结构 确定建筑抗震指标，增强建筑的质量 重点加固重要公共部门的建筑设施 加固较为脆弱的重要建筑物 通过区域规划减少某些特定地区的人口密度 地震带与土地使用管制 地震保险
火山爆发	通过区域规划避免接近火山带 避开熔岩可能流经的区域 增强建筑的抗火灾能力 设计防火山灰沉积的设施
山崩、泥石流	通过区域规划避免将重要建筑建造在危险地带 设计出能够抵御与适应地表运动的建筑结构 改变建筑地基结构 对现存的基础设施重新设计
飓风	增强建筑的抗风能力 飓风影响地区的特殊建筑标准 确认避风区域 种植防护林 为脆弱地区的社群提供防风建筑
干旱与沙漠化	保护供水系统 建造水库、输水管道 防止水土流失 引进灵活的放牧与耕种模式 人口控制与教育培训
技术性事故	使用安全建筑材料 建造防火墙、排烟管道 改善预警系统 增强人员疏散能力 改善民防系统 减少危险与毁灭性化学品的存储量

资料来源：UNDP，*Disaster Mitigation*，Disaster Management Training Program，1994。

对于中国的危机管理实践而言，仅靠单一的危机疏缓项目与措施是难以实现危机疏缓的主要目的的。期望在危机爆发之前就消减与控制危机的影响，危机管理者必须采取多样化的危机疏缓措施，“政策套餐与措施集合”才是我们的理想选择。

（二）组织制度建设措施（organizational and institutional measure）

危机疏缓目标的实现必须依托于一定的组织制度平台。危机疏缓中的组织制度建设措施指的是建立或确定某些专门的组织与创制一定的规范性制度，以承担预先防控危机的责任。危机疏缓的时间跨度通常是很长的，有的危机疏缓过程需要持续数十年；这就决定了危机疏缓过程必须有稳定的组织依托与制度支持。危机疏缓目标的实现需要组织化的力量，危机疏缓的行为过程需要依托一定的组织体系；危机疏缓必须有制度化力量的保证，危机疏缓的全过程必须在既定的规则范围内进行。因此，危机管理者在危机疏缓过程中必须承担起组织与制度建设的任务，需要采取组织制度建设措施以提供组织化力量与制度保障。

组织制度建设措施有两方面的含义：一方面，危机管理者必须在危机发生之前就创建或确定担负消除与减缓危机职责的组织机构；另一方面，危机管理者必须创制一定的规则体系，以长期规范危机疏缓行为，使危机疏缓过程具有稳定性与可预见性。

我们认为，危机疏缓阶段必须存在长期承担危机疏缓责任的组织机构，但又并非一定要成立独立的专职机构。不少危机管理者认为，将危机疏缓当作一种独立行为还不如将其整合进既定的危机管理活动中。基于这种认识，公共危机管理发展比较成熟的国家一般都存在专门的危机管理部门，而危机疏缓的职能却往往只由危机管理部门内部的某些机构承担；“兼职”的危机疏缓机构往往多于“专职”的危机管理机构。同时，政府的其他职能部门也可能承担与实施着危机疏缓的某些具体活动。因此，组织制度建设措施不一定就意味着建立新的组织，明确哪些组织机构承担危机疏缓职责与合理划分权责范围才是重点所在。

危机疏缓制度建设措施多体现为各种层次的立法行为与规则制定过程。制度往往体现为规范人们行为的规则体系，危机疏缓的制度化通常意味着创建服务于危机疏缓目标的规则体系，危机疏缓的制度化确保了危机疏缓行为的稳定化、规范化与常规化。危机管理者需要制定相关的法律规则以规范危机疏缓行为，使危机疏缓过程有法可依，以减少危机疏缓行为的不确定性；立法行为在危机疏缓过程中的作用是突出的，我国政府出台的《防洪法》、《防震减灾法》、《传染病防治法》等均在一定程度上为相关的危机疏缓行为提供了制度保障。此外，危机疏缓行为的制度化还意味着危机疏缓行为成为公共管理的常规性议题之一；不同层级的危机管理者还必须创制稳定的危机疏缓工作制度，以便在长时间跨度内保证危机疏缓目标的达成。

（三）自然规划措施（physical planning measure）

联合国开发计划署提出的自然规划措施主要适用于基础设施、城乡规划、土地使用中的危机疏缓。危机与灾难通常都具有地域性特点，即危机与灾难所发生与影响的地区是特定的；如洪水通常危害洪泛区、地震多发生于地震带，等等。同时，人类的经济建设与社会发展自然离不开使用一定的自然资源，例如对土地的占用。危机管理研究者认为，如果在使用土地等自然资源的同时避开危机与灾难的高发地区，则能够有效地降低危机与灾难的潜在影响。因此，各国的危机管理者在城市规划、基础设施建设的过程中采取了诸多的自然规划措施。一方面，在灾难高发地区尽量避免建设大规模、集中化的社区；另一方面，尽量做到人群与建筑设施的分散化，以此降低危机可能造成的人身与财产损失。

我们认为，广义上的自然规划措施应该有两方面的含义：第一层含义是消极意义上的，即联合国开发计划署所述的自然规划措施，这一层次上的自然规划措施的重点是对危机高发地区的辨认与回避，其主旨是降低社会、组织与个人的脆弱性，属于消极的危机疏缓措施；第二层含义是积极意义上的，即通过合理、科学地规划与使用资源并改造环境，改善危机发生地区的自然、人文状况，最终降低危机与灾难爆发的可能性，这种自然规划措施属于积极的危机疏缓措施。

从某种意义上讲，任何危机与灾难都是人类不合理使用自然资源的恶果；而人类社会的发展又离不开开发与使用自然资源。因此，如果期望尽可能地避免危机与灾难的产生，就必须以科学、合理的方式使用自然资源。中国正处于大规模的经济建设与社会发展时期，经济建设与社会发展离不开大规模的开发与使用自然资源。不容讳言的是，我国在使用自然资源过程中的许多不科学、不合理的做法成为许多危机与灾难产生的源头，频繁爆发的地区性洪涝灾害以及危害全国的SARS危机都是典型的例子。因此，对于发展中的中国而言，采取积极的自然规划措施以科学、合理地使用自然资源在现阶段显得尤为重要。

（四）设计与工程措施（engineering and construction measure）

危机疏缓中的设计与工程措施有两方面的含义：一方面是指通过改良普通建筑、基础设施以及其他硬件设施的设计、结构与质量，以提高其抵抗危机与灾难破坏的能力；另一方面又指直接设计、建设专门用于预防与抵御危机的硬件设施，如建立堤坝、水库等防洪工程设施。设计与工程设施主要属于消极的危机疏缓措施，其主旨在于降低社会的脆弱性，提高各种硬件设施设备的抗风险能力。

洪水、飓风、泥石流等危机与灾难对于房屋、道路、交通网络、工农业基础设施的破坏作用是巨大的，可能造成数额惊人的经济损失；更为重要的是，房屋建筑等硬件设施的破坏直接威胁到人们的生命安全；因此，提高房屋建筑、基础设施、交通网络等硬件设施的抗危机能力能够获得保护生命与保全财富两方面的收益。

危机管理者通常需要通过管制的方式强制性地降低建筑设施的脆弱性；危机管理者需要制定一定的建筑安全标准，并强制设计者与施工者在建造过程中遵循既定标准，最终建造出达到安全指标的建筑设施。联合国开发计划署曾经指出：对于大型私人建筑、公共部门建筑、基础设施、交通网络与工业设备来说，建筑标准是预防危机的一道关键性的防线。①

危机管理者的又一项重要任务是设计与建设各种防控危机与灾难的基础设施。针对不同类型的危机，危机管理者需要设计与建造不同的危机防控设施；设计与工程措施的重要内容之一就是建造专门的危机预防与减缓设施。危机管理者需要整合政府、企业、社会各方面的力量，投资于堤坝、水库、防护林等防灾基础设施的建设，以获取长期的危机疏缓收益。

中国是一个自然灾害发生比较频繁的国家，从历次抗灾斗争的实践来看，我国的防灾基础设施还显得十分脆弱，其他硬件设施的抗风险能力也普遍不高。危机疏缓的主旨在于预先防控危机的危害性影响，投资于防灾工程与基础设施建设是危机疏缓的应有之义；为弥补我国现有抗危机能力的不足，在设计与工程措施方面加大投入势在必行。

（五）经济性措施（economic measure）

危机疏缓中的经济性措施也有两方面的含义：广义上的经济性措施主要是指危机管理者通过调整宏观的经济结构，改进经济发展战略，促进经济结构的优化与经济体系的良性运转，以降低危机可能对经济发展造成的危害；狭义上的经济性措施则主要指危机管理者运用财政工具，提高危机承受者的抗风险能力，以缓解危机可能造成的不良影响。

危机疏缓与经济发展之间关系密切。一方面，危机疏缓可以消除或缓解危机与灾难对经济发展的破坏性影响，降低未来的经济损失；另一方面，经济发展的状况对于危机疏缓的成败又至关重要。危机疏缓与经济发展相互促进、优势互补，有效的危机疏缓可以成为经济稳定发展的保证，而健康、平衡的经济发展往

① UNDP，*Disaster Mitigation*，Disaster Management Training Program，1994.

往又对危机疏缓起着支持性的作用。

我们认为，不健康的经济发展模式往往是众多危机与灾难得以萌生与爆发的源头或催化剂。只顾短期效应而忽视可持续性的经济发展模式通常是造成发展中国家自然灾难频繁发生的主要原因。因此，改革不良的经济发展模式，创造健康的、可持续的经济发展模式，是预防与避免危机的重要手段。中国在改革开放之后将经济发展作为国家发展的核心战略，这本身是一个伟大的进步；但经济高速发展中也出现了许多“短视行为”，不少危害甚重的危机与灾害都是这些不良经济活动的恶果。因此，我国的危机疏缓必须注重宏观的经济性调整，将经济发展与危机疏缓二者结合起来，以求消除危机产生的根源。

运转良好的经济体系必然是应对未来危机与灾难的有力屏障。危机管理者需要放宽视野，通过优化经济结构与改善经济发展模式进而提升整个经济体系的抗危机能力。联合国开发计划署指出，多样化的经济结构与均衡的经济发展模式有助于降低整个经济体系的脆弱性。危机管理者必须辨别脆弱性较高的经济产业（如农业、旅游业）与脆弱性较低的经济产业（如高科技产业），以便通过宏观调控催生出产业结构合理、总体脆弱性最小化的经济体系；宏观经济的均衡发展对于降低脆弱性十分重要，政府必须通过合理的区域经济政策、财政政策等促进全国经济的均衡发展，地区差异过大、两极分化的经济局势对于应对危机往往极为不利。

危机疏缓的经济性措施还意味着危机管理者在危机发生之前采用经济性的诱因工具，实现危机疏缓的目标。一方面，危机管理者可以采用信贷、税收、税收返还、补助金、罚款等措施，以影响个人、企业、组织与社区的决策过程，促使其关注危机疏缓行动；另一方面，危机管理者必须为防控危机与应对灾难积累充足的资金，以支持危机疏缓乃至危机管理循环的全过程，建立危机疏缓基金通常是危机管理者的普遍选择。

（六）社会性措施（societal measure）

危机疏缓不仅仅是政府行为，危机疏缓的行为主体不仅仅是政府机构；从严格意义上讲，全社会都是危机管理的利害关系者。因此，有效的危机疏缓自然离不开全社会各方力量的聚合与参与。危机疏缓的社会性措施就是旨在推进社会公众参与危机疏缓过程的具体活动。我们认为，危机疏缓的社会性措施主要有三种类型：一是创建以危机疏缓为目的的非政府组织网络；二是建立社区基础（community-based）的危机疏缓机制；三是通过对公众的教育与训练建立“安全文化”（safe culture）。

正如前文所述，危机疏缓目标的实现必须依赖于政府、企业、非营利组织、志愿者等各方面的共同努力。现代治理环境的变化促使非政府组织在公共管理中的地位日益提高，其作用也越来越大。大量承担着特定危机疏缓职能的非政府组织能够弥补政府行为的不足，协助政府危机管理部门消减危机的影响；更为重要的是，部分非政府组织还能够在危机疏缓过程中独当一面，充当危机疏缓行动的领导力量。因此，危机疏缓的社会性措施包含着支持与促进非政府组织加入危机疏缓过程的含义；公共危机管理者需要借助非政府组织中蕴含的巨大潜力，创建以危机疏缓为目标的非政府组织网络，以建立预防危机的社会体系。

社区是最基层的草根组织，公共危机管理者越来越注重在社区层次推进危机疏缓的进程，建立社区基础的危机疏缓机制成为各国危机管理者关注的焦点。研究者认为社区基础的危机疏缓是一种符合成本收益原则、持久、自主自理型的危机疏缓行为。① 社区基础的危机疏缓意味着由社区公民通过自主自理的规划、执行、评估行为以降低本社区的脆弱性。社区基础的危机疏缓机制则是支撑社区公民这种自治行为的组织与规则体系。建立社区基础的危机疏缓机制，创建安全社区，这已经成为世界范围内危机疏缓行为的新趋向。危机管理者需要授权与支持社区规划，实施社区层次的危机疏缓战略与策略，促进社区抗风险能力的增强，以便在危机真正到来之前未雨绸缪、防患于未然。

柬埔寨洪水灾害社区基础疏缓与准备项目（CBFMP）

洪水灾害社区基础疏缓与准备项目是1998年亚洲备灾中心（ADPC）与柬埔寨红十字会共同实施的危机疏缓项目，该项目旨在促进基层社区独立或协作性地疏缓与回应各种洪水灾害。柬埔寨洪水灾害社区基础疏缓与准备项目的具体步骤包括：

第一，甄选最脆弱社区。

第二，选择社区成员担任志愿者，并使其参与到降低社区脆弱性的行动中。

第三，组织社区建立乡村层次的危机管理委员会作为合作伙伴。

第四，通过风险地图确定、评估和评定地方危机风险。

第五，就危机疏缓方案达成一致。

---

① Lorna P. Victoria, *Community Based Disaster Mitigation*, Regional Workshop on Best Practice in Disaster Mitigation, 2002.

第六，配置资源并执行社区危机疏缓方案。

第七，对危机疏缓过程、措施、工具及方法等进行检视与分析。

第八，调整与更新整个危机疏缓与准备系统。

资料来源：Lorna P. Victoria，*Community Based Disaster Mitigation*，Regional Workshop on Best Practice in Disaster Mitigation，2002。

同时，公众教育与训练是最常见的危机疏缓社会性措施。联合国开发计划署认为，特别是对生活在危机高发区域的人们而言，认识和了解危机并将其看作日常生活的一部分，对于消减危机的有害影响十分有利。预先提高公众的危机意识与抗风险能力，这是危机疏缓的重要措施。危机管理者应该通过公共信息传播、危机知识教育、抗风险技能培训、危机回应演习等诸多具体措施，提高公众对危机的认知水平与抵御能力，在全社会范围内形成一种“安全文化”，以保证危机真正发生时公众心理保持稳定，防止出现大规模社会恐慌。

第八章　危机的准备与就绪

为了对危机做出有效回应，人们需要提前做好准备。“9·11”事件让美国政府与公众充分认识到危机准备的重要性，发生在2003年春的SARS危机同样也让中国人了解到充分的危机准备对于有效处理危机的关键作用。近几年来，我国在危机准备领域做了大量卓有成效的工作，实现了危机管理的关口由事后应对向事前准备的前移。

危机准备是公共危机管理循环的重要环节。危机准备意味着危机管理者在危机爆发之前采取措施，降低危机影响地区与人群的脆弱性，以减轻危机的有害影响。西方的危机管理者通常将危机准备看作确定、组织、调动一定人员、资金、设备以有效减缓危机潜在危害的危机管理活动。危机准备是不同层次的危机管理者为了应对可能发生的危机与灾难，有组织地筹集、调配、积累各种资源，增强个人、组织、社区乃至全社会抵御危机能力的行为集合；是确保有效危机回应的最佳途径。

第一节　危机准备的概念与性质

（一）危机准备的概念

公共危机管理循环由危机疏缓、危机准备、危机回应与危机恢复四个主要环节组成，危机疏缓与危机准备都是危机与灾难爆发之前危机管理者的行动，是应对潜在危机的危机管理行为。联合国难民署在其危机管理框架中将危机准备定义为：制定计划与采取一定行动，以确保拥有应对预期危机的足够资源与具备配置资源的能力。美国政府在2007年9月制定的《国家危机准备指导方针》（National Preparedness Guidelines）中对危机准备的定义是：为建立、维持和改进现有的能力而采取的一系列活动，旨在预防、应对和修复危机事件。危机准备是一个持续不断的过程。危机准备包括各级政府的努力，以及政府、私人组织、非营利组织之间的协作。[①] 我们认为，危机准备是指各级政府和社会各界采取的各种有效行动和措施，以提高对危机事件预防、疏缓、回应和恢复的能力。

危机准备的目的是降低危机承受者的脆弱性，以有效减轻危机与灾难的危害性后果。联合国开发计划署在一份报告中指出，危机准备意味着通过预防性的行为实现使危机的负面影响最小化的过程。[②] 我们认为，危机准备属于前瞻性行为的一种，其最终目的是预先消减危机与灾难可能产生的有害影响；其直接目的是从两方面降低危机承受者的脆弱性。一方面，危机管理者需要通过危机准备积累充足的可用资源以应对未来即将发生的危机和灾难；另一方面，危机管理者必须提升自身与公众应对危机的知识水平、应急能力、自我保护技能等，以增强整个社会抵御危机的能力。简而言之，危机准备的主要目的是增强危机承受者的抵抗能力，以减少其在危机状态下的预期损失。

危机准备的内容以筹集与调配可用资源为主。危机准备的具体措施与行为包括危机规划、训练、创建危机回应系统等；而无论是计划还是具体的实施行动，危机准备行为的基本内容都离不开资源的准备与调配。我们认为，危机准备首先是一个调动与配置人员、资金、物资等资源的组织化过程。增强危机管理者自身的危机处理能力与公众、社区的危机抵御能力，这二者都离不开充足的资源支持。在危机管理过程中，广义上的可用资源包括组织机构、法律法规、行动规程等，狭义上的资源则指资金、人力、知识、技术、设备、基础设施等，而危机准备正是积累与调配这两类资源的过程。

危机准备的评价以是否达到就绪状态（the state of readiness）为标准。所谓就绪状态，就是已经做好了任何危机发生的准备，危机出现时能够确保安全、平稳和有效地应对。为达到这一状态，危机准备需要做出"如果危机发生，应该怎么办"的一系列假设，甚至是最坏假设，并对这些问题做出解答。譬如说"如果水、电、气被切断"、"如果出现道路坍塌"、"如果发生人员重大伤亡"、"如果需要迅速组织疏散撤离"时，危机管理者应该怎么办。只有这些各不相同的问题都得以圆满解答时，才可以说对危机已准备就绪。

总之，危机准备意味着危机管理者在危机发生之前，通过积累可用资源与提升危机处理能力，降低个人、组织与社会的脆弱性，降低危机与灾难可能造成的损害程度，最终达到就绪状态。

---

① Department of Homeland Security，U. S.，*National Preparedness Guidelines*，2007.

② UNDP，*Disaster Preparedness*，Disaster Management Training Program，1994.

（二）危机准备的性质

危机准备是公共危机管理循环中的重要一环，同其他三个管理环节相比，危机准备有其特有的性质。然而，在各国的危机管理实践中，危机准备的特殊性常常容易为危机管理者所忽视。有些研究者将危机准备看作危机疏缓中的一部分，如联合国开发计划署就认为危机疏缓包括了危机准备与危机预防两个方面；而有的研究者则将危机准备作为危机回应过程中的一个步骤，不少危机管理者将危机准备与危机回应作为同一个危机管理项目。我们认为，危机准备活动固然与危机疏缓、危机回应等活动有密切联系，但危机准备仍然是独立于危机疏缓与危机回应的特殊管理环节。危机准备与危机疏缓相比较，其最重要的特性是即时性与微观性；危机准备与危机回应相比较，其最突出的特性是前瞻性。

1. 即时性

危机疏缓与危机准备都是危机发生之前的危机管理活动，但危机疏缓通常意味着长期的危机减缓行为，而危机准备往往是指短期性的措施与行为。正如前文所述，危机疏缓是指危机管理者在较长的时间跨度内的持续行为，其目的是为了长期消除或减缓危机的影响。危机准备则是应对某些即将发生的危机而做出的计划与行为，其目标是在短时间内提高危机承受者的抵御能力，以便在即将到来的危机状态下减少损失。有的研究者就明确指出：危机准备就是个人、社群、社区、地区以及国家组织应对潜在危机的全部短期性行为。①

2. 微观性

危机疏缓的重要目标之一是在危机萌生之前消除危机，因此，危机疏缓往往意味着对生产方式、经济结构等宏观体制的调整与变革；而危机准备并不以消除危机为目的，而是力求降低危机状况下个人、组织与社会可能承受的损失。因此，危机准备活动一般不涉及对宏观体制的变革，而主要侧重于筹措资金、积累设备、创制行为规程等具体、微观的活动。危机准备为个人、组织、社区以及全社会提供具体的行为规划与可用资源，而并不改变社会原有的宏观结构。因此，危机准备并不能做到消除危机或控制灾难，但却能够提高个人、组织以及全社会在危机状态下的抵御能力。

3. 前瞻性

危机准备是先于危机爆发的预防性措施，危机回应是危机爆发之后的应对措

① Peace Crops，*DPM*：*Integrating Disaster Preparedness and Mitigation in Your Work*，Information Collection and Exchange Publication No. M0084，2001.

施；危机准备是典型的前瞻性行为，而危机回应是典型的反应性行为（见表8—1）。危机准备可分为积极与消极的两类：积极的危机准备措施包括创制综合回应计划、培训危机管理人员、训练危机影响群体等；消极的危机准备措施包括准备危机手册、储存资源、整理资源与人员清单等。[①] 这些危机准备行为都是危机发生之前的预防性措施，属于未雨绸缪的前瞻性行为，而不是“兵来将挡、水来土掩”式的反应性行为。

表8—1　　危机准备与危机回应的典型行为

危机准备	危机回应
危机规划	问题、需要与资源评估
危机预警	资源动员
创制危机回应体系	处理利害关系者关系与中间利益
在潜在的利害关系者中寻求支持	创制操作计划
提供抵御危机的资源	执行与协调
提前配置资源供给	监控与评估
培训人员	过渡到危机后执行

资料来源：UNHCR，*Handbook of Emergencies*，United Nations，2001。

危机准备作为危机管理循环中的一个独立环节，虽然与危机疏缓、危机回应有诸多联系与相近之处，但危机准备本身仍是具有自身独立特性的管理阶段。各国的危机管理实践表明，危机准备的独立性日益得到彰显。特别是美国“9·11”事件发生后，越来越多的危机管理者发现，无论是对于突如其来的恐怖危机还是时常发生的自然灾害，有效的危机准备对于消弭危机对公众与社会的危害具有相当重要的作用；危机准备在整个公共危机管理循环中具有不可替代性。

美国反恐怖袭击的危机准备措施

2001年的“9·11”事件对于美国政府与美国社会的影响都是震撼性的。美国的危机管理者在重新检视了危机管理体系中存在的问题之后，确认了危机准备对于有效回应未来可能发生的恐怖事件具有关键性作用。基于这一认识，美国国土安全部提出了针对未来恐怖袭击的危机准备措施：

（1）将分散的联邦回应计划整合成独立的全面危机规划。国土安全部负责将众多危机回应计划整合为“联邦危机事件管理规划”，这一规划包括了

① UNDP，*Disaster Preparedness*，Disaster Management Training Program，1994.

所有类型恐怖事件的管理事项，并负责协调不同层次的危机回应主体。

（2）创建全国危机事件管理系统。国土安全部与联邦政府、各州政府、地方政府以及各类非政府的公共安全组织合作，创建全国性的危机事件管理系统，以应对恐怖事件与自然灾害。

（3）提升反恐怖袭击的战术性能力。国土安全部协助不同的危机管理组织从事积累应急资金、准备抗生化武器设备、培训应急能力等具体的危机准备措施。

（4）提高各危机回应主体之间的无缝隙沟通能力。国土安全部制定全国危机沟通计划，以保证不同层级政府之间、不同危机回应组织之间的有效信息沟通。

（5）准备卫生医疗设施与人员并增加药品、疫苗的储备量。国土安全部与卫生部门等组织合作，为应对化学、放射物质、生物武器的攻击而准备足够的卫生医疗设施、人员与药品。

（6）准备应对生化、放射与核污染。国土安全部负责协助各州与地方政府准备资金、制定规划、培训危机应对人员，以随时应对生化、放射性以及核武器袭击。

（7）规划军方对市政当局的支持并创建民兵队伍。

（8）执行新的财政项目。“9·11”事件后，美国政府增加了对危机管理的财政投入，国土安全部负责协助新的财政划拨项目的执行。

（9）建立全国性的教育与培训系统。

（10）改善对受害者的援助系统。

资料来源：Department of Homeland Security，U. S.，*The National Strategy for Homeland Security*，2003。

第二节　危机准备的层次与内容

（一）危机准备的层次

从某种程度上讲，危机准备的多样性与复杂性超过了危机疏缓与危机回应；与危机疏缓相比，危机准备更为微观具体；与危机回应相比，危机准备的范围又更为广泛。世界范围内的危机准备措施日趋多样化；更为突出的是，从个人的危机准备到组织的危机准备，从国家的危机准备到全球范围的危机准备，危机准备已经渗入了危机管理与应对的各个层次。

现代社会中，自然灾害与人为灾难的影响范围往往是全方位的。无论是洪水、飓风、旱灾等自然灾害，还是恐怖袭击之类的人为灾难，其所造成的影响是多层次的。危机威胁公民个人的生命与财产安全，影响企业等组织的正常运转，动摇社区的稳定，危及国家的安全与发展，甚至对全世界的自然人文发展造成严重的损害。正是因为个人、组织、社区、国家乃至全球都面临着各种各样危机与灾难的威胁，降低遭受危机打击时的脆弱性就成为个人、组织、社区、国家甚至全球的需要。危机准备是通过危机发生之前的计划与行动以降低脆弱性，最终减轻危机状态下预期损失的过程；无论是对于公民个人还是全球而言，危机准备无疑是降低自身脆弱性的必要途径。因此，危机影响的多层次性决定了危机准备的多层次性。实践表明，危机准备实际上是提升不同层次抗危机能力的综合行动；危机准备是个人层次、组织层次、地区层次、国家层次以至全球层次危机准备的集合体。

1. 个人层次的危机准备

个人层次的危机准备意味着通过预防性的措施提高个人与家庭面对危机时的抵御能力，降低个人与家庭的脆弱性。个人层次的危机准备是最基本的危机准备。无论是自然灾害还是人为灾难，公民个人与家庭无疑都是最为直接的受害者与危机承受者。面对大规模的自然或非自然危机，个人与家庭的抵抗能力通常是弱小的，往往处于最为不利的地位。国外的危机管理者十分重视为公民个人与家庭创制程式化的危机准备手册或应急工具箱，教育、促使与协助公民个人与家庭提前为应对危机做好准备，特别是预备好水、食物、药品、蓄电设备等应急资源，以增强公民个人与家庭的抗危机能力。特别在美国“9·11”事件发生后，越来越多的危机管理者开始重视个人层次的危机准备；并且，个人危机准备的侧重点开始向某些特定人群转移。危机管理者认为，女性、残疾人、少数民族等弱势群体往往是危机状态下最为脆弱、也最容易遭受危机损害的人群，提高他们的抗危机能力是个人层次危机准备的重点，如美国国家残疾组织强调有61%的残障人士缺乏应对危机的足够准备。不少国家的危机管理机构不仅为个人提供了详尽的危机准备手册，还专门为女性、残疾人创制了专门的危机准备手册，为他们的个人危机准备提供专门性的服务。

加拿大家庭危机计划表（emergency plan form）

第一步：了解你所在地区的危机（know the risks & know your region）。

选择你所在社区最可能发生的危机：

(1) 断电；(2) 大风雪；(3) 干旱；(4) 地震；(5) 水灾；(6) 危险排放物；(7) 飓风；(8) 工业事故；(9) 传染病暴发；(10) 山崩或雪崩；(11) 暴风雨；(12) 恐怖袭击；(13) 龙卷风；(14) 交通事故；(15) 海啸；(16) 火灾；(17) 严寒或酷暑；(18) 其他。

第二步：制定计划 (make a plan)。

1. 家庭计划 (household plan)

逃生路线：规划每个居室的安全出口，尽量为每个居室考虑两个可能的安全出口。如果住在公寓里，不要使用电梯；同时规划一个从邻居家逃生的出口。

集合地点：确定安全的集合地点，以防止危机发生时需要离开住所。

2. 儿童 (children)

了解小孩所在学校的危机条例，确认危机发生时，小孩如何与家庭联系；以及父母联系不上小孩时，小孩由谁托管。确认学校及时更新小孩的父母或指定监护人的联系方式。

3. 特殊卫生护理需求者 (people with special health needs)

建立个人支持网络，包括那些了解你特殊需要的人，如亲戚、朋友、同事、邻居等，写下你的特殊卫生护理需要——敏感症、外科手术史、家庭病史、药物治疗、新注射的疫苗、危机联系和保险信息。准备装有两个星期药量的便携包。

4. 宠物计划 (plan for pets)

计划在危机发生时，把宠物带到亲戚或朋友家中，或是允许携带宠物的宾馆中。

5. 特别危机计划 (plan for specific risks)

写下对最有可能发生在你所在地区的危机的应对计划，如地震或洪水。

6. 邻居安全计划 (neighborhood safety plan)

与邻居沟通，确保每个人能够在危机发生时关照他人，确认邻居需要的特殊帮助。

7. 紧急联系方式 (emergency contact information)

写下本人的固定电话、移动电话、电子邮箱等联系方式，以及紧急联系人的相应联系方式。

第三步：准备工具 (prepare a kit)。

> 1. 基本的危机准备工具：如水、食物、手电筒、备用钥匙等。
> 2. 额外的危机准备工具：如睡袋和安全手套等。
> 3. 危机准备工具箱：建议购买加拿大红十字会的“危机准备工具箱”。
>
> 资料来源：Public Safety Canada，*Your Emergency Preparedness Guide*，2007。

2. 组织层次的危机准备

危机不但影响个人与家庭，也对组织的正常运转构成威胁。无论是企业等营利组织还是非营利组织，各种自然与非自然的灾难会不断打断组织的正常运转，阻碍组织目标的顺利实现，甚至直接威胁组织的生存。因此，组织作为危机的承受者也必须增强自身的抗危机能力。组织层次的危机准备通常有两方面的含义：一方面，组织必须采取一定措施增强组织成员的抗危机能力，以免其在危机中遭受生命或财产的损失；另一方面，组织必须为在危机状态下保证自身的正常运转而进行危机规划、积累可用资源、提升组织自身的抗危机能力。组织层次的危机准备要达到两个目的：一是组织的成员在危机中少受损害，二是组织目标的实现尽量少受危机的影响。目前各国的危机管理实践表明，组织层次的危机准备规模日益扩大；特别是对于企业等营利组织而言，组织层次的危机准备有发展成为行业层次危机准备的趋势。同一行业或产业的企业认识到了面临危机时的共同利益，于是开始进行全行业或全产业的危机准备；行业层次的危机准备在农业、电信业等基础性产业中已经初具规模。

3. 地区层次的危机准备

地区层次的危机准备通常指某些特定地区为应对特定危机而采取的一系列危机准备活动。某些自然灾害总是与特定的地区联系在一起的，如洪灾多发生于大江大河流域、飓风多发生在沿海地区；因此，增强这些特定地区的抗危机能力就成了危机管理者关注的焦点。地区层次的危机准备意味着危机管理者依据特定地区与特定危机的现实状况，进行一定的规划，采取特定的措施，重点降低本地区面对特定灾难时的脆弱性。例如，对于经常受到洪水危害的城市，地区层次的危机准备就侧重于提升城市的防洪能力，建设防洪堤坝、泄洪排水系统就成为主要的危机准备措施。地区层次的危机准备通常是地方政府部门关注的危机管理行为之一，不少发达国家通过立法明确了地方政府在地区层次危机准备方面的职责与权限，并且建立或确定了相应的主管部门。

4. 国家层次的危机准备

任何国家都不可避免地面对某些全国性的危机与灾难。国家层次的危机准备意味着为了应对有全国性影响的危机而进行的危机准备行为。一个国家的抗危机能力与其发展前景息息相关，即使一国具备了较快的发展速度，但如果其抵御危机的能力薄弱，那么这种发展的高速度必然是不稳定的，这种发展模式也必然是脆弱的。明智的政府通常将国家层次的危机准备作为国家发展战略的一部分，从某种意义上讲，投资于危机准备也就意味着投资于国家发展。随着危机管理实践的深入，各国政府开始日益关注国家层次的危机准备。众多危机管理者已经着眼于创制全国性的危机规划，建立全国性的危机回应系统，筹措全国危机准备基金，投资建设大规模的基础设施，以增强整个国家抗拒危机的能力。

5. 全球层次的危机准备

当人类社会发展到将地球缩小成“地球村”的时候，人们也制造出了祸及全球的危机与灾难。难民潮、全球气候的恶化、国际恐怖活动等自然与非自然灾难的危害影响往往波及全球。为了应对这些具有全球性影响的危机，人们在探索中开始进行全球层次的危机准备。联合国等国际组织承担着全球层次危机准备的重任，在许多领域进行了诸多有益的尝试，并总结出了很多宝贵的经验。国际组织的努力不仅有益于全球层次的危机准备，对于各国国内的危机准备行动也大有帮助。

2005 年亚太经合组织（APEC）流感大流行防控倡议（中文摘要）

流感大流行威胁人类健康和全球经济、安全与稳定。高致病性禽流感病毒可能引发新一轮流感大流行。认识到这一威胁，APEC 成员将在现有卫生和备灾合作基础上，通过单边和集体努力，在符合有关国际法和各成员自身法律的基础上，采取紧急行动，以从源头遏制禽流感并防止人间大流行。我们同意：

一、采取如下单边行动：

- 于 2006 年 11 月之前，根据世界卫生组织建议，制定、批准、执行多部门参与的流感大流行防控计划。
- 以透明和公开的方式，按照国际惯例，及时与国际组织交流流行病学数据，实验室样本和病毒分离株。
- 及时通报疑似和确诊的禽流感病例。
- 加强防疫，尤其要提高农村和偏远地区的诊断能力。
- 快速应对突发疫情。
- 提高通报透明度，依据科学决策发布贸易和旅游警报。

- 支持禽流感病毒、疫苗和抗病毒药物研发。
- 尽快提高医药品生产和输送能力。
- 制定家禽养殖业生物安全和卫生条例。
- 确保成员间和各成员内部各部门相互协调。
- 有关成员尽早落实已修改的国际卫生条例。

二、共同开展以下合作：

- 通过相关国际组织和传媒，加强风险通报，提高公众认知度。
- 制定行动规范，确保流感大流行期间必要的服务、商务和贸易活动能够继续进行。
- 加强国际协调，建立透明、有效的信息交流机制。
- 与工商界合作，协助制定行业应急战略。
- 通过 APEC 现有备灾、应急机制加强禽流感防控协调。
- 强化区域快速反应机制，建立有关专家和政府负责官员清单。
- 旅行者和商务人员流动信息交换。
- 鼓励开展多部门参与的备灾能力测试，并于 2006 年初进行虚拟模拟演练，测试区域反应和交流网络。
- 推动对禽流感和有关防控措施的经济、社会影响进行评估。
- 提高从根源上防止禽流感暴发的能力。
- 全力支持科技研发。

APEC 的合作将补充、支持，而不是重复相关国际组织的工作。APEC 将发挥比较优势，通过推动多部门参与、公私合作和传递高层政治意愿，为防控流感大流行作出贡献。

资料来源：《亚太经合组织（APEC）流感大流行防控倡议》，见中华人民共和国卫生部网站。

（二）危机准备的内容

危机的多样性决定了危机准备的复杂性。各国危机管理者视野中的危机准备包括了太多的内容，危机准备（disaster preparedness/emergency preparedness）成了不同危机管理研究文献中频繁出现的术语。从反恐怖活动的危机准备、应对洪水、旱灾的危机准备到预防大规模传染病的危机准备，面对即将发生的不同灾难，危机管理者所需要进行的危机准备活动也各有不同；危机准备的多层次化无疑又增加了危机准备内容的复杂程度。我们认为，一个国家的危机准备与一个家庭的危机准备在具体行为上虽有着天壤之别，但二者的基本内容却是相似的。从各国的危机准备实践来看，危机准备无非是为了有效应对危机而进行的资源准备与行为规划，危机准备的基本内容包括规则准备、组织准备、资源准备①、知识准备与行动规划五个方面。

1. 规则准备

规则准备指的是危机管理者制定相关法律、法规、部门规章等规范性文件，以作为应对危机时的行为准则。传统的危机处理与回应行为的不确定性很大，危机管理者在处理具体危机的过程中常常存在行为失范、失当的现象。危机管理者处理危机时行为失范与失当可能造成危机回应行为的无效，还可能给公众与社会造成额外的权益损失。因此，危机管理者需要在危机发生之前就为危机回应行为设立规则，以降低危机回应行为的不确定性。不少国家较早地认识到规则准备在危机准备中的重要性，加拿大等国家就曾出台过专门的危机准备法案。对于发展中的中国而言，最为紧迫的规则准备行动无疑是大力加强危机应急法制建设，以协调危机回应过程中公共权力与公民权利之间的关系。

2. 组织准备

危机准备中的组织准备主要指的是危机处理部门、协调机构等组织机构的确立。危机准备必然包括组织资源积累的内容。现代社会的公共危机管理是一个组织化的过程，危机回应行为需要特定的组织依托，即使是个人与家庭的危机应对行为也离不开一定的组织保障。并且随着危机影响面的扩大，危机回应组织之间的相互协调也越来越重要，联合国开发计划署就将组织机构与协调机制的建设作为危机准备的基本框架之一。② 危机准备阶段的重要任务就是为危机回应过程提供组织力量，同时创建协调机制以保证多个组织之间的权责协调。需要准备的组织力量包括：第一，危机管理的常设管理机构，如美国联邦危机管理局（FEMA）。第二，危机管理的指挥联动体系，以便于统一指挥和协调相关组织、部门和个人的行动。第三，危机管理的专业救助机构，包括消防队、医疗队等。第四，危机管理的教育与培训组织，如加拿大危机管理学院（CEMC）、英国危机规划学院（EPC）等。第五，危机管理的非政府组织。

3. 资源准备

危机管理者在危机准备阶段必须积累足够的可用资源以备危机发生时应急之

① 广义上的资源准备包括规则准备、组织准备、知识准备与狭义上的资源准备，此处的资源准备为狭义上的，仅指资金、人力、技术、设备等有形资源的准备。

② UNDP，*Disaster Preparedness*，Disaster Management Training Program，1994.

用。从个人层次的危机准备到全球层次的危机准备，都离不开资源的筹措、积累与调配。危机准备过程中的资源准备就意味着为未来危机处理阶段预备资金、人员、技术、设备等诸多资源。各国的危机管理者通常将危机准备中资金、人力等资源的积蓄与储备过程称为资源基础（resource base），这充分说明了资源准备在危机准备乃至整个危机管理循环中的重要地位。无论对于个人、家庭还是国家而言，资源基础与抗危机能力都是呈正相关关系的。一个家庭期望在未来的危机状态中免于伤害，就必须准备好充足的生活资料与应急装备；一个国家想要抵御自然或非自然灾难的侵袭，就必须做好资金、粮食、药品、基础设施等不同类型的物质储备。我们认为，资源准备是危机准备最为基础性的内容，应当成为危机准备的主要活动。

4. 知识准备

从广义上讲，知识也是一种特殊的资源，知识准备也是一种特殊的资源准备。危机准备中的知识准备具有两方面的含义：一方面是指危机管理者的知识积累，另一方面指的是普通公众的知识积累；前者通常通过研究性活动得以实现，而后者则往往依靠大规模的普及教育与训练。实践证明，危机管理者知识与信息的匮乏往往造成危机回应的不力，而公众如果缺乏对于危机的基本知识，其结果往往造成大规模的集体恐慌，最终扩大危机可能产生的损害。因此，知识准备应成为危机准备的必要内容。危机管理者通过建立信息系统与研究体系不断积累相关知识与信息，以备危机状态下应急应变；同时，危机管理者还通过公共教育与培训等行动在公众中普及危机应对知识，以防公众在危机降临之时手足无措。

从汶川大地震看国民地震教育的必要性

2008 年 5 月 12 日汶川大地震发生的那一刻，一个中日商贸会议正在上海陆家嘴某大厦召开。当时大楼晃动得很厉害，因不明情况，中方代表大都较为紧张，一些人离席而去，而在同一会场的日方代表却并不慌张，都安坐在自己的座位上。事后问他们原因，回答是，他们感觉到的只是左右摇晃，而没有上下晃动，据此他们判断这个地震离上海很远，所以不必太过惊慌。这是很专业的行为和表现，只有对地震波的特性有所了解的人才能有此判断。由此可见中日两国国民地震教育水平的差距。

我们的邻国日本每年 9 月都要在全国范围内举行全民地震演练，从首相到百姓都要参加，日本在这方面有许多做法值得借鉴。我国政府汶川大地震后痛定思痛，最应吸取的教训之一就是在国民中普及和强化地震及抗震救灾教育。

资料来源：http://whb.eastday.com/w/20080525/u1a432381.html。

5. 行动规划

行动规划通常是指危机回应与处理计划的创制，即意味着对危机状态下应有的回应行为做出提前设计与安排。危机准备的重要内容与基本要素之一就是对危机状态下的回应行为预先做出规划。行动规划是危机管理者在危机准备阶段最为重要的任务之一。危机管理者为了在危机状态下有效地消弭危机的危害性影响，通常需要采取一定的危机回应行为。一方面，危机回应行为必须切实有效；另一方面，危机回应行为又必须是及时、迅速的。为了保证危机回应行为的及时性与有效性，在危机爆发之前预先创制一定的行为规程，能够使危机管理者在真正面临危机时反应更为积极迅捷，也可以降低危机回应行为的不确定性。

公共卫生危机准备措施

美国研究者认为，公共卫生危机准备意味着两种行动：一是预防可能发生的公共卫生危机，二是预先规划以确保危机爆发之时公共卫生系统能够有效地回应危机。相关的公共卫生准备措施包括：

(1) 对环境、食品与水的安全进行管制，以使危机产生的危害最小化。

(2) 对危机状态下的公共卫生回应能力进行规划。

(3) 对某些疾病（如严重的传染性疾病）的萌生、爆发过程进行监测。

(4) 指导流行病学研究以探知疾病流行的原因与规律。

(5) 限制疾病的传播范围。当某种疾病的源头得到确定之后，公共卫生部门需要采取干预措施，尽量防止或限制疾病的扩散。

(6) 确保应急医疗资源与预防措施的供给。

(7) 改善环境条件。

(8) 预防次要公共卫生危机的爆发。主要的公共卫生危机往往会导致某些次要公共卫生危机的发生，这些规模与危害相对较弱的次要危机作为主要危机的衍生品，同样需要得到有效预防。

资料来源：Eileen Salinsky，*Public Health Emergency Preparedness*：*Foundations of the* "*System*"，National Health Policy Forum Background Paper，2002。

（三）危机准备的效用

在过去相当长的一段时间内，没有太多的研究者注意到危机准备在整个危机管理过程中的特有作用。危机准备在危机管理中的重要性一直未能得到充分彰显，正如有的研究者所指出的，危机准备常常在其他富有戏剧性的危机疏缓努力的映衬下黯然失色，而很少被当作一个有价值的过程。① 我们认为，危机准备作为危机管理循环中的独立环节，对于危机管理过程具有独特的效用。危机准备是对危机疏缓过程的重要补充，为有效的危机回应过程奠定了基础，并且对于长期减轻危机的危害性影响具有重大意义。

1．危机准备是危机疏缓的补充

危机准备与危机疏缓同属危机发生之前的预防性行为。危机疏缓侧重于通过对宏观结构的调整消除危机产生的源头，其首要目的是将危机消灭于萌生之前；而危机准备并不期望阻止危机的产生，其目标在于降低个人、组织与社会在危机状态下的脆弱性。危机疏缓与危机准备都有未雨绸缪的蕴意，但危机疏缓多进行宏观性的结构调整，而对微观层次的危机承受者（如个人、组织）自身的抗危机能力关注不足；危机准备能够提升不同层次的危机承受者抵御危机的能力，正好可以弥补危机疏缓的不足。

2．危机准备为有效的危机回应奠定基础

很多研究者笃信危机准备措施应该能够确保组织有效与迅速地回应突发性危机。② 危机准备的直接目的就是为危机回应过程提供充足的可用资源与行动规划。传统的危机管理过程通常是有危机回应而无充分的危机准备，这就往往造成危机管理者在危机状态下处于被动地位；特别是在面对突发性危机事件的情况下，危机管理者通常缺乏足够的时间调集资源与选择回应行为，以至于无法有效缓解危机的危害性影响。而在现代危机管理过程中，危机准备与危机回应往往如影随形。危机准备意味着在危机爆发之前就为危机管理者与危机承受者做好了资源与行动两方面的准备；当真正进入危机状态之后，危机管理者具备了有效回应危机所需要的资源与行动计划，就能够更为全面、迅捷地降低危机对社会的损害。总之，有效的危机准备是有效的危机回应的必要条件，危机准备的最直接功效就是为有效的危机回应奠定基础。

3．危机准备有助于增强全社会的长期抗危机能力

危机准备的直接目的是为有效的危机回应创造条件；同时，成功的危机准备过程还能够在相当长的时间范围内提升整个社会的抗危机能力。危机准备着眼于降低个人、组织、社区以及整个社会面对危机时的脆弱性；这不仅有助于成功地处理某次危机的侵袭，更为重要的是，能够通过增强个人、组织乃至全社会的抗

① Tara Polzer，Hernan del Valle，*Emergency Preparedness in South Africa*，National Consortium for Refugee Affairs，2002.

② UNHCR，*Handbook of Emergencies*，United Nations，2001.

危机能力以长期有效地减轻危机的破坏力。

第三节　危机准备的基本框架

随着人类社会的发展，人类所面临的危机与灾难也日益趋于多样化、复杂化与严重化。在各国的公共危机管理实践中，危机准备的内涵也逐渐丰富起来。正如前文所述，危机准备已经成为沟通危机疏缓与危机回应的桥梁，它一方面弥补了危机疏缓的不足，另一方面又为有效的危机回应提供条件。危机准备行动的复杂性往往超过危机疏缓与危机回应过程。危机准备的实践是复杂多变的，但支撑起危机准备过程的基本要素往往是固定不变的。危机准备的诸多基本要素依据一定的规则构成了危机准备的基本框架，各国丰富多彩的危机准备实践都是在这一框架内得以开展与持续的。

（一）新世纪的危机准备框架

各国的危机管理者为我们提供了有关危机准备的大量实践经验。传统的危机管理模式在应对当代各种严重危机事件时的种种弊端表明：无论对于自然灾害还是人为灾难的防治，有效的危机准备都是不可缺少的；如果危机发生前缺乏必要的准备措施，个人与社会在危机状态下遭受的损失将会更为严重。

进入21世纪之后，各国的危机管理者面临着更多、更复杂、破坏力更强的危机与灾难。恐怖袭击作为重要的人为灾难之一，其对于公众生命、国家安全与社会稳定的破坏作用是极为严重的；因此，美国等国家将反恐怖活动作为危机准备的主要战略目标。美国的危机准备体系在“9·11”事件后得到了迅速的改进与完善。总体来看，美国政府对“9·11”事件的应对措施是较为得力的，但即便如此，美国的危机管理者依然对自身危机准备体系的缺陷进行了检视。“9·11”事件后，无论是联邦政府还是地方各州都更加注重不同层次的危机准备活动，交通、电信、卫生等诸多领域的危机管理者也立足本行业、本领域进行了一系列的危机准备活动。同时，大规模自然灾害和恶性传染病对各国可持续发展所造成的危害程度也在急剧增长，SARS、禽流感、甲型H1N1流感对于全世界的卫生防疫体系不断提出新的挑战，公共卫生体系如何在大规模疫情暴发之前做好资源储备与行动规划，这已成为世界卫生组织以及各国危机管理者关注的课题。此外，难民潮等对全球造成巨大隐患的世界性危机也成为令各国与国际组织担忧的问题。新世纪的危机管理者所承担的工作量要超过任何一个历史时期，公共危机管理循环所负载的内容也急剧膨胀起来。

面对着新世纪的新挑战，各国的危机管理者都在积极调整危机准备行动，以应对各种突如其来的危机与灾难。从世界范围来看，不同层次、不同领域、不同行业、不同国家的危机准备行动越来越庞杂，但诸多危机准备行动所包含的基本要素是基本固定的。

危机准备既是一个过程，又是一个完整的管理系统。与危机疏缓、危机回应以及危机恢复一样，危机准备是一个由多个基本要素构成的管理体系。所谓框架就是由众多基本要素所组成的、具有一定稳定性的结构，危机准备的基本框架就是危机准备基本要素的固定集合，是危机准备这一危机管理体系的主干。研究者为了给不同层次、不同领域的危机管理者提供行为指南，对危机准备的基本要素进行梳理，最终形成稳定的危机准备框架，以保证具体的危机准备过程得以有序进行。

联合国开发计划署曾经在20世纪90年代创制出了由脆弱性评估、计划、制度框架、信息系统、资源基础、警告系统、回应机制、公共教育与训练、演习九个基本要素构成的危机准备框架。[①] 这一框架在21世纪的今天同样具有强大的生命力，各国实际的危机准备行动基本上都没有超出这一框架之外。然而，这一框架尚有进一步简化的必要。我们认为，危机准备体系的基本框架应该由脆弱性分析、危机规划、资源与支持系统、信息与预警系统、教育与培训系统五个基本要素构成（见图8—1）。

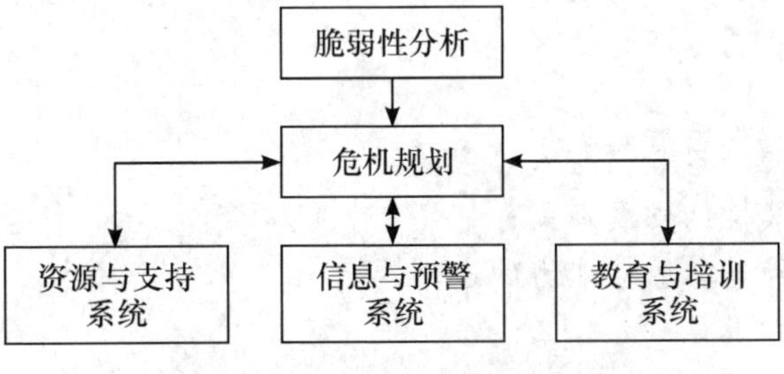

图8—1　危机准备体系的基本框架

（二）脆弱性分析（vulnerability analysis）

脆弱性分析是危机准备框架的基础，也是危机准备过程的第一步。脆弱性就是指个人、组织、社区或社会在危机状态下遭受损失与侵害的可能性。脆弱性是

① UNDP, *Disaster Preparedness*, Disaster Management Training Program, 1994.

危机承受者抗危机能力的反面体现，脆弱性越大意味着抗危机能力越弱，反之则说明抗危机能力越强。

脆弱性分析就是指对危机状态下个人、组织、社区以及全社会抵御危机能力的分析与评估。脆弱性分析的目的是确定在危机状态下，个人、组织乃至整个社会为避免或减轻损失而可能调动的资源与采取的行动，最终评估其可能承受的损失程度。脆弱性分析是一个包括数据收集、整理、分析、评估诸多步骤的标准化分析过程，其最终目的是建立起一个以危机潜在危害、补偿需要与可用资源为聚焦点的数据库，以供危机管理者决策所用。

危机准备中的脆弱性分析的主要内容体现在两个方面：一方面，对个人、组织、社会等不同层次危机承受者的整体脆弱性做出客观、准确的评价，即确定这些不同层次的危机承受者可以多大程度地抵御危机风险；分析者通常需要具体考察个人、组织等危机承受者所掌握的可用资源、调配资源的能力、可能采取的回应行动等，以计算出其抵御危机的能力。另一方面，分析者还需要对决定或影响脆弱性变化的因素进行辨别与确认，即搞清楚哪些因素能够促使脆弱性增大或减小。危机准备的主旨在于降低脆弱性，因此，确定脆弱性的影响因素对于危机准备过程具有极为重要的意义。

导致脆弱性增大的因素

个人、组织以及社会的脆弱性并非一个恒定不变的常数。现实中存在许多影响与制约脆弱性变化的客观因素；研究者认为，造成脆弱性增大的因素一般包括：

不断增长的人口数量与人口密度；

缺乏可持续性的发展模式；

政府公共管理与服务能力的退化；

自然资源的退化；

食品与水供给的剧烈波动；

城乡流动与城市化压力；

贫困人口与文盲的增加，特别是受危机影响的贫困人口数字的增长；

缺乏稳固的制度化力量以抵抗危机；

危机管理措施与危机预测工具的不足；

危机管理中社区参与的不足；

危机教育与培训的不足；

> 通信与交通基础设施的供给不足；
> 缺乏缓冲危机风险的市场机制；
> 不断强化的全球经济的相互依赖关系；
> 全球气候变化增加了某些地区承担的危机风险。
>
> 资料来源：*Disaster Prediction*，*Warning and Mitigation*，Third United Nations Conference on the Exploration and Peaceful Uses of Outer Space Background Paper 2，1998。

脆弱性分析是一项复杂的任务。首先，脆弱性分析意味着对不同对象抵御危机能力的分析。危机准备的层次不同，脆弱性分析的考察对象也就不同；分析者所需要考察的对象可能是个人、家庭、组织，也可能是某个地区，甚至是整个国家。其次，脆弱性分析意味着对危机承受者整体抗危机能力的分析。脆弱性是一个外延非常广泛的概念，现实中存在着诸多不同类型的脆弱性（见表 8—2）。分析者所需要分析的不是某一方面、某一类型的脆弱性，而是对不同层次危机承受者的整体脆弱性进行总体分析；分析者既要区别分析不同类型的脆弱性，还必须将不同类型的脆弱性有机整合为一体以得到整体脆弱性，这无疑是一项烦琐而困难的工作。最后，脆弱性分析是一个动态过程。个人、组织或整个社会的脆弱性并非一个固定的数值，许多因素都可以导致脆弱性的变化，分析者必须在动态中准确把握危机承受者的脆弱性。

表 8—2　　脆弱性分类

物质/材料脆弱性	劣质建筑 洪泛区的社区 临近火山
社会/组织脆弱性	贫穷（缺少储蓄、保险） 性别（妇女没有参与决策的权力）以及其他不平等 年龄（年轻人不了解危险） 文化（文盲无法阅读警告标志） 组织缺乏能力（危机管理组织没有经过训练）
文化/态度脆弱性	对危机控制的宿命论以及其他文化信念

资料来源：Peace Crops，*DPM*：*Integrating Disaster Preparedness and Mitigation in Your Work*，Information Collection and Exchange Publication No. M0084，2001。

在危机管理过程中，脆弱性分析是一种频繁出现的管理行为。虽然脆弱性分析并非危机准备的专利，但其对于危机准备的重要性却是极为特殊的。我们认为，脆弱性分析在危机准备活动过程中通常起着基础性的作用，脆弱性分析是危机准备过程中所有决策与行动的基础。危机准备的主旨就是通过预先的资源积累与行为准备，降低个人、组织、社区以及全社会在危机状态下的脆弱性，危机准备过程中的所有决策与措施都必须围绕降低脆弱性这一目标。不同人群、地区、国家的脆弱性是不同的，同样的人群、地区、国家面临不同危机时的脆弱性也有所差别。危机管理者期望降低不同层次危机承受者的脆弱性，首先必须以了解他们现有的脆弱性为前提，否则就有盲动的可能性。正如联合国开发计划署在一份报告中所指出的，决策者通常了解危机与灾害的结构，但只有他们也充分了解了人们面对灾难时的脆弱性，才算是为有效的危机准备确立了一个起点。[①] 脆弱性分析是整个危机准备框架的基石，是整个危机准备过程的起点。

（三）危机规划（contingency planning）

公共危机管理中的危机规划有两方面的含义：一方面，危机规划意味着对整个危机管理过程的总体规划，包括了危机管理所有阶段的行动规划。危机疏缓、危机准备、危机回应与危机恢复各阶段的具体措施都可能包括在规划之内，这类危机规划常常以国家危机准备战略（national disaster preparedness strategy）的形式出现。另一方面，危机规划仅仅指危机准备阶段所创制的危机规划，即危机管理者依据脆弱性分析，为有效回应危机而预先设定行动目标、谋划行动方略，这一类危机规划往往以紧急计划（contingency plan）的形式出现。作为危机准备基本要素的危机规划自然是指第二种意义上的危机规划。

联合国开发计划署认为，危机规划的主要任务体现在四个方面：确定与清楚地表述目标或目标体系；按照一定的逻辑与形式制定行为序列；设定具体任务与责任；将具体的行为、责任、任务与目标或目标体系整合为一体。[②] 简而言之，危机规划意味着行动目标的确立与具体行动的安排。危机准备阶段的危机规划以降低危机承受者的脆弱性为目标，并且为如何降低脆弱性制定一系列的行为规程。危机准备以降低脆弱性、增强抗危机能力为目的，危机准备中的危机规划需要将这一目的进一步具体化与明确化；在危机准备实践中，危机管理者通过危机规划具体规定了个人、组织等不同层次的危机承受者应该具备的抗危机能力。此外，危机规划还意味着危机准备措施与行为的总体安排。一方面，危机规划需要对危机发生前的资源积累活动进行设计与安排；另一方面，危机规划还需要为危机发生之后的回应过程做出适当计划。

在当代危机管理实践中，危机规划的最重要功能就是提供危机应对工具箱。

①② UNDP，*Disaster Preparedness*，Disaster Management Training Program，1994.

国外研究者以“工具箱”一词形象地表述出危机规划所要完成的任务。一方面，危机规划必须开列危机准备需要预备的各种资源清单；通过危机规划所提供的清单，危机管理者得以在危机真正爆发之前完成各种可用资源的筹集与调配工作。另一方面，危机规划必须开列危机状态下可行的回应措施清单；创建危机回应机制是危机规划中的必要内容。危机规划以既有的知识与经验为基础，为未来的危机回应提供可行的行为选择，这一前瞻性的行为规划能够使人们在危机真正爆发之时不至于手足无措。

无论是对于危机准备过程本身还是对于危机回应行为，危机规划的作用都是指导性的。第一，危机规划是对于危机准备具体措施与行动的总体设计与安排。在危机规划的指导下，危机管理者才能有效率地完成规则准备、组织准备、资源准备与知识准备等诸多任务。第二，危机规划对于危机回应阶段人们的行为也具有重要指导作用。危机规划预先为危机回应阶段设计了可行的措施与行为，降低了危机回应行为的不确定性。各国的危机管理者普遍认为，制定危机规划对于明确危机回应目标、指导危机回应行动、积累与调配资源、强化抗危机能力具有不可替代的作用。

（四）信息与预警系统（information and warning system）

尽管联合国开发计划署将信息系统与预警系统作为危机准备框架的两个独立要素，但也承认，预警系统在很大程度上归属于信息系统。从世界各国的危机管理实践来看，不少国家并没有建立独立的全国预警系统；在危机管理者的眼中，预警功能往往由信息系统承担。因此，我们认为，在危机准备体系中，信息系统与预警系统是不可分割的一个整体。

危机准备中的信息与预警系统一般承载着三方面的职责。第一，信息与预警系统承担着信息收集、整理与储存的功能。信息是危机管理过程中不可缺少的重要资源，危机准备过程也不例外；无论是脆弱性分析还是危机规划，都离不开充足的信息供给。信息与预警系统的首要任务就是为危机准备行动提供足够的信息量，其中重点是与脆弱性相关的各种信息，如社区概况、建筑坚固程度、应急药品存量等。第二，信息与预警系统承担着信息传播与沟通的职责。信息与预警系统发挥着协调机制的部分作用，危机相关信息在不同危机管理者之间、危机管理者与公众之间、公众与公众之间的传播与沟通都必须由信息与预警系统来完成。第三，信息与预警系统发挥着预先警告的重要作用，这是信息与预警系统最为关键的职能。当危机即将爆发时，信息与预警系统需要通过一定的传播媒介将警告信息及时传递给危机管理者与公众，以便其提前准备并有效应对危机。信息与预警系统需要根据预期情势的不同，进行不同层次与级别的预警，以便危机管理者与公众采取不同的应对措施。

各国的危机管理者普遍相信，良好的信息与预警系统有助于降低公众与社会面临危机时的脆弱性。实践证明，充分的危机信息供给与及时的危机预警能够帮助危机管理者和危机承受者预先做好应对危机的准备，不至于出现反应迟缓、应对不力、大规模恐慌等问题。信息与预警系统对于危机准备更是具有特殊的意义，因为危机准备正是信息与预警系统最有效果的危机管理阶段。正如有的研究者所指出的，预警系统对于处理已经发生的危机情势没有明显的效果，但在危机即将发生的时段里却效果显著。① 无论是信息供给、沟通还是预先警告，其最大的效用是在危机发生之前促使危机管理者与公众做好应对准备；如果信息与预警系统的作为滞后于危机爆发，则其效用也就大打折扣了。

有效的危机准备离不开良好的信息与预警系统。实践证明，由于缺乏信息与预警系统而造成的信息沟通不灵事实上扩大了危机的危害性影响。信息与预警系统对于我国目前的危机管理具有极为重要的作用。我国是一个自然灾害发生比较频繁的国家，建立一个良好的灾害信息与预警系统对于减轻灾害的破坏力作用显著。从实际来看，我国部分地区已开始尝试建立灾害信息与预警系统，但在全国范围内这些行动尚属少数。我们认为，危机信息与预警系统的建立与完善是当前中国危机管理系统构建的侧重点之一，应当进一步深入研究。

三峡库区的地质灾害监测预警系统

中国政府投入超过1亿元资金在三峡库区建立完善的地质灾害监测预警系统，以保障三峡工程蓄水后库区居民的安全。

三峡蓄水成库后，水面的波动在30～40米之间，会对一些坡体原有的稳定性造成一定的影响，地质灾害发生率有可能增加。因此，在投巨资对库岸进行治理的同时，三峡库区还建立了地质灾害监测预警系统，以应对蓄水后可能出现的地质灾害。

目前三峡库区各区县都已设立了地质灾害监测站。20世纪80年代，全球卫星定位监测系统、航空遥感技术等先进科技被用于三峡地质调查研究，建立了三峡工程库区GPS监测网。从1999年开始，国土资源部全面启动了

① Sara Morge, *Alarm Inform: Public Warning System in Four Countries*, National Board of Psychological Defence, 2000.

库区地质灾害监测预警工程，用遥感和GPS监测三峡库区每一寸土地，为地质灾害的预防和控制提供及时、准确的预报。

同时，三峡库区地质灾害频度高，随机性大，灾害隐患点大部分分布于广大的农村，仅靠专业队伍完成地质灾害监测预警预报不够完善；因此，群众广泛参与的“群测群防”也是库区地质灾害监测预警系统的重要组成部分。2000年至2001年，重庆市通过加强群测群防工作，及时采取避让措施，成功预报地质灾害19次，避免人员伤亡258人，避免经济损失约1 800万元。湖北、重庆两地库区有关部门广泛给村社干部、群众传授简单监测方法，以及如何避让地质灾害等知识；建立完善险情预报制度、预报途径、值班制度；对每一个地质灾害隐患点均建立防灾预案，发放“明白卡”到群众手中等。

资料来源：四川在线，http://www.sconline.com.cn，2003-06-10。

（五）资源与支持系统（resource and support system）

从某种意义上讲，危机准备就是一个积累资源与寻求支持的过程。我们认为，资源与支持系统是整个危机准备体系的主体部分。资源与支持系统包括了应对危机所必需的资源基础和聚合与协调危机应对力量的制度框架（institutional framework）。资源与支持系统的主要职能就体现在筹集、配置应对危机所需要的各种资源与聚合、协调应对危机的各方面力量这两个方面。

抵御危机侵害的过程就是一个大规模消耗资源的过程，能否拥有充足的资源是决定危机回应效力的关键因素。我们认为，危机准备就是一个资源准备过程，广义上的资源包括了规则、组织、人力、物力、财力、技术、知识等。而各国危机准备实践中的资源基础则一般只是指人力、物力、财力等有形资源的积累与储备。对于个人、组织、社区乃至一个国家而言，在危机爆发之前所拥有的可用资源越多，其脆弱性就越小，其抵御危机的能力也就越强。各国的危机管理者在危机准备阶段所要完成的大部分工作都与筹集、积累与储备资源有关，建立专项危机准备资金、划拨危机应急款项、储备食品、药品类应急物资等措施通常是危机管理者的一般选择。随着危机与灾难种类与特征的复杂化，资源基础的内容也日益庞杂；危机管理者需要不断地丰富与扩大资源基础的存量与内容。

现代危机管理的发展趋向之一就是危机防控主体的多元化。各级政府组织、各种营利组织与非营利组织、不同阶层的利害关系者、国际组织等都可能成为危机管理的领导力量或参与力量。各国的危机管理者都试图通过危机准备聚合不同社会主体，以壮大处理与应对危机的力量。资源与支持系统的主要功效之一就是以一定的制度框架将各方力量整合成为一个整体，以作为危机回应系统的力量源。资源与支持系统通过提供一定的制度框架，既做到协调不同类型的危机回应力量，又能够将多种危机回应力量聚合成为一定方向的合力，最终实现对危机的有效遏制。联合国开发计划署详尽地论述了这一制度框架的主要职责，其包括协调"纵向"与"横向"的不同人群与组织、既创建必要的危机回应组织又尽量避免组织的膨胀与重复、确定不同人群、组织与社区在危机回应中的责任等。①

资源与支持系统是危机准备框架的主体部分。资源与支持系统完成了危机准备过程中的大部分工作，承担了规则准备、组织准备、资源准备以及部分的知识准备工作；资源与支持系统直接为危机回应阶段提供了充足的可用资源与支持力量，成为个人、组织与社会抗击危机的支柱与后盾。一个完善的危机准备体系不可能缺少资源与支持系统这一支柱，一个完整的危机准备过程必然包括资源与支持系统的创立。

（六）教育与培训系统（education and training system）

教育与培训系统是危机准备体系中的重要因素，旨在提升社会公众的危机知识水平与抵御危机的技能。教育与培训并非危机准备的专利，危机疏缓同样也强调公众教育与培训的重要性。然而，处于危机管理循环不同阶段的教育与培训有着各自不同的侧重点。危机准备中的教育与培训侧重于向公众传授在危机状态下如何规避风险、减少损失的知识与技能。

危机准备意味着增强公众在危机状态下的抵御能力，尽量减少公众在危机中的损失。一方面，危机准备的这一目的需要通过危机管理者的有效危机回应措施而实现；另一方面，公众自主自理式的危机应对行为也是非常重要的。危机管理者的力量总有一定限度，公众不能仅仅依靠危机管理者的危机回应行为；在危机爆发之前，公众也需要自主地进行预防与准备。同时，危机回应措施只有在公众的支持与配合下才能发挥效用，否则也无法有效降低危机的危害性影响。然而，公众只有具备了一定水平的危机应对知识与技能，才可能做出积极的危机回应行为。因此，完备的教育与培训系统对于有效回应危机就显得尤为重要了。

危机准备中的教育与培训内容极为丰富，公众需要了解不同危机的特征与危害，以及在危机状态下如何避免遭受伤害与损失。公众需要面对的危机种类繁多，这也就决定了教育与培训内容的复杂性。在实际的危机准备过程中，危机管

① UNDP, *Disaster Preparedness*, Disaster Management Training Program, 1994.

理者通常根据脆弱性分析的结果，有针对性地提高公众对某一特定危机的知识水平与防卫能力。教育与培训的形式也是多样化的，有标准化的学校教育、特殊的专业训练、依托诸多媒介的知识普及教育、定期与不定期的危机应对演习活动等。

教育与培训系统最重要的职责在于完成全社会范围内的知识准备，以提高普通公众抵御危机的能力。“9・11”事件发生后，世界各国的危机管理者纷纷认识到，任何强大的危机管理机构都不是万能的，只有提升普通公众的抗危机能力，才能够弥补危机管理者自身能力的不足。不少国家的危机管理机构开始策划与进行大规模的公众教育与培训，印发了大量的危机准备手册、指南，开展了一系列的危机知识普及教育活动。在发达国家，危机管理者定期或不定期地组织防火、防爆等诸多类型的演习活动，使公众对危机以及危机回应过程有所了解，以降低公众在危机状态下行为的不确定性。对于中国的危机管理者而言，提高全社会和公众的危机知识水平与抗危机技能也是一项不容忽视的工作。SARS、南方雨雪冰冻灾害、汶川大地震等危机一再证明，建立完备的危机教育与培训系统是中国危机管理的当务之急。

第九章　危机的回应与应对

众所周知，并不是所有的危机都能够通过疏缓和准备得以避免。因此，当危机真正来临时，最重要的是如何正确地予以回应，这就进入了危机的回应与应对阶段，亦是危机管理的关键实施阶段。危机回应要遵循积极回应、快速反应、客观如实和全面考量的基本原则。

具体来看，危机回应行动包括初始回应、受害者处置和参与者管理三个方面。初始回应包括危机识别、开始回应、发布警告、疏散撤离和安排避难；受害者处置包括危机搜救、紧急医疗救助、重大伤亡处置、心理干预和特殊群体照顾；参与者管理包括媒体管理、捐赠管理和志愿者管理。本章将对以上内容逐一展开论述。

第一节　危机回应的基本原则

所谓危机回应，就是在危机发生后，对危机性质做出迅速判断，对危机形势做出正确分析，采取一系列有效措施，尽快控制事态发展，减少危机造成的损失，从而尽快进入危机恢复重建阶段。

危机管理者要提高危机应对的效率和效果，降低危机造成的损失，必须在危机回应的过程中遵循一系列基本原则，其中包括积极回应、快速反应、实事求是和全面考量。

（一）积极回应

在危机发生成为既定事实后，危机管理者应以积极的态度对待危机，而不能消极回避危机。这一态度是所有回应行动的前提。指望或相信危机能够自我消弭大多只能成为良好的愿望，其结果只会导致局面的一发不可收拾。从古至今，无数事例证明了这一点。

尽管如此，危机管理组织对待危机的冷漠态度却并不罕见，这可以归结为以下几点原因：第一，危机观念和风险意识的淡漠。意识不到危险及其灾难性的后果，即使在危机发生之后仍旧如此。第二，宿命论或失败主义。有人认为“该发生的终究会发生”，从而被动地接受威胁；还有人认为危机超乎寻常的强大，想要战胜危机是不可能的。第三，与其他活动的取舍。危机回应可能会与组织的日常活动相冲突，营利机构往往会因参与回应却没有可观收益，从而选择将其后置。第四，特殊利益集团的反对。由于它们对危机回应措施的不同意见并施加压力，可能导致危机管理组织的态度转变。第五，责任不清。危机可能涉及不同的地区，参与回应的危机管理组织又不止一个，责任归属的不清也会导致各部门相互推诿。

积极回应不仅要克服对危机的冷漠态度，也要避免重复错误而重蹈覆辙。随着危机回应次数的增多和经验教训的增长，组织对危机的回应能力也应不断提高。一次次的危机经历，应当使人们能够从中获益。但回顾过去，往往发现同样的错误仍然再次发生，尽管导致这些状况的原因比表面现象要复杂得多。人们不仅不能够从应对危机的失误中吸取教训，往往还会忽略自己先前所认识到的不足和缺陷。因此，对危机的积极回应还表现在真正总结吸取经验教训上，重复之前的错误同样也是消极回应。

（二）快速反应

危机的破坏性和连带性，使得危机回应必须快速及时。在危机面前，时间就是生命，速度就是效益。随着时间的流逝，危机的影响范围可能越来越广，危害越来越严重，产生的负面影响也越来越大。因此，快速反应、果断决策、及时行动是危机回应的一条重要原则。

危机发生后，有关部门应迅速到达现场，必要时高层领导应亲临指挥，迅速展开调查，了解事实真相，明确危机发生的时间、地点、原因、人员伤亡、财产损失等情况。在此基础之上，迅速做出危机决策，全力控制事态发展，尽快收拾危机局面，以达到危机回应的时效性要求。同时，防止次生、衍生和耦合事件的发生。

但是我们必须认识到，快速反应往往受到诸多约束条件的限制，完全做到并非易事。首先，决策需要信息，而危机发生后面临的是典型的信息不对称状态，稍有疏忽即可能导致决策失误，而这一后果是不可逆的，也是极其严重的。其次，回应单靠一己之力是不够的，往往需要上级的支持和方方面面的配合，其牵涉的纵向横向部门及条条块块需要组织进行大量的沟通与协调工作。由于体制上的原因，可能也要耗费一定的时间。最后，积极有效的危机处置需要资源的支持，为处置危机调配大批的应急资源，包括专业人员、紧急物资等，同样需要时间。

尽管如此，危机管理者仍应克服重重困难，当机立断，雷厉风行，力争在最短的时间内控制并化解危机，避免贻误最佳时机。久拖不决是危机管理的大忌。

（三）实事求是

实事求是地反映危机，按照危机回应的真实需求采取措施也是危机回应的基本原则。实事求是的一方面在于，要如实地公布危机信息。作为现代追求民主法制的政府，应当尊重民众的知情权和参与权。对民众的承受力和判断力，也应给予充分的信任。因此，当危机发生后，应当通过各种传播媒介向社会发布危机信息，如实公布事实真相，用权威真实的声音占领宣传的主阵地，安抚民心，稳定社会。同时，也能减少民众的疑虑，消除谣言和小道消息的生存空间。如果遮遮掩掩，甚至弄虚作假，一旦被戳穿，则会成倍地加大处置难度，政府公信力更是会化为乌有。事实证明，在现代社会，尤其是进入网络社会之后，封锁危机的真实信息变得更为困难，这是危机回应应当吸取的教训。

实事求是的另一方面在于，应当按照危机回应的实际需求开展回应，切勿死搬硬套或纸上谈兵。人们常常容易陷入这样的误区：制定了应急预案即可高枕无忧，危机发生后照葫芦画瓢就可以了。实际上，这种行为同样属于主观臆断的表现。制定预案是必须且重要的，但仅仅这样却并不足够。如果不与具体发生的危机情势相结合，不被预期的使用者了解和接受，没有必要的资源支撑，或者不是建立在有效假设的基础之上，这些预案就是虚无的。因此，必须以科学严谨的态度分析危机后的真实情况，结合预案制定切合实际的回应计划，根据现实需求获取资源支持，予以优化配置。这样既能够最大限度满足回应需要，符合处置要求，又有利于资源节约和合理利用。

（四）全面考量

危机具有不确定性。面对随时出现的新情况、新问题，面面俱到是不现实的，但至少应将各方面的情况纳入考虑范围，尽量设计全面的回应计划。

（1）全面收集和获取信息。兼听则明，偏信则暗。在危机发生后的初期，尤其要听取和掌握多方面的信息，不可只听一面之词，这是全方位、多角度考虑问题的前提。

（2）全面分析危机的前因后果。根据获取的危机信息，全面分析危机发生的原因，明确源头所在；要充分考虑危机可能带来的影响和后果，包括对哪些部门、哪些群体造成影响，影响的范围和程度如何等。

（3）全面妥善地处理各方关系。在危机回应过程中，可能会涉及不同的利害相关者，包括受害者、目击者、媒体、公众等。危机管理者要针对不同的群体运用不同的方法，开展有针对性的危机公关，照顾好各方的情绪和利益，避免顾此失彼。

（4）全面整合可得资源。危机回应可能涉及不同领域和不同的职能部门。危机管理者应在各种资源支持系统的支持下，有效整合政府和社会资源；在运用行政手段的同时，积极鼓励市场机制和其他方式的运作，共同为危机回应提供资源保障。

第二节　危机的初始回应

为了有效地回应危机，危机管理组织需要采取一系列的即时措施。其中，首要措施就是对所发生的危机予以识别，由此才能向上汇报、横向通报并启动应急机构。之后便需向公众发出危机警告，并随之开展疏散和避难行动，以保护公众的人身安全。

（一）危机识别

在回应危机之前，识别危机和危机风险并予以确认是极为必要的。每种危机的具体表现都有所不同，因此可能需要不同的方法进行识别，如极端天气灾害就要通过气象学家或雷达装置予以识别；也有的危机需要同时运用多种方法才能识别，如台风等。总体来说，危机识别的方法包括以下几种：

（1）感觉。作为危机管理者，需要具有危机的实际经历和经验，如大地颤抖表示地震，目击建筑物着火等。“眼见为实”是识别危机最原始的方法。

（2）现场反馈。很多危机是由身着制服的警察、消防员或其他训练有素的专业人员在现场识别出来的。这也在他们的日常工作职责范围之内。

（3）派遣出警。当危机发生时，几乎肯定会有公众拨打报警电话。一旦接到报告，应急运行中心就会通知警察、消防等有关部门赶赴现场处置。

（4）无线电繁忙。一旦有危机发生，应急运行中心、相关责任部门都会使用应急通信频道进行联络，无线电变得异常繁忙，这可以通过扫描设备得以显示。

（5）新闻媒体。有危机发生时，新闻媒体的相关报道很快就会占据报纸头条；常规的电视节目中会穿插关于地震、台风和其他危机的特别报道；广播节目也会出现危机预警系统发出的警报信息；网络新闻中同样如此。

（6）医院。当为数众多的人出现同一异常症状时，医院就会及时通知危机管理组织和卫生部门，这也预示着可能发生了公共卫生危机。

（7）技术。现代通信和计算机技术有助于识别潜在的危机类别。如卫星对气象灾害的预测和识别，雷达对飓风形成和冰雹的定位等。

无论运用何种识别方法，必须确保危机得到持续的全天候的严密监控，必须确保责任落实到人，这是有效回应危机所必需的。

识别恐怖袭击

2001 年 9 月 11 日，在第一架飞机撞入世贸大楼后，纽约人看见的是烟灰弥漫下的双塔。事件最初被报道为飞行员失误所致，因为从来没有客机撞入过摩天大楼，也没有恐怖分子采取过此类行动。当第二架、第三架飞机陆续而来后，人们才意识到发生了恐怖袭击。当飞机撞入时，一些专业的和业余的摄影师拍下了当时的画面，世贸大楼里的人员也拨打了紧急求援电话。然而，更多的民众还是通过收看电视才知道发生了恐怖袭击。

（二）开始回应

当危机得以识别后，便可启动应急计划。应急计划又称应急预案，是描述危机管理组织如何回应危机的框架性文件。在初始回应阶段，危机管理组织承担着证明事件发生、决定回应次序和管理回应行动等重大职责。具体回应措施包括收集有用信息、通报和联络相关方、开始回应和启动应急预案等，这些回应措施往往是同时进行的。

1. 收集有用信息

危机发生后必然面临着信息不对称的艰难处境，拥有有价值的信息意味着有效的回应行动。需要调查的问题包括：发生了什么；危机是否被证实；后果如何；伤亡多大；财产损失如何；做出回应需要什么；需要克服什么困难；相关部门能否提供支持；需要什么资源；尽快恢复需要什么；有什么意外可能发生；等等。

2. 通报和联络相关方

对在危机回应中扮演重要角色的相关方，必须及时通报与联络。这不仅是回答上述问题的需要，更是规划有效回应行动的需要。首先，应将危机事态向当地主要领导汇报，向相关部门领导通报，以获得公共强制力、资源等方面的支持。其次，也要与应急运行中心、现场应急人员等保持联络，以获知事态发展的最新动态。最后，还要与相关领域专家、专业技术人员等保持联系，以得到不同角度的危机信息。

3. 开始回应

当信息收集较为完整和联络工作基本就绪之后，便可实施危机回应措施了。回应的第一步措施包括派遣工作小组、向公众发出警报、进行人群疏散等。这些措施基于不断抬升的危机等级而逐次强化。不同的危机等级代表的危机严重程度不同，所要求的回应措施也有所差异。如四级台风仅仅要求对天气预报保持关注，而一级台风则预示着完全进入战备状态。

4. 启动应急预案

作为回应行动的一部分，危机管理组织需要适时启动应急预案。应急预案的启动有助于对回应行动进行计划和协调。其中，基于对人员、机构和职能的启动程度不同，又可分为部分启动和完全启动两种。

作为危机管理者，应当明确何种机构必须参与、应当参与和可以参与回应行动。有的机构必须参与回应行动，而有的则只需列席。参与危机回应行动的人员和组织并不固定，而是随着危机事件的性质和事态的发展而变化。

（三）发布警告

危机回应最重要的职能之一就是在危机即将到来或实际发生后，向受灾民众发布警告。警告可以使民众采取措施保护自身的生命和财产安全。大部分警告在危机爆发前发布，即为预警；但也有警告发布在危机爆发后，以帮助人们更好地应对危机。

警告对于公众安全的意义是不言而喻的，它提供了许多危机发生至为关键的信息，如危机何时发生、持续多长时间、严重程度和后果如何、关闭的场所有哪些、对家庭和财产带来的损失可能是多少，等等。

但由于危机带有不确定性，所以警告的准确性并不一定很高。像地震和恐怖袭击等危机很难预测，所以实行了分级预警，其结果是预警频频，甚至失去了警告的本来意义。然而极端天气等灾害类型却能够及时准确地被监测出来，因此这类警告是极为有效的。

当危机即将发生或已经发生时，要保证警告的有效性就必须考虑一个问题，即基于什么来做出警告，比如：是否有迹象表明台风可能形成，危机事件是否得到了官方的证实，发布警告是否得到了上级的批准，等等。

危机警告的手段是多种多样的，包括高技术含量的和最为原始的手段，但却没有孰优孰劣之分。具体途径包括警报器、预警系统、广播、电视、电话、电子邮件、闪光灯、扬声器甚至挨门逐户的通知等。

在考虑使用何种警告方式的同时，还要注意以下几个问题：第一，警告必须清楚，信息必须明确。内容越明确，警告被接受的可能性越大。第二，警告必须重复，持续不断地警告。重复警告比一次性警告的成功率要大很多。第三，警告必须要有可信的来源。一般认为，政府组织的警告比私人组织的警告更可信；危机管理组织的警告比其他组织的警告更可信；信誉好的媒体的警告比一般小报的警告更可信。第四，人们对警告的理解与危机威胁程度、之前的危机经历和社会互动状况有关。警告对危机严重性的描述、之前警告发布的准确性、个人是否经历过危机、邻居们对警告的反应等，都会影响到人们对警告的接受。

"卡特里娜"飓风前的警告

2006年美国"卡特里娜"飓风登陆前夕，路易斯安那、密西西比和亚拉巴马州的危机管理官员使用了多种不同的警告手段告知居民"卡特里娜"飓风的破坏力。市长、州长甚至布什总统都对公众发布了警告。媒体对可能和确定要造成的损失进行了深入详尽的报道。上述三个州都下达了撤离命令，地方官员和执法人员在最危险的地区逐门逐户地进行疏散劝说工作。政府启动了危机预警系统，并以多种语言发布。尽管这样，还是有一些人不愿撤离，原因则多种多样。

（四）疏散和撤离

疏散即为了民众的安全起见，将其从危机发生地或影响区域撤离出来。这是警告发出后或危机发生后的常见做法，目的是减少人员伤亡和财产损失。

疏散包括两类：水平疏散和垂直疏散。前者是对民众的水平移动，而后者是将其从低处移至高处。大多数的疏散都是水平疏散，如从着火的建筑物中撤离，在台风到来前向内陆转移等。而垂直疏散在洪灾或火灾发生时较为常见，其软肋在于如果灾情继续，则还要依赖于水平疏散。

疏散有短期和长期之分。如果危险迅速消逝或危害很小，则民众很快就可以重返家园；如果建筑物遭到毁坏或大面积区域受到污染，则疏散持续的时间会达到数周甚至数月之久；而重大危机灾难则意味着需要数年甚至更长的时间。

1. 做出疏散决定

做出是否疏散的决定往往并不简单，因为疏散可能比就地避难更危险，而且一些危机风险的详细情况变幻莫测，很难掌握。虽然民众的安全是危机管理者考虑的第一要素，但错误的疏散决定也会造成人力、财力、物力的浪费以及抱怨连天等负面影响，并可能给真正需要疏散时开展说服工作带来更大的困难。

因此，决定疏散前应当考虑以下一系列因素：第一，危机风险。当有确凿证据表明危机会造成民众生命和财产损失时，应当组织疏散。第二，决策支持系统的结论。尤其是计算机模拟程序明确推断出危机即将发生时，也应做出疏散的决策。第三，专家和领导意见。这是提高疏散决策合法性的重要因素。第四，明确的时间安排。一旦开展疏散，就应保证整个行动的有条不紊、有序进行。

2. 疏散程序

危机管理者一般遵循的疏散程序包括如下步骤：

（1）做出疏散决策。为此，危机管理者应同上级领导、警察、消防等相关部门和有关专家进行讨论，协商决定。

（2）通知需要疏散的人群。通过警告系统、新闻媒体、各种通信工具和挨门逐户通知等方法，确保目标人群获知疏散信息。

（3）提供疏散指导。民众对何时疏散、所需携带物品、疏散路线、疏散持续时间等事宜并不清楚，因此必须开展相应的指导工作。

（4）解决交通问题。疏散一般会导致交通繁忙甚至全面堵塞，因此有必要为疏散人群解决交通问题，确保快速疏散。

（5）确保被疏散人群服从和安全。一般总会有少数人拒绝撤离，因此要开展对后续者的搜寻、劝说和强制疏散工作，保证民众的人身安全和整个撤离行动的秩序井然。

（6）监督疏散过程。确保每个撤离民众都能得到指导和关照，在民众重返家园时也同样要保证行动秩序。

3. 疏散工具

可用的疏散工具有多种类型，其优缺点各不相同：

（1）徒步。对于酒店、办公楼等建筑物中的民众而言，徒步能够使人们快速撤离危机现场，因此是最为常见的疏散工具。它无须很多的应急人员开展疏散工作，但缺点在于只能在疏散距离较短的情况下才更适用。

（2）汽车。在疏散距离较远的情况下，汽车是较为理想的疏散工具，尤其是对于同一团队或群体的人来说，如学生搭乘班车撤离学校。但它也可能带来较为严重的交通问题，因此，使用这种疏散工具需要进行有效的计划、疏导和协调。

（3）船只。船只主要用于在岛屿和洪水侵袭的区域内疏散人群，它也是在被水围困的处境下最为常用的疏散工具。但在船只和危机管理组织、码头等的通信和联络方面同样存在问题。

（4）直升机/飞机。直升机常用于将人从着火的建筑物顶层撤离，飞机则用于搭载人们撤离孤岛。在受到水火隔离、没有陆地连接或道路、桥梁受损的区域，直升机/飞机也许是唯一的选择。但起降机场区域的天气、地面、空中情况则是这一疏散工具最大的限制条件。

（五）避难

当发动人们疏散和撤离后，必须考虑的重要事宜就是，选择何处为疏散民众安身，这就涉及避难的问题。民众需要短期或长期的住所，因为他们暂时不能回家甚至无家可归；危机响应者和救援人员也需要地方休息。因此，危机管理者应当高度重视危机后的避难工作。从某种意义上说，避难比疏散更为有效，因为危机的突发性导致可能没有足够的时间开展疏散，且疏散过程中存在着种种危险。因此，在很多情况下，就地避难是最为理想、最为安全的选择。

1. 避难的类型

（1）紧急避难。即危机发生后，人们在紧急避难所最多度过一昼夜时间，就会转往其他地方。这种避难所没有配备很好的设施、服务和应急物资，它本身就是为应付第一时间应急之所用，因此并未做长时间和大容量避难的计划。

（2）临时避难。临时避难所可以看作第二个家，或相当于汽车旅馆。它能够提供基本的生活必需品，如水和食物。人们还可以在此洗澡和洗衣服。

（3）临时住所。临时住所可以出租单间或成为人们的流动之家。在这里，人们可以过上基本正常的家居生活，包括储备食物、做饭洗碗等。这种生活甚至可以持续数月之久。

（4）永久住所。这是为危机所迫而采取的长期办法。即在是否能够重返家园尚不得知的情况下，人们在新的地方搭建新居，重新开始新的生活。

2. 避难所的运行

危机管理者应与相关组织和机构合作，共同将避难所建设好、运行好、管理好。地方政府应在避难所管理中承担主要责任，这是市政建设的重要组成部分。在民众进入避难所后，地方政府还要负责做好与民众的沟通与协调工作，保证避难所内的安全和秩序。

除了官方以外，很多非政府组织也在避难所的运行中发挥着不可忽视的作用，如美国红十字会就是国家回应计划中避难这一应急支持功能的牵头机构。志愿者组织由于其在避难活动中的专业优势，也可以帮助地方政府有效地缓解工作压力。

避难所建在何处是一个关系重大的问题。应当选择一个地理位置适合、不易受到危机灾害侵袭的场所，尤其应远离海边、泄洪区和断层带等。

在避难所的运行过程中，要避免出现以下问题：缺少医疗救护、志愿者缺乏培训和基本素质、救援物资分配不公、避难办法朝令夕改、避难人员登记不清、避难人员不服从规定和管理、避难人员或群体发生冲突等。

要保证避难所的运行顺畅，就应当事先评估避难人员的各种需要，保证避难所中电、水、食物和其他必需品的储备，并与其他避难所签订互助协议。此外，还要对避难所的工作人员进行基本培训，并做好标识等对外的宣传工作。

把握好避难所的运行时间也是应当考虑的问题。大多数人肯定希望尽快离开避难所，但总有少数人由于种种原因滞留。因此，避难所往往要持续开放相当长一段时间。总之，当需求减少、危险消除、恢复重建开始时，避难所就完成了自身的使命。

第三节　危机的受害者处置

危机回应的重要内容就是赶赴现场开展危机搜救。医护人员也会提供紧急医疗救助。一些大的危机可能会导致出现重大伤亡，在处置伤亡的同时还要针对受害者出现的精神问题进行心理干预。在处置受害者的过程中，要特别注重对老弱病残等特殊群体的照顾。

（一）危机搜救

所谓危机搜救，是指在危机发生后搜寻受害者，将其从危险中解救出来。搜救是危机回应的重要环节，因为人的生命是至高无上的，只有主动、及时地搜救才可能使受害者的生命得以挽回。具体的搜救工作包括：搜寻受害者，确认受困地点，将受困人员解救出来，提供紧急治疗救助，将人员转移至安全地带等。

1. 危机搜救的类型

危机搜救主要包括以下几种：

（1）乡村搜救。如林业人员进入森林寻找走失儿童或迷路的露营者。

（2）城市搜救。如搜救人员在地震后将受困人员和家庭从受损的建筑物中解救出来。

（3）水上搜救。如水上救援队乘坐橡皮艇，营救屋顶或树梢上的受困人员。

（4）空中搜救。如空中巡逻队出动寻找坠落荒野或大海的失事飞机。

此外，危机搜救还包括雪上搜救、冰上搜救、道路搜救等。

2. 危机搜救的考虑事宜

危机搜救任务繁重且存在危险。为确保搜救顺利，需要事先考虑一系列事宜：

（1）工具和设备。“工欲善其事，必先利其器”。合适且充足的工具设备是搜救工作所必需的。不同情境的危机搜救需要的设备不同，如地震搜救需要起重机，而洪水搜救需要船只绳索。无论何种危机，经常出现的情况是工具设施不足，结果延误了搜救工作。此外，从事搜救工作人员的着装配套也很讲究，一般包括头盔或安全帽、护目镜、面罩、口哨、皮手套、钢钉鞋等。

（2）搜救形势。首先，搜救人员必须对搜救环境有清晰的认知，建筑类型、楼层数量、居民年龄和受困状况等都直接影响到搜救难度。其次，还有很多次生危机影响到搜救工作的进展，如地震后楼房的再次坍塌等，搜救人员应当对此加强防范，谨慎行动。

（3）人员安排。必须保证搜救人员的人身安全并提供水、食物、休息场所等基本工作条件。搜救人员应当以梯队设置轮番上阵。一是避免初期投入过多、可能造成精锐损失过大而导致的后继无人——这是我们从“9·11”事件现场救援中应当吸取的教训；二是保证搜救人员饱满的精神状态，避免因疲惫引起的失误和不必要的伤亡。

（4）时间。危机搜救从某种意义上说就是与时间赛跑，危机发生后 72 小时是搜救的黄金时间。研究表明，第一天幸存者有 80%的生还可能，第二天只剩下 53.4%，第三天只有 34.8%。时间越长，生还的可能性越小，因此必须抓紧时间抢救生命。

（5）医疗救助。将危机受害者搜救出来后，大多需要紧急医疗救助，如输氧、输血、输液、人工呼吸等。搜救人员的医疗知识相对有限，因此必须保证将受害者尽快转至专业的医护人员手中，以使其得到妥善安置。

3. 危机搜救的队伍

随着危机管理的专业化，危机搜救逐渐发展成为一种职业，国外已组建了由消防员、工程师、医生、护理人员和警犬队组成的危机搜救队，每类成员都有相应的技术要求和培训经历。一旦接到出发命令，危机搜救队就立即赶赴现场展开搜救。

危机搜救队装备包括水、食物、包、床铺等后勤物资，药品、静脉注射剂、缝合设备、解剖刀等医疗用品，锯、钻、绳索等器械，以及电台、手提电脑等通信设备。它们装备精良、训练有素、经验丰富、机动性强，是当今和未来应对危机灾难的一支生力军。

但职业的危机搜救队面临的问题在于距离危机发生地路途遥远，赶到后已然错失最佳搜救时机。为此，有必要利用当地民众和志愿者贴近现场、熟悉情况的优势，发动他们第一时间参与搜救。应当引起人们注意的是，如果没有经过培训，他们可能会帮倒忙。因此，要重视对民众和志愿者加强危机知识教育，开展应急技能培训。

总之，职业和非职业人员都是危机搜救队伍的重要组成部分。最好能够实现相互结合，合理分工，如志愿者可以从事简单或配合性的工作，而高难度、挑战较大的任务则交给职业搜救队来完成更为合适。

汶川大地震中的专业救援队

2008 年汶川大地震，震痛整个中国。但面对重重废墟，人们却常感束手无策。在救灾现场，专业地震救援队伍成为稀缺的宝贵资源。

汶川地震救援，凸显专业救援队在救灾中的重要作用。穿着各式救援服，牵着搜救犬，手拿生命探测仪，身背各种救援设备，训练有素的专业救援队员给人留下了深刻的印象。先进的设备为救援的准确性和及时性提供了可靠保证，大大提高了救援效率。

汶川地震救援，也使人们深刻感受到专业与非专业救援队的区别。危机救援不能仅凭一腔热血，而必须具备高要求的专业技能。当众多志愿者由于缺乏经验技能反而使自己成为被救援对象时，更让人们体会到专业救援队在救灾中的特殊作用。

2008 年 5 月 12 日地震发生当天，我国国家地震灾害紧急救援队 187 名队员，携带 2 台专用救援车、1 台指挥车、12 只搜救犬和其他装备器材，迅速集结赶赴四川灾区。17 支省队也陆续赶往灾区开展救援。依靠专业的技术知识和强有力的装备支持，训练有素的专业救援队承担了很多紧急、危险、艰巨的救援任务。

汶川地震救援，也是我国首次在灾后采纳港澳台地区及外国专业人员救援。香港地区、台湾地区、日本、俄罗斯、韩国、新加坡等救援队先后投入到救援行动中来，它们不仅具有先进的装备和技术，也表现出了良好的专业素质和先进的施救理念，赢得了人们的普遍赞誉。

由于总人数偏少，我国国内的专业救援队伍在日渐频繁的严重灾害面前显得捉襟见肘，满足不了繁重的救援需求，这是在汶川抗震救灾中暴露出的一个重要问题。专业救援队伍是我国灾难应急救援体系建设的根本，必须得到进一步加强。

4. 危机搜救的实施

对于危机搜救，必须精心组织实施。具体程序包括如下步骤：

（1）收集情况。如受害者的大致人数，建筑物的类型和年龄，天气状况及其影响，电线、煤气管道等潜在危险。

（2）评估损失。如可从不同角度观察和评估建筑物的受损情况，这又可分为轻度受损、中度受损和严重受损三个等级。

（3）寻求资源。视不同情况请求不同程度的资源支持。

（4）明确优先次序。是立即封楼还是向职业搜救队求援，或者是先进行简单搜救。

（5）制定搜救计划。包括搜救人员、搜救路线、搜救方式、彼此双方的安全保障等。

（6）实施搜救。包括喊话、自下而上和自上而下地搜寻、逐门搜寻、对四周环境保持警觉、仔细聆听人可能发出的一切声响等。

（7）总结评估。评估搜救计划的执行情况，总结经验教训并不断改进。

当找到幸存者后，应尽快将其移至安全地带。在对幸存者给予帮助的同时必须注意，头、颈、背部有重伤的不能随便挪动，须由专业医护人员处置，除非面临即将坍塌等危险处境。

搜救人员应当配备喷漆器，每搜寻一处后都应喷上油漆标志，以免重复搜寻。建筑物正在搜寻的可在正门处喷上“/”，搜寻完毕的喷上“×”。这些细节举措都是实施搜救时应当考虑的，目的是提高搜救的效率和效果。

（二）紧急医疗救助

受伤在危机和灾难中是极为常见的。危机程度对受伤人数影响很大，小的突发事件中受伤人数可能不多，但大的灾难足以导致成千上万的人需要救治；伤者的受伤程度也有很大差异，有的只是表面擦伤，而有的却危及生命。总体来看，伤者的受伤状况是由很多因素决定的：危机大小，人所处的方位，保护措施，以及人的年龄、性别、健康状况等。

不同的危机类型导致的伤害也有所不同。如长时间浸泡在洪水中会造成体温过低，地震可能引起骨折和伤口，火灾会带来烧伤或呼吸道受损，化学品泄漏则可能伤害神经系统等。最常见的危机伤害包括：扭伤、挫伤、挤伤、骨折、烧伤、脑外伤、视力下降、呼吸道受损等。

并非只有普通公众易在危机中受到伤害，救援人员在开展救援活动时同样面临威胁，正如“9·11”事件现场救援中面对死亡危险却无所畏惧的消防员一样，牺牲在所难免，这是其职业性质所决定的。

1. 伤患处置

一般而言，紧急医疗救助首先是由危机现场的应急人员做出的，具备基本的医疗救助知识和技能是对应急人员的起码要求。而在救护车或专业医疗队赶到后，医疗工作就应交由它们全权负责。由于伤患的抬出概率是呈曲线分布的，这就需要大量的专业医护人员和设施不断地提供医疗救助，这对可利用的医疗资源是一个极大考验。

在很多情况下，志愿者会与医护人员并肩战斗，但如果没有经受过专业培训，他们的帮助反而可能会使伤者的伤势更为严重，甚至死亡。因此，这些工作应尽量由专业医护人员来做。由于局面混乱，人手稀缺，某些没有医护资格的人也会参与到救护工作中来，这可能会引起医疗事故甚至医疗诉讼。对此，有必要严格检查其医护资格，相关信息应存档。

在危机救助的过程中，医疗机构也会面临一些挑战。由于不可能将伤患全部用救护车送往医院，很多轻伤者可能会选择自行去医院。如不妥善安排，可能会导致最近的医院人满为患。为此，危机管理组织应当事先安排，统筹协调，并保证医疗药品的正常运转。另外，在危机发生后，某些医院可能也要撤离，需要将伤患一并带走或向其他医院疏散。这时如何保证伤患及时得到救治就是所面临的更大难题。总体来看，伤患处置存在以下困难：

（1）由于道路堵塞，救护车姗姗来迟。

（2）由于缺乏有效设备，医生、救护人员和救护车之间沟通存在困难。

（3）伤患的分配不合理，医疗资源未得到最大化利用。

（4）医疗药品出现短缺，尤其是在危机回应初期。

2. 伤患分类

由于很多情况下，伤患数量远远超过了医疗人员和机构承受的范围，危机管理者需要采取更为系统和有效的医疗救护方式，这就是对伤患进行分类，即在恰当的时间、恰当的地点，提供最恰当的救助。这有助于在有限的医疗资源和条件下，尽可能多地提供救助。

根据受伤程度对伤患进行分类，有助于救护人员和医院确定哪些人是最亟须救治的，而哪些可以延缓。通常将伤患等级分为四种颜色：黑色代表死亡，红色代表需要立即救治，黄色代表可以延迟，绿色代表基本无碍。分类确定后，就可以对伤患分别进行处置。需要立即救治的即刻将其送往医院；可以延迟的等待下一批救治；基本无碍的则等其他人处置完毕后再予医治。

实际中常常出现的误区是：不管搜救出的幸存者情况如何，都直接送进医院予以治疗，其结果不仅造成了医疗资源和人力物力的不必要浪费，还有可能延误更有需要者接受救治。如“9·11”事件中送往医院的人只有16%应当接受救治，可见对伤患分类的必要性。

3. 医疗救助队伍

当大的危机发生后，当地医疗资源可能很快枯竭，这就需要上级政府或其他地区派出医疗救助队伍。很多国家和地区都建立了职业的医疗救助队，包括医生、护士、救护人员、药剂师等相关人员。这些人员平时可以分散，但一旦危机爆发，则应在收到指令后迅速归队赶往救助场所。

医疗救助队应具有在恶劣条件下从事较长时间工作的能力。除了充足的药品和医疗设备外，它们还应具备帐篷、水、食物等基本的生存和生活必需品，以在当地无法提供支持的情况下独立开展救助。为保证医疗救助的质量和效果，所有人员都应具有相关的从业资格证和严格的培训经历。医疗救助队还应定期或不定期地开展演练活动，以提高伤患运输、分配、救治和资源协调的能力。总之，它们在很多危机医疗救助中发挥了重要作用，大大缓解了当地医疗机构的压力。如汶川大地震后，日本、英国、法国、德国、意大利、古巴等国家和地区纷纷向我国灾区派出医疗队，协助开展医疗救助。

（三）重大伤亡处置

大的危机灾难往往伴随着重大伤亡。尽管过去50年来人类由于灾难所导致的伤亡已经大为减少，但重大伤亡仍然无法避免，如1976年唐山大地震导致了至少24万人死亡，2004年印度洋海啸的死亡人数更是高达30万，2008年汶川大地震的死亡人数也在8万以上。因此，危机回应的内容必然要包括如何处置重大伤亡。至于如何界定重大伤亡，是以数字为标准还是参照危机大小而定？我们认为，只要危机带来的伤亡超出了当地的救治能力范围，即可界定为重大伤亡。

重大伤亡给危机回应带来了诸多困难，如死者的身份确认、人数统计等问题。结果，应对危机的过程中往往会在灾难的伤亡数字问题上存在争议。其实，获得准确的数字本身就是一个难题，不闻其名的流动人口太多了，以至于DNA鉴定都不能完全奏效。即便如此，DNA鉴定等现代科技仍是死者确认工作的重要手段，但这需要巨大的工作量以及漫长的等待时间。

死者处置的过程可能会受到诸多影响，如应急人员可能会变得漠视生命或缺失人性，由于死者过多取消葬礼而引起民众的抗议等。对此，应加强对处置过程的管理。总体来看，重大伤亡处置应考虑如下因素：

（1）保护现场。尤其是事故灾难、恐怖袭击等危机发生后，一定要注意对现场的保护，防止对现场的破坏，以利于调查危机发生和造成伤亡的真实原因。

（2）后勤保障。如对死者的运送、整理和保存，均需周密细致的后勤工作。

（3）家庭关怀。如何通知死者家属，他们会有什么样的困难、想法和需要，如何处理，对于这些问题应当尽量帮助解决。

（4）心理问题。无论是死者家属还是应急人员，他们是如何看待死亡的，他们需要哪些支持，怎样才能最好地与之沟通，这些都属于心理层面的问题，但同样不可忽视。

（5）文化与宗教事宜。应考虑不同的国家、地区、民族和宗教在殡葬等问题上的不同习俗，并尽量予以尊重。

（四）心理干预

危机管理者必须意识到，危机不仅使受害者在肉体上受到伤害，还可能带来精神层面的创伤。这种精神伤害往往被称为创伤后应激障碍（PTSD）或重大事故压力（CIS）。创伤后应激障碍是指个体经历突发性、威胁性或灾难性事件之后出现的一组具有一定特征和持续存在的症状群，重大事故压力则是经历重大事故后的紧张症，二者均是危机所带来的一种心理失衡和精神障碍。导致这些症状的具体原因很多，如灾难冲击本身、目睹死伤或面对求救的无能为力等。

1. 心理脆弱性与心理问题

尽管大多数经历过危机的人可能都不会有长期的心理影响，但仍有人会存在一些心理问题。研究表明，有6%～7%的人在一生中要经历创伤性事件，而在这些人当中又有8%～10%的人会出现应激障碍（Patterson，2002）。他们大多是普通民众，但也有应急人员。

对受害者而言，灾难可能会给他们带来重大变故，如失去亲友、财产甚至工作。对很多人而言，灾难还意味着梦想的破灭。而应急人员同样可能出现心理问题，由于职责所在，消防员、警察和救护人员经常要目睹很多悲惨景象。这种场景的重复出现可能会有累积效应，从而延长或加重其心理问题。此外，还有一些人群面对危机时心理更为脆弱，包括：本身就有精神疾病的、在危机中受伤的、老人和小孩、有悲惨童年或创伤性经历的、缺乏社会关心的，等等。

创伤后应激障碍、重大事故压力等心理问题具有一些共同特征，包括体重减轻、易怒、消沉、滥用药物、自责、胸痛、头痛、情绪不稳、失眠、自闭、丧失记忆等。有的特征可能开始并不明显，但随着时间推移变得逐渐清晰；有的特征持续几个星期或几个月，甚至持续数年；还有的特征符合特定年龄，如幼儿常见的尿床、吮指、噩梦，青少年的叛逆、逃学等。总之，不管这些特征的持续时间和类型如何，都给人们的正常生活和工作带来了极大影响。

2. 对心理问题的治疗

由于心理问题对人们的影响严重，必须由专业人员对患者及时开展治疗，即创伤后应激晤谈或重大事故压力管理。晤谈的目的在于减轻重大事故对人的心理影响，以及在心理问题出现之前开展心理恢复。

有效的危机管理者应当采取措施，将重大事故压力的危险降至最低。在危机回应的过程中，危机管理者应当有意识地注意危机的心理冲击；意外事件是产生心理创伤的危险渠道，必须尽量防止意外发生；救援现场多安排几次休息也可缓解心理高压；还应准备充足的清水，避免食用咖啡因和糖等兴奋类食品。危机管理者还应能够识别心理问题的出现。人的行为举止的变化即是心理问题的重要反映，如果应急人员在救援现场出现异常行为，应立即使其休息，静待观察；如果仍持续异常，则要安排其治疗。

在救援过程中，应当对应急人员的心理保持持续关注。在救援现场，小组是最基本的行动单位，在各小组中应派专人负责监察本组成员的行为举止，对出现的怪异行为或莫名变化及时报告。救援行动结束后，也可针对应急人员开展减压活动，如在事后3～12小时内召开非结构化的短会，通过畅所欲言达到心理舒缓的目的。当然，受到心理影响较大的人员参会即可，并非所有应急人员都须参加。所有这些都能够防止应急人员心理问题的出现或进一步恶化，但正式的晤谈仍是必需的。

所谓创伤后应激晤谈，就是与危机受害者就其遭遇和感受进行集中式的讨论，这一般应在危机后三天内进行。在晤谈中，受害者被要求详细讲述危机的发生与来龙去脉；心理治疗学家应将受害者的种种错误想法扭转过来，使受害者将精力关注于对事件的正常反应，并对之进行放松训练。提问和评述是心理治疗学家通常选择的最佳方式，当然，也不会强迫受害者回答。晤谈的步骤包括七步（Mitchell，1988b，p. 46）：

（1）介绍。晤谈小组的成员做出声明，接下来所讨论的均会严格保密。

（2）事实阶段。要求受害者描述危机现场所发生的情况。

（3）思考阶段。要求受害者回忆当自己的本能行为停止后自己想了些什么。

（4）反应阶段。要求受害者描述整个事件过程中最糟糕的是什么。

（5）症状阶段。要求受害者描述在不同时间段所感受的压力状况。

（6）辅导阶段。告诉和帮助受害者如何处理与减轻压力，包括这种压力与常态下的压力有何不同。

（7）善后阶段。即在晤谈之后跟踪调查受害者的恢复情况。

3. 心理治疗的要素与困难

事实证明，心理治疗对于危机后的心理健康是极为重要的，但这也取决于治疗的方法与过程。有效的心理治疗需要以下四个要素（Barnett-Queen 和 Bergmann，1989，p. 15）：

（1）信息。如果治疗人员具有更多关于创伤、后果及处置技巧的信息，则有助于开展心理治疗；受害者同样如此。

（2）支持。受害者往往感到孤立和无助，如果更多地得到家庭或同伴的支持，他们会对心理治疗的结果及未来的生活更为乐观。

（3）自由讨论。与人交流与沟通是心理治疗不可缺少的因素，因为沟通能够使人得到关注和支持；与他人分享经历、互通有无也有助于更好地理解危机、理解生命、理解生活，从而推动心理恢复。

（4）技巧。有效的技巧也是心理治疗不可忽视的重要因素。

尽管成效显著，但心理治疗不可能总是成功的。研究表明，心理治疗和心理恢复之间并没有绝对的必然的联系。开展心理治疗至少面临着以下四种困难（Barnett-Queen 和 Bergmann，1989，p. 15）：

（1）认为寻求心理帮助不光彩。比如这可能会被他人认为不够坚强；如果身为应急人员，甚至还会被认为不够格。

（2）寻求心理帮助者可能会怀疑自己是不是不正常，为何别人没有这些问题。

（3）心理治疗较为昂贵。在我国，心理治疗的费用一般为每小时 50～150 元，甚至更高。在美国，一小时的心理治疗费用甚至高达 40～120 美元。

（4）某些受害者隐藏了自己的真实感受和想法。

总之，有关心理治疗的问题由于其复杂性一直在学界争论不休，尚待进一步研究和探讨，而危机管理者有责任对此保持关注。

汶川大地震后的心理干预

1976 年唐山大地震时，心理创伤并没有被当作课题加以重视，而 30 多年后的汶川大地震，心理干预与抚慰在中国被放在了前所未有的重要位置上。

2008 年汶川大地震发生后，卫生部及时发布了《心理危机干预方案》和《紧急心理卫生干预指导原则》，指导当地开展心理救援；教育部组织编写通俗易懂的有针对性的心理自助手册，免费向受灾学生发放；各地纷纷组建由心理咨询专家和心理医生组成的心理危机干预医疗队赶赴灾区，为灾民提供心理干预；解放军也派出心理救援队，赴灾区执行心理应激干预任务，并为救灾的部分官兵开展心理恢复，这是解放军历史上首次派出专业心理救援队；大批志愿者汇集灾区为灾民提供心理抚慰和心理疏导，中国红十字会心理救援队还为志愿者进行灾后心理危机干预相关知识的培训；心理学家和心理医生亦关注到电视机前未到灾区的普通民众，呼吁他们同样要重视心理恢复和情绪疏导；各地对从灾区返回的志愿者、武警官兵、新闻从业人员以及从灾区转移来救治的受伤群众，也开展集体的心理干预。

《洛杉矶时报》评论说，这一次的灾难刚刚发生后，中国政府就开始着手心理健康的问题，并指出"中国政府充分认识到灾民的心理问题，并从近期的灾难中迅速学习，与过去相比，这是一个巨大的改变"。

（五）特殊群体照顾

在危机面前，不同人群的应对能力是不同的。由于身体、心理、经济等方面的影响，总有一部分人不能及时有效地对危机做出回应，因而更容易受到伤害。具体来看，原因包括地理位置、居住环境、职业性质、社会地位、文化习俗，等等。

这些在危机中易受伤害或自身危机应对能力较差的人群被称为特殊群体，也基本等同于我们所说的弱势群体。在危机发生后，由于自身的特殊性，他们需要更多的资源和帮助。作为危机管理者，必须能够识别典型的特殊群体，并采取措施尽力满足其需求。典型的特殊群体包括老年人、儿童、妇女、残疾人、贫困者、少数民族、游客等。

（1）老年人。由于年事已高，身体虚弱，老年人在危机中更易受到伤害。实践表明，65～74岁的老年人在危机中受伤的比例比其他任何年龄段的人群都要高。高温或低温天气会使老年人受到额外影响；危机可能会中断老年人的日常用药；老年人行动不便，在疏散中需要帮助；有限的退休金可能使其缺少应急资金；等等。所有这些原因都使老年人成为危机回应中需要特殊照顾的群体。

（2）儿童。与成年人相比，儿童在危机中更易受到伤害。首先，他们更易受到身体的伤害。因为年幼，他们对危机了解甚少，因此当危机发生时，他们不能像成年人那样迅速果断地采取行动。其次，他们更易出现心理问题。研究表明，灾难事件可能会在儿童心中留下阴影，甚至影响其一生。因此尤其要注重对儿童进行危机后的心理干预。

（3）妇女。与男性相比，妇女应当得到特殊照顾。其原因在于：第一，社会地位。在很多国家，女性的地位仍明显低于男性，这使妇女面临更大的风险。第二，母亲的角色。母亲总是将孩子的安全放在首位，甚至不惜个人安危。第三，心理问题。女性的心理相对更为脆弱，因此更易出现心理问题。第四，危机后的骚乱。由于危机后秩序不稳，女性更易成为此类事件的牺牲品。

（4）残疾人。这包括身体残疾和心理残疾。在危机应对中必须着重关注残疾人的问题，保障残疾人的权益。即使在日常生活中，残疾人也会遇到诸多不便，比如上下楼的问题，这在危机疏散时更是不可想象的。因此，一旦危机发生，需要应急人员或热心人士向残疾人伸出援手。盲人、聋哑人或其他类型的残疾人也需要得到更多的特殊照顾，以理解危机警告，从而得以安全疏散撤离。

（5）贫困者。贫困者之所以也是特殊群体，原因在于缺少资源。很多贫困者住在危房或根本没有达到建筑质量标准的建筑中，从而更易成为灾难的牺牲品；由于贫穷，他们在危机发生后无力重建家园，恢复新生；由于受教育程度不高，他们难以和官方危机管理组织进行有效的配合与互动，从而难以获得更多的援助。因此，有必要在危机回应中更多地考虑和照顾贫困者利益。

（6）少数民族。民族问题是也是危机管理中需要考虑的重要问题。在危机回应过程中，少数民族可能面临一些特殊困难，存在一些特殊需求，因此也属于特殊群体。第一，居住环境。一些少数民族还住在较为原始的村落中，很难抵御危机灾难。第二，自身行为。由于种种原因，少数民族可能对危机风险不甚敏感，也不愿意疏散撤离。第三，外在歧视。在危机回应过程中，少数民族可能会受到一些歧视性待遇。第四，风俗习惯。如有的少数民族饮食习惯有其特点，这也应在灾后救助中予以考虑。

（7）游客。游客虽不属于弱势群体，但也是危机应对中要考虑的特殊群体。其原因在于，风景优美的地方风险亦大，毫无挑战之处往往平淡如水。因此，大多数游客的目的地都位于危机高发地带，如雪山、峡谷、森林、海滩、孤岛等。一方面，游客对当地环境较为陌生，不知道如何有效地保护自己；另一方面，这些地方本身就难以有效施救。此外，还存在着语言障碍、如何与其家人联络等问题。游客在危机中遇险的事例举不胜举，如印度洋海啸的遇难者中就有大批游客，对这一问题应当引起重视。

除此之外，还有一些特殊群体应纳入考虑范围，如监狱犯人、住院病人等。值得一提的是，很多人往往同时具备多重角色，如贫穷的老年妇女，对这部分人更应予以关心和照顾。

为满足特殊群体的需求，危机管理者应当识别所辖范围内的特殊群体；处置危机时要体察特殊群体的难处，考虑到各类特殊群体的不同需求；保证对特殊群体所需资源的供给和支持，确保一线应急人员对特殊群体的特殊照顾；与特殊群体及相关社会组织加强沟通等。

“卡特里娜”飓风中的特殊群体

“卡特里娜”飓风极好地诠释了特殊群体在灾难中的弱势地位。由于无法从洪水中撤离，妇女和儿童大量伤亡；贫穷的非裔美国人没有车辆转移，只能四处寻找避难所；由于缺乏帮助，医院里的病人和养老院的老人即使得到了警告，也无法自动撤离；监狱里的犯人乘坐巴士向其他城市转移，由于协调不善，致使一部分犯人乘机逃跑；一些居民不愿舍弃自己的宠物，因而不愿撤离。所有这些情况都说明，在危机回应中更应考虑和照顾特殊群体的利益。

第四节 危机的参与者管理

一方有难，八方支援。为确保秩序和有效性，危机回应还包括对诸多参与方的管理，如媒体、捐赠方和志愿者等。尽管它们的参与对于尽快解决危机大有助益，但对这些参与方的管理也存在着诸多挑战。因此，危机管理者应当明确各方的优势和不足，并将其纳入有效管理，这是危机回应的重要使命。由于媒体管理将在危机沟通一章中详细阐述，此节只对捐赠管理和志愿者管理展开讨论。

（一）捐赠管理

危机发生后，四面八方的组织、群体和个人会积极向受灾地捐款捐物。之所以出现这一现象，是因为：第一，有过危机经历的人曾经亲身体验危机的伤痛感受，因此愿意通过捐赠向受害者伸出援手，支持其渡过难关；第二，受灾地附近的人目睹了危机的惨痛景象并深受震撼，愿意力所能及地提供帮助；第三，通过政府宣传、媒体报道等渠道，更多的人获知危机发生，并向受害者积极捐赠。常见的捐赠物品主要包括：金钱、食品、药品、衣物、单人床、睡袋、帐篷等。

1. 捐赠同时带来的难题

实践证明，捐赠可以大大满足危机发生后的物资需求，是在较短时间内解决资源短缺的有效途径。但与传统上人们所担心的捐赠不足形成对比的是，过多的、多余的捐赠也可能给危机管理者带来诸多困扰。首先，面对大量的捐赠物资，需要知道哪些地方最为缺乏和急需应急物资，而哪些地方的应急物资已经足够。其次，从运输、储存到发放，每个环节的工作量都很大，按照捐赠物资的类型、大小、用途等进行整理极为费时费力。再次，捐赠物资的质量也是一个问题。在现实中，很多捐赠物品的质量不合格，尤其是食品药品过期，严重危害人的健康和安全。最后，捐赠分配不合理。如大量衣物被捐往热带地区；捐赠物品对于某些少数民族而言不适合；某些人群不能使用某类捐赠物资；等等。

“9·11”事件后的捐赠风波

“9·11”事件发生后，人们化悲痛为力量，很快投入到深入开展的捐赠活动中来，包括献血，为应急人员提供水、食物和救援设备，为应急运行中心重建捐赠计算机、电话、传真机和其他硬件，向现场捐赠灭火器、起重机等。美国红十字会还欢迎通过现金、支票和信用卡等方式进行捐款，58%的美国公民都参与了捐款。截止到2001年10月31日，美国红十字会已募捐到5.43亿美元。虽然要求停止捐款，但捐助仍然源源不断。到2002年6月，又收到了4.24亿美元捐款。据统计，“9·11”事件后，美国红十字会共收到捐款13亿美元，这笔钱亦被称为“自由基金”。

由于数目巨大，美国红十字会决定将其中的一部分用于未来的危机援助和应对。然而，这很快召来了媒体的批评和捐赠者的抗议，认为这一举动属于滥用捐款，所有捐款都应用于“9·11”事件的受害者。迫于压力，美国红十字会只好改变决定，将半数捐款用于补助受影响的家庭，支付受害者一年的生活费，剩下的则用来聘请钟点工以帮助有需要者。

按常理说，将捐款用于未来危机的预防和应对并无不当，但捐款者只想将钱送到受害者手中。美国红十字会由此名誉受损，教训颇深。这也从一个侧面说明了，捐赠活动需要加强管理，以使整个过程公开透明、接受监督、顺应民意。

2. 如何加强捐赠管理

如前所述，捐赠活动容易出现各种问题，因此需要加强管理。所谓捐赠管理，是指对捐赠物资和款项的接收、整理、储存和分配等全过程的管理。加强捐赠管理主要包括以下几个方面：

（1）加强捐赠管理的最好办法，即事先开展详细的需求评估，根据需求接受捐赠，从而既满足了需求，又不造成资源浪费。

（2）捐赠管理的另一方法是，对可能获得的捐赠做好准备，且在物资短缺问题基本解决后，更倾向于接受捐款。因为捐赠物资可能造成物资堆积，而接受捐款可以根据实际需要购买所需物资。

（3）与捐赠者进行充分沟通，使其了解捐赠物资或款项的用处，避免关于其使用出现意见不一甚至纷争。

（4）捐赠管理的有效途径即与非营利组织进行合作。由于自身性质，非营利组织在捐赠方面独具优势，应当与之进行密切交流与合作。

（5）运用计算机程序对捐赠需求、捐赠方信息、捐赠数量、堆放地点等进行跟踪了解，技术的运用有助于实现有效管理。

（6）培训合格的捐赠管理人员，使其具备联系捐赠源、安排储存场所、组织货物装卸、协调物资发放等相应能力，还要具备细心和注重细节的品质。

汶川抗震救灾中的捐赠管理

2008年汶川大地震发生后，全国各族人民、港澳同胞、台湾同胞、海外华侨华人以及外国政府、国际组织和国际友人慷慨捐助，为抗震救灾提供了大量资金和物资，总计数百亿元。面对如此庞大的捐赠数额，如何管理和使用就成为众所关心的重要问题。

为此，国务院办公厅专门下发了《关于加强汶川地震抗震救灾捐赠款物管理使用的通知》，要求本着自觉捐赠、不得摊派；尊重意愿、专款专用；统一规划、突出重点；公开透明、加强监督的原则，管好用好救灾捐赠款物，切实保护捐赠人、受赠人和灾区受益人的合法权益。

规范救灾捐赠款物接收管理，保证捐赠工作有序进行。各级民政部门、各有关部门、各级红十字会、慈善会、公募基金会和其他社会组织应按照相应要求开展工作。捐赠接收部门和单位要依照法律法规和政策，规范工作程序，明确纪律要求，建立责任制度。

加强规划引导，合理有效使用救灾捐赠款物。民政部要会同有关部门定期向接收捐赠的部门和单位及社会公布需求信息。救灾捐赠款物要在各级人民政府的统一协调下合理使用。对管理费用也有严格的规定。

完善统计和信息公开制度，增强救灾捐赠工作透明度。从中央到地方，各级民政部门、红十字会、慈善会都要按照要求做好统计和信息公开工作。

建立部门协调机制，加强对救灾捐赠工作的监督检查。民政部门、公安司法部门、审计财政部门、监察部门、新闻媒体要加强监督检查，形成合力。捐赠接收部门和单位也要加强内部监管，自觉接受各方监督。

资料来源：《国务院办公厅关于加强汶川地震抗震救灾捐赠款物管理使用的通知》，2008-05-31，见 http://www.gov.cn/zwgk/2008－05/31/content_1001129.htm。

（二）志愿者管理

在危机发生后，很多民众不仅以捐赠的形式表示支持，还投入时间和精力直接参与到危机回应行动中来。根据美国红十字会的定义，志愿者就是那些在实现某一任务的过程中贡献出自己的时间与服务的社会成员；他们关注的不是获得报酬或奖励，而是希望自己的行动有益于社会，从而获得成就感。因此志愿者的工作是一种非市场的行为，对志愿者的组织、培训和使用可以在相当程度上解决危机应对中人力不足的问题。

一旦危机发生，往往在应急人员赶到之前，就有人在现场开展救援。这些人完全是出于自愿，不求回报，因此被称为自发的志愿者。他们中可能有人具备某项技能，如下班的警察、医生、护士等，这对于危机救援是极为有益的；但也有可能是没有经过培训的普通人。还有相当数量的志愿者是组织化的，如红十字会人员。这类志愿者具有一些共性特征，如有过危机救援经历、妇女和退休人员较多等。无论志愿者的职业背景如何，他们都对参与危机回应极富热情。

志愿者在危机回应中能够发挥巨大作用，在如清理现场、抢救伤员、维持避难所秩序、整理捐赠物资、分发物品等工作中，都能看到志愿者的身影。美国联邦危机管理局曾如此评价志愿者：他们参与危机管理的全过程；最早到场，最迟离开；深得民众信赖；以社区为基础；具有弹性；富有创造力；拥有资源；是政府的补充力量（FEMA，1999）。

1. 使用志愿者面临的困难

尽管志愿者的作用显著，但也给危机回应的过程带来诸多困难：

（1）缺乏技能。对于志愿者而言，缺乏危机救援所需的培训和相关技能是其最大的软肋。尽管热情高涨，但如果不具备抢救伤员、使用设备、处理捐赠等基本能力，就会严重制约其作用的发挥。

（2）人数众多。由于志愿者人数众多，每人都要提交相关材料，审核材料、分配任务的工作量很大；各自的背景、知识、观念等又存在较大差异，如何协调使其统一认识、协同配合变得更为困难。

（3）安全隐患。志愿者也会带来额外的不安全因素。冲在危机救援的最前沿会使志愿者面临极大的危险；救人心切但缺乏技能更是会使受害者受到进一步的伤害。

（4）挫折感。当志愿者目睹求援却由于种种原因无法成功施救时，他们往往容易自责并产生挫折感，甚至向媒体抱怨未得到应有的重视和利用，从而引起公关危机。这在诸多重大危机的回应行动中屡见不鲜。

2. 如何加强志愿者管理

志愿者参与所带来的问题尽管繁多，但并非难以克服，这需要在危机回应前后加强对志愿者队伍的管理。加强志愿者管理的好处是显而易见的：应急人员能够专注于自身职责而无须分心；整个应急救援行动将更为迅速有效；志愿者参与将成为公民参与危机管理的典范；等等。

志愿者管理的要素主要包括需求分析、工作描述、招募、分配、培训、监督和评价等一系列工作环节。

（1）需求分析。

在吸纳志愿者参与之前，危机管理者首先要确定对志愿者的需求。首先，考虑危机管理组织的任务。特定任务及完成情况将直接影响志愿者的使用。其次，检视当前人力资源的使用情况，确认人员匮乏的岗位。哪些工作由于没有足够的时间或人员而被耽搁？哪些好的思路由于同样的理由被搁置？哪些任务会因为增加人员而完成得更好？最后，列出需要开展的工作、所需的知识和技能以及需要提供的资源如设备、办公场所等。

当为志愿者们设计工作时，需要注意的是其工作不仅要满足组织的需要，而且也要满足志愿者的需要。志愿者的需要包括为社会贡献自己的力量和在工作中与他人交往的愿望、对工作本身的兴趣和学习新技能的目的等。让工作时间灵活和增加工作者的阅历是吸引志愿者的有效途径。

（2）工作描述。

在完成需求分析之后，下一步便是为已经确定的每一个岗位进行工作描述。工作描述应该尽可能详细，并且以文件的形式列出。工作描述的具体内容包括：

第一，工作目的。这一工作如何帮助危机管理组织完成组织使命。

第二，工作内容。志愿者的主要任务是什么，还会有哪些临时的任务。

第三，工作资格。此项工作需要哪些知识和能力，志愿者是否达到所需的资格水平。

第四，工作时间。此项工作需要多长时间，是仅限于危机期间还是将长期延续下去。

第五，向谁负责。志愿者应该向危机管理者还是其他志愿者汇报工作。

第六，工作支持。志愿者是独立开展工作还是依赖组织中的其他人。

第七，发展机会。能否为其工作提供正式的培训。

（3）招募。

招募志愿者是志愿者管理中的关键性步骤。招募工作可以分为广泛招募（broad-based）和特定招募（targeted）两类。广泛招募适用于招募大量的不需具备特定技能的志愿者，如当需要大量志愿者去加固河堤防止决口时就可以采取广泛招募的形式。广泛招募可以通过大众媒体向公众发布招募信息，以号召的形式鼓励公众从事志愿活动。特定招募适用于招募具有特定技能的人员从事志愿工作。与广泛招募不同的是，特定招募一般通过特殊的媒介来进行，如各种行业协会或关系圈。从效率来看，特定招募往往比广泛招募效率更高。

招募志愿者需要预先制定招募战略。制定招募战略的手段主要包括：第一，获取所要招募的志愿者的信息。第二，扩大与志愿者接触的途径，比如商业和社区网络等。决定采用何种招募形式是招募战略的重要内容。在选择一个或多个媒体发布招募信息时需要考虑：根据人群的特点来选择媒体，确保媒体覆盖到尽可能多的目标群体；根据预算的多少来选择媒体，确保开支不超过预算范围。

在确定了招募对象和招募地点后，下一步就是撰写招募信息。所要招募的志愿者类型和所采用的媒体形式都会影响到招募信息的写作。无论采用的媒体形式如何，招募信息在结构上都应包括以下要素：一个能够吸引公众注意力的开头；当前面临的主要问题是什么；志愿者如何满足组织的需要；公众能否胜任这项工作；从事这项工作可以收获什么；报名参加的联系方式；等等。

红十字会志愿者招募信息一则

也许您的工作不愁报酬、环境很优越、也很轻松，但这却是所有不计报酬工作中最值得您去做的。

每年都有火灾、洪水、龙卷风和其他自然灾害袭击成千上万的家庭，而有一些就发生在您的身边。生活被永久地改变了，许多人失去了自己的家园，甚至生命。

> 我们不能改变历史，但是在您的帮助下，我们可以尽力去改善那些受害者的生活。
>
> 并不是所有人都能从事这项工作，它需要承担义务，它需要接受培训。但是如果您有健康的体魄，并且愿意帮助别人，您就能成为一名红十字会志愿者。
>
> 您能够为社会贡献自己的力量，您能够帮助身处困境中的人们，当灾难来临的时候，您需要做好准备。详细信息请垂询红十字会办公室。
>
> 资料来源：American Red Cross，*Become a Red Cross Disaster Volunteer*，http://www.redcross.org。

（4）分配。

分配志愿者到合适的工作岗位上需要经过以下两个过程：筛选和面谈。

所有的志愿者都应接受某种程度的筛选以保证他们能够胜任工作，筛选的力度由志愿者所申请的岗位的风险决定。志愿者工作可能存在的风险包括：在无人配合与监督的情况下独立工作；和易受伤害的人群如儿童、老人和残疾人等接触的程度；工作中经手现金；工作需要驾驶交通工具；志愿者身体受伤害的风险水平；等等。

面谈也是筛选的工具之一。在收到志愿者申请后，就应该尽快地组织面谈。面谈时，面谈者既要向申请者详细说明情况，也要确定申请者能否胜任申请的工作。应当组成一个面谈小组，而不是只有一个面谈者；尽量采用开放式的问题。

（5）培训。

志愿者被正式录用之后就要接受岗前培训。精心策划的培训对于志愿者的工作绩效是至关重要的，通过培训可以有效地自我保护、减少伤亡、避免诉讼。

志愿者培训一般从熟悉情况开始，主要是熟悉危机管理组织和特定工作的情况，包括组织任务、工作流程、权利义务、直接上司以及可获得的资源支持等。这些内容可以通过开会的形式由领导、专家或先来的志愿者向其说明，也可以通过发放手册的方式让其了解。最好是采取一帮一的形式，为每一个新招募的志愿者安排一位有经验的指导者。

对志愿者的培训不仅仅包括让他们熟悉情况和了解信息，还要教授他们掌握必备的工作技能。这又分为普通和特定两类。普通培训包括培训那些在各种工作中普遍应用的技能，如交流沟通技巧、人际关系技巧、团队组织能力、决策能力、领导和监督能力等。特定培训是培训志愿者掌握完成特定工作所需的特定技能，如在恶劣天气下准确辨别方位的能力。培训应当是有组织、有计划的行为和一个持续的过程，因此有必要建立日常的培训记录，以便于随时掌握受训人员的情况。

（6）监督和评价。

监督可以促使志愿者成功地开展工作，并确保任务的完成。一个有效的监督者应该做到：适当授权、建立绩效考核标准、有效地与下属交流看法、帮助下属拓展能力、善于倾听他人的意见、能够给出建设性建议、认可他人的贡献等。

表扬是监督的一个重要内容和手段，因为它可以有效地保持志愿者的热情，也可以消除志愿者的不满情绪，化解可能出现的矛盾。表扬可以以非正式的形式做出，也可以采取开会等正式形式。为了使表扬达到预期目的，应当做到诚恳、适时、一视同仁、方式灵活、得到最高领导同意等。但表扬仅仅是增强志愿者满足感及其自我实现的一种途径，其他方法还包括：确保工作与志愿者的能力和兴趣相符合；为志愿者提供工作所需的资源和条件；让志愿者及时看到自己的工作成果；帮助解决志愿者的后顾之忧等。

对志愿者的评价同样可以起到激励作用。积极正面的评价可以为表扬提供理由，向他们指出需要改进的地方则有助于其做得更好。为了保证评价顺利进行，需要建立一个相互信任的氛围；从其长处开始讨论，逐渐转移到不足之处，并辅以例证说明；仔细倾听志愿者的意见，与之充分交流。组织可以采取正式的评价方式，也可以通过阶段性的观察或不定期的聊天形式。对于评价过程应当记录在案，注意保密；且应做到公正评价，对事不对人。

汶川抗震救灾中的志愿者管理

2008 年汶川大地震发生后，全国各地的志愿者纷纷奔赴灾区，以满腔热血投入到抗震救灾的志愿服务中，几乎在灾区的所有角落都活跃着志愿者的身影，他们在抗震救灾过程中发挥着重要的作用。但在肯定成绩的同时，我们也应该看到志愿者工作及管理中存在的一些问题。

志愿者缺乏统一协调，各自为政的现象较为严重。不同来源的队伍及个人自行在灾民安置点中开展工作，缺乏最基本的协调与沟通，导致发放物资、心理疏导等工作难免重复或疏漏。

很多志愿者的服务对象和工作内容不明确，根据具体情况分派任务，哪里缺人手就顶上，工作盲目性较大。

志愿者的水平参差不齐，接受过系统、专业训练的少之又少，导致大多数志愿者停留在简单的表面工作，如搬运物资、打扫卫生等，而无法提供更多深层次的帮助。

志愿者的流动性大，无法定岗定职，大多数人不可能长期坚持并制定中长期的、持续的、阶段性的工作计划，而后续的恢复重建更需要志愿者的积极参与。

志愿者中有很多是在校学生，这些年轻人对于志愿工作非常热心，但却常常控制不好自己的情绪，对组织调配不满意时甚至单独行动，影响了组织管理和整体效率。

对于志愿者参与救灾暴露出来的这些问题，必须认真对待，切实解决。例如明确以团组织为主，其他相关部门配合的志愿者管理主体；加强对志愿者的日常培训，提升相关救援技能；做好灾后现场对志愿者的遴选、分配和管理工作等。

第十章　危机的恢复与重建

当危机局势得以控制，不会再对生命和财产造成大的损害时，就进入了危机管理的下一阶段——危机的恢复与重建，此阶段将一直持续到所有系统恢复或基本恢复正常状态之时。从恢复的对象和内容来看，危机恢复可分为物质恢复、经济恢复、心理恢复、业务恢复等。从过程上来看，危机恢复可分为损失评估、短期恢复、长期重建三个阶段。

损失评估是危机恢复的首要内容，也是开展后续恢复与重建的基础。危机管理者应当克服损失评估的困难，并遵循一般的评估步骤，以掌握危机带来的损失情况。损失评估的目的是为短期恢复提供依据，短期恢复包括现场安全与秩序维护、基础设施恢复、废墟管理等，主要任务在于满足危机受众的紧急需求，并为长期重建做准备。长期重建包括一系列周期较长的恢复活动，应当与危机疏缓、危机准备、危机回应等危机管理的其他阶段结合进行。

影响恢复与重建的因素，恢复与重建的假设、困境和对策等，也是危机恢复与重建需要考虑的基本问题。

第一节　危机恢复与恢复管理

（一）危机恢复的概念

危机恢复就是危机得到有效控制之后，为了恢复正常的状态和秩序所进行的各种善后工作。一般而言，在经历危机之后，个人、组织甚至社会都会受到一定的冲击和影响；但这也为危机承受者提供了一次重生的机会。通过重整资源、改善脆弱性，去旧纳新，不仅能够重现活力，还有可能比危机发展得更好。因此，危机恢复阶段同时也是机遇期，是实现危机管理目标的落脚点，在整个危机管理过程中占有非常重要的地位。

有人认为，危机恢复的目标和任务就是恢复到事前状态。仅仅如此是不够的，危机恢复不是简单地恢复过去，而是要在过去的基础之上吸取教训，有所提升，这样才能避免重蹈覆辙。在恢复过程中，不应只注重物质层面的恢复进展，还要明确哪些组织、群体和个人存在哪些困难，并提供资源帮助他们恢复，采取疏缓措施降低其自身的脆弱性，这对于在危机中重获新生有重大意义。

危机恢复的对象主要是资源。第一，人力资源。包括人的生理康复、心理和人格特征的恢复。第二，物质资源。如土地、建筑、设施、车辆、农作物、畜牧业、生活必需品等。第三，财政资源。包括现金、股票、债券、存款、保险等，这些一般通过无偿援助、贷款、抵押等方式获得。不同的组织和个体所拥有的资源及受损程度是不同的，因此实际面临的恢复需求也有所差异。

对于个人而言，危机恢复既是生理上的，又是心理上的。受害者需要接受身体治疗，尽快恢复身体健康；而更为艰巨的是心理康复。面对亲友的逝去或危机带来的惨痛记忆，需要一段时间走出阴影，积极地面对生活；甚至还需要专业人员开展心理干预和心理治疗，帮助受害者恢复心理健康。

对于社会而言，危机恢复既是物质上的，又是精神上的。大多数危机都可能造成重大的物质损失，包括对基础设施、公用事业和其他方面的破坏，尽管有些危害在短期内不甚明显。因此，危机恢复的重要任务就是对受损物质进行修复和重建，使其能够重新投入使用。然而，危机恢复不仅局限于物质层面，还应包括“软环境”的恢复，如民众对未来生活的信心、生存空间和氛围等。只有整个社会在精神层面恢复正常，焕发出新的生机与活力，才能称得上是从危机中真正恢复过来。

（二）危机恢复的类型

按照恢复的对象和内容，可将危机恢复分为物质恢复、经济恢复、心理恢复和业务恢复四类。

1. 物质恢复

物质恢复主要是指衣、食、住、行等日常生活起居的恢复。在危机状态下人的休闲娱乐是可以牺牲的，但基本的生活需要必须得到满足。因此，最首要的危机恢复就是物质恢复，而又突出表现为住房恢复。一方面，房屋在危机中极易受损，尤其在地震、洪水、暴风雨等自然灾害的冲击下，房屋往往出现不同程度的损坏甚至坍塌。另一方面，房屋又是民众基本生活的基础，是恢复正常生活不可或缺的环节。因此，满足民众的住房需求，就成为灾后物质恢复最重要的任务。

住房恢复工作可能会遇到诸多难题。第一，房屋修复或重建的价格不菲，受害者又往往是中低收入者，无力承担高昂费用，此时就需要政府予以援助或保险赔偿。第二，房屋修复可能存在质量问题，必须对此加强监管。第三，民众对住房恢复工作不满意，认为自己在危机中得不偿失。第四，从避难所到永久住所的转变，可能需要较长的时间，尤其是低收入家庭有很多困难需要政府和社会帮助解决。

2. 经济恢复

经济恢复的手段主要包括三种：第一，赔偿。即对危机发生应当承担全部或部分责任的主体对受害者进行不同程度的赔偿。这类情形大多是生产事故等技术危机造成的，如毒气泄漏、煤矿坍塌等。对于自然灾害，则可通过商业保险的途径获得赔偿。只要投保灾害险，一旦有灾害发生，造成的损失由保险公司理赔，受害者可以获得数额可观的赔偿，从而加快经济恢复。鼓励商业保险市场的介入，通过保险的形式转移风险，也有助于减轻国家的负担。第二，补偿。即在无过错的情况下弥补受害者的损失。如对泄洪区的民众，政府应当予以一定的经济补偿，弥补其为大局而牺牲的利益。第三，救助。这是灾后经济恢复的主要途径。针对个人，有民众和各种社会组织的捐款；对于企业而言，有专门的援助贷款项目。但无论何种类型的援助，都需要符合一定的资格条件，如个人须证明自己是受灾地的居民，企业须证明自己的损失情况等。如果不严格审查和把关，可能会出现“搭便车”的行为，从而损害真正需要援助者的利益。

由于种种因素的影响，不同群体的恢复速度也有所差异，如损失惨重的家庭、负担较重的家庭、收入水平和经济基础较差的民众、在危机后失业的民众都需要更长的时间从危机中恢复出来；而损失小、家庭负担轻、经济状况好的民众则恢复得更快。灾民的受教育程度也会影响恢复速度，申请补助、救济、投保等往往需要经过阅读说明、填写表格等烦琐的程序，这也是对教育程度不高的民众的无形限制。

3. 心理恢复

危机可能对受害者产生积极的心理影响，如增强家庭观念、不再害怕困难、珍惜美好生活等，但其所带来更多的是心理冲击。每个人对危机的反应是不同的，常见的如震惊、害怕、愤怒、无助、伤心、内疚等。这通常是暂时的，不应被看成是心理或精神疾病。对大部分人来说，还是有能力承担较大压力的，对于他们最有效的帮助就是关心和服务，如及时提供信息、帮助获取补助、贷款等政府救助，这有助于其心理的尽快恢复。然而，心理问题如处理不当则可能被加重，特别是在人们收到错误信息，或寻求政府帮助时遇到烦琐程序和公务人员官僚作风的情况下，尤其会使人们感到孤立无助，在这种情况下则需对其进行心理干预。

通常而言，以下人群的心理恢复需要获得格外关注：本身就有心理疾病的、目睹亲人被危机夺去生命的、儿童、从事艰苦搜救工作的应急人员等。帮助他们开展心理恢复一定要由专业人员通过科学的方法进行。危机对心理的影响可分为近期、中期和长期影响，每种影响都有不同的外在表现，在各个阶段都应当注意观察。心理恢复的终极目标就是使受害者重新融入家庭、融入群体、融入社会，理性认识过去的危机，积极面对未来的人生，以健康的心态重新开始新的生活。

4. 业务恢复

这主要是指加工制造业、金融保险业、房地产业、服务业等企业和商业组织的日常业务恢复。由于危机的冲击，某些组织的日常业务活动不得不暂时中断，各种产品与服务的循环链受到破坏，从而影响正常的经济和社会运行。危机对业务的损害首先在于对硬件设施的破坏，业务活动因此不得不中断。其次，危机对水、电、气、交通运输、电信等基础设施也会造成不同程度的影响。

相比大企业而言，广大中小企业更易于受到危机影响，这部分归结于其建筑条件、防护措施等方面的原因。而且，危机还可能以更间接的方式影响中小企业业务，如人群撤离后，企业生存所依赖的市场就将改变甚至失去；即使民众重返家园，其经济实力和购买力也可能大不如前，从而影响对产品和服务的需求。此外，中小企业获取政府补贴的能力也无法与大企业同日而语。

当然，由于业务内容不同，危机恢复的境遇也大不一样。重建工作的相关行业如建筑业、制造业等无疑大为火爆，而批发零售业、休闲娱乐业则雪上加霜。这在很大程度上取决于市场的需求，拥有市场则能够更快恢复甚至借机壮大。对于这些，企业应当在危机前做好准备并制定计划，以应对突如其来并可能带来致命影响的变化。政府也应做好市场监管和对企业的服务工作，对确实困难的企业给予适当援助或政策支持，以帮助其渡过难关。企业的业务恢复对于危机后的经济和社会恢复具有重要作用。

除了上述划分方法之外，还可以恢复的主体为标准，将危机恢复分为自我恢复、初级群体恢复和组织化恢复三类。自我恢复即无须任何外界帮助，完全依靠自我开展恢复。这需要以一系列条件为前提，如没有受到大的人员和财产损失，原有基础相对较好，具有持续的收入和物质保障等。初级群体恢复即在亲戚、朋友、邻里等初级群体的帮助下开展恢复，这取决于他们的自身能力以及距离远近。组织化恢复则是在政府和非政府组织的帮助下，运用组织资源，借助组织能力开展恢复，大多数的危机恢复都是此类意义上的恢复。

（三）危机恢复管理

危机恢复涵盖诸多活动，有些是同时发生的，而有些则依次进行。学者一致认为危机恢复可分为若干阶段，尽管在阶段划分上尚存争议，但至少可以分为两个阶段——短期恢复和长期恢复。短期恢复包括现场安全与秩序维护、基础设施恢复、废墟清理等。长期恢复包括风险源控制、土地利用、工程建设、公共卫生、经济复苏、历史文化保护、环境补救、灾难纪念等。必须指出的是，危机恢复不仅包括事后恢复，一个重要环节还在于事前计划。

危机管理者应当明确危机恢复大致面临的问题，事先了解危机恢复的基本需求，并就此制定恢复计划。恢复计划应当在事前制定，因为一旦危机发生，危机管理者的大部分时间都将用于危机回应，从而无暇顾及恢复计划。实际上，恢复工作可以说是回应工作的延续，某些恢复工作在回应阶段就已开始。因此，回应计划也应包含危机恢复的内容。但问题在于，回应计划的重点不是针对恢复，而是阻止危机继续和减少其造成的损失。因此，危机回应计划中对恢复的计划不可能详细和全面。在这种情况下，有必要将恢复从回应计划中剥离出来，专门制定恢复计划以指导恢复工作，并使整个恢复过程更为可控。危机恢复计划应包括如何安置撤离民众等短期事宜，也包括寻求资金、重建地点和基础设施恢复等长期事宜。

实施恢复计划的过程就是实现危机恢复管理的过程。罗伯特·希斯将危机恢复管理分为八个步骤[①]：第一，反应。在危机应对开始后，建立危机恢复小组。小组成员可以包括部分危机处理人员，但更多的是组织内部负责正常运作的管理和技术人员，很少有外部成员参加。恢复小组负责对受损区域的受损程度进行评估。第二，宣布。宣布恢复行动将采取的规模和类型。第三，准备。为恢复行动准备工作现场（如果需要的话）。第四，开始。在指定的地点——现场或非现场工作区，开始恢复系统的工作，并确保核心业务的完成。第五，继续。第六，重建。不仅恢复危机中受到损害的物质，也要恢复危机受害者的心理和精神。第七，复原。在重建地点恢复有关业务。第八，关闭。一旦恢复地点完全恢复了经营业务的功能和效率，恢复现场作业就可以结束了。为使下一次危机管理更为有效，须将危机恢复过程详细记录下来并整理成报告。另外，对恢复小组成员进行妥善安置。

在危机恢复管理中，应当避免三个误区：误区一，恢复应在回应完全结束后才开始。实际上，及时有效的恢复需要收集大量的数据，而这大多在回应行动中就要着手进行。误区二，在回应过程中，有充裕的时间收集数据并制定恢复计划。很多数据确实要在回应中收集，但恢复计划却应事先制定，以指导整个恢复进程。误区三，恢复的目标就是恢复原状。正如前文所述，恢复原状无益于改善

① 参见［澳］罗伯特·希斯：《危机管理》，444～445页，北京，中信出版社，2001。

脆弱性，结果只会重蹈覆辙。

我们认为，在危机发生后，危机恢复的过程包括三个阶段：损失评估、短期恢复和长期重建。我们将在接下来的三节中详细阐述。

第二节　损失评估

危机恢复管理的行动在很大程度上取决于危机造成的损失和影响。因此，危机恢复阶段的首要任务就是进行损失评估。所谓损失评估，就是明确危机破坏的范围和程度，包括对个人的影响和整个经济社会造成的损失。评估是恢复管理的前提；损失评估的结果，在很大程度上决定了外部救援的力度，甚至影响到整个危机恢复的进程。世界上无论哪个国家发生危机，联合国在提供救援之前，都会要求危机发生国提供评估报告；在对其内容进行核实后，将其作为提供援助的依据。

损失评估的内容主要包括：第一，统计在危机中死亡和受伤的人数，需要救援和安置的人数，并对遇难者的安葬工作、受伤人员的救治工作和受灾人员的安置工作进行必要的分析与评价。第二，统计危机中各种设施、设备的损失情况，如水、电、气、道路、通信等公共基础设施的破坏情况等，并对各种设施的紧急抢修工作进行分析和评价，为进一步安排和布置提供依据。当然，由于时间紧迫，很多统计工作和抢修工作是同时进行的。第三，统计公私财物的损失情况，包括房屋、牲畜、财产等，可按照直接损失和间接损失进行区分。

具体来看，损失评估的功能在于：第一，有助于尽快明确危机受害者的需求，了解受害者最需要何种援助。第二，有助于危机管理者和应急人员确认最需要哪些资源以及如何分配这些资源。第三，使外部援助有据可依，有章可循，实现援助的合法化。第四，能够将危险房屋、场所、区域等识别出来，更好地保护民众安全。

（一）损失评估的类型与方法

1. 损失评估的类型

损失评估并非整齐划一，基本的评估类型包括三种：快速评估、全面评估和技术评估。

（1）快速评估。快速评估即危机发生后由应急人员或红十字会迅速开展的损失评估，其目的在于对危机的伤亡人数、影响范围和应急需求有一个迅速的了解，如人员死伤情况、建筑物倒塌数量等。由于是初步评估，它很可能与现实情况有较大出入，如“9·11”事件初步评估的死亡人数就比实际要高得多。然而，这种评估却对在紧要关头获取援助大有帮助，尤其是从附近地区获得救援。

（2）全面评估。此类评估在危机后数日或数周内由官方开展，目的在于确定危机程度以及是否需要寻求外部援助，从而为上级政府介入和支持提供合法性；同时，需要及时了解危机后的民生、卫生、安全、秩序等情况，明确需要采取的恢复措施及优先次序。全面评估的精确性相对较高，这得益于相对充裕的时间。尽管如此，全面评估仍须尽快进行，以为后续的恢复和重建工作提供依据。

（3）技术评估。技术评估一般在危机后数日、数周甚至数月内由工程师、保险师和危机管理组织的签约外包方联合开展，目的在于评估危机损失的确切情况，计算重建工作的具体需求。尤其是当建筑或基础设施需要修缮或重建时，此类评估是不可或缺的。

2. 损失评估的方法

损失评估的方法也有三类：驱车评估、空中评估和现场评估。

（1）驱车评估。这种评估方法只需借助汽车这一交通工具，十分便捷可行；在汽车行驶中观察车外情况，一目了然，效果良好；危机后可立即实施，尤其适合于快速评估。但驱车评估的前提条件在于道路情况和交通状况良好。

（2）空中评估。即利用直升机或飞机进行评估，该方法适用于道路被破坏或洪灾发生后。在空中评估的过程中，危机现场的画面经常被拍摄下来，并成为供新闻媒体播放的极佳材料。这一方法更多地被政府首脑和高级官员采用，如“卡特里娜”飓风后，美国总统布什在乘坐空军一号从加利福尼亚回华盛顿的途中，特地从受灾地上空飞过，以了解灾难情况。汶川大地震后，胡锦涛总书记和温家宝总理也乘坐飞机飞临灾区上空视察灾情。

（3）现场评估。即通过步行的方式到危机现场开展评估。包括对家庭、企业、道路、学校和其他公共场所进行现场勘察，并据此撰写评估报告。这一方法有助于详细掌握危机造成的损失情况及所需的各项援助，但也需要对废墟和重建过程有较为专业的了解。

（二）损失评估的困难

1. 准确性

事实证明，损失评估在很多时候都不准确。首先，危机的瞬息万变使得评估的准确性大为降低。如暴风雨的损失评定后，一旦由此引发决堤，灾难及损失情况将急剧变化；又如在初次评估后，由于房屋的内部结构影响程度不同，可能会陆续倒塌，这也使得损失结果发生变化。其次，人为因素也会导致评估的准确性降低。由于粗心或彼此协调程度不够，可能会发生漏算或重复计算的情况；基于不同的价格计算方式，所得出的评估结果也相差甚远。最后，评估的重复组织也会使评估受到其他不相关因素的影响，从而出现偏差。

在损失评估过程中，有种种损失和影响容易被忽视（French，1990，p. 18）：如水、电、气、道路、排水系统等基础设施的物理与经济损失；历史文化建筑的损害；危机回应能力的退化；财政收入的降低；长期的经济影响；环境破坏；等等。因此，损失评估不仅要考虑到当前的损失情况，还应考虑危机对经济、社会和环境的整体影响。

2. 协调与合作

开展损失评估，不可避免地要与各种相关组织打交道，如何使各方协调一致地共同参与到损失评估中来并非易事。首先，它们在损失评估中的目的各不相同，如红十字会主要针对人员和住所的损害；商业组织评估需着重计算业务损失；市政部门则更为关心基础设施和公用事业的损失情况。其次，它们的评估文本及格式可能存在较大差异，需要进行整合。最后，不同的评估者可能会运用不同的评估方法和技术，这也使得数据汇整容易出现混乱。

3. 交通和安全

由于危机所造成的大面积破坏，比如洪水、废墟、瓦砾等设置了层层路障，赶赴预定场所开展损失评估可能会困难重重，甚至短期内根本无法实现。有的评估工作不得不因此而延迟数日、数周甚至更长时间。除了交通问题以外，安全保障也是损失评估面临的一大难题。评估人员随时可能面临房屋倒塌、火灾等各种次生或衍生危机，因此需要格外小心谨慎。但必须认识到，尽管存在困难和危险，损失评估对于受害者及社会的尽早恢复却是意义重大的。

（三）损失评估的步骤

为有效地进行损失评估，必须采取一系列步骤，包括评估的事前准备和正式评估。

1. 评估的事前准备

首先，预备会。在损失评估之前，所有参与者都应参加预备会，讨论评估事宜。会议的任务是：传达评估的时限和地点，确定评估的实施过程，讲授如何正确填写评估文本，提醒评估存在的危险及注意事项，分发安全设施和装备，指定相关责任人。

其次，拟订损失评估计划。要事先制定评估路线，将评估范围划分为若干小区，严格划分责任范围，避免重复评估。此外，还应做好评估现场的后勤保障工作，一旦出现人员伤亡，能够立即安排营救和治疗。

2. 正式评估

在正式评估中，必须严格遵循损失评估的方针和方法，这有助于尽量客观、准确地摸清损失情况。应当按照统一格式做好损失记录工作，对危险区域做好警戒隔离工作。常见的警示符号有：绿色——安全，一般人员都可进入；黄色——只有专业的评估人员才可进入；红色——危险，宣告废弃。

必要时，损失评估还需借助和依靠专家力量，包括红十字会和受过培训的志愿者等，如评估道路损失情况时可向市政工程师求助。涉及水利设施、发电厂、核电站等大型工程时，专业性的要求就更加不可忽视了。

除了与专家合作以外，评估过程自身也应注重对技术的运用，如在洪灾地区运用遥感技术、通过卫星发送照片或航拍照片等。另外，计算机软件的运用也可使得数据收集和汇总工作更为简单、准确。

当整理得出完整、准确的信息后，就可依据信息制定下一步行动计划了，包括将损失情况向有关方面汇报，通知危机管理组织尽快开展恢复行动，确认是否需要向上级政府或附近地区求援，明确所需援助的具体内容，等等。

第三节　短期恢复

损失评估的直接目的就是指导紧接而来的短期恢复工作。短期恢复的任务在于满足危机受众的紧急需求，并为长期重建做准备。

（一）短期恢复的内容

短期恢复的内容主要包括：现场安全与秩序维护、基础设施恢复、废墟管理等。

1. 现场安全与秩序维护

在危机发生后，必须保证现场的安全与秩序，这主要是指保证已疏散的民众在得到允许之前不会返回，以及保证其财物安全不受人为影响。当然，在此过程中也会出现民众返回拿取重要物件的情况发生，但这一行为必须经过严格的程序，如出示能够证明房东身份的证件，且住所要达到一定的安全要求。

2. 基础设施恢复

水、电、气、道路、通信等基础设施的中断影响巨大，很多恢复行动由此而无法进行。因此，短期恢复的重要内容之一就是尽快检修受损的关键基础设施，自来水厂、发电厂、电信部门等相关机构应当全力配合。医院、警察局、消防站等重要的公共机构也应尽快修复。公共基础设施是优先恢复的重中之重，这在恢复计划中就应得以明确。

3. 废墟管理

自然灾害和爆炸等危机事件都对建筑物有极大的破坏力，这往往产生大量瓦砾、形成废墟并需要及时清理。废墟清理应当指定专门地点，将可再生的和不可再生的材料分类整理和处置。当涉及犯罪现场或事故现场时，废墟管理工作就更为复杂，且往往不得不延迟。由于废墟管理是短期恢复中最为烦琐和具体的工作，以下将详细述之。

（二）废墟管理

危机管理者必须对灾难产生的废墟有所认识，灾难产生的废墟可能数量极其巨大。

1. 废墟的类型

灾难所产生的废墟包括毁坏的树枝、形成的泥沼、沉积物以及带有危险性的废物，如毁坏的夹板、电线、玻璃和动物尸体等。某一特定的灾难也会产生特定类型的废墟（见表10—1），比如，飓风带来的巨浪和狂风会使路上和工地的沙石尘土遮天蔽日，建筑物也会遭到不同程度的破坏。此外，这些灾难还会折断树枝，毁坏车辆、船只和家中的物品等。

表10—1　　灾难所产生的废墟类型

	毁坏建筑	沉积物	破坏绿地	个人财产	灰烬和焦木
飓风	×	×	×	×	
地震	×	×	×	×	×
龙卷风	×		×	×	
洪水	×	×	×	×	
火灾	×			×	×
暴风雪	×		×	×	

资料来源：EPA，1995，p.3。

灾难产生的大量的各种废墟必须由危机管理组织统一处理，这就是所谓的废墟管理。废墟管理是对灾难产生的碎石、被毁坏物质和其他废物进行收集、分类、储存、运输和清除（或循环利用）的过程，对废墟的处置方案应基于环境友好的方式。值得一提的是，废墟管理与之前的损失评估亦有联系，如清除废墟能够帮助人们顺利到达目的地，使损失评估得以进行。

2. 废墟管理的挑战

对于灾难产生的大量废墟，危机管理组织必须予以重视，废墟的存在或移除在很大程度上决定了危机回应和恢复的有效性。譬如，玻璃和碎木没有从街道上移除，警车、救护车和消防车就无法安全顺利地通过，也就无法及时赶赴危机现场。

废墟的存在也引发了社会对心理、安全、公众健康和环境的关注。民众容易受到废墟所带来的身体伤害，如受命清理破损玻璃的人受到玻璃窗从天而降的威胁，居住在废墟处理站附近的居民由于废墟烧毁时散发的灰烬而呼吸困难。废墟的狼藉景象可谓满目疮痍，身在其中不由伤感而沮丧，导致心理压力的加重。而且，废墟所产生的有害物质也会破坏自然生态环境。废墟的焚烧污染了空气，掩埋碎石对土壤和水环境也有所损害。

废墟管理的成本十分高昂。据统计，在美国，废墟管理的花费总额占联邦危机管理局灾难开支的15%～33%。总体而言，联邦危机管理局承担了灾难发生后72小时内废墟移除的所有花费；之后的工作按政策规定，当地政府承担75%的开支（Curran，2004）。但即便如此，当地政府用于废墟管理的开支同样浩大。

废墟管理也相当耗费时间。在美国每次灾难后，废墟清理人员都要进行数周甚至数月的劳作，且经常每周工作七天。有些民众还想借此机会卸下并清理不需要的旧物品，如床垫、冰箱、车门和轮胎等。这些“搭便车”行为使得废墟清理的过程更为耗时。

对废墟管理的监督也是很困难的，这是因为参与者众多，而相应的责任却不明晰。市民把废墟弃于路边，期待专业人员的清理；交通、市政等相关部门也会参与到路面清理和毁坏建筑的碎石清理工作中；一些社区还雇用私人承包者收拾废墟；环境部门往往只负责监督废墟清理过程中对环境的影响。

废墟管理还存在一系列其他问题，如可能引发鼠疫等疾病；废墟移除和运输可能会增加灰尘和噪音，带来扰民问题；道路会因不能承受超重卡车而受损；废墟中的家畜和洪水退后的动物尸体处理问题等。这些都是废墟清理应当考虑和解决的事宜。

3. 废墟管理的有效方式

必须采取有效措施，克服废墟管理中的一些典型问题。废墟过多会带来太多困扰，因此必须尽快减少废墟数量，而这又是在废墟分类之后完成的。典型的废墟大体可以分为植物废墟、矿物材料废墟和建筑废墟三类。植物废墟包括折断的树枝、树桩、树叶和庭院里的其他废物；矿物材料废墟包括来自被破坏的道路和桥梁的沥青和混凝土；建筑废墟则来自于被破坏的家庭、商业财产和其他各种结构之中，包括木材、金属、电线、绝缘材料、柏油、黏土、鹅卵石以及其他各种材料。

至少有三种方式可以减少这些废墟的体积：第一，植物废墟可以切碎，从而能够减少一场灾难后至少75%的废墟总体积，切碎的植物废墟可以用做花园里的植物覆盖层。第二，矿物材料废墟可以碾碎，之后可以用做路基，沥青和混凝土有时也能再利用。第三，建筑废墟有时能够循环使用，破损的夹板可以制作成压制板。减少废墟的其他方式还有：尽可能地焚烧废墟以减少社区垃圾，但是这样做要特别注意保护环境。例如，焚烧的温度决定了产生污染物的数目。循环利用和掩埋废墟也对空气和水源有很大的保护作用。

为了使废墟管理的监督更加便利，建议采取专人负责制，以使组织中的成员明确相互之间的角色。参与废墟管理工作的组织和个人都应该明白废墟管理在不同阶段是如何进行的。在危机发生前，应做好废墟管理的准备工作，着力对应急人员进行相关培训。在危机发生后，应将注意力集中于转移和储存废墟。一旦进入恢复阶段，废墟将被归类、回收、焚毁或掩埋。

4. 废墟管理的注意事项

（1）废墟管理与环境。

为了减少废墟管理中产生的问题，必须对废墟临时储存、永久储存和最终丢弃的场地区别对待。公用地是优先使用的对象；对场地的考虑应包含噪音、交通和环境因素；避免居住地、学校、医院和其他环境敏感区域的场地；确保场地内有供重型卡车进出的通道；根据预计的废墟数量，场地应有50～100英亩的面积（Swan，2000，p. 223）。还有的使用露天市场甚至是机场作为储存地（Moskovitz，2004）。

如果吸纳环境专家或环保社会组织的参与，将更有助于从环境保护的视角开展废墟管理工作。他们能够提供相关的建议，以环境友好的方式处置废墟。通过媒体对政策的宣传，公众能够知晓如何协助废墟管理工程。美国环保局（EPA）专门给出了针对改进废墟管理的建议（EPA，1995，pp. 8-10）：

第一，考虑相互援助的安排。与毗邻社区签订契约有助于在更大的范围内寻找需要的员工和企业，减少购买和维修装备的成本。

第二，采用循环利用程序。如果废物循环利用程序在灾难发生之前得以建立，对废墟的循环利用就会更为容易。

第三，实施沟通政策。政府必须告知市民如何对废墟进行分类。

第四，准备好加派人手。在灾难过后，需要加派人手接听询问废墟事宜的电话，协助移除灾难产生的废墟。

第五，获取装备和供给。应当为废墟管理人员准备好以下物资：移动电话、链锯、便携式发电机、手电筒、电池、修车工具箱、额外的工作装、水和其他物资，还要确保这些物资在灾难发生后仍然可用。

第六，挑选收集和储存的场所。事先选取场地作为废墟的收集、储存、分类、循环利用和焚烧之用，可以减少不必要的噪音和对道路的破坏，提高废墟管理的效率。

第七，决定可选方案和目标。危机管理组织应当了解何种灾难会产生何种类型的废墟，并明确合适的处置方法和目标。

第八，分离危险废弃物。确保每一个参与废墟管理的人员掌握如何处理危险物质（即与其他废墟相分离，以免造成更大的环境破坏）。

第九，签订契约。与私人部门合作来收集、储存、分类和处置废墟。

第十，联邦危机管理局的规划和国家支付。工作人员记录废墟管理的开支，并根据相关条例申报国家支付。

（2）废墟管理的开支。

为了减少废墟管理的过度开支，可以采取相关措施，如契约外包给私人承包商。契约应基于开支总额、单位价格以及时间和材料的一致性。开支总额契约基于以往经验的判断，提供了对于完成相应范围工作所付的资金总额；单位价格契约基于卡车载重量，按照卡车运载次数计算开支，这主要适用于废墟准确数目未知的情况；时间和材料契约基于劳动力和装备的开支，并有时限规定，适用于公用道路清理等。

人员和装备的使用在废墟管理中不应拘泥于形式，可以大胆创新，有的地方甚至利用犯人来帮助清理废墟（Niesse，2004）。所有的花费必须经过严格审查，可以指派专人具体负责记录人员的工作时间、卡车使用情况、燃料花费等，这对于节省开支至关重要。

第四节　长期重建

危机同时也是机遇，以此为契机改善脆弱性，提升抗风险能力，有助于危机后的长期发展。因此，将重建与危机疏缓等危机管理其他阶段结合起来是十分重要的，这是危机后长期重建的基本指导原则。

（一）长期重建的内容

总体来看，长期重建的内容包括风险源控制、土地利用、工程建设、公共卫生、经济复苏、历史文化保护、环境补救、灾难纪念等。

1. 风险源控制

长期重建的首要工作就是重新审视造成危机的源头，即风险源，对其进行认真检查，确保其得以控制，不会出现死灰复燃。这对于人为因素造成的危机是有效的，但对于自然灾害等非人为危机则显得难度较大。因此，还要着力改善人类自身面对危机的脆弱性。

2. 土地利用

土地利用事关民众生命和财产的风险大小，长期重建为优化土地利用政策和规划提供了机会。公用事业和重要基础设施应当远离危险区域；道路宽度和使用规则应当予以明确；土地划分的限制应当将人口密度纳入考虑范围；应当对土地进行绿化和植树造林，以减少洪灾、山崩或火灾的损害。危机管理组织应当对不符合现有要求的土地利用提供指导，对于在现有规定出台以前投入使用且存在安全隐患的土地，必须进行整改。

3. 工程建设

危机管理组织还应当对工程建设中的安全工作进行排查，使其符合一系列安全规定，如符合消防安全要求、洪水多发地的建筑物要提高高度等。应当大力改善建筑物对危机的抵御能力，从结构、布局到建筑材料，都应有所讲究，使建筑物在受到危机冲击时更为坚固。此外，还应当对工程建设的流程把关，防止缩短工期、简化流程等危害建筑质量的问题发生，对专门向低收入群体提供的住房尤其要严把质量关。

4. 公共卫生

“大灾后有大疫”，这是对过去灾害发生的规律总结。随着社会的进步和公共卫生事业的发展，灾后的疫情已得到有效控制，但这仍是长期重建工作中必须注意和防范的重要问题。在较为恶劣的环境下，人们的健康状况往往得不到保障。尤其是水、蚊虫等更易传播疾病，甚至造成严重疫情，对此必须高度警惕。

5. 经济复苏

在长期重建阶段，经济复苏也是至关重要的任务。当地政府应当对受灾地区的经济复苏和发展做出规划，根据灾后情况研究最适合的发展道路和当前时期的发展任务。在自力更生的基础上，上级政府应当酌情对受危机冲击严重地区给予经济支持，具体形式包括补助、贷款、项目、政策等。尤其是兴办涉及基础设施的公共工程，不仅有助于拉动当地的经济，还能够创造数量巨大的就业机会，帮助灾民自食其力渡过难关。

6. 历史文化保护

历史文化遗址和古迹的保护不仅是危机回应要面对的问题，也是在恢复过程中应当考虑的问题：如何使这些珍贵文物免遭未来的危机侵袭往往是高层危机管理人士考虑较多的问题，而基层、一线的员工保护历史文化遗产的意识往往较为缺乏。因此，有必要在此方面加强宣传教育。此外，政府应当加拨资金，用于历史文化的保护。

7. 环境补救

危机过程中可能会有有毒物质泄漏等破坏环境的问题发生，对自然环境造成不同程度的影响，而环境问题是事关人类可持续发展的重大问题。因此，在危机恢复工作中应当采取相应的补救措施，尽量挽回影响或将影响降至最低。

8. 灾难纪念

不忘却灾难、纪念灾难体现的是社会的文明和成熟，人们期望通过对灾难的纪念寄托哀思、牢记教训、振奋精神、继往开来。因此，危机恢复的内容还包括建立纪念碑、设立纪念日等灾难活动。[①] 此类活动应当精心策划，公开举行，鼓励民众的广泛参与，力争取得积极的社会效果和示范意义。

（二）重建与危机管理其他阶段的关系

尽管危机恢复与重建是一个相对独立的活动，但是也不能把它与危机管理的其他阶段割裂开来。危机后的重建提供了许多在“正常”条件下疏缓与发展的机会，如果恰当地利用这些机会，则可以提高将来可能发生危机的恢复效率。同样地，将恢复计划整合到回应计划中来也有利于更好地恢复。

1. 重建与危机疏缓

理想地看，重建的标准应该高于危机前的水平。任何改善危机发生前的条件，都能够减轻危机的风险和未来危机造成的损失。在危机疏缓中有几种结构化或非结构化的疏缓措施，在恢复过程中，它们可能被用于改善重建的过程。这些措施主要有：

第一，制定和执行建筑法规。保护建筑和基础设施的建筑法规一般总是在危机之后才加以制定。尽管危机后的重建是制定法规的大好时机，但却可能会存在一些时间问题。全面的结构调查可能会耗时漫长，而重建工作在危机后的数周内就要开始。因此，在新的法规出台之前，临时的紧急规则和标准往往取而代之，甚至可能成为长期的标准。从长远来看，对法规执行的监管也很困难。在大多数

---

① 如2009年5月12日正值四川汶川特大地震一周年之际，我国在汶川县映秀镇隆重举行了高规格的纪念活动，胡锦涛总书记出席并发表重要讲话。全国各地、各界群众也纷纷举行形式多样的纪念活动寄托哀思。

发展中国家，由于在立法上存在漏洞、缺乏训练有素的检查人员，以及随着危机记忆的衰退人们危机意识的下降等种种原因，致使建筑法规很容易失效。在广大农村地区，更是经常逃避执行建筑法规。因此，关键在于确保建筑法规的执行力。

第二，在危机破坏严重的地方重新规划土地和划分区域。在危机高发区的重建中，减少建筑的密集程度有助于危机的缓和。在人口密集的城区，清理一些损坏的建筑，留出更多的空地和公园，不仅能够减少未来的危机风险，而且提供了危机发生时撤离的空间和紧急的避难场所。应该将对这一问题的考虑纳入规划的制定和修改当中。

第三，分散建设。如果在高危地区集中各种设施，只能使得部分群体得到服务，而设施的分散则大大有利于危机后的重建。要在管理的实用性、分散服务的费用与风险的水平之间加以平衡。农作物分配到不同的位置，也有利于减轻农村的经济损失。

第四，多种经营。在遭受危机的工业重建与农业恢复过程中进行多种经营，能够减轻未来危机的损失，提高恢复的速度。依靠诸如旅游业、手工业、畜牧业、养殖业、农业等单一类型的经济，而没有其他可替代的手段，可能会导致严重的问题。因此，如果危机造成的农业歉收不能尽快恢复，则必须依靠其他产业提供额外的收入。当然，也可以引进新的种子与种植模式增强作物的抗灾性和产量，从而帮助改变种植和收获的时间，以避免诸如洪水、飓风等季节性的危机。

2. 重建与发展

危机后的重建对未来的发展既能产生积极影响又能产生消极影响。一个国家危机前的发展水平将有助于恢复与重建的成功。过去的经验证明，在危机前发展水平较低的地区恢复也将是缓慢的。重建的漫长可能会增加社会与私人的投资，并在长时间内调动用于发展活动的资源以支持延长的恢复活动。一方面，如果有关农业与畜牧业的生产性投资迟迟不能到位，将会导致危机地区向外移民；另一方面，工业投资的缺少必将降低工业产量，导致失业和经济不景气。尽管贷款与补贴能够作为危机状态下的经济措施，但恢复过程仍应根据遭受危机地区的实际情况加以认真规划。由于危机通常发生在落后地区和弱势群体身上，恢复与重建应着眼于为危机高发区的人们改善脆弱的条件，比如生态环境恶劣、缺乏信息渠道、无法自力更生等。这些往往都不是简单的表面现象，而是复杂的深层次问题，需要长期的努力。

3. 重建与危机准备

通常而言，危机准备计划应包括为危机回应与恢复储存食物、住所、医疗和工具等，不仅如此，有效的危机准备也能够改善恢复与重建工作的速度与效果。这些准备工作主要包括：第一，风险评估。识别未来可能发生的风险及其可能的位置、规模，以及恢复与重建需求的性质。第二，为以下活动做好准备：人员撤离；为遭受危机影响的人们提供住所；在重建彻底完成之前提供卫生医疗等公共服务。第三，满足恢复与重建需求的目录，包括社区的能力与资源。第四，进行人力资源的教育与培训，特别是在地方层面。第五，在各个层次上确定非营利组织在恢复与重建中的角色与责任。第六，征用土地、改变土地使用权、征集与引进资金等方面的立法；确定城市规划的法规、标准与程序；第七，对民众的生活标准、偿还能力和地方应急能力进行调查。第八，增强地方的参与渠道和自我依靠能力。

4. 重建与危机回应

危机回应的决策与行动会对重建工作产生影响。过度的外部援助可能会减弱地方的回应能力并使之产生依赖感。因此，任何援助都要在对地方直接压力的救济与支持地方快速恢复之间做好平衡。通常媒体的宣传等因素使得大规模的破坏性危机能够带来大量的短期援助，但很少能够获得进行长期重建的资源。如何把重建的需求与救济的需求相结合，以及如何整合救济与长期援助，同样需要进一步探索。

当对损失、需求和资源加以评估时，需要获取一些准确、适时的资料与数据。然而，恢复与重建通常建立在早期评估的数据基础之上。随着局势不断变化，数据也在发生变化，这就需要跟踪调查。例如，2008 年汶川大地震之后，通常根据损坏的房屋计算无家可归者；但由于对地震的恐惧心理，有些人拒绝回到其仍旧完好、也符合安全要求的家中，这无疑将增加对住所的需求，并在相当程度上超过地震后的初始评估。因此，初始评估数据及其缺陷，都需要在恢复与重建过程中重新加以考虑。

第五节　危机恢复与重建中的几个问题

（一）影响危机恢复与重建的因素

危机恢复与重建的速度和程度取决于一系列因素，如危机的性质、损失的规模、危机发生的位置、遭受危机影响的部门、危机导致的损失、危机引发的需求、可获取的资源和政治支持等。

1. 危机的性质

每一种危机将会导致不同类型的损失。通过对过去危机的思考，将能更准确地预测到哪些部门更容易遭受一定类型的危机影响。例如，地震经常会对基础设施和建筑造成很大的破坏；强风既能摧毁建筑又能摧毁诸如电线等地面以上的公用设施；洪水能够对农田和乡村的渔业造成损失，而地震却一般不会对其造成严重影响。因而，恢复与重建计划应考虑到由危机导致的具体损失，以及为使遭受危机的人们尽快恢复而应优先援助的事项。例如，在洪水过后，优先考虑的问题应是为下一个耕种季节重新购置损失的家畜和种子，而不是重建房屋。

尽管不同类型的危机所造成的物质损失是不同的，但大多数危机都会对遭遇危机的人们产生心理上的冲击，也会打乱幸存者的经济与社会生活。另外，几乎所有的危机都会产生一定的政治影响，可能会削弱公共管理部门的权威，也可能因有效地控制恢复过程而增强了官方权威。所以，恢复与重建不应仅看作解决可知的问题，它还能解决一些不能立即察觉的问题，如政府形象和公信力，以及卷入危机的人们的心理问题等。

2. 损失的规模

危机损失的类型与规模是理解恢复与重建所需的各类投入的关键因素，也是理解损失与残存之间的比率对恢复性质影响的关键因素。在一个国家相对较小的区域内发生的地方危机事件，其处理方式必然不同于影响全国范围的危机事件。在一个大国，可能会有充足的救援物资、人力资源和设备以促进恢复。然而，当同样的危机发生在一个小国时，恢复与重建所需的设备与资源可能都在危机中损失殆尽。因此，在决定从外部获取资源之前，对地方与全国的资源加以评估是有必要的。

3. 危机发生的位置

危机发生的位置也是理解危机对恢复与重建造成影响的关键因素。容易遭受同类危机影响的部门在不同地区会有所不同。

尽管同类危机对不同地区的人们产生的心理影响差异较小，但对社会、经济与物资的损害在城市与农村就有很大的不同。农村与城市相比可能会有较多的农作物和家畜，为恢复与重建所优先提供的物资也应视此而定。例如，在农村的洪水过后，重新购置家畜、农业工具和种子，对于人们尽快地从危机中恢复是至关重要的。然而，对于发生在城市的洪水来说，则要优先恢复遭受损坏的基础设施，因为大多数的城市运转对电力供给、通信设备和交通运输极为依赖。一些城市危机还可能会产生一些特殊问题，发展中国家尤其如此，这是因为它们的政治、商业与文化设施大都集中在大城市，尤其是首都。因此，大城市的惨重损失将对一系列问题产生消极影响。

危机发生的位置也决定了产生后续影响的可能性。例如，在陡峭地区发生的暴雨或地震可能引发山体滑坡，由自然灾害导致的大坝、桥梁或工厂的损坏可能导致更多后续危机。因此，在危机恢复与重建的决策中，需要考虑种种可能由危机引发的次生或衍生危机，需要评估各种潜在的威胁，否则将会出现风险的此消彼长。

与危机位置相关的另一个关键问题是，给予某一遭受危机地区的援助可能是其他遭受危机地区无法比拟的。这可能由一系列因素所致，如媒体的报道对援助力度就有很大影响；小山村与大城市相比，危机的边缘与危机的中心相比，无疑后者会引起更多的关注。

4. 遭受危机影响的部门

危机后的恢复与重建大多是指物质损失的恢复与重建，如政府和捐赠者更多地关注于提供房屋、诊所、学校以及基础设施的建设；而非物质的损害则很容易被忽略，如危机带来的心理冲击、经济损失、社区的社会与文化生活混乱等，这些问题的解决往往被视为社区自身的责任。

一个综合的恢复与重建计划应该既考虑到物质需求又考虑到非物质需求。忽视恢复的复杂性可能会导致不良的后果，如把大量投资花在建筑上，而不投入必要的资金以帮助遭受危机伤害的人们恢复心理健康，从长期来看不利于维持社会的稳定和可持续发展。此外，还要认识到物质恢复与社会或心理恢复的联系。例如，在危机恢复过程中，让遭受危机伤害的人们积极参与他们自身的物质重建，也能够产生重要的心理治疗价值。

不同类型的危机会影响到不同的部门，但一般来说，建筑、基础设施、经济生产、行政、心理、文化、社会和环境等部门更容易受到危机的影响。

5. 危机导致的损失

以上部门的损害与混乱将导致一系列直接或间接的损失（见表 10—2）。恢复的目的是将这些损失恢复到危机以前的水平；不仅如此，还要尽可能高于从前。

表 10—2　　危机导致的损失

	直接损失	间接损失
建筑	对房屋、医院、学校、市场、仓库和旅馆等进行修复与重建的花费	建筑物的地基、教育卫生设施、商业、旅游和家庭手工业
基础设施	修复通信、公路、码头、机场和供排水系统的花费	货物、供给、能源、产品的运输，流行病传播

续前表

	直接损失	间接损失
经济生产	作物、土地、家畜、粮库、产品、渔场、办公场所	产品出口、在国际国内市场上的机遇和竞争力、税收和财政稳定
行政	档案、资料、制度结构、人力资源、权力和控制	决策能力、政治稳定
心理	个人的精神和心理健康	社会聚合力、应对能力
文化	历史古迹、文化遗产、传统的生活方式	历史标志、道德价值、文化传承
社会	社区邻里的道德、法律和秩序、社会服务	家庭结构、社区的应对能力
环境	森林、土地、水资源、自然风景区的清理费用	长期的环境损失、健康风险、依靠外部提供资源、移民

6. 危机引发的需求

对危机直接损失和间接损失引发的需求进行评估有助于确定应当优先开展的恢复重建活动。初始的危机评估自然关注于紧急需求；然而何谓紧急需求，各部门却经常有不同观点，甚至会存在冲突。为做出正确的需求决策，需要经验丰富的工作人员收集各部门的可靠信息，也需要与遭受危机地区进行协商。与恢复重建相关的需求问题主要有：持续监控局势的变化，以使需求决策建立在正确信息的基础之上；识别各部门在恢复中的关键需求；做好物质需求与心理、社会、经济需求的平衡；认识到需求的多样性；将需求与欲望区别开来。

7. 可获取的资源

用资源去平衡各种需求是非常关键的。尽管在危机回应阶段可能会吸引大量的国内与国际援助，但在危机恢复与重建阶段受灾地区可能不会再得到这样的关注，各方可能为争取同一笔资金或物资而激烈竞争。因此，在资源有限而需求太多不能一一满足的情况下，确定资源配给的优先次序就变得十分重要。

在大规模的危机过后，尽管需要依靠外部资源，但过分的依赖则会使地方失去对资源的控制并延缓恢复的进程。外部资源应当被用来提高地方的危机应对能力与自我依靠能力；对于地方能够自给的资源或能够承担的工作，外部则不应给予过度帮助。为此，应当识别遭受危机地区的优势与不足，以为其提供确实需要而无法得到的资源。

限制遭受危机地区快速恢复的因素有很多，不同地区也会有较大差异。但一般而言，遭受危机地区通常需要外部提供资金、建筑材料、设备与工具、能源和电力、人力资源及政治支持等帮助。

8. 政治支持

从大规模的危机中恢复需要大量的人力物力，以及良好的组织管理能力。尽管可能获得不少外部援助，但危机恢复与重建的主要责任仍将由遭受危机地区自身承担。另外，有效的恢复还依赖于政府的计划和对参与其中的各个群体加以协调。引进资金、分配资源、提供服务等，都需要政府提供坚强的政治支持和保证。因此，恢复的速度与效果既是一个资源问题，也是一个政治问题。在此方面，政治支持的水准将在很大程度上影响危机恢复与重建计划的性质，并会贯穿危机恢复与重建的全过程。

（二）危机恢复与重建的假设、困境和对策

1. 危机恢复与重建的假设

“在危机中提供的任何援助只有建立在正确的观点与假设的基础上才是有用的；如果假设是错误的，援助可能就是失去方向的、不必要的、不恰当的或者只是重复提供已经得到的东西。”① 该论断不仅适用于危机刚发生后的情形，同样适用于长期的恢复过程。面对信息不对称的局面，在占有完全信息之前，危机恢复行动不得不建立在假设的基础之上，尽管有些假设可能是不正确或不现实的。

（1）政治支持将贯穿整个恢复过程。在危机刚发生后，政治上的支持力度是最高的；随着时间的推移，支持的力度将逐步减弱。地方上有效的领导与组织能力，能够对政府施加压力，以维持政治上的支持；专家和社区组织也应被当作压力集团，以维持政治上的利益；媒体和舆论关注也能达到同样的效果。

（2）在整个危机过程中都将得到持续的资金支持。在危机回应阶段，一般能够得到较为充足的资金；而随着重建阶段需求的增加和各方关注的减少，能够获取的资金却在下降。在这种情况下，地方财政收入、周转性借贷资金、私人部门的支持以及其他可能获取的资金都是必须争取的。

（3）在恢复与重建过程中会同时产生不同的观点与期望。危机恢复阶段是一个复杂的过程，有大量的角色参与其中，从新闻媒体、捐赠者到不同的利益群体，这常常会产生不同的观点与利益冲突。如果不能通过有效协调妥善解决这些冲突，就可能会产生不良后果，甚至延缓恢复的进程。

（4）物质恢复优先于经济和社会恢复。如前所述，物质、经济、社会和心理恢复都是相互联系和相互依赖的，并没有先后次序之分，但是物质的快速恢复能

① Disaster Management Training Programme, *Rehabilitation and Reconstruction*, 1993.

够为其他方方面面的恢复奠定基础。当然，成功的恢复不仅仅体现在生产的数量上，还要强调地方的组织能力和长远的经济与社会发展。

（5）快速重建而不牺牲质量和安全是可能的。重建能够为人们提供大量就业机会并为承包商带来利润，但政府必须进行有效的监督与控制，这样才能在快速重建的同时，保证重建的质量和安全。

2. 危机恢复与重建的困境

在危机恢复与重建过程中，决策者总会遇到一些两难选择：参与恢复活动的各方，如中央政府、地方政府、相关部门、专家、捐赠者、非营利组织等，都有不同的考虑角度和优先选择，并往往根据自身的利益和偏好来采取行动；在恢复过程中，总是存在一些可替代性的选择，要反复权衡它们的利弊得失。对于这些问题只要考虑稍微欠周全，就可能遭到不同力量的抵制，甚至阻碍决策进程。具体来看，这些两难抉择主要集中于以下事宜：是要损失评估的即时性还是准确性；是在原有基础之上修复还是推倒重来；是重新选择地点还是在原址重建；是快速重建还是仔细对照安全标准；是选择公共投资还是私人投资；是先进行物质恢复还是先考虑经济恢复；等等。

危机恢复与重建工作可能涉及巨额的补助、贷款等援助项目，实践证明，欺诈问题也是在此过程中面临的一大难题。受灾地方常常虚报损失，如多报人员的伤亡数目、多报房屋的倒塌数量、夸大受灾民众的生活困难程度等，以得到国家更多的资金、物资、项目等援助资源，而上级政府要核实这些数字往往非常困难。因此，加强对灾情损失和救灾过程的监督势在必行。通过严防恢复过程中的欺诈行为，可以为国家节省不必要的开支，提高资源的使用效率，减少资源浪费。

3. 危机恢复与重建的对策

危机恢复与重建的计划与管理是一个相当复杂的过程，包括损失评估、短期重建、长期恢复等一系列行动，涉及大量的社会部门。尽管不同的恢复过程存在着相似性，但每种情况都有其不同的特点、不同的损坏程度、不同的限制和资源水平。因此，在如此多样的环境下，只能确定恢复与重建的一般对策，主要包括：

（1）恢复计划所涉及的范围要尽量宽泛并予以充分整合。

（2）要平衡各种利益冲突，尤其是创新与保守之间的平衡。

（3）重建不应由于政治、经济和社会等方面的因素而推迟。

（4）经济恢复能够有效地促进物质恢复。

（5）重建为减少未来的危机风险提供了机会。

（6）恢复可视为治疗过程，以帮助人们重建家园。

（7）提供现金和贷款是获得并维持有效恢复的基础。

（8）成功的重建与解决土地使用权问题紧密相关。

（9）援助恢复应最大限度地利用当地资源。

（10）政治支持是确保有效恢复的关键因素。

如果不能正确地认识危机恢复问题，将容易丧失危机所带来的机会：安全问题仅得到较小的改善，重建项目迟迟未能完成，经济更是难以达到之前的水平。但是，如果对危机恢复过程加以周密计划、科学管理并获得全方位支持，则能够为当地发展提供难得机遇，促进经济社会的全面恢复与可持续发展。

汶川大地震后的恢复重建工作

2008年汶川大地震后一个月，抗震救灾工作从危机回应阶段逐步进入恢复重建阶段。纷繁复杂、任务艰巨的重建工作如何开展，成为摆在党和政府及全社会面前的重大问题。

为了保障汶川大地震灾后恢复重建工作有力、有序、有效地开展，积极、稳妥恢复灾区群众正常的生活、生产、学习、工作条件，促进灾区经济社会的恢复和发展，国务院发布了《汶川地震灾后恢复重建条例》，将灾后恢复重建工作纳入法制化轨道。条例共9章80条，包括总则、过渡性安置、调查评估、恢复重建规划、恢复重建的实施、资金筹集与政策扶持、监督管理、法律责任、附则等。条例对恢复重建过程中的生产力布局、城乡建设、土地利用、建筑设计、公共卫生、防灾减灾、地震遗址纪念、生态环境资源保护、历史文化保护、弱势群体保护等予以了全面考量，是各地区各部门开展灾后恢复重建工作的行动指南和重要法律依据。

随后召开的国务院常务会议又审议并通过了《汶川地震灾后恢复重建总体规划》。总体规划共15章57节，包括前言、重建基础、总体要求、空间布局、城乡住房、城镇建设、农村建设、公共服务、基础设施、产业重建、防灾减灾、生态环境、精神家园、政策措施、重建资金、规划实施等，是开展恢复重建工作的重要依据，对加快灾区经济社会发展、重建美好家园具有重要指导作用。总体规划围绕用三年左右时间使灾区的基本生活条件和经济社会发展达到或超过灾前水平的重建目标，提出了灾后恢复重建的主要任务：

一是根据资源环境承载能力，科学安排恢复重建的空间布局，将规划区的国土空间划分为适宜重建、适度重建、生态重建三类，并分别明确这三类重建区城乡、产业布局和人口安置的基本原则。

二是根据城乡居民住房建设和消费的不同特点，明确居民住房恢复重建的要求和相关政策。

三是按照恢复完善功能、统筹安排的要求，优化城镇布局，增强防灾能力，改善人居环境。

四是与统筹城乡综合配套改革、新农村建设和扶贫开发相结合，恢复重建农村生产生活设施，建设一批优质粮油、特色经济等生产基地。

五是根据城乡布局和人口规模，推进教育科研、医疗卫生、文化体育、自然遗产、就业和社会保障等公共服务设施建设。

六是根据地质地理条件和城乡经济社会发展需要，合理确定建设标准，恢复交通、通信、能源、水利设施，增强安全保障能力。

七是合理引导受灾企业原地重建、异地新建和关停并转，支持发展特色优势产业。

八是加强防灾减灾体系和综合减灾能力建设，提高灾害预防和紧急救援能力。

九是尊重自然、尊重规律、尊重科学，加强生态修复和环境治理，促进人口、资源、环境协调发展。

十是弘扬抗震救灾精神和中华民族优秀传统文化，重塑灾区群众积极乐观向上的精神面貌，抢救和保护具有历史价值、民族特色的非物质文化遗产。

资料来源：1.《汶川地震灾后恢复重建条例》，http://news.xinhuanet.com/legal/2008-06/09/content_8336683.htm，2008-06-08。

2.《汶川地震灾后恢复重建总体规划》，http://www.gov.cn/zwgk/2008-09/23/content_1103686.htm，2008-09-19。

第十一章　危机管理的评估

一般认为，恢复与重建是危机管理的最后一个阶段。到此阶段，危机管理行动即基本宣告结束。但我们认为，虽然行动结束，但事后评估仍然是必需的。通过危机结束后系统、全面、综合的评估与反馈，总结经验，吸取教训，有助于提升未来危机管理的绩效，也为下一步的危机疏缓、准备、回应与恢复工作打好基础。

本章所述的评估并非风险评估和损失评估，而主要是指危机管理的绩效评估。通过对个人绩效、组织绩效、行动绩效和项目绩效等方面内容的评估，使危机管理组织和危机管理者更好地了解危机管理绩效，并为改进绩效而采取切实有效的行动。

第一节　危机管理的绩效评估

危机管理的绩效评估，是指政府等危机管理组织在实施危机管理后，从法规、政策、规划、资源管理等各个方面，对危机疏缓、准备、回应和恢复工作的绩效进行的评估。

（一）危机管理绩效评估的特征

1. 反馈性

反馈性是指对危机管理已表现出来的处理危机事件的实际效果与结果的评估。危机管理绩效评估是危机发生后的行动，个人和组织可以通过绩效测评发现与危机管理目标的实际距离，建立和适当修改绩效评估指标体系，并对绩效进行持续性的监测、记录和考核，以有效预防危机发生、疏缓危机过程和降低危机损失。

2. 及时性

危机管理绩效评估必须满足近期和长远的危机管理需要。危机发生后就需要对危机处理进行评估，评估时间滞后通常会影响评估的客观性与有效性。尤其是针对一些危机管理绩效评估用时很短的危机类型来说，时效性更为重要。可以说，及时进行测评才能保证评估的可持续、可衡量和可实现。

3. 综合性

一个有效的危机管理绩效评估体系是一个庞杂的系统，它包括确定危机管理目标、拟订评估指标体系、选择评估方法、适当安排评估步骤、适时进行评估反馈与总结等。绩效评估应满足多组织、多层级的需要，能够抓住危机管理的效果、效益、效能、效率等维度，并能在不同维度间共存与协调。绩效评估从评估对象来讲包括个人评估、组织评估、行动评估和项目评估，随着危机管理重要性的日益凸显，危机管理绩效评估也越来越具有综合性。

4. 客观性

对危机管理绩效的评估必须是严谨的、讲求信度和效度的、不带个人主观偏见的，应以统一、客观、标准的衡量尺度建构绩效评估指标体系。在评估的过程中应尊重事实与调查，尽量排除个人主观因素的影响，不能以个人偏好或组织权威来左右测评结果。进行评估前，须制定一套切实可行的、与工作相关的绩效衡量标准，将其告知公众并形成书面记录。

（二）危机管理绩效评估的意义

在现代危机管理活动中，绩效评估的重要性主要体现在以下方面：

1. 危机管理责任落实的强调

随着人类活动范围的不断扩大和社会变迁的加快，危机事件层出不穷，公众对政府危机应对能力的要求也随之提高，危机管理主管单位与主责单位的责任需要更加明确。同时，企业组织、社会组织和其他社会力量在危机中的责任也需要进一步落实。例如，政府可强制某些行业参保，以实现保险业与危险行业责任共担的机制。

2. 危机处置结果导向的需要

危机对人类社会造成的破坏作用巨大，台风、地震、火灾等自然灾害以及重大安全事故、生态破坏事故、核辐射事故等人为灾难都给人类带来了重大的损失。一方面，危机疏缓可以有效避免和减少危机带来的损失；另一方面，人们对危机管理组织处置危机事件的绩效充满期待，非常重视危害处置的结果。因此，危机管理绩效评估意义重大。

3. 利害关系者的要求

危机发生过程中牵涉到很多利害关系者。危机发生后的绩效评估者、被评估者都要求对危机管理绩效进行客观、全面、公正的测评，以评估危机管理是否达到预期目标、绩效评估标准体系是否客观科学等。其中评估者可以是主管上级领导、综合评估组织、行政相对人以及评估对象自身等；被评估者则是参与危机管理的个人、组织、行动和项目。

第二节　个人评估

（一）个人评估的作用

随着社会的发展，个人与组织互动日益密切。个人绩效是组织绩效的基础，组织绩效的改善有赖于个人绩效的提高；而个人绩效评估为提高个人绩效提供了一个全面系统的视角。具体而言，其作用在于：

1. 获得职业发展机会

绩效评估着力于提高个人工作能力，能够用以指导人员工作调动、人员发展培训、工作关系终止等。其中，人员工作调动包括水平调动、晋职及降职等，它可以让员工适应不同的危机管理工作，提高工作积极性，提升工作绩效。人员发展培训给从业人员提供再学习的机会，提高人员素质，更新工作技巧，提高员工对组织的忠诚度。工作关系终止就是结束个人与组织之间的工作关系。

2. 适当奖励薪酬

赫茨伯格认为激励因素可以使个人更加努力地工作，从而进一步提高组织绩效，而奖酬就属于激励因素的范畴。个人评估能够带来奖酬并指导奖酬的分配，从而提高组织生产力和人员满意度，减少人员流动，节约人事成本，减少人事变动。所有这些都能够提高个人的工作积极性，从而提升个人绩效。

3. 组织内部考评

内部考评能够对组织成员的工作能力、技巧，以及胜任相应职位所要求的工作能力情况作更深的了解。组织内部考评需要以人为本、全面客观地进行评估。上级领导、同事、下属等都可参与对危机管理者的考评。对于庞大而复杂的危机管理组织，内部考评还可由外部专业测评人员进行。

4. 申请法律保护

个人绩效考核可通过一般程序完成，个人绩效评估必须是客观、公正、科学的。如果绩效考核标准失真、组织考核程序违规或组织对个人的考核偏颇之时，个人有权保留评估材料，对自己的合法权益进行申诉，以寻求法律的保护。

（二）个人评估的框架

在进行个人绩效考核程序时有以下四方面内容需要注意：

1. 绩效评估的频次

针对不同的考核主体和考核内容，绩效考核的次数与频率各有不同。具体而言，根据时间不同评估可以分为年测、季测、月测、日测。正式的工作绩效测评与非正式的工作绩效反馈不同，前者通常是固定地、周期性地对组织人员进行绩效评估，而后者通常是不定期地、临时性地对绩效进行评估。绩效评估应以任务和结果为导向，评估通常在目标任务完成后进行；对于周期特别长的危机管理工作，也可在工作中进行测评。

2. 绩效评估的主体

绩效评估的主体必须要清楚了解个人绩效的全面客观信息、理解组织目标、明确组织绩效的人员。第一，上级领导。他清楚组织目标，了解职位要求，洞察个人绩效，拥有人员发展培训资源和人事裁量权；他具有奖酬权，可以就绩效评估的结果左右个人的职业发展，这也是领导者通常都是绩效评估者的原因。第二，同事。同事通常是有效评估信息的来源，因为他们相互之间有着更广泛、更频繁的接触，他们能够为考核提供更具代表性的建议。但是，同事也可能为寻求自保、追逐个人利益或提高自身在组织中的地位而在对其他人的测评中撒谎甚至诽谤。所以，这种同事间绩效考评的方式应在相互信任、公平竞争的组织文化氛围中进行，同时需要设计科学的评估程序以保证测评结果的公正。第三，下属。除了上级领导和同事外，下属也是个人绩效考评的重要参与者。下属通常能够观察到上级领导及同事所不能看到的个人行为，但是下属在发表测评意见时可能会顾忌到自身利益以免招致麻烦。第四，员工自身。自我绩效考评也是测评信息的重要来源，尤其是在彼此独立工作的情况下。但是，自我测评也有一些弊端，比如人们总是倾向于将功劳归功于自己的努力，而将失败归因于其他人或者客观条件。在许多组织中，领导者与组织成员都能够考核个人绩效，他们通过讨论达成共识，且评估反馈可从上级、同事、下属、顾客及其他利害关系者那里得来。提倡绩效评估主体的多元化有助于实现360°评估。

3. 绩效评估的标准

就个人评估的内容而言，绩效评估标准需要满足以下三个条件：第一，绩效评估标准必须是切实可行的；第二，绩效评估标准必须与工作绩效相关；第三，绩效评估标准必须是全面综合的。其中，评估标准的切实可行尤为重要，因为很多项目的评估周期长，有些在危机准备过程中发生了变化；一些评估必须在危机管理过程中就要进行，并针对危机管理的实时情况进行更新和调整，以实现危机管理的最终目标，这种情况下对绩效评估标准的可行性要求就格外高。

关于评估标准的适当性，有时候很难分清标准制定是基于个人偏好还是事实优劣，更多时候绩效评估是在于影响绩效的因素而不是评估绩效本身。比如，危机管理组织给其两位员工分配了同样的任务——执行一项危机沟通工作。一人被分配到一个中上阶层居多、治安条件良好、贫富差距较小的社区进行危机沟通；而另一人则是到一个居于社会底层、治安条件混乱、贫富差距较大的社区。可以想象，通常前者都会比后者有着更好的执行结果，其个人绩效也会相对较好。但是，这两者工作绩效的不同应归因于他们无法掌控的外界客观因素，而不完全是其个人素质的差异。由此可见，绩效评估标准通常会受到政治、经济、社会等各种环境的影响。

在许多评估案例中，个人行为的短期影响很容易被发现，而长期影响却容易被忽视。比如，危机管理组织的领导可能总要面临短期利益的压力以及处理与其他组织的关系、利益集团问题、内部人事变动等，以保证组织的危机管理行动能够得到持续改进。而且，很多情况下我们采取的是一种反应式的危机管理模式，集中关注危机发生后的行动，而忽视了事前的危机疏缓和准备，忽视了对长期绩效的考察。

4. 绩效评估的途径

不同危机管理组织的人力资源部门会为本组织成员的绩效评估提供一系列不同的测评标准，通常这些测评标准会分别以任务绩效和关系绩效为导向进行考核。任务绩效导向的绩效评估通常以组织产出为导向，倾向于强调工作目标和任务的完成情况，关注工作的技术，把组织成员作为达到组织目标的工具；而以关系绩效为导向的绩效评估倾向于关注人际关系，关注人员所需，关注人员诉求。

（三）个人评估的方法

对于危机管理组织而言，对每个组织成员的所有工作绩效都进行评估是不现实的。组织可在年初对以往个人绩效评估标准进行回顾与总结，定期回顾绩效评估标准有助于发现哪些是有效行为、哪些是无效行为，并可解释无效行为发生的原因。评估个人绩效时有必要对其绩效水平进行评定并做出书面记录，个体成员也需要对工作绩效进行客观的自我评估。年终时再用这些自我评估信息对个体成员的绩效水平是否改进进行测评。上级领导和其他人员可用下面的表格对个人绩效水平进行评估（见表 11—1）。

表 11—1　　个人绩效评估表

	最差绩效 1	较差绩效 2	中等绩效 3	次优绩效 4	最优绩效 5
上级领导评分					
其他人员评分					

上级领导和其他人员应当用具体事实或事例说明其绩效水平考核定位的原因。具体而言，如果打 1 分要做出书面解释，因为最低水平通常意味着考核结束；如果打 5 分也要给出相应释疑，因为最高水平就意味着晋升的可能；而介于 2～4 分之间通常不要求额外解释。对于一般成员而言，频度越高、意见越详细的评价信息反馈通常更有利于个人绩效的提高。

上级领导需要确定一个时间表与每一位组织成员进行一次面谈，内容包括对过去一年的工作进行总结，也包括对来年工作进行展望。对于上级领导而言，应关注可改变且易改进的工作行为，而不应关注几乎不能改变的个人性格。此外，上级领导应在组织中强调将绩效与奖惩直接挂钩：绩效优异可以带来奖酬，绩效不佳的必须改正，绩效总是最差的则应予以淘汰。

停止工资增长在危机管理组织中是比较常见的控制组织经费的手段，也是对绩效考核结果较差的人员的惩戒措施，而且组织可以在保持薪酬水平的情况下进行绩效考核。如果组织不能在奖励薪酬等物质方面对绩效优良的人员予以奖励，则应从其他方面加以补偿，比如通报表扬、带薪休假、延长假期等都是不增加组织成本且能有效激励员工的常用办法。那些因缺乏个人能力而使绩效不高的问题可以通过培训加以解决；因工作积极性不足的则应适当减少或中止其薪酬奖励；如果影响个人绩效的因素既不是工作能力也不是工作积极性，则应考虑将其调离或解雇。

个人绩效考核时应当避免发送错误信息。如果组织掌握了个人较为全面的绩效考核的积极信息，很可能就忽视了绩效考核的消极信息，从而使考核变得片面。因为大多数领导者倾向于集中精力关注需要确定的工作绩效而忽视了正在进行的工作。此外，考核时适当表扬与激励能够让下属清楚哪些工作能够带来积极影响，以提高工作积极性。尤其是在增加薪酬对工作绩效的激励作用较小的情况下，对良好绩效的认知非常重要。当然，良好的绩效通常都需要很长时间才能得以认知。

随着个人与组织的不断互动，个人的工作目标更多是绩效、任务、发展导向的。通常，组织成员可以为完成组织目标参加一些特殊训练课程，而制定目标是展现组织成员高绩效水平的重要手段与渠道；目标能够给个人以强烈的心理暗示，促使其自身不断追求目标的完成。一个基于明确目标的发展计划才能保证组织成员达成更高的工作绩效水平。

第三节　组织评估

各类危机管理组织是危机管理的主体，无论是政府组织还是第三部门。定期对危机管理组织进行评估至关重要，了解组织的优势与劣势能够改进危机管理组织的绩效。公共部门危机管理绩效评估不仅要关注组织内部结构及人员的绩效情况，更要了解组织管理目标的实现程度，以及公众对公共部门危机处理情况的反映与评价。评估组织绩效通常可采取确定绩效目标、回顾工作成果、设定评估标准等措施。

（一）组织评估的内容

在危机管理组织中，所有成员共同致力于在工作有效期内完成预设的明确的、可衡量的目标。确定组织绩效目标是组织绩效评估的前提，因为只有组织绩效目标得到全体成员的认可才能达成更多共识，以促进组织绩效的改进。

危机管理组织的绩效评估一般包括以下方面的内容：

（1）对民众进行灾害知识的宣传教育，即对民众宣传灾害的种类、危害、特点以及如何避免及减小危机带来的损害等知识。

（2）进行危险评估与脆弱性评估，即对灾害的规模、种类及特征进行分析以及对危机可能造成的损害程度进行分析和预测。

（3）开展危机疏缓项目，即在危机发生之前尽量消除和减少危机带来的不良影响。

（4）制定危机准备计划，即做出计划以保证危机出现时能够有效地应对。

（5）制定危机恢复计划，即计划通过各种援助使社会尽快恢复正常秩序和运行。

（6）制定危机回应计划、培训与演习，即设计组织应急计划，对人员进行危机应对培训，并适时进行演练和演习。

（7）回顾组织应急能力，在培训和演习结束后对组织应急能力评估进行反馈和总结。

（8）制定弥补组织应急能力不足的发展计划，适当调整组织的绩效设计。

（9）基于组织应急能力大小适时检查和调整组织目标。

（二）组织评估的标准

在此，我们以美国国家消防协会 1600 标准（National Fire Protection Association Standard 1600，NFPA1600）为例，介绍危机管理组织绩效评估的一般标准。美国国家消防协会标准委员会（NFPA Standards Council）在 1991 年成立了一个灾害管理委员会（Disaster Management Committee），负责为整个危机管理过程制定危机疏缓、准备、回应和恢复标准。NFPA1600 第一版是 1995 年对外公布的第一个危机管理绩效评估标准，并以五年为周期进行回顾和调整。NFPA1600 既适用于公共部门也适用于私部门，其内容主要包括业务持续计划（business continuity programs）。业务持续计划最初在私部门作为应急一体化计划与业务结果计划的手段，后被引入公共部门，用于确保公共服务的持续性不因任何突发性事件的发生而改变。2000 年发布的 NFPA1600 第二版则将能够负责危机管理和能够进行连续性操作的公共部门与私部门都界定为危机管理实体组织，它要求危机管理实体组织具有一系列规范条件和要素，主要包括：危机管理计划文件、适当的行政组织结构、事务协调领导者、咨询智囊团、绩效评估程序，等等。

NFPA1600 为美国任何层级的政府部门以及各种私部门都提供了一个可用的危机管理绩效评估程序来管理各种危机事件，这体现的是全危机的管理路径和构建灾难弹性化社会的管理目标。NFPA1600 涵盖了危机疏缓、准备、回应和恢复等流程，对于美国危机管理组织绩效评估意义重大：它由联邦政府发布，得到了各级政府及相关危机管理组织的普遍认可；既可用于组织内部评估，也可用于组织外部评估；既可作为组织立项计划的基础，也可拓展组织已有项目。

有效的危机管理组织绩效评估程序能够使危机管理组织进行自我监测、自我测评，并增强自身的危机管理能力，从而最大限度地减少危机带来的损失。绩效评估程序主要包括以下 14 个方面的内容：

（1）法律与职权。这包括授权进行危机管理的立法、制度、规章、标准等。

（2）灾害识别与风险评估。必须明确：哪些组织面临灾难；影响组织的极端性事件发生的可能性；极端性事件潜在的自然和社会影响。

（3）危机疏缓。危机管理组织应制定战略以减少灾难损失和控制灾难的影响程度。

（4）资源管理。危机管理组织应能够：确定所需资源；列出最近可获取的资源清单；预见结果有哪些不足；确定志愿者的工作内容；为人、财、物、设备等设立绩效目标；以量化的反应时间和反应能力来计算资源。

(5) 相互援助。危机管理组织应能够确定本组织及其他危机管理组织所具有的资源；有能力得到其他组织的援助并有能力为其他组织提供援助；外部援助需要与组织危机管理计划相关的部门共同参与。

(6) 计划。组织应制定危机疏缓计划、准备计划、回应计划、恢复计划等；危机管理组织的绩效评估标准应涵盖每一种计划；除了常规计划外，还应该包括组织角色与组织责任的详细描述。

(7) 指导、控制与协调。危机管理组织应具有组织权威；应能根据不同性质的危机事件对公众采取不同形式的保护措施；应能及时有效地动用交通、通信等应急响应资源。

(8) 通信和警告。危机管理组织应不断调整、测试、改进通信和警告的设备，以便与有关岗位的人员取得联系，并在需要时及时准确地发布预警。

(9) 执行和程序。危机管理组织应执行灾害识别、风险评估及影响分析所需的程序，这些程序包括：环境评估与资源评估、从回应到恢复的转换、执行的连续性等。

(10) 后勤与设施。危机管理组织应提供回应和恢复所需的后勤保障；处理社会援助的捐款和捐赠物；启动应急运行中心。

(11) 培训。危机管理组织应确定所需培训的技能，设计并开展培训。

(12) 演习、评估与纠正。危机管理组织应定期开展演习并进行评估，针对已表现出来的不足予以纠正。

(13) 危机沟通、公共教育和信息。危机管理组织在危机发生前、中、后都应客观全面地发布危机信息，保证公众能够及时、有效、完整地获得信息。此外，危机管理组织还要具有澄清虚假信息、阻止谣言传播的能力。

(14) 财政与管理。危机管理组织应能设计一套最佳流程以保证用尽可能少的时间和成本解决尽可能多的危机问题。

(三) 美国危机管理就绪能力评估

1997 年，美国联邦危机管理局（FEMA）和国家危机管理协会（NEMA）联合研究设计了危机管理就绪能力评估系统（capability assessment for readiness，CAR），用以评价联邦政府及各州的危机管理能力。[①] 该系统为危机管理组织的自我评估过程提供了可参考的依据：组织需要从筹备阶段一直评估到疏缓阶

---

① Florida Emergency Preparedness Association, *Local Capability Self-assessment and Accreditation Tool*, 2002.

段；需要对组织的危机准备情况以及如何应对危机情况进行评估；需要对组织如何从危机中恢复进行评估。换而言之，该评估系统包括了危机管理的四个基本阶段，并且将这四个阶段整合得更为紧密。

CAR 具有比 NFPA1600 更为详细的组织绩效评估标准，其 13 个危机管理功能（emergency management functions）借用了 NFPA1600 的评估内容（见表 11—2），每一个功能被细分成若干个属性（attribute），每个属性再进一步被分成许多特征（character），每个特征又有更加具体的指标去评价。如法律与职权这一危机管理功能就被分为 10 个属性（见表 11—3）；其属性 1 又被分成 7 个更为详尽的绩效衡量特征（见表 11—4）。整个评估体系共有 13 个危机管理功能、209 个属性、1 014 个特征，各州政府都可用这个详尽、客观、易衡量的标准进行自我绩效评估。

表 11—2　　危机管理功能

功能	内容
1	法律与职权
2	灾害识别与风险评估
3	危机疏缓
4	资源管理
5	计划
6	指导、控制与协调
7	通信和警告
8	执行和程序
9	后勤与设施
10	培训
11	演习、评估与纠正
12	危机沟通、公共教育和信息
13	财政与管理

表 11—3　　危机管理功能 1（法律与职权）的属性

属性	内容
1	州法律中确定地方危机管理机构与危机管理责任
2	州立法机构制定关于危机管理信托基金的立法
3	州立法机构支持政府持续性（continuity of government）行动的评估
4	州立法机构授予地方危机管理权限

续前表

属性	内容
5	州关于危机管理的立法须与《国家环境政策法》和其他环境法一致
6	州法律应与《国家历史遗产保护法》一致
7	州法律要使危机疏缓阶段的规范与法令适用于全州范围
8	州法律要与《民权法》一致
9	州立法机构制定国家水坝安全计划要求的州水坝安全计划评估的所有标准
10	州法律要与《紧急计划和社区知情权法》一致

表 11—4　　属性 1（州法律中确定地方危机管理机构与危机管理责任）的绩效衡量特征

特征	内容
1	州法律中有危机管理内容的法律基础
2	州法律中有明确的危机/灾害声明
3	危机情况发生时可用行政命令或其他强制措施协调州各机构之间的关系
4	州法律支持相互援助，包括一些特殊要求（如财政要求、责任要求、危机承担者权责等）
5	州法律明确规定危机发生时公共部门可进行紧急疏散的法定权利
6	在危机回应与恢复过程中，州政府可对州各机构采取行政强制等措施以保证各项计划的持续性
7	立法与行政应不断改进

其中每一评估属性与特征在评估标准方面都有 1 至 5 的区间，共分为六种：分别为 5 分、4 分、3 分、2 分、1 分和 N/A。5 分表示完全有能力，4 分表示非常有能力，3 分表示能力基本满足，2 分表示能力较少满足，1 分表示没有能力，N/A 表示不适合本州的情况。

就绪能力评估系统建立了完整统一的层级结构，并在此基础上构建组织危机管理能力的绩效评估标准，各级危机管理组织可以针对组织的具体情况有选择性地改进危机管理绩效。就绪能力评估系统中所有的属性和特征都给予相同的比重，所有特征上的分值加和是属性上的分值，所有属性上的分值加和就是管理功能的分值。根据数值就能大致了解各州危机管理绩效的状况和水平，各州可以适时做出战略性发展计划。在完成绩效评估后，各州须将结果报送联邦危机管理局，联邦危机管理局根据各州绩效评估情况再进行全国性的评估，最后根据全国性评估结果确定未来数年的国家危机管理绩效评估项目。

美国危机管理评审项目

（Emergency Management Accreditation Program，EMAP）

危机管理评审项目能够提高组织的危机管理能力，是包含了项目管理要求的非常详尽的绩效评估体系。它专门为危机管理组织设计，公共部门和私部门的危机管理组织都可以使用。危机管理评审项目的程序如下：

首先进行自我评估，以检测自身是否符合危机管理评审项目的有关标准。自我评估开始时，先从上级组织获取一份评审申请书。然后，组织选出一名评审负责人，来协调完成评审申请工作，其职责在于：一是制定自我评估计划和目标；二是为权限范围内的各个子机构分配责任；三是制定自我评估进程的时间表。

自我评估要求提供证据证明组织能够符合评审程序每一项标准的要求。组织必须找出所有能证明符合标准的资料，包括档案资料、访谈记录及实地考察等。除此之外，组织还必须解释相关资料为何可以证明符合相关标准。如果证明材料是书面材料，组织必须提交所有相关材料的复印件，此外还需要准备访谈和考察的相关文件。

准备好这些自我评估的文件之后，将其上交给危机管理评审项目委员会评审。如果委员会认为材料齐全，则会组织评审团进行现场评估。被评审组织的评审负责人需要带领评审团成员参观主要设施建设等硬件条件，并为他们提供任何所需信息。评审团将审查申请组织的书面计划、程序及备忘录等能证明符合标准的材料；联系证明材料中记录的被访谈者，以查证申请书中的相关信息；检测相关设施、设备、材料及用品等。当所需信息全部齐全后，评审团才能接受外部访谈，并对考察情况进行通报。

评审团现场评估之后，将向评审项目委员会汇报其评估活动情况及评估结果，申请组织将获准参加汇报会议。评审委员会根据所获得的信息，对申请组织的申请给予三种建议：批准、有条件地批准和否决。如果得到批准，危机管理组织将获得有关管理权限的证书，该证书有一定年限的有效期，且在此有效期内，组织须保证资质合格。申请被否决的组织，委员会将告知其被否决的原因。

美国佛罗里达州由于容易受到飓风和其他沿海灾害的威胁，对救灾减灾投入了大量资源，在美国最早申请并接受 EMAP 评审。现在美国亚利桑那州、北达科他州、蒙大拿州、宾夕法尼亚州、华盛顿特区等九个地区都接受了 EMAP 评审。

资料来源：*Emergency Management Accreditation Program*，http://www.emaponline.org/? 308。

第四节　行动评估

行动绩效评估与个人、组织绩效评估不同。首先，行动绩效评估通常都是在较短的周期内完成，比如演练绩效的评估都是在几分钟内完成，操练与突发事件处理绩效的评估需要在数小时至数天内完成。所以，行动绩效评估较之个人与组织绩效评估而言更为容易。其次，因演练与操练需要集中地评估任务绩效，所以评估时要求格外关注公众对危机的反应。最后，尤其是突发事件侵犯到个人生命及财产权时，对突发事件的处理有引发公众法律诉讼的可能，这将打乱行动绩效评估的安排。

对行动绩效的评估可以根据突发事件的具体类型，如自然灾害、人为灾难、恐怖袭击等有针对性地进行；也可以根据突发事件发生的时间序列，如疏缓阶段、准备阶段、回应阶段、恢复阶段进行循环性的全过程的评估；此外，还可以根据危机发生的级别，如一般危机、较大危机、重大危机和特大危机的不同来进行评估。最常见的则是根据危机管理行动的内容，对危机演练、危机演习和应急事件进行评估。

（一）危机演练评估

进行危机演练之前首先要明确演练的目的。通常危机演练的目的是测试在发生危机事件时人们的应急反应技能以及相关硬件条件的承受能力。当人们的危机反应能力不足或技巧不熟练时通常会导致演习任务失败，而良好的硬件设备条件可以弥补因人为应急能力不足而引起的缺陷，以争取更多时间应对危机事件。

演练通常指一个或几个人在假定的情景中完成特定任务，而这个“任务”实为“实现特定目标”。危机演练方案包括制定演练科目、确定演练地点、拟订演练场景、制作演练流程等。演练可分为若干步骤，每一个步骤是最小的独立的工作单元。如在某危险品应急反应演练过程中，演练人员通常需要以下步骤完成演练任务：

第一步：确定事故发生的地点和周围环境情况。

第二步：穿好个人防护装置。

第三步：检查随身通信设备是否完好。

第四步：携带所需工具与材料。

第五步：进入危机区域。

第六步：实施演练作业。

第七步：返回。

第八步：提交书面报告并总结回顾。

在进行危机演练时需要控制员（controller）的指导和辅助。控制员的任务是：确保演练目标得以实现；确保演练目标具有一定的挑战性；制定演练行动的流程进度；对演练人员的问题进行解答；为演练的虚拟情景提供信息；保证整个演练过程的安全。因危机演练较为简单，所以控制员通常也承担着评估者的角色。评估者在危机演练中需要观察参与者的行动并作适当记录，看其是否偏离演练目标要求；需要确定所需设备、外援等是否到位。评估者还要随机抽取一个或多个参与者作为主要的或后备的绩效承担者进行评估。在一些演练中，可能还会给参与者带来精神压力，为了缓解压力，演练参与者应当首先确定应急预案和执行程序的信息；能够清楚描述演练的场景与方式；对他们已有的关于演练的判断进行确认。

（二）危机演习评估

演习（exercises）不同于演练，因为它涉及更多的人和组织。因此，演习比演练包含内容更宽广。除此之外，演习的场景也更为宏大，它的任务更繁多、设备更全面、要求更复杂。因此，演习既测试了人们的独立工作能力，也测试了人们的团队合作能力。独立工作能力是指分别执行每一步任务的能力，而团队工作能力是指在团队成员中调度任务、分配资源，以达成效率、效能、及时的绩效目标的能力。演习具体可分为桌面演习、功能演习、实战演习等，对相应演习的评估也各有不同。

1. 对桌面演习的评估

桌面演习（tabletop exercises）的参与者多为关键岗位的人员或危机管理组织的代表，他们通常是科室或部门的管理者，并指导各职能管辖范围内的工作。桌面演习一般是在室内对演习场景进行口头演习，事后一般采取口头评论的形式收集演习人员的意见，并提交一份简短的书面报告，对桌面演习进行总结，以期下次改进。在没有现实压力的情况下，在演习人员检查和解决应急预案中的问题时得到讨论结果。桌面演习主要锻炼人员危机管理的能力，要求人员之间进行互动，解决内部人员相互合作与权责分配的问题。这些演习一般较为简单，例如，可能问及台风来临之前如何疏散当地医院。此案例中就可以讨论以下主题，包括：医院需要转移的资源如何处理、紧急救援车辆如何协调等。在桌面演习中通常控制者也是评估者，桌面演习方法成本较低，是功能演习和实战演习的基础。

2. 对功能演习的评估

功能演习（functional exercises）是指针对具体应急响应功能举行的演习活动。功能演习一般在应急运行中心举行，并可同时开展现场演习，其需要调用有限的应急设备，主要目的是针对应急响应功能，检验应急人员和应急管理体系的响应能力。例如，指挥和控制功能的演习，目的是检测、评价若干政府部门在一定压力情况下的及时响应能力；演习地点主要集中在若干应急运行中心或现场指挥所举行，并开展有限的现场活动，调用有限的外部资源；外部资源的调用范围和规模应能满足响应模拟紧急情况时的指挥和控制要求。又如针对交通运输活动的演习，目的是检验地方官员现场指挥、协调现场应急人员和交通运载工具的能力。

与演练和桌面演习不同，功能演习中控制者和评估者的角色不能合二为一，有时甚至需要很多的控制者。功能演习比桌面演习的规模大，需要动用更多的应急人员和组织。必要时，还可要求国家级应急响应机构参与演习过程，为演习方案设计、协调和评估工作提供技术支撑和智力支持，因此协调工作的难度也随之增大。这些控制者将为不同的团队提供信息，尤其是团队处于不同的情境时。同时，功能演习还需要评估者对不同团队的绩效进行评估。功能演习所需的评估人员一般为4～12人，具体数量视演习功能、演习地点、演习规模和现有资源而定。演习完成后，除采取口头评论形式外，还应向相关组织提交有关演习情况的书面汇报，总结经验，提出改进建议。

3. 对实战演习的评估

实战演习（full-scale exercises）采取交互式演习方式，尽可能真实地模拟现实危机状态，以监测和评估危机管理人员、资源和组织的应急响应能力。实战演习中需要许多控制者、评估者、协调者，通常实战演习的评估者与协调者还需要进行专业培训。与桌面演习和功能演习相比，实战演习的要求更高。实战演习种类繁多，小型演习通常进行专项应急反应练习，比如在学校组织演习如何进行人员疏散；而大型演习如核事故应急演习就涉及成千上万的人员，需要几十个甚至上百个的控制者与评估者。实战演习根据模拟危机事件发生的类别不同可分为单项演习和联合演习。实战演习多为临时的、不定期的，临时演习可以防止提前制定培训及人事计划，从而更加客观、准确地评估组织的筹备情况，尤其是夜间的突击演习更能评估组织的绩效状况。实战演习结束后需要提交口头报告、书面汇报以及正式的书面报告。

随着社会危机事件的增加、复杂性的增多和破坏性的增强，危机管理组织在临时的实战演习中能有良好的绩效非常不易。通常可先为应急人员设定易行的目标，以提高人员的积极性和组织的自信心；如果过于纠缠演习中的错误与不足则更难以对改善绩效达成共识。演习评价与追踪包括对演习人员表现、演习目标实现程度、演习流程设计等因素的考察，主要包括以下方面的危机应对能力：

第一，人力保障方面。如交通、医疗、卫生、民防、环保等专业救援队伍是否能在应急演习中及时到位，为危机事件的处理提供最有力的人员保障，以进行统一指挥、统一协调、统一领导的应急响应行动。

第二，硬件保障方面。如供电、供水、通信、消防设备、物资储备等情况能否为应急演习提供硬件保障。在对一些技术性很强的危机事件的反应中技术与硬件支持至关重要，通过演习能够发现硬件方面的漏洞，从而为下一次演习及实际应急准备了条件。

第三，善后保障方面。危机事件的发生通常都给社会带来巨大的损失和影响。应急演习可以模拟成立危机事件调查委员会，对危机损失进行评估，分析原因并制定对策；同时对受害者进行抚恤，做好善后恢复工作，以稳定公众情绪，尽量减小不良影响。

应急演习的步骤

美国联邦危机管理局将应急演习分为以下八个步骤：

第一，需求评估。包括确定危机的类别及轻重缓急，尤其是要评估之前在流程、人员与培训等方面出现问题的解决措施，同时也要对新的设备、服务与人事关系进行评估。

第二，范围界定。包括模拟危机种类、演习类型、演习组织、演习地点等。

第三，明确演习目的。即开展演习要实现的目标。

第四，设定预期效果。即谁为回应什么情况采取了什么措施，绩效水平如何。

第五，演习过程。包括对相关环境和条件的详细描述，演习过程的详细记录等。

第六，主要事项与细节事宜。包括影响演习进程的关键事件，如演习开始与结束阶段事件、演习转折阶段事件，还有一些关系重大的细节事宜。

第七，预期行动。指为达到演习目标的行为，其内容包括：对环境条件和组织行为绩效的评估，为减少危害性事故而采取的预防性及修正性行动，采取保护性行动以减少涉及资源分配、决策制定、利害关系者协调的危机管理行动的影响。

第八，信息发布。演习结束后需要将演习绩效信息对公众发布，公众依据危机管理组织的演习考评做出反应，以进一步推动应急行动绩效的提高。信息发布包括信息发布者、信息发布内容、信息发布途径、信息接收者等要素。

资料来源：*FEMA's Independent Study Program*，http://training.fema.gov。

（三）应急事件评估

由于非预定性和真实性，对应急事件（incidents）的绩效进行评估是极为有意义的。它能够反映出危机管理组织的实际应急能力和水平，如动员能力、协调能力等，这是无论何种演练或演习都无法比拟的。然而，对应急事件进行绩效评估具有很强的不可控性。事件的规模和所测试的回应功能偶然性很大，由于危机的突发性，也没有控制者和评估者。应急人员不得不依靠记忆以及纸笔来记录谁做了什么，以及相应的时间、地点、原因、后果等。这些信息对事后的绩效评估至关重要，是总结与反馈的一手资料。

应急事件评估的内容包括结果评估和过程评估。一方面，要通过各种指标来衡量危机回应的成败得失，以及应急计划和方案的实现程度；另一方面，还要确定危机回应是否与流程设计相一致，若不一致则须知道其原因——如果绩效优于事前制定的流程设计则需改进流程，如果绩效低于流程设计则需重新分配人员、组织培训、更新设备条件等。总之，每一次应急事件都是危机响应的真实行动和体验，应当通过对应急事件的评估、总结和反馈，不断改善危机响应的绩效，提高应急行动的效率、效能和效果。

第五节　项目评估

从国际上来看，项目（programs）是开展危机管理活动的一种重要形式和载体。由于各国体制上的差异，最明显的比如联邦制和单一制的不同，导致自上而下的强制性的力量在推动危机管理的过程中并不总是有效的。因此，很多国家政府注重利用项目的手段，通过设计、安排和开展危机管理项目，发挥其诱因、诱导的作用和柔性、弹性、自治性等优势，以达到推动危机管理的目的。当然，项目的特点决定了它并不受制于特有的体制环境，而是一种普适性的危机管理工具，可以广泛地加以运用。

危机管理项目的评估通常都是过程性、临时性、针对性以及结果导向性的。项目评估在于尽可能全面客观地测评危机管理过程中项目执行的情况、可能出现的问题与不足，并对危机回应行动进行计划、组织和控制，以达成组织危机管理的目标。危机管理项目的种类繁多，评估也有所不同，本节主要针对两个常见项目，即培训项目（training programs）和沟通项目（communication programs）的评估进行介绍。

（一）培训项目评估

培训是危机管理组织进行人员队伍建设的基础，是其提高自身应急水平的重要手段，也是有效应对危机事件的重要途径。具有良好教育、训练有素的专业危机管理人员是现代社会危机管理的客观需要，是社会发展和社会进步的客观要求。有效的培训可以提高组织人员的素质，提高组织自身的应急能力，增加处置突发事件的经验，增强预警的警惕性。①

专业危机管理人员的应急培训评估是检测危机管理人员受训效果、测评硬件设备条件的有效方法之一，同时培训项目评估是实施应急预案和流程的重要内容。对于专业危机管理人员的培训必须清楚的前提是：培训的主体、培训的客体、培训的方式。与人员选拔和预测相比，培训评估标准更为多样化。在危机管理中常常使用科克帕特里克（Kirkpatrick）提出的评估四层次标准模型，即反应层次、学习层次、行为层次和结果层次。②

---

① R. S. Stephenson, *Disaster Assessment*, Disaster Management Training Program, 1994.

② Kirkpatrick, D. L. *Evaluating Training Programs*: *The Four Levels*, Berrett-Kochler San Francisco, 1996.

第一，反应层次。反应层次是通过人员对培训的印象和感觉来评价培训效果，通常用于表面效度的测量。比如，测量受训者的印象、态度和意见，分析培训是否有用、培训内容是否符合实际工作需要等。反应标准常以问卷和测评表来评定。

第二，学习层次。学习层次主要用于测量所学会的知识技能，通常采用考查的方式来评定。培训方法不同，学习层次标准的评定方法也不一样。例如，在程序教学式培训中，学习标准已设计在学习方法中，学员只有达到一定的知识水平，才能完成培训任务；而有些社会技能的学习，如角色扮演，就很难制定学习标准。反应标准和学习标准是用于评估培训方案本身效力的，统称为“内部标准”。

第三，行为层次。行为层次是以受训者获取新知识与工作技巧的能力作为评价标准。行为层次标准还可以是出勤率和事故率等，这些属于“硬标准”。但如果培训的目标是要提高管理水平或者改进工作态度，就需要把这些软性的培训要求转换为比较客观的行为标准。

第四，结果层次。结果层次是测量培训对于组织目标的最终价值，主要是对培训成本和效益进行评估，即测试危机管理组织及人员的应急绩效水平和能力。结果层次是最重要的，但又是最难制定的。行为层次和结果层次是对培训方案以外的情况和效果所进行的评价，统称为“外部标准”。

为了进一步提高组织危机管理绩效，在进行培训项目评估时，我们通常需要做到以下几点：

首先，进一步完善评估框架，统一评估标准。培训评价不仅总结了培训的效果，更为下一阶段的培训做好充分准备。科克帕特里克提出了四层次评估模型，我们要根据我国的国情，针对危机管理的实际情况进一步统一标准。只有客观、统一的评估标准才能为危机管理组织下一步的疏缓、准备、回应和恢复打好基础。项目评估包含了传统意义上的监督与测量，应在确定项目计划与目标的前提下，在掌握影响项目实施的内部与外部因素的情况下，对项目的绩效结果进行测评。

其次，定性与定量评估相结合，注重评估的科学性和有效性。现代危机管理越来越要求对评估对象采用数学方法与科学方法进行测量，尤其是对某些要求时间/进度、成本/预算、质量/技术指标、投入/收益等目标考核时，定量方法尤为重要。

最后，充分利用培训评估保证培训质量。培训效果的好坏是危机管理能否成功的关键因素，培训可以使专业危机管理人员对灾害程度以及应急责任更为清楚，并且具备完成危机事件管理所需的知识与技能。同时，良好的人员培训对于危机管理组织尤为重要，组织具备训练有素的组织成员能够更好地对危机事件进行回应，进而使整个社会的危机回应能力也得到相应提高。

（二）沟通项目评估

沟通是人与人之间的信息传递与意义的表达，人类社会许多冲突事件的发生都是没有进行良好有效的沟通而引发误解所致。危机沟通是危机管理的重要手段，当发生危机时，危机管理组织应当充分运用媒体的力量，向受害者和家属以及社会公众发布及时、准确、客观、翔实的信息。

危机沟通可分为正式沟通与非正式沟通，前者指在规定渠道内为工作绩效的完成而进行的沟通，后者指不在组织层级结构限定下通过非正式网络进行的沟通。危机沟通也可分为内部沟通与外部沟通，前者指危机管理组织内部的沟通，后者指危机管理组织与组织外的主体进行互动交流的过程。

培训项目中绩效四层次标准架构也同样适用于危机沟通项目评估：

第一，反应层次是对危机各个因素客观的信息评估，可以根据实际情况对危机沟通的要素进行评估。通常情况下，政府公共关系部门以及媒体承担着主要的危机沟通责任。政府公共关系部门在危机管理中应该积极主动，尽量使所有利害关系者尽快获得确切客观的信息，以消除公众对政府的不信任感。媒体也是危机沟通的重要渠道，其主要职责包括向政府通报危机事件和处理进程、向公众发布危机管理组织的应急措施、健康引导舆论、化解危机冲突等。

第二，学习层次主要针对危机潜伏期的危机沟通策略进行评估。在此阶段，预警系统收集信息以应对危机沟通的需要，危机管理组织尤其是媒体应具有发掘潜在危机信息的能力。媒体应该在突发事件萌芽时发现危机的前兆，并向政府、社会及公众传播信息。但是，这要求媒体具有很强的社会良知，因为一些媒体为了哗众取宠或其他目的可能会散播谣言、发布假新闻。针对这种情况，政府应加强对媒体的监督与监控。

第三，行为层次是针对危机发生时的危机沟通策略进行评估。突发事件通常给社会带来巨大损失，影响社会的健康发展。危机爆发时，公众对有关危机的信息格外敏感，政府公关部门以及媒体应特别注意危机沟通的方式。具体而言，在危机回应阶段，危机管理组织要争取尽快发布最新信息，并且要保证危机沟通的权威性，塑造政府的良好形象，保持公众对政府的信任，以获得公众对政府危机管理措施的支持。

第四，结果层次是对灾难的不确定性和应对灾后损失危机沟通的评估。危机事件激发了新的社会规范的形成和新的规则与制度的建立，强化了公众对社会生活的参与，调整了社会关系。在危机恢复阶段，政府公共关系部门应努力引导舆论导向，尽量消除不实报道的负面作用，引导社会对危机进行理性思考，共同制定疏缓措施；而媒体则应对危机进行人文关怀式报道，帮助危机管理组织开展恢复重建。

第十二章　危机状态下的领导与决策

危机管理与其他任何管理活动一样，也需要领导者和管理者的带领与推动。领导与决策都是危机管理自上而下的重要职能，然而二者也有着不同之处。本章的核心问题在于探讨领导与决策对于危机管理的作用、危机管理对领导与决策提出了何种要求以及如何提高危机状态下的领导力与决策水平。

第一节　危机状态下的领导

（一）领导的内涵与作用

1. 领导的内涵

领导（leadership）的含义问题，是一个在领导研究领域一直争论不休的问题。不同的研究者往往会从自己的偏好和研究视角去给领导下定义。比如约翰·科特认为，领导指的是有助于引导和动员人们的行为及其思想的过程；斯蒂芬·P·罗宾斯认为，领导是一种影响一个群体实现目标的能力。我们倾向于接受这样一个领导的概念：领导是领导者在各种环境中系统地影响组织成员行为以达到组织目标的过程，也就是说，领导是与组织成员之间相互影响关系的确立过程。

领导的要素包括三个：领导者、被领导者和领导环境。第一，领导者，是指在一定的组织中运用权威指导和协调组织成员向着既定的目标努力的、具有影响力的个人或集体。领导者在组织活动中居于中心地位，发挥主导作用。第二，被领导者，是指在领导活动中执行具体决策方案、决定或命令，实现组织目标的个人或集体。第三，领导环境，是指制约和推动领导活动开展的各类自然要素和社会要素的综合，包括具体的自然环境和政治法律环境、社会文化环境以及科学技术环境等。

2. 领导的作用

领导在实现组织目标的整个过程中都发挥着至关重要的作用。具体而言，指挥、协调、沟通和激励是领导的四个基本作用。

（1）指挥。

指挥就是领导者凭借其职务权力和个人魅力，指导下属为实现组织目标而开展的活动。指挥包括两层含义。第一层含义即确定组织前进的方向与指导团队为达到既定的目标而行动。确定组织前进的方向也就是确定组织要实现的目标，亦即目标决策。进行目标决策是领导职能的关键环节，关系到组织运作的成败，影响并决定着领导者的其他职能。在目标决策的过程中，领导者要善于根据事物的特性，有针对性地采取科学的决策方式，从而使组织目标科学清晰。指挥的第二层含义是组织目标确定之后，领导者带领组织成员为实现既定的目标而开展活动。由具有出众才华和魅力的领导者来对整个组织的人力资源进行合理的调度与安排，是有效完成组织任务的需要。

（2）协调。

组织在实现既定目标的行动中会遇到各种各样的矛盾。其中，组织内部的矛盾和组织与外在环境的矛盾是两对最基本的矛盾，这就需要通过领导进行协调整合。领导者应该以组织目标为协调基础，从利益、思想和行为、政策和制度等多方面入手，做好协调工作，以便化解矛盾和分歧，统一思想和认识，把组织成员团结起来，朝着组织的共同目标前进。领导的协调作用还表现在对组织和它所联系的外部环境的调适上，领导者必须充分了解外部环境的变化以及变化对组织所带来的影响，采取有力的应对措施，转化和利用有利的变化来为组织的目标服务，避免或尽量减少不利的变化对组织目标可能产生的破坏性作用。

（3）沟通。

要进行有效的协调，首先就要求领导者必须掌握相关的信息，而信息的获得有赖于沟通。因此，沟通是协调的前提，目的是通过信息交流求得思想的统一，使组织成员的步调一致。作为组织的领导者和指挥者，沟通的效果取决于领导者发出信息的清晰度和可信度，也就是说领导者发出的信息必须能够被准确地理解。此外，这种信息必须能够使组织成员持有相信其真实性的态度。同时，有效的沟通也依赖于领导者对其他人发出的信息有及时、准确的了解，并能及时、有效地处理。因此，为了提高沟通的有效性，领导者一方面要克服自己可能存在的沟通障碍，如表达不清、对沟通对象不了解、不信任等；另一方面也要注意沟通对象可能存在的障碍，如注意力不集中、理解能力差、不愿意沟通等。对于发现的障碍，要采取有效的措施予以清除，朝着“无障碍沟通”的目标而努力。

（4）激励。

激励是指激发人的动机，诱导人的行为，使其发挥内在潜力，为实现所追求的目标而努力的过程。在复杂的社会生活中，组织的每一个成员都有各自不同的经历和遭遇，当组织成员在学习、工作和生活上遇到了困难、挫折或不幸时，当某种物质或精神的需要得不到满足时，就必然会影响到其工作的积极性。要解决上述问题，就必须发挥领导的激励作用，通过激励调动人们的积极性、主动性和创造性，从而发挥人的最大潜力，顺利实现组织目标。

（二）领导在危机管理中的作用

在组织的常态管理中，领导是最为重要的职能之一。而在危机状态下，领导水平更是直接关系到危机管理活动的成败，关系到组织乃至全社会的和谐与稳定。

1. 领导者的危机意识直接影响到危机前的预防和准备

危机意识是防范危机的起点，领导者危机意识的强弱直接影响到组织对危机管理的重视程度。危机意识淡薄的领导者容易忽视或轻视危机，他们将大量的资金、人力、设备投入其他管理活动，而不是投入危机管理系统的建设。由于危机管理系统的缺失或不完善，危机发生的概率和强度将大大升高。并且，危机意识淡薄会导致领导者在危机发生时无所适从，无法从常态的思维和行为方式迅速转换到非常态中来，从而贻误危机处置的时机。相反，危机意识强的领导者却能够及时发现危机征兆，迅速采取措施将危机扼杀于萌芽状态。

2. 领导者的危机决策水平决定危机处置的成败

在危机发生后，事态的突发性、严峻性要求领导者必须迅速做出决策，而且必须保证决策的切实有效。一方面，高时效性是处置突发事件的基本要求；另一方面，在面临复杂的危机局面下，必须对当前状况进行认真分析和统筹考虑。但在真实的危机决策环境中，信息的残缺不全、事态的不断发展及各方的不同要求都给领导者造成了极大的决策压力。在这种情况下，领导者的决策水平将直接决定决策方案的合理性和有效性，在决策过程中出现的任何问题都将导致危机处置的失败，引发危机局势的扩大甚至恶化。领导者对此则负有领导责任。

3. 领导者的沟通与公关能力影响组织形象

与外界的沟通和公关是危机管理的重要内容，除了专职的新闻发布与公关人员外，领导者也是开展这一工作的重要力量。在危机发生后，领导者应当积极争取与媒体的合作，掌握宣传报道的主动权，通过召开新闻发布会、网上对话等形式向社会公众告知危机的原因、现状、应对措施等公众关注的信息；也可以积极深入学校、厂房、社区，面对面地向公众开展公关活动。所有这些不仅可以安定民心，稳定社会，更能够维护组织的形象和信誉，这是组织生存与发展的无价之宝，而领导者的带头公关会起到无可替代的表率作用。

（三）危机管理中的领导效能

危机管理中的领导效能，即领导在危机管理工作中的有效性。很多因素影响到领导效能的实际发挥，包括领导权力、领导特质、领导艺术等。

1. 危机管理中的领导权力

所谓权力，就是从事或影响某些事情的能力。一般而言，权力表示诱发某一事情的能力，或者通过某种方法，由某人或某一群体对他人或其他群体按所需要的方式施加影响。

在领导影响力系统中，权力是一个重要的影响力来源，因为领导者毕竟是掌握和拥有某种权力的人，权力在某种程度上构成了领导者的管理基础。有效和恰当地运用权力，与领导的效能有十分密切的关系。

研究权力及其运用效果的学者，曾将领导权力划分为不同的类型。其中佛兰奇对领导权力的划分最为典型。他将领导权力划分为五种：参考权、专长权、合法权、奖酬权和强制权。在危机管理中，这五种权力也同样存在并发挥着各自的作用，但功能大小各异。

（1）参考权。

参考权就是一个人的行为、意见、态度等，成为了他人采取行为模式、表达意见和参考的对象。也就是说，领导者的参考权是建立在组织成员对领导者的忠诚、敬仰和个人情愫的基础之上。领导者参考权的运用过程，实际上是领导者角色形象的塑造过程。

领导学专家豪斯提出的“神奇魅力式领导”，可以看成是对领导参考权的佐证。很多领导者身上有一种无形的东西无时无刻不在感染着我们，这就是领袖魅力（charisma）。一个具有超凡魅力的领导的行为，可以使追随者广为效仿，并改变自身的看法、态度和行为。

由于领袖魅力的作用，参考权也就成为没有硬性约束，却具有极大影响力的权力类型。在组织面临或陷入危机，亟须处理和解决危机的时候，正是需要领导者运用个人魅力，带领组织成员走出困境的时刻，参考权的运用势必发挥巨大功效。从实际来看，领袖魅力指引组织成功化解危机的事例举不胜举，魅力型的领导也因而成为危机管理中的一个常见要素。

（2）专长权。

专长权就是指任何专家在他们的专业知识和技能领域所具有的权威。在日趋高度专业化和精细分工的组织背景下，具有专业知识技能的人在组织中的地位正在不断提高。对一个组织中的领导而言，拥有卓越的专业能力，并不足以完全影响部下，但拥有专长权对于领导，特别是需要处理和管理危机的领导就显得尤为重要了。

现代社会公共危机的科技含量不断提高，专业背景更加复杂，对危机管理的专业性提出了更高要求。专业知识和技能所体现出的巨大力量，在危机管理实践中体现得越来越明显。领导者对公共安全、危机管理等领域的熟悉和通晓，有助于及时、科学地进行危机决策，提高决策的科学化、专业化水平。因此，专长权也有助于领导者在危机管理中发挥影响。

(3) 合法权。

合法权是一种较为复杂的影响力，它产生于团体行为的规范，或组织的形态。就文化价值而言，合法权出自于个人的内在价值，即人们认为组织中有合法的权力来影响它，所以自己有义务去接受这种影响；从组织结构的角度来看，个人之所以接受领导，是因为领导正式职位的存在。一句话，领导者的权力是通过合法的要求来行使，这种要求可以是口头或书面的，也可以是请求、命令或指示。

领导者在运用合法权时必须有所注意，例如：要求应是合法的；要求应是礼貌的；一般应解释要求的理由等。在危机状态下，更应谨慎使用合法权，不要因合法权使用不当影响到领导者的权威和组织的合法性，无益于甚至影响危机的解决。

(4) 奖酬权。

奖酬权就是领导者影响他人所基于的一种信念：如果接受这一影响，必会受到某种方式和不同程度的奖励。领导的奖酬权取决于奖赏的吸引力，奖赏是否能够兑现，奖赏是否公正合理等。

在危机管理中，可以加大使用奖酬权。对于危机管理方式方法的创新，或是某些技术含量较高、处置难度较大的工作，可以加大奖赏，鼓励和吸引各方人才建言献策、积极参与。

(5) 强制权。

与奖酬权相对应，强制权是建立在组织成员认为不接受服从便会受到惩罚的基础之上。相比较而言，奖酬权是赋予他人利益，而强制权是剥夺他人利益。

一般而言，强制权应当慎重使用。但在危机管理中，尤其是处在紧急状态的情况下，应当使用强制权时也要当机立断、雷厉风行，绝不能犹豫不决、丧失权威。

2. 危机管理中的领导特质

领导特质，即领导者所具有的特殊的品质和特征，这能够将有效的领导者与一般领导者区别开来。领导特质理论就是集中研究有效的领导者应具有的个人特征。其中，传统特质理论集中于发掘个人特质和领袖魅力，由此将领导者从其追随者中划分出来；而现代特质理论则从动态的视角研究领导者的素质特征，认为领导者的特性是在实践中形成的，是可以通过训练和培养造就的。

在危机管理中，有效的领导者所具有的领导特质表现得更为明显。能够领导部下和组织战胜危机、走出困境的领导者一般都具有一些共性的领导特质，如独立果断、富于创造力等。

（1）独立果断。

当今世界复杂多变，需要意志坚定、精力充沛、行动迅速的领导者，领导者的独立果断对领导效能具有显著影响。尤其是在危机情境下，完成工作任务的重要性高，环境的不确定性程度高，领导者的压力与焦虑程度也较高。

自立、有主见、当机立断的领导者较为自信，并勇于控制工作形势。当事情进展不顺利时，卓越的领导者不但应该对自己所做的事情有信心，而且有时不得不拿出勇气独立地进行工作。独立果断的个性使得领导者被看作理性的风险承担者，可以促使他人心甘情愿地追随，在抢抓机遇的同时，也能够提升自己的魅力，这有利于领导效能的提高。

而且，独立、果敢、有气魄的领导者，往往会自己寻找可以施展所长的机会或环境，以充分表现自己的独创能力。而怯懦顺从的领导者人云亦云、优柔寡断、受人驱使而不能独立，往往会贻误时机，这与处置危机的时间紧迫性是不相称的。所以在危机情境下，需要领导者独立果断的个性特征，这种素质有助于领导效能的提高。

（2）富于创造力。

领导者不拘一格的创新能力，在危机情境下有利于领导职能的发挥。美国密歇根大学丹尼逊教授曾在调查研究的基础上指出：创造力是激烈竞争的新时期领导者必须具备的最关键的能力，也是区别一流领导者和末流领导者的分水岭。[①]

创造力对于危机状态下的领导者而言尤为重要。研究发现，发展极快的风险事业的领导者，他们经常不可避免地要面对危机情境，他们大多都是具有强烈创新精神和竞争精神的创新竞争型人才，他们总是力图发现新的想法、新的技术、新的研究结果和捷径。复杂多变的环境和危机困境，需要精明能干、冒险敢为、富于幻想和具有创新能力的领导者来应对。如果领导者思想保守、思路僵化、墨守成规，那只能加重其压力和焦虑，无益于问题的解决和任务的完成，领导效能

---

① Daniel R. Denison, *Denison Leadership Development Survey*, http://www.denisonculture.com.

也会大打折扣。

3. 危机管理中的领导艺术

领导艺术是指领导者所具有的创造性的领导才能、技巧和方法。除了领导者本身的特质外，领导艺术也对危机状态下的领导效能有所影响。很多领导者在应对和处置危机的过程中，展现出高超的领导艺术。相对内在特质而言，领导艺术的发挥实际上是一个动态过程，也是一个很复杂的过程。成功的领导者在危机管理中展现出的领导艺术包括以下方面：

（1）临危不惧。

在危机中，领导者的不安和感受到的压力肯定比其他人都要大；尽管如此，领导者也不能在公共场合轻易表现出任何恐慌情绪，而需保持镇定。在危机中，人们最关注的往往不是事情本身，而是领导层对危机的态度。几乎所有的组织成员甚至社会公众都会把目光集中到主要领导者身上。领导者的每一个细微表情和动作都可能传递出某种信息，人们会由此猜测危机的真实状况和未来的处境如何。

在危机时刻，领导者临危不惧是一种极为可贵的品格。在危机中，民众显得茫然、无助，希望有一个强有力的政府和领袖力挽狂澜，渴望在精神和心灵层面得到安慰和支持。这时，如果政府和领导者切实承担起危机管理的责任，并主动挽救局面，恢复损失，那就可以稳定军心，激发士气。临危不惧的领导者不仅可以在危机中赢得组织成员和公众的信任，还可以利用这种信任来激励他们战胜危机的决心和勇气，并由此凝聚成一个无坚不摧的群体。

（2）以身作则。

危机发生后，领导者亲临危机现场，与下属休戚与共，荣辱相依，不仅对危机受众是一种极大的支持和鼓舞，对组织成员也是一种信心鼓励。领导者的权威表率，能够产生强大的凝聚力和感召力，带领人们克服困难，战胜危机。这一领导艺术在危机管理的实践中被领导者普遍地加以运用。

（3）坦诚相待。

危机对正常秩序的破坏会造成公众心理的恐慌和脆弱，公众需要得到及时、有效的信息，媒体会尽一切可能打探消息。在这种情况下，封锁消息、欲盖弥彰，只能造成更大的恐慌，还会影响组织形象。因此，领导者在领导危机管理时要保持一个开放和透明的理念。真实、诚恳、是非分明，是处理危机的基本态度。领导者应勇于承担责任，对自己的责任绝不推诿。开诚布公地说明缘由，诚恳地接受批评和意见，才能真正化解矛盾，渡过危机。

（4）转危为机。

每一次危机既包含了导致失败的根源，又蕴藏着希望的种子，这是祸福相倚、物极必反的辩证观点。危机能使组织和环境的复杂关系明朗化，减少变革的阻力，给变革提供充分的空间；能够改变资源的分配，实现权力的转移，催发解决方案的产生。因此，危机完全可以转化为发展的机会，而关键在于领导者的把握和引导。

成功的领导者应当在危机中发现、培育和获得潜在的成功机会，促使危机朝好的方向转化。作为领导者，要学会在危机中发展，具体来看，就是通过危机总结经验教训，积极进行反思和整改，使组织在危机后更加焕发生机与活力，重获信任，重拾形象。这些都是眼光独到的领导者在危机管理中胜人一筹之处。

（四）提高危机状态下的领导力

从客观角度来讲，危机是人类永远无法避免的一种社会现象，领导者不能盲目消除危机，而只能适应危机。领导者的能力和魅力大多是在危急时刻得以体现的，领导者的水平如何，通过对危机的处理就能够一针见血地得以检验。因此，提高危机状态下的领导力，就成为领导者和有志于从事领导工作的后来者所必须面对的课题。

1. 培养危机意识

凡事预则立，不预则废。领导者欲先于他人，必须在意识上先人一步。就危机而言，这种意识就是危机意识。危机意识是在危机情境中及时、准确做出反应的基础，领导者的危机意识决定了他对危机征兆的态度和对危机发生的反应。正常情况下，一般人往往缺乏危机意识，而领导者则应具有超出常人的远见卓识，不断培养和强化自身的危机意识。

领导者应当明白一个规律，那就是重大的危机爆发之前，绝大多数危机都是有先兆的。如果对日积月累的一些问题没有予以足够的重视，很可能会一再错过解决危机的良机，并在关键时刻丧失对危机事态的控制和挽救能力。因此，领导者必须积极获取和感知组织内外的各种信息，并且保持对信息的敏感和敏锐度。

领导者对于各种意外也要有充分的准备。成功的危机应对策略源于对可能出现的问题有所防备，做到有备无患。这样即使危机发生，事前的各种资源储备和心理上的准备也有助于更为迅速和有效地介入危机，以防止更大的损失和负面影响。

2. 增强预见能力

危机管理的最高境界是将危机消灭在潜伏期或萌芽状态，而这有赖于领导者对危机发生程度、结果和趋势的预见能力。在发现危机征兆后，如果能准确预测危机的发展趋势和结果，就有助于及时采取疏缓、预防和准备措施，防止危机发生或减轻危机的冲击后果。因此，增强领导者的危机预见能力十分重要。

要提高危机预见能力，一是增强领导者对危机情境的熟悉度。对危机见微知著的能力常常受到熟悉度的影响，而熟悉度更多来自后天的培养和体验，即主要来源于经验，包括直接或间接地在生理和精神上的体验。这种体验培训能够显著提高领导者对危机情境的熟悉度，从而在实际工作中更好地预见、判断和把握危机。二是建立有效的信息沟通系统。领导者对危机的预见能力在很大程度上依赖于他所掌握的信息。在危机情境中，正式的信息沟通渠道阻塞，信息失真和过滤的可能性增大。因此，领导者要及时掌握客观的危机情况，就必须拥有通畅的信息渠道，无论正式还是非正式渠道。

3. 优化决策水平

决策是领导者的重要职能，在危机状态下的决策就是危机决策。在受到时间、信息、资源等一系列条件约束的情况下，如何迅速、科学地做出决策，以有效处置和解决危机，是领导者终归要完成的硬性任务，也是评判领导者成功与否的关键指标。因此，要提高危机状态下的领导力，一个重要环节就在于优化危机决策水平。

领导者要优化危机决策水平，一是要提高自身的决策素质：学习和培养成功的危机决策所必需的能力，有意识、有针对性地对自身的欠缺进行弥补；二是要灵活地把握决策程序和规律：危机决策的重要特征就在于时间紧急，属于非程序性决策，采取民主或集中决策需要领导者灵活把握，见机行事，采取渐进决策模式。三是要善于利用一切有用、可用的资源：尤其是建立专家咨询制度，将专业力量充分吸纳到危机决策的体系中来，保证决策的科学性、有效性和可行性。

4. 提高领导效能

领导效能也是影响领导力的重要因素，领导者应从领导权力、领导特质、领导艺术等方面着手，以危机管理工作的要求为标杆，全面提升领导效能。

首先，善用权力。参考权、专长权、合法权、奖酬权、强制权等不同权力类型在危机管理中的适用性与日常状态下有所区别，必须灵活运用，扬长避短。其次，培养特质。着重培养独立果断、富于创造力、不拘一格等成功的危机管理者所体现出的一些共性特质，尽管某些特质与生俱来在后天很难改变，但有意识地学习和模仿毕竟有所助益。最后，注重艺术。通过日常案例，观察和思考成功的危机管理者运用了哪些值得称道的领导艺术，有哪些成功经验和失败教训，并在实际工作中逐步摸索和体会。

5. 增强心理素质

在危机事件中，领导者往往要承受巨大的心理压力，其危机管理能力的发挥很大程度上要受个人心理素质的影响。当危机发生时，领导者可能由于心理不适而表现出害怕失败、盲目逃避、消极放弃等特点，或是易于冲动和走极端。要保证领导者对危机事件的有效管理，就必须提高领导者的心理素质，确保在危机情境中保持冷静、果断和慎重。

一是要保持冷静。面对危机时，领导者首要的反应就是要保持冷静的头脑。可以通过直接或间接体验危机的方式来增强自身对危机的心理承受力，以确保面临危机时处变不惊；也可以尝试使用一些方法来放松身体，如深呼吸、全身放松等。

二是在决策时保持果断、慎重。这在很大程度上属于个人的性格特征，是在长时间的实践过程中逐步形成的，通常很难改变。但是仍可以采取一些间接方式来达到这一目的，比如把具有此类性格特征的人提拔到领导岗位上，或在领导身边配备具有此类性格特征的人等。

第二节　危机决策

（一）决策的内涵与特点

1. 决策的内涵

决策（decision-making），即做出决定。“决策”一词应用很广，各学科对此有不同的解释，甚至同一学科中的不同流派对其也有不同的理解。目前对决策的定义存在着两种不同的看法：狭义的定义把决策理解为在若干方案中进行选择。按照这种理解，决策是一种选择行动或行为；广义的定义把决策理解为社会组织的成员为达到一定目的，从所处的具体环境出发，制定若干方案，并从这些方案中择其优者，用于解决问题，以此推动工作的发展。按照这种理解，决策是一个分析问题、制定方案、解决问题的过程，它包括了许多环节，狭义的决策即选择行为，也在其中。我们认为，决策就是对未来实践的方向、目标以及实现这些方向、目标的原则和方法所做的分析和选择。

无论何种决策，至少要有以下五个要素：决策者、决策目标、决策备选方案、环境变量和决策后果。第一，决策者，即做决策的个人或集体。即使是决策集体或决策机构，也是由人们组成的具有智能和主观能动性的系统。第二，决策目标。它是决策者要达到的目的。决策目标有多种多样的情况，有的可以明确地以数量形式表现，有的只能以抽象形式表述；有的可以公开表白，有的则深藏在某些决策者的心中；有的只有一个目标，有的同时要实现多个目标。第三，决策备选方案。备选方案是达到目的的手段，是选择的对象。行动方案的制定是整个决策中极为重要的一个阶段。行动方案本身并不是行动，而是行动之前对行动的内容、程序、方式、方法等进行设计与规划。对一个决策方案来说，首先应要求它可以实现决策目标，决策目标是判断决策方案正确与否的首要因素。第四，环境变量。是指决策者无法控制的但又对决策后果起重大影响的因素，可以是连续的某些变量，也可以是特定的几种可能状态。环境变量在决策学中也常称为“自然状态”或“客观状态”，或称为“状态变量”。由于环境变量影响决策后果，因此决策者应当充分了解。第五，决策后果，即在某些环境变量的影响下选择特定决策方案后将达到的结果。决策只有通过这些后果才能实现其目标。

2. 决策的特点

决策的特点在于目标性、预测性、选择性和风险性四个方面。

（1）目标性。

任何决策都要有明确的目标，这是决策的出发点。没有目标或者目标不明确的决策，从一开始就是错误的。

（2）预测性。

决策是在一定条件下，根据决策者对客观情况的预见进行的；在决策付诸实施之前，决策者对决策会带来什么样的后果并不十分肯定。因此，决策与其他管理行为的一个很大区别，就是带有预测性。

（3）选择性。

决策的关键一环，是在若干备选方案中进行选择。如果只有一个方案，无法进行比较和选择，那就不称其为决策了。

（4）风险性。

由于客观情况的复杂以及决策者知识和能力的限制，任何决策的后果都带有某种程度的不确定性。这就意味着可能出现决策者不希望的、坏的结果，这就是决策的风险性。

3. 领导与决策的异同

领导与决策的相同点在于：首先，领导与决策都是组织高层的行为方式。不论是领导还是决策，都是组织高层自上而下所做出的行为，都是期望通过该行为的实施，更有利于组织目标的实现和组织的未来发展。其次，领导与决策都是一个动态举措。一般而言，领导与决策都不是瞬间完成的，而是要经过一定的过程。例如，决策者要从收集信息开始，经过分析信息、寻找方案、比较不同方案等步骤，最后实施方案；领导也同样是一个熟悉人、了解人、影响人的过程。此外，领导与决策都是一个实践性的过程。领导与决策都是基于现实和未来的需要，是对现实和未来实践的一种设计、选择，是指导、控制实践活动的准绳。领导与决策都必须考虑可行性，研究组织系统内部的变化和环境的变迁，灵活应变。

领导与决策的不同点则在于：首先，决策比领导更注重形式和科学性。每一个决策都是要经过一系列既定过程的，例如收集相关信息、设计行动方案、评估行动方案以及推测决策后果等。在决策过程中，更应讲究科学性，而不能是盲目的随意行为。决策是一套外显的工作和技术，依靠推理和检测，能被运用于各种不同的情境。其次，领导涉及确立一种组织可以去追求的愿景，并调动和激励人们去实现。某种程度上，领导体现的是一种宏观层面的号召力，而决策则是一种具体的行动力。最后，领导往往是要具有感情的，要求能够感同身受，体察组织成员的处境，从而保证其具有亲和力，实现对组织的成功领导。而决策则强调理性，要求尽可能地排除影响决策的一切因素，专一地、有针对性地做出最合理的决定。

（二）危机决策的特点

危机状态下的决策，即危机决策，是指决策者在有限的时间、资源等约束条件下，确定应对危机的具体行动方案的过程。“管理即决策”，危机决策更是危机管理的先导，危机决策的水平高低直接影响到危机管理的成败。

然而，危机状态的特殊性决定了危机决策与常规决策相比，具有更大的复杂性和挑战性。危机决策与常规决策的区别可以归结为以下几个方面：

1. 内外环境不同

决策环境可分为组织外部环境、内部环境及决策者的心理环境。组织外部环境通常指存在于组织边界之外并对组织直接或间接施加影响的因素，如政治、经济、人口、生态等因素。相对于常规决策的外部环境，危机决策的外部环境具有高度的不确定性，这种不确定性主要表现在危机状态的不确定性、主观认知的不确定性以及后果影响的不确定性。因此，决策变量具有一定的模糊性、随机性和未知性，要求决策者充分运用已有的经验知识，勇于创新。

内部环境主要是指组织内部的构成要素，如人员、物资以及各种潜力等因素。由于危机具有突发性和不确定性，内部环境也在时刻发生着变化。准确掌握内部环境信息，做好内部潜力评价和分析，是制定应急方案的基础。当危机发生后，需要抽调有经验的人员，调集相应的应急物资，利用一切有用的社会力量。

在多数情况下，需要成立专门的指挥决策机构来协调组织内部的复杂关系，使整个组织能够真正做到“万众一心，众志成城”。

另外，危机的突发性和不确定性，还会给决策者的心理造成高度的紧张和压力，这也在很大程度上影响着决策结果。面对复杂多变的内外部环境，决策者的心理也处于复杂多变的状态。因此，要想在复杂多变的危机环境下做出准确的判断，就应在平时做好对决策人员的教育和培训。组织模拟演练或演习也是很重要的，可以克服决策者的恐惧心理，使决策者临危不惧、镇定自若地应对和处置危机。

2. 约束条件不同

危机决策受到时间、信息、人力、技术等一系列约束条件的制约：

(1) 时间紧迫。

危机状态下，由于事件的突然爆发，只有有限的时间用于危机的处理，这就要求决策者果断采取措施，在不损害决策合理性的前提下，适度简化决策程序，在有限时间内做出决策。

(2) 信息不对称。

危机决策信息具有高度的不对称性，这种不对称性主要表现在信息的不及时、不完全以及不准确三个方面。首先，信息不及时。由于危机事态发展变化急剧，且信息传递给决策者须经历某些中间环节，决策者掌握和控制信息不可避免地带有滞后性。其次，信息不完全。危机状态下，由于危机事态发展本身的随机性和不确定性，许多危机信息随着危机事态的发展而变化，决策者很难适时更新危机信息。最后，信息不准确。危机决策是一个信息输入输出的过程，由于危机发生后各种谣言和小道消息容易在社会传播，甚至某些媒体也不负责任地报道，导致信息容易失真。

(3) 人力资源紧缺。

首先是高水平决策者的缺乏。特别是在危机状态下，决策团体的内在群体压力升高，使得决策团体的心智效能、检验真实能力及道德判断能力受到破坏，此种情境亦称为“群体盲思”。这会影响到对决策问题、备选方案的考查，影响到决策信息的收集与处理，影响到决策者对权变计划的正确拟订，最终影响危机决策的质量。其次，一些技术性很强的危机类型，如有毒物质泄漏等，只有在咨询特定专业领域的专家意见后才能决策。专业人员的缺位也易导致决策主体在面临危机时束手无策。

(4) 技术支持稀缺。

随着新技术的发展，出现了决策支持系统，使得常规决策日益朝着技术化、自动化、程序化的方向发展。危机状态下，决策者为控制危机事态的蔓延，不仅要具备安全和报警系统，还必须具备一定的专业技术设备，作为实施快速决策的支持平台。然而，当危机发生时，这些专业技术设备往往很难适应快速决策的需要，给组织的决策工作带来很大困难。

3. 决策程序不同

决策程序是对决策规律的概括和总结。按照决策问题的性质，可将决策分为程序性决策与非程序性决策两种。程序性决策是指所解决的问题结构良好，可按固定的程序和方法进行处理。非程序性决策又叫做非定型化决策或非结构化决策，非程序性决策所要解决的问题结构不良，无法用常规的程序和方法来进行处理。

常规决策的问题一般都具有良好的结构。由于时间充裕、条件许可，通常要求广泛、充分的民主，并采用民主的典型手段——少数服从多数。因而，组织在常规决策中经常采取讨论、协商、民意调查、投票等各种规范性程序，经过较长的时间过程，最终就某一问题达成一致。在这一过程中，不同的声音可以自由表达。

而危机决策是典型的非程序性决策。危机的发生，具有突发性和紧急性的特点，而且危机事态的恶化会给组织带来难以预料的严重后果。因此，在进行危机决策时应将权力高度集中于决策者手中，以便决策者能够当机立断；尽量简化决策步骤，抓住关键步骤和步骤中的关键环节，因势而定；大胆依靠自己的经验、洞察力和直觉，勇于创新。决策民主化不仅受到时间和条件的客观限制，还有可能导致延误决策时机，影响危机控制。

（三）危机决策的阶段与模式

危机管理专家罗伯特·希斯将危机决策划分为事前决策和事中决策两个阶段，这也构成了主要的危机决策过程。而事前决策和事中决策代表了两种截然不同的决策模式和方法。①

1. 危机事前决策

罗伯特·希斯认为，危机事前决策需要多方参与。在时间允许、信息充分的情况下，应当通过集体决策、评估以做出最优决策。这种决策包括以下八个步骤：

（1）确认决策面临的问题：因为预期情境与实际情况之间总有差距，决策者在决策之初都会遇到一个显而易见的问题，所以他们必须清醒地认识到问题的

① 参见［澳］罗伯特·希斯：《危机管理》，259～275页，北京，中信出版社，2001。

存在。

（2）确认决策标准和事实：对决策的主张及约束的分析能够明确决策的内容以及标准，从而做出决策。所以决策者不仅要寻求各种可能的标准，还要对其相应的结果进行评估。

（3）决定评估标准、方式、权重：为保持系统性和连贯性，每一标准的权重和含义应通用于计划决策方案及其备选方案中；权重值可以是任何数字，关键是某一标准在诸多标准中的相对地位。

（4）发展备选方案：完成某一任务总有许多方法，因此决策者可以通过集思广益的头脑风暴法以及正式、非正式的专业咨询，形成所有可能的备选方案，寻求更多的选择和方法，努力使“意料之外”变成“意料之中”。

（5）分析备选方案：一旦大多数完整的备选方案形成，决策者就需要分析它们各自对有效解决问题的贡献。

（6）选择一个备选方案：累积决策模式产生的最高分数，就是最好的选择，因此这一步决策者的工作就是从备选方案和选择中挑选出最优者。

（7）执行备选方案：决策者向那些受到影响以及围绕决策采取行动的人们传达决策结果，同时检验并评估决策制定程序以及决策的影响。

（8）评估决策程序以及决策结果的影响：决策者需要重温产生决策结果的过程和决策的影响，以提高决策水平。

2. 危机事中决策

上述介绍的危机事前决策的运作程序，类似于常规决策过程中一个完整的标准化的操作规范，这种决策模式是基于决策者的理性思考产生的。但在危机情境下，时间有限，信息不对称，成本很可能上升或不可预测，对资源的需求也可能超过现有储备，决策者也有可能出现失误。

基于这种情况，罗伯特·希斯提出了区别于危机事前决策的危机事中决策：在真实的决策环境中，理性非常有限，纷繁复杂的方案、层出不穷的问题和头绪杂乱的决策往往交织在一起，组织文化会扭曲决策者的看法，以至于出现决策盲点；在现实情境中，决策更可能是跳跃式理性思维的集合，决策者更倾向于构建简单模式而不是复杂模式；很多情况下，决策者会制定“满意的”或是“次优”的决策。

在有限理性的条件下，危机事中决策更应采取以林德布洛姆为代表的渐进决策模式，在信息和各种资源不完备的状况下渐进调适决策方案。首先，渐进模式适用于客观环境的限制和完全理性的缺失，对信息、资源的完备性要求相对较低，因而更符合危机决策情势。其次，渐进模式强调对政策作持续的、渐进的修改，决策程序相对简单。最后，渐进模式更有利于控制政策活动中的不确定性，减少决策的风险和成本，这也是危机状态下的决策所必需的。从整体来看，大多数的危机决策都属于事中决策。因此，事中决策所适用的渐进决策模式将成为危机决策的主流模式。

在渐进模式的框架下，危机决策遵循的是满意原则，而不是最优原则。危机决策的导向，可以归结为提高决策的满意度。为达此目的，一方面要强化应急预案的指导力。总体上看，基于科学的应急预案的危机决策可以在最大程度上保证决策的满意度，即保证该决策方案是在现有危机环境下的最优决策。另一方面要创新决策技术。将信息技术、人工智能技术、系统论、控制论等先进技术的最新成果运用于危机状态下的决策，通过构建危机决策支持系统简化决策程序、提高决策理性。

（四）危机决策的主体建构

危机决策水平如何，关键取决于决策主体。主体建构包括三个层面：个人、群体和组织。必须在各个层面优化决策水平，共同建构有效的危机决策主体。

1. 危机决策者

人是决策系统中最基本的要素。决策者的素质和能力如何，直接决定着决策的水平和效果。合格的危机决策者应具备以下理念和能力：

（1）大局观。

决策者应从战略和全局的高度审视决策问题，对可能出现的危机做出判断和预测。同时，任何危机都有阶段性，在危机决策时要充分考虑危机可能的发展方向，避免决策不当而使危机扩大、蔓延。总之，决策者应有大局观和大局意识，要高瞻远瞩。

（2）开放性。

在全球化的信息时代，整个社会都朝着更加开放的态势发展。决策者应持有开放的胸怀，在透明而不是封闭的环境中做决策，鼓励和包容所有利害关系者的参与，强调参与者之间的平等交流与互动，从而达到决策的双赢与多赢。

（3）决断力。

决策者在复杂的危机情境下，需要准确地找到危机的原因和关键因素，迅速地对症下药，拍板讲求一个“快”字。这种决断力实际上体现了一个决策者的魄力。当然，其知识结构、工作背景和经验等也有助于决断力的培养。

（4）随机应变。

危机的重要特点就是不确定性，决策者应适应这种不确定的决策环境，以变应变，根据形势和条件的变化随时调整对策。这要求决策者不保守、不僵化、不墨守成规，坚持用与时俱进的方法指导危机决策活动。

（5）持续学习。

在社会发展日新月异的今天，决策者要紧跟时代脚步，就必须加强学习。具体到危机决策中，就是要尽量利用“外脑”，吸收具有专门知识的专家、学者的意见。不断学习，才能不断进步，从而增加决策的技术含量，提高决策的效果和水平。

2. 危机决策群体

一个合理的危机决策群体的成员结构应当具备以下特点：

（1）合理的专业知识结构。

危机决策问题的解决需要各种专业知识，这就要求危机决策群体中的不同成员具备不同的专业知识，具有较宽的知识面和丰富的经验，从而形成一个合理的专业知识结构。这有助于提高危机决策群体的创造性、开拓性和应变能力，也有助于决策群体在复杂多变的环境中深思熟虑、果断决策。

（2）合理的能力结构。

危机决策的质量和效果不仅与决策者的专业知识有关，还与运用专业知识的能力有密切的联系。能力是一个内涵十分广泛的词语，它包括决策、应变、判断、分析、指挥、组织协调和创新等能力。危机决策群体中的每个成员均应不同程度地具备这些能力，这样才能做到优势互补，满足危机决策过程中的各种不同要求。

（3）合理的年龄结构。

现代生理和心理科学研究表明，不同年龄的人具有不同的智力水平和工作经验。年长者，有丰富的工作经验，有较强的比较和判断力，但接受新事物较慢；年轻人，接受新事物快，但工作经验不足。危机决策所涉及的多属不常见的、错综复杂的问题和新事物，既需要有丰富的工作经验，又要有敏捷的思维。因此，一个良好的危机决策群体应该有一个合理的老、中、青人员比例，这才有利于成员发挥各自的优点，提高决策质量。

上述的几个结构是危机决策群体成员的主要结构问题。此外，还要考虑到决策者的个性、气质、性格和价值观等方面的合理组合，以利于组织成员间互相团结、取长补短和协调一致。

3. 危机决策组织

危机决策组织是决策者和决策群体汇集而成的正式机构，也是现代决策活动所依托的主要平台。相比前两者而言，组织包含的因素更多，也更复杂，因而更容易影响到组织整体的决策效果。因此，必须优化危机决策组织机构，这是危机决策主体构建的关键。

（1）决策权适度集中。

客观而言，危机具有突发性、危害性等特点，需要动用一切手段和力量在最短时间内将其消除；危机状态下的组织需要做出事前计划中没有规定的重要决定，由此需要将信息和权力聚集于一点，做出集权性决定。因此，决策权的适度集中被认为是合理的。但过于集权同样会对危机决策造成影响，决策权也应适度下移。总的来说，要把握好集权和分权的平衡，宏观的、全局的、战略层面的危机决策应加强集权。

（2）实行综合决策。

危机决策权应与领导、指挥、协调等权力相统一，实行综合决策。应建立集危机决策、指挥、协调于一身的常设性综合机构，以提高决策系统的整合能力。同时，将决策权高配，使决策者具有最高权力，指挥相关部门，调配相应资源，协调利益冲突，有效监督干预，甚至强制性地推行决策，这在危机状态下尤为必要。

（3）完善决策机制。

完善决策机制，其本质就是使非程序性的危机决策程序化，从而保证决策的效果。程序化归根到底还是制度化，应建立和完善组织危机决策的制度规范。首先，明确组织横向和纵向的决策权限和职能范围。其次，不断完善各级各类应急预案，建立危机分级制度，加强危机决策的各项“抓手”。最后，建立危机决策责任制度，确保权责一致。

（五）危机决策支持系统

决策支持系统（Decision Support System，DSS）以有效性为主要目标，对决策者发挥辅助作用，支持决策的全过程。对于危机决策这类非程序性决策问题，可以发挥决策支持系统在处理半结构化和非结构化问题上的优势，既能增强危机决策的有效性，也能提高危机决策的效率。如西方国家在交通管理、资源管理、卫生保健、政府规划与预测等众多部门和领域广泛应用了不同层次、不同类型的决策支持系统。这些系统为政府部门提供多种决策分析和方案，是政府决策的重要助手。

1. 信息支持系统

无论对于正常状态下的一般决策，还是对于危机决策，信息都是非常重要的，没有信息则无法决策。然而，在现实决策中获得完备的信息并非易事，特别是在危机状态下，由于事件的突发性、事态的紧迫性和局势的复杂性，可获的信息更加有限。但尽可能及时获得较多的信息仍是正确有效决策的重要前提。组织应当不断完善信息系统建设，建立健全信息网络，保持信息来源渠道的畅通，以便为危机决策提供高质量的信息。

首先，要加强信息收集能力。要求信息机构积极主动地运用各种方法通过各种渠道对信息进行收集。其次，要规范信息报告制度。对于哪些信息应报告和公开、通过什么渠道报告、报告到什么机构、信息报告的时限等都应以制度的形式做出规定。最后，完善信息机构的管理体制。在信息技术迅猛发展和组织信息化程度不断加深的情况下，尤其要顺应这一潮流，利用现代科技增进信息的收集、储存、提取、分析和交流，以提高危机决策的规范化、科学化和高效化程度。

如美国政府开发了联邦危机管理信息系统（Federal Emergency Management Information System，FEMIS），这是一个集成化的自动系统，提供规划、协调、反应和演习支持等功能，涵盖了危机管理的所有阶段和全过程。该系统包括“文件（file）”、“数据（data）”、“效用（utility）”、“报告（report）”、“状态（status）”、“帮助（help）”六大部分，可以提供“资源跟踪”、“事件日志”、“危机模型”、“任务列表”、“状态公告”、“联系列表”等一系列与危机决策相关的信息。

2. 预案支持系统

预案是针对未来可能发生危机的构想，预先制定的应对或处置方案。这种预定的策略来源于人们对过去发生的危机的认识和成功应对。预案具有针对性、体系性、科学性、灵活性、可操作性等特点。当出现了诱发危机的苗头，或者危机已经爆发时，就可以迅速启动相应的预案，以最快的速度控制危机的蔓延，将危机可能造成的损失降至最低。

预案支持系统就是事先制定各种危机预案，辅助决策者将决策目标与预案相匹配，从而得到执行方案的一整套系统。在该系统中，决策者不需要在危机状态下从头开始设计方案，只需要结合决策目标在预案库中匹配相应的预案，从而大大提高了决策的程序化。应对同一危机，可能有多个预案与之相匹配，被匹配的预案升级为备选方案。当在预案库中找不到与决策问题相匹配的预案时，则需在人工干预的条件下，对预案进行修改和调整。

建立和利用预案支持系统是实现危机决策科学化的一个有效途径，其优点主要体现在三个方面：首先，缩短了危机决策时间。决策者通过对危机特征的识别，直接选择可行方案，把危机状态下的方案设计时间缩短为零，把方案设计前移到危机前进行。其次，增强了危机决策的科学性。预案是危机前预先制定的，有充分的时间进行优化和调整，并包含了过去成功应对危机的知识和经验。最后，减小了决策者的心理压力。有预案为支撑，可以大大减小决策者的心理压力，避免压力过大而造成的决策失误。

当然，预案支持系统也存在着预案数量有限、决策者过于依赖预案而导致的思维僵化等缺点。因此，在对预案支持系统不断优化的基础上，也应有选择地加以应用。

3. 案例支持系统

案例支持系统，即建立危机管理案例库，以发挥先前案例对危机决策的借鉴和辅助作用。在案例支持系统数据库中存储了各种类型的危机案例，它们是对过去发生的各种危机的情境、解决方案、实施结果与评价的完整而真实的描述，其中以环境特征和状态指标描述为主。关于案例的解决方案既有成功的经验，也有失败的教训。这有助于决策者在新的情况下，吸取正反两方面的知识，对危机信息做出更合理的判断，进而制定更有效的决策。当出现的危机超出了案例库的范围时，就要进行人工干预，充分发挥人的主观能动性和创造性思维，在人工参与下直接拟订备选方案。

建立案例库时，要充分注重案例的多样性和跨学科性，为复杂危机情境中的危机决策提供更多参考。此外，还要加强对案例库的日常维护和管理，库中案例要保证定期添加和更新，以确保案例支持的效果。

4. 专家咨询系统

现代社会公共危机的科技含量和专业背景，要求危机管理尤其是危机决策必须借助专家力量，以提高决策的科学化、专业化水平。由于危机条件下政府面临着信息不对称和有限理性的制约，为弥补政府在知识、能力与信息等方面的局限，保证危机决策的质量，有必要建立专家咨询系统，发挥智囊机构的作用。

智囊机构，一般是指由一些具有专门知识的专家、学者按照一定的目标或方式组成的专门输出智力成果的机构。包括危机管理的各种信息、参谋咨询组织体系等。其主要功能有：第一，收集信息，进行科学预测，充当决策者的“望远镜”。第二，拟订方案，进行综合分析和评价，充当决策者的“外脑”。第三，跟踪检查，提供信息反馈速度，充当决策者的“耳目”。第四，培训、储备和交流人才，充当决策人才的“蓄水池”。

兰德公司、布鲁金斯学会、麦肯锡公司等，都是当代西方最为著名的智囊机构。一方面，由于工作性质的缘故，它们对分析和处理同类问题已积累一定的经验和方法，相对更为专业；另一方面，由于旁观者的独立地位，能够不受任何势力和既定思维的约束，更为客观地提供咨询意见。

智囊机构要在危机情境下充分发挥作用，就必须在平时做好各项研究工作，模拟危机情境，理清对策思路，在危机事件发生前做好危机预警的准备工作。这样，危机爆发时就能有的放矢，忙而不乱。危机管理组织也应在平时就着手建立专家库，邀请或聘请相关专家智囊入库，并定期咨询，以加强事前防范，而非一味地亡羊补牢。

第十三章　危机沟通

在危机发生、发展的过程中，由于缺乏沟通而使危机扩大或升级的事例不胜枚举。作为一种特殊状态下的沟通形式，危机沟通对于处理各利害关系者的关系，最终顺利解决危机具有重要作用。按照沟通主体来看，危机沟通主要包括危机管理组织间的沟通、危机管理组织与公众的沟通以及危机管理组织与媒体的沟通等。不同类型的危机沟通的目标、策略和技巧也有所不同。具体沟通工具种类繁多，有效的沟通工具包括手册和传单、新闻信件、公共论坛、互联网等。

第一节　沟通与危机状态下的沟通

（一）沟通与一般的沟通模式

1. 沟通的概念

沟者，本意为水道；通者，本意为由此端到彼端，中无阻隔。“沟”与“通”合为一词，原指开沟而使两水相通，后泛指彼此相通。信息概念出现后，又泛指信息沟通。沟通的外观是信息的传递，沟通的实质在于信息中所蕴含的事实、思想、知识、情感等。可以说，沟通正是借助于信息的桥梁使人与人之间相互理解、相互认识并达成共识、实现情感交流和行为协调的。

沟通是保证人们在共同活动中协调一致的基础。从某种意义上来说，整个管理工作进程中的一切管理活动都是与沟通联系在一起的。规范、有序、高效、灵活的沟通活动是组织达到协调状态的重要基础，是组织实现目标的必要条件。通过沟通，可以协调利益、意见、目标和政策，取得利益和意见的妥协或一致，统一目标、政策和行动；可以使各部门和人员之间充分地进行交流，消除矛盾和分歧，增强组织的凝聚力。

从主体上看，沟通除了在人与人之间进行外，还可以在群体之间、组织之间、群体与组织之间、个人与群体之间进行。因此，沟通具有社会性和互动性的特点，沟通关系本身就是一种社会关系，沟通行为本身就是一种社会行为。沟通还具有动机性和选择性，沟通是为了达到一定的目的，把一定的信息传送到选定的对象那里。

2. 沟通的一般过程模式

沟通过程有两个主体：信息的发送者和接收者。信息要被传递，首先要进行编码转化为信号形式，然后通过媒介（通道）传送至接收者，由接收者将收到的信息通过解码转译回来。由此沟通过程的模型就包括七个部分：信息的发送者（信息源）、编码、信息、媒介（通道）、接收者、解码和反馈（见图 13—1）。

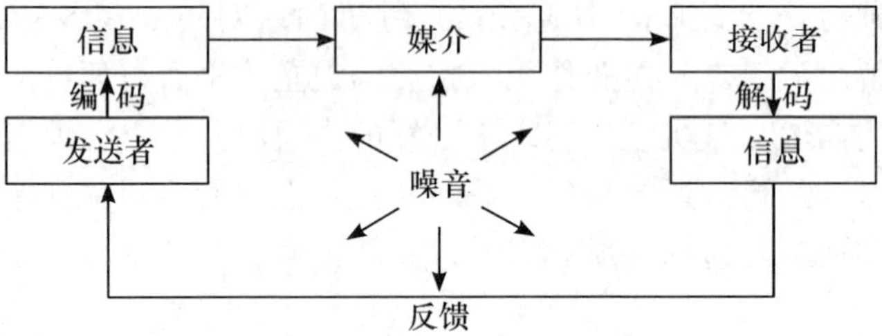

图 13—1　沟通的一般过程模式

（1）编码和解码。

信息在被信息发送者编码的时候会受到四个因素的影响：技能、态度、知识和社会文化系统。第一，技能决定了信息发送者将信息编码为特定信号的能力和信息接收者将信息解码并理解信息的能力。第二，沟通过程中的任何信息都有个人态度的影子。信息发送者会将自己的价值观、观点和看法体现在所传递的信息中，而信息接收者也会据此去理解信息。第三，知识范围限制了沟通的进行，要注意沟通双方的知识文化程度。第四，社会文化系统是沟通的既定前提。共同的社会风俗习惯、价值观、行为方式和文化，会使沟通更为顺畅，减少对信息的误解。

此外，整个过程会受到噪音的影响，这里的噪音是指信息传递过程中的干扰因素。干扰噪音可能在沟通过程中的任何环节造成信息的失真。干扰可能来自环境中嘈杂的声音，还有可能来自通信障碍，比如缺乏电信设备或受到物理环境的阻扰。自然界的各种地形和人造建筑物都有可能阻碍信息传播，妨碍近距离的通信设备（如手机）工作。外来信息和无关的信息也可能分散人的注意力，阻止相关信息的正当传播和接收。

（2）信号。

信息经过编码后以信号的方式传递，接收者也要对信号进行解码。人体的感觉包括听觉、视觉、嗅觉、味觉、痛觉、触觉和震觉等。引起这些感觉的信号有声波信号、光信号、化学信号、电信号、震动波信号等。此外，还有人体不能直接感知的、但能被转换为人体能感知的信号，如电磁波信号、超声波信号等。

在实际的沟通过程中，常常不是用一种信号传递信息的，而是通过多种信号的转换，最终使沟通得以有效地进行。人们也常常将信息转化为多种信号进行传递，这些信号既相互补充又相互强化。比如一个人说话时，他的言辞、口气、音量、表情、姿态等都是信号的表现。

（3）通道与沟通方式。

通道是指信息传递的媒介物。通道与信号有着密切的联系，一定的信号需要一定的通道来传递，比如声波通过空气来传播，光信号可以通过任何可视的物体来传递，电信号可以通过导电的物体来传播，书面交流的通道是纸张等。通道与沟通方式联系密切，不同的沟通方式需要采用与之相应的通道。

第一，口头方式。口头方式是人们进行交流的最常见方式，也就是口头沟通。口头沟通包括演说、正式和非正式的讨论、小道消息的传播等。口头沟通的通道可以是空气，也可以是电话和电话线。其优点是快速传递和快速反馈，但缺点在于经多人传递之后，信息失真的可能性大。每个人都以自己的方式解释信息，最后的信息内容常常与真实信息发生偏差。

第二，书面方式。书面方式是指信息的发送者将信息转化为文字和符号，再以光信号的方式让接收者感知。书面方式包括备忘录、信件、组织内发行的期刊、布告栏及其他任何传递文字和符号的手段。书面沟通具有持久、有形、可以核实、不易篡改的优点，而且书面内容往往是经人们认真思考后记录下来的，因而常常比口头表达内容更周全，也更精确。但其缺点是耗费时间，不具备内在的反馈机制，不能保证信息被接收到，即使接收到也不能保证被理解。

第三，电子媒介。电子媒介在当今的沟通中起着越来越重要的作用，因为电子媒介具有快速、方便、低成本和同步传递的优点。其缺点在于保密性差，容易受到病毒和黑客的攻击，导致信息丢失、被窃取或被篡改的情况发生。

第四，非言语沟通。非言语沟通指一些极具意义的非言语形式的沟通方式，是一种在后天经历中形成的对特定信号的反应。它可以通过视觉、嗅觉、听觉、触觉、温度来感知，最广为人知的是体态语言和语调。体态语言就是通过身体肌肉的运动传递某种信息，包括手势、面部表情和其他身体动作。语调指的是个体通过控制声音的频率和强度以强调词汇和短语。

（二）危机状态下的沟通

沟通在管理的任何时候都十分重要。组织活动经常是通过人与人之间的合作来完成的，而人与人之间的合作需要沟通。尤其在危机状态下，由于危机的破坏性和时间紧迫性，更需要人们之间的团结合作，快速而准确的沟通就显得更为重要。危机状态下的沟通既有沟通的一般性，又有其自身的特殊性。

1. 危机沟通的定义和特点

危机沟通是个人、群体和组织之间就危机问题交换信息和观点的互动过程；沟通的内容包括危机的性质、对危机信息的反应、对危机观点的表达以及危机管理的法律制度安排等多重信息。按照沟通主体来看，危机管理过程中的沟通主要包括危机管理组织间的沟通、危机管理组织与公众的沟通、危机管理组织与媒体的沟通等类型。

所有危机都具有共同的特征。首先，危机相对来说是负面的事件，它们使组织在公众眼中的信誉降低。其次，危机中可能掺杂有待证明的信息，这些信息只包含部分事实，可能引起公众对组织产生不良印象，组织必须做好回应错误言论的准备。再次，危机对于组织而言通常是破坏性的，导致日常工作处于停滞或半停滞状态。最后，危机使得组织处在反应状态之中，需要对局势、谣言和不友好的评论做出回应。危机的这些特点，使得危机沟通与一般的沟通相比具有特殊性。

（1）不稳定的信息环境。

危机、高涨的社会情绪、有限的获取信息途径、谣言和小道消息、揣测和假设等，构成了不稳定的信息环境。首先，消息不灵通。危机的突发性和信息不对称，形成了一种难以应付和不易进行沟通的局面。在危机出现的最初几小时或几天，可靠的消息往往不多，这段信息真空很快便会被谣言和猜测充斥，而这也正是最需要采取行动和沟通的时刻。在经媒体首次报道后的最初12～24小时内，组织的一举一动将是外界评判组织如何处理这次危机的主要根据。其次，受到密切关注。政府、媒体、公众及其他利害关系者都将密切注视组织发出的第一份声明。对于组织在处理危机方面的做法和立场，舆论赞成与否往往会立刻或在第二天见诸报端，组织必须做好迅速和全面回应的准备。最后，事态发展步伐加快。由于现代媒体的发达，尤其是消息与舆论意见可以通过互联网即时传播，组织的管理层往往无法在危机中制定时间表并主动控制事态发展，而是被迫做出回应。这些因素的综合，会使管理层有一种“失控”的感觉。

（2）第一时间的反应至关重要。

危机发生后，各方面的报道可能铺天盖地。人们迫切希望了解危机信息：到底发生了什么，为什么会发生。但即便是善意的人，也可能做出不准确的理解或者夸大事实。因此，组织首先要反复检查基本事实的准确性，一旦得到新的信息和详细情况，还应及时修正信息。其次，建立“唯一的信息源”，保证所有信息都来自于这唯一的渠道，并规定谁来负责解答公开提问的信息。这有助于组织不断进行自我检查，区分事实与谣言、实际与猜测。许多组织在危机中习惯性地封锁消息，实际上迅速、公开地对话是极为重要的。

(3) 必须首先建立信任关系。

信任是成功的危机沟通的基础，任何危机沟通的成功都要高度依赖于与利害关系者之间的历史联系。如果过去有着信任和互动的经历，沟通就会有成功的基础；如果过去存在着不信任甚至敌意，沟通就可能非常困难。为有利于信息的相互交流，危机管理组织和人员必须首先获取公众的信任。

2. 危机沟通的意义和作用

在危机管理中，沟通是最重要的工具之一。危机管理依赖于信息交流能力和危机管理者依据信息制定有效行动方针的能力；危机管理还需要收集危机现场以外的数据，包括科学及专业知识、以前的经验和危机前的预防等，而这些都需要建立有效的沟通机制。

(1) 良好的信息沟通，即使不能防止危机发生，也可以控制危机及其影响。

组织内部沟通不良，管理者就难以及时了解新情况，下达的命令也难以得到及时执行。这样，哪怕危机的征兆已经非常明显，管理者也感觉不到危机的来临；即使感觉到了危机的来临，危机处理也会非常迟缓，因此组织会丧失处理危机的最佳时机。组织外部沟通不良，危机管理中快速而准确的信息交流就难以实现，缺少有效信息支持的危机管理者就无法做出快速而准确的决策，危机响应和危机恢复就不能有效展开，危机持续时间会更长，造成的损失会更大。

(2) 良好的信息沟通，可以加强反危机的协调工作。

恰当的沟通程序培育了公众对政府的信任，而这种信任对于应对危机至关重要。组织要加强外部沟通，例如与利害关系者的沟通。利害关系者与组织存在利益关系，组织如果需要他们的支持与合作，就要通过沟通及时了解利害关系者的需求和意见。沟通不良不但使危机征兆难以察觉，而且会使危机扩大，并加大危机恢复工作的难度。

(3) 良好的信息沟通，可以防止信息误传和谣言传播。

沟通方式直接影响到人们对于危机处理状况的判断。及时地与公众沟通，可以提高公众对潜在危险的察觉和了解，通过沟通解释强制性的规定，提高公众对危机准备行动的理解和支持，并劝阻那些在恐惧驱使下做出的具有潜在危险的反社会行为，从而起到稳定民心、警示、教育、监督等多重作用，并提高公众在危机中的自救互救能力。

（4）良好的信息沟通，还有助于提高危机管理水平。

通过沟通，能够使个人的经验和看法在管理中发挥作用，也使一些有用的经验和看法得到概括和总结；同时，使不同的观点得到充分展示和讨论，并相互借鉴、相互碰撞产生创新。沟通使人们能够参与危机的处理，这也是执行危机决策的重要组成部分。

危机沟通中的潜在危险和错误

● 恐慌：当危机真正发生时，可能会有一种惊慌失措感，思想上一时间未能适应，结果失去做出决策的能力与意愿。然而反应迟缓只会引来公众和媒体更多的关注和更强烈的要求，使得恐慌情绪进一步上升。

● 短视：在危机状态下，危机管理者很难做出战略性决定，而是往往围绕着当前局面展开讨论，所做决定在很大程度上是短视的。

● 沟通不足：害怕承认错误或避免承担责任而不与公众沟通一般只会令情况更坏。不进行沟通，只会任由别人猜测和评估组织所处境况，从而陷于被动地位；日后弥补性地进行沟通也难以取得最佳效果。

3. 危机沟通的基本原则

良好的沟通是危机管理所必不可少的。有效的沟通需要有一定的设备、基础设施和完善的管理做支持。不管何种形式的沟通，一定要保障信息的及时、准确和客观；要保证重要通信基础设施的安全和信息沟通渠道的畅通；要建立制度化的信息公开和发布制度。

（1）将沟通与管理结合起来。

沟通是管理步骤中的内在组成部分，而不应仅作为向公众单方面提供信息的渠道。危机沟通的目的应该是促使所有利害关系者有效地参与危机管理，并支持危机决策的切实推行。政府与外界之间的沟通应该是双向的，然而现实中沟通的方向更多的是从政府到外界，这意味着政府在危机管理过程中需要更多地倾听利害关系者的声音。

（2）倾听利害关系者的声音。

政府总是注重于科学信息的输入，而公众价值和偏好的输入则相对薄弱。危机管理者应当明确那些对危机有兴趣和受危机影响的群体，对人们目前的知识状况、信仰和思想观点的充分了解是有效对外沟通所必须准备的。在传递信息时首先要知道，公众接收到和理解的是什么，有哪些可能与官方要表达的大相径庭。应当加强与利害关系者的协商与合作，试探他们对危机及其控制措施的态度，将他们的观点和偏好整合进政策与实践。

（3）裁剪信息。

关于危机的信息和沟通内容应根据受众和目的的不同而进行裁剪。尤其要注意的是：在沟通中应投入并表达对危机受害者的同情；对受害者的情绪、恐惧和关注表示包容和负责；展示信誉、竞争力和承诺；明确表达建议方案或被选方案等。

（4）过程管理。

良好的沟通对于成功的决策至关重要。因此，需要明确界定危机沟通的管理过程和程序，包括目标设定、职责分配、计划、实施、监督和评估等。

（5）言行一致。

一个或多个管理人员的言行不一致，提供的信息不准确或有错误，会造成事态的进一步复杂化甚至恶化。在危机沟通中，最好能对信息的流入和流出进行统一管理。组织如何管理从各种不同渠道流入的、即时的信息，与沟通的效果密切相关。

第二节　危机管理组织间的沟通

充分的沟通是一个持续不断的过程，也是危机管理中循环往复的挑战。若要实现危机管理组织间的良好沟通，就要在危机前做好沟通准备，在技术和资源管理方面达成协议。沟通障碍总是与协调的困难不可脱离地联系在一起，而协调上的最大困难则是来自于各个不同的组织之间。因此，许多沟通其实就是各个组织之间的信息共享。我们屡屡发现，在沟通方式和途径都具备时，却由于种种原因而未能与组织外部有效沟通。危机管理组织间的沟通障碍主要集中在人的问题和技术问题两方面。

（一）人的问题

研究表明，沟通问题更多的是“人的问题”，而不是“设备问题”。沟通设备可能供应短缺，但更多情况下物理手段是具备的。“人的问题”包括以下几种：第一，“鲁宾孙·克鲁索综合征”或者“我们是孤岛上唯一的人类”。在涉及多个组织而组织之间又相互独立的时候，组织自主行事的习惯很难改变。每个人都优先满足自己的组织信息需求，而不是先从整个大局出发。第二，不同的组织在交流信息上的术语和程序各不相同。组织的性质与目标差异，导致相互之间缺乏熟悉和信任，或者导致职责权限的冲突。第三，在各类信息的收集和发布的责任上没有取得一致。第四，拥有信息的人没有意识到别人正需要这一信息却苦于没有信息。第五，其他组织的信息需求未被理解。有效解决组织间沟通的人为障碍可以从以下几个方面加以考虑：

1. 危机前进行沟通

理解危机沟通问题的一大关键在于对危机前沟通的认识。在有效的危机管理中，大部分的沟通发生在危机之前。由于每一组织的目标和任务都有明确规定，各类组织内部都有规则、章程、绩效标准和操作程序，不必就每一事件和某一组织进行沟通。

然而，很多危机管理组织之间都缺乏事先有效的沟通，如警察部门、消防部门、卫生医疗部门等。组织对危机的反应通常不是在日常工作的基础上进行的。如果组织之间频繁接触、做好协调，在危机中的沟通就会顺利一些。

组织间的沟通是由那些能够促进组织间相互熟悉和相互信任的因素所培育出来的。这些因素包括：非正式的接触、联合计划和培训、危机责任的分担、术语的统一运用等。组织间的无线电网络、共同的地图系统以及计算机网络也有助于相互之间的有效沟通。

2. 加强信息共享

沟通的重要之处就在于它能使人们为共同的目标而一直努力合作，沟通是每个人理解其个人努力如何与他人紧密配合的过程。危机管理对组织间的协调提出了更高的要求。通常，那些被视为沟通的障碍实际上是组织之间缺乏有效协调机制的问题，从而导致与危机相关的重要信息无法共享。因此，组织间的危机沟通实质上与组织之间的信息共享密切相关。

在危机状态下需要共享的信息包括：危机局势的持续评估以及需要采取的危机应对措施；应对危机需要动用的资源，业已具备及尚需哪些资源，获取资源的能力、渠道和时间等；危机应对措施的优先次序；关于由哪些人和组织去负责危机应对中各种任务的决策。

如果没有事先了解这些信息，组织通常会对合作采取犹豫甚至抵制的态度，即使在有正式的合作计划或安排的情况下。除非在危机之前已经提供情况，否则开展组织合作就很勉强，最终导致协调、沟通的失败。

3．解决职责权限的争端

不同组织的职责权限的争端，也会反过来影响协调和沟通效果。城乡之间的差别、公私利益上的分野都无处不在地对组织间的沟通产生负面影响。争端可能会使某一组织在暗地里排斥其他组织，甚至公开指责其他组织的行动越权，从而影响彼此关系以及危机应对中的沟通与合作。至于如何解决这些争端，则需要：

（1）了解其他组织的功能运作。

组织之间的合作需要信息共享，对其他组织功能运作的了解有助于组织间的沟通与合作，这可以解释为什么最有成效的合作关系在相似的组织间最容易建立起来。由于彼此熟悉，组织之间就更容易建立信任。然而，不同性质的组织间往往缺乏相互了解，尤其是对规则、资源、需求、术语等功能运作的了解。

（2）联合计划和培训。

使危机管理组织的成员互相认识和信任并熟悉其他组织的功能运作，最重要的途径之一就是开展联合计划和培训活动。通过赋予其共同的使命并为完成使命而提前采取共同行动，对于加强组织在真正危机状态下的沟通意义显著。

（3）非正式接触。

非正式接触也是事前沟通的重要部分。此类接触的价值不仅在于通过接触产生的彼此了解，还在于它能够增进相互信任。实践表明，私人之间的良好关系有时可以弥补正式接触的不足。

（二）技术问题

值得一提的是，虽然人的问题是危机管理组织间进行有效沟通的最大障碍，但许多技术问题也会妨碍信息交流。比如洪水、火灾、风暴和地震等灾害会破坏天线和正常的电力供应；商业广播站和公共安全无线电网络可能一旦遭受破坏就无法施工补救；组织间的无线电网络存在频率不兼容的问题；计算机、卫星系统等高科技手段的不当应用也可能对沟通造成负面影响。

总之，沟通设备和程序在大多数危机管理组织中已经基本建立起来，并广泛运用于组织间信息流的处理。从另一个角度说，危机提出了组织间沟通的巨大需求，但更多的困难来自于人的因素，而不是设备问题。应当通过多种途径，鼓励人们在危机管理中相互理解、加强沟通。沟通的权利和责任也应当以制度化的方式予以明确。

第三节 危机管理组织与公众的沟通

（一）与公众沟通的目标

与公众进行沟通，目的是要缓解公众的情绪，并为公众的行动提供指导。在制定危机沟通的战略和计划之前，需要对危机沟通的潜在挑战进行总体认识和把握，比如公众最为关注的问题、情绪因素等。

1. 公众最为关注的问题

为了有效地和公众进行危机沟通，必须首先了解什么问题对他们来说是重要的。通常，对公众而言最重要的不是技术上的问题；当然，为他们提供一些技术信息也是必要的。危机所造成的财政影响、经济损失和真实的估计价值经常是公众讨论的重要话题。人的天性使得公众更多地关注人身安全和危机对自身的影响。虽然危机管理者花费巨大努力去判断危机发生的可能性及其带来多大程度的危害，但公众可能不会对此给予多少关注。

公众关心的典型问题

- 危机可能造成什么后果
- 最坏的结果是什么
- 可能造成多大的人员伤亡
- 这个工厂存放有多少有害物质
- 我住在某个社区，如果有害物质泄漏，我能否逃生
- 我的长期健康会不会因此受到影响
- 我如何知道学校的孩子们是否安全
- 危机对危机管理者本人是否有影响
- 当制定最坏方案时，是否会考虑那些财产损失

危机管理者必须直接回应这些问题，并用最简单的语言提供关于危机疏缓和其他安全方面的信息。此外，曾经发生的类似危机事件也会成为公众关注的焦点，相关的处理过程、经验教训等信息也是有益的沟通内容。危机管理者应当认识到，一旦涉及个人人身安全时，解决方案的成本收益就不在公众优先考虑的范围之内；类似地，公众也不会过多地考虑到政府和企业在危机面前的

挑战。

2. 价值观和感情的因素

危机管理者往往必须专注于与危机准备和应对相关的技术问题，而公众考虑更多的却是其他因素。在危机管理和沟通循环中，这些非技术因素经常被归于危机情绪范畴。情绪因素越多、越严重，公众对危机的关注越有可能偏离技术数据。公众所瞩目的危机可能不是科学家们认为最危险的危机。当政府试图分散公众被误导的注意力时，结果可能导致不信任、愤怒甚至对抗。所有这些并不意味着公众不尊重科学和仅凭情绪用事；它仅仅意味着情绪也会发生作用。因此，如同重视科学数据一样，危机管理者对情绪因素也应给予同样关注。而对情绪因素的关注首先必须重视以下影响公众危机概念的因素，对这些因素的忽视可能加深危机管理组织与公众的对立程度并最终成为沟通障碍。

（1）自愿承担的风险比那些被强加的风险更容易被接受。公众感到被迫去接受风险时，他们就会有不满、愤怒的情绪倾向，甚至滋生出更多的对抗。

（2）自然灾害比人为的危机更容易被接受。自然灾害由于不可抗力因而没有公愤的聚焦点，而化学物质泄漏或空难等人为的危机却总能归咎于人员的错误，因而成为愤怒焦点。

（3）个人能控制的危机比由政府或企业掌握的危机更容易被接受。大部分人处理自己掌握之中的危机时，会感觉更加安全。

（4）来源于值得信赖的途径的信息，比来源于不值得信赖的途径的信息更容易被相信。同样的信息，由一个过去曾与自己发生争吵的人传达和由关系亲密的朋友传达，所做出的反应会迥然不同。

（5）外来的危机似乎比熟悉的危机要危险。例如装满家用清洁剂的柜子，不会像生产清洁剂的高科技工业企业那样引起关注。

认可人们的价值观和感情关系到公共危机管理的合法性。感情无所谓对错，但它是一个值得考虑的重要因素。对此危机管理者可以做到：第一，为人们表达感情提供场所。压制人们沟通的尝试和努力不利于提高人们参与危机管理的积极性。因此，可提供一些表达感情的机制，如热线电话、电子邮件、小型会议和一对一的沟通等。第二，倾听。建立双向沟通，表现出正在倾听的姿态，并适当地重复对方的言语内容。如果人们认为他们的价值观和感情被忽视，愤怒和反感将会阻碍他们接收沟通的内容。第三，当对方情绪激动时，尤其要注意回应。不要仅以科学数据作答，而是要认可他们的感情；在提供相关信息之余，对他们的关注做出带有真情实感的回应。

（二）与公众沟通的战略

1. 充分了解受众

危机沟通的受众可能包含很多团体，每个团体受危机影响的程度都各不相同。因此，应当制定一个整体战略，具体包括以下几个方面：第一，明确所有受危机影响的利害关系者，与之进行非正式接触。包括列出问题的各个方面和可能对此感兴趣的组织类型；同熟悉的群体接触；询问其他团体的名称并与之联络；继续扩展受众范围，确保所有受影响群体都被纳入危机管理。第二，给予利害关系者一定的参与机会和渠道。要注重参与者的代表性，制定采纳或拒绝建议的程序。第三，公平对待每一个团体。不要向任何一个团体提供对其他团体保密的信息，不要让团体之间相互对立，否则会不可避免地产生不信任和导致更多问题。第四，积极倾听。这个过程包括所要传达的含义和发送者的感情，目的是让对方感到所要传达的内容和感情都已经被理解和接受。倾听是了解别人如何感知、如何看待世界的需要，包括意会、分辨、鼓励、再现、总结、包容等诸多内容环节。

2. 获取受众信任

信任是成功开展危机沟通的铺垫。如果以诚实和公平去沟通，受众也通常会以同样的方式来回应；而矫饰的诚恳则容易被看穿，更可能损害信任而不是建立信任。表现出值得信任也并不意味着一定能得到完全信任；但如果没有信任，最终会出现人们对危机管理措施和技术信息的不认可，直至演化成公众对危机管理组织不满的对立局面。获取受众信任的途径主要包括：

（1）强化激发信任感的因素。对组织而言，信任大致来源于组织是否能够做到：展现富有竞争力的形象；显示出关心的态度；鼓励有意义的公众参与；表现出诚实和值得相信；考虑情绪因素等。组织应该努力朝着一贯地以可信赖的方式行动。

（2）注意组织过程。公众的对立不仅仅是针对组织的作为或不作为，也可能针对组织作为进程的方式。要尽可能地让受影响群体加入到行动的决策中来，要向公众解释组织处理危机和安全问题的内部程序。

（3）跟踪最新消息，从一开始就吸纳公众参与。如果不能获取信息或没有尽早让公众参与进来，可能会引发公众的不信任感。

（4）提供人们需要的信息。通过调查问卷、正式会议或非正式会谈等手段界定关键的利害关系者并询问他们最需要的信息。此外，还要预测公众想要知道什么、需要知道什么。必须注意的是，不同的组织、不同类型的人有着不同的信息需求。

（5）获取直接事实，避免经过混合加工的信息。危机问题总是让人迷惑，任何潜在的不一致都可能给危机沟通带来负面影响。虽然组织努力去提供精确的信息，但有时事实混乱或关键信息被遗漏，还是会使人们感觉被误导。在危机沟通中应预先指出易产生迷惑的地方并予以澄清；如果无法做到，则应当尽快地纠正错误信息。

（6）根据实际情况向公众做出相应承诺。在公众的压力下，危机管理组织常常会做出不切实际或无法兑现的承诺。与其承诺固定的结果，不如解释要达到的目标和过程。因此，将对公众做出的承诺记录下来，发布书面形式的行动方案，并提供定期的进展报告是较为有效的做法。如果发现无法兑现承诺，就应尽快做出充分、合理的解释，而不要指望人们淡忘而不了了之。

（7）与公众信任的组织合作。一些组织和团体在当地有着高信任度，这种信任有助于提高危机解释的接受程度。通常被公众信任的组织包括：消防组织、医疗组织、科研组织、环保组织、非营利组织等。

（8）考虑与批评家合作。与那些眼光独到的个人或组织合作，尽可能多地得到他们的关注。当得到一个批评家的肯定和认可时，无形中会给自身增加巨大的可信度。来自中立的第三方的肯定，也会有所帮助。

（三）与公众沟通的技巧

1. 以个人身份回应

组织通常把注意力集中在公共健康和公共安全上，但个人通常对危机如何具体地影响个人和家庭最感兴趣。因此，危机管理组织要事先估计公众可能提出的问题，并做好回答的准备。比如面对“你住在灾区附近吗”一类的问题，以个人身份回应是十分必要的。

以个人而不要以发言人的身份发言，需要对问题保持冷静，使发言或评论个性化；需要心平气和、开诚布公，避免情绪化和离题万里。被采访人应表现出对危机情境及对人的影响的关心和兴趣。如果被采访人对危机带来的影响表达出痛心和关切的心情，人们一般就不会以尖刻的问题刁难了。

以个人身份回应的策略包括：第一，在公众会议上发言时，介绍自己的姓名、背景、发言原因，以使人们了解自己的资格条件和能力范围。第二，给人们留下通情达理的良好印象。要注意恰当地表达价值观、情感、同情和关心。第三，如果个人主张与组织政策不一致时，不要错置自己的位置，或者误导公众。尝试修改组织政策，重新分配任务，或者另寻出路承认组织内部缺乏共识。第四，人们习惯于通过分享经验来吸收信息，“故事描述”具有很强的个人色彩，因此可能是非常有效的沟通手段。如果可能的话，运用戏剧化的方式描述个人的决策主张；通过个人经历将所作论述个性化；运用易于理解的生动实例来引导公众；故事描述的内容可包括个人的教育、工作和生活经历，以及家人和朋友的类似经历等。

2. 通过发言人进行回应

选择合适的发言人，关系到公众对整个组织的第一印象。有效开展沟通的发言人至少应具备以下几个要素：第一，技术上，要有足够的技术知识和背景，这不仅代表着自己，更代表了整个组织的知识和能力。第二，沟通上，虽然充足的技术支持很重要，但发言人应该接受最基本的沟通技能训练，也应能用公众听得懂的语言沟通信息。第三，权力上，公众通常渴望获知谁有责任和能力对公众负责，对于这些应该有权威的说明。为此，发言人要对组织的职责和权力结构有清晰的了解。

确定合适的发言人之后，接下来就是选择有效的沟通方式。危机沟通越来越需要专业的沟通媒介；然而，对公众具有影响力的媒介并不意味着大张旗鼓。没有必要刻意去吸引公众的注意力，但必须清晰地传达公众感兴趣的信息。常用的几种有效的表达方式包括：投影仪、明信片和图片、电视、展览、模型等。所选用的表达方式必须有助于人们理解和思考危机；能更迅速、真实、精确地传达信息；能将危机信息中的抽象概念具体化；还能将事实与内容联系起来。总之，要运用合适的表达方式去满足公众的信息需求。

接下来就是至关重要的发言环节。首先，开场白。开场白为整个发言奠定基调。精彩而富有感情的开场白，有助于赢得受众的信任。开场白首先要表达个人对事件的关注和同情，以达到吸引受众的效果；然后传达本组织的职责以及处理危机的意愿，并说明此次会议的目的和计划安排。其次，传达关键信息。关键信息是通过会议要让公众接受的信息要点，它必须围绕中心问题，简单明了。最后，会议总结时要重申关键信息，以及组织为解决问题的短期和长期举措等。

回答问题时要注意：第一，回答应切中要害，力求简短。第二，言行一致，开诚布公，兑现承诺。第三，如果不同意提问方的观点，需予以指正时，要有礼貌但也要态度坚定，抓住机会重申立场。第四，不要重复否定性的字眼，忌用情绪化的语言。第五，当对方要求以个人角度回答问题时，如果不同意组织的立场，就不要以发言人的身份来回答。第六，不要对未知妄加揣测。如果迫不得已，必须明确强调只是进行猜测而已。第七，在谣言面前，说出自己所了解的事实真相。第八，面对媒体与公众，不要妄议个人主张与见解，而应表现出对组织的信任和对领导的拥护。

所传递的信息最重要的部分是清楚地表达结论。结论应在发言开始时简短地做出陈述，同时在结尾时再次强调。需要注意的问题包括：第一，结论性的话应引起听众的注意，并在表达中着重强调最主要的信息。第二，结论的目标不是提供所拥有的每一条信息，而是有助于听众的理解。第三，结论要紧紧抓住中心。第四，结论应该简洁凝练。第五，多使用肯定性的语言，避免使用否定性的语言。第六，重申对公众的责任。第七，以手势或声调作为结束的标志。

发言人典型的不当举止

- 对某一方显示出过分友好的态度，有厚此薄彼之嫌。
- 时不时大笑，有满不在乎甚至贬低的意味。
- 油腔滑调，不稳重得体。
- 过多使用专业词汇，摆专家的架子，使听众有距离感。
- 傲慢和过于确信自己是正确的。

在危机局面下，信息的精确程度与提供速度之间往往是矛盾的。两者的需求为沟通带来了困难，也带来了挑战。在获取信息和对信息进行检验的同时，这样的等待可能形成信息真空，并随之充斥谣言和猜测。然而，如果发布未经检验的和不精确的信息，则会有误导公众的风险，也会破坏组织的信誉。

应对这一挑战的最好办法就是通过个人或会议通知的方式，与媒体就信息的发布、传递和更新方面建立固定的联系。如果信息还只是处于估计阶段，可以向媒体强调这只是初步信息。通过这一方式，一方面正视了信息需要在近期更新的现实，使信息保持适当内容，防止信息在完整和最终证实之前形成僵化的印象；另一方面，也使媒体保持关注事态的发展变化，通过固定联系使得媒体报道更为准确，并且能够适时更新。

第四节　危机管理组织与媒体的沟通

媒体是现代社会条件下危机管理组织与公众沟通的最主要途径。建立与新闻媒体的积极关系对于成功的危机沟通至关重要。媒体管理是进行良好危机沟通的基本要素，成功的媒体管理可以弱化媒体及公众对危机管理中暴露的失误的消极印象。事先与媒体的协调沟通，对于减少公众在危机中的生命和财产损失亦能起到重要作用。危机管理组织如能利用媒体提供危机预警，通过媒体将准确、及时和一致的信息传递给公众，将能大大地减少危机造成的损失。因此，这就涉及理解媒体在危机状态下如何反应及以何种有效方式处理与媒体的关系。

（一）理解媒体

1. 危机是重大的新闻事件

首先，危机是新闻的重要来源之一。新闻报道经常也被称为“故事”（story），记者被鼓励去发现那些具备戏剧性、冲突、问题、过程波折等小说属性的事件。而危机通常具备这些特征，再通过媒体渲染的表现方式，则更能够吸引公众的注意。其次，危机能够吸引媒体注意力的原因还在于其往往是易于报道的。比如，可以采用图像、影音等手段，给避难所的难民们照几张相片，对肆虐的洪水和断壁颓垣给出几个特写，将权威数据资料展示出来，这些都足以对公众产生一定的视觉冲击。现代技术的飞速发展，已经缩小了可携带设备的大小、重量和费用，通过微波或卫星进行远距离传输视频资料的能力也大为提高。新闻记者可以携带自己的采访设备，迅速地出现在危机现场，收集报道所需的生动资料。

2. 媒体的视角

出于职业道德，媒体不允许为自己界定“新闻”。这样的好处是显而易见的：政府、企业和任何人都不能为一己之利而控制新闻。然而坏处在于：在何以构成新闻上并无绝对，媒体可能无法提出部分群体所关注的最重要的问题。

记者在他们的叙述中要努力回答六个关键问题：时间、地点、人物、事件、经过、原因，并确定以某种方式发布、解释和阐述。受过专业训练的记者应该会平衡公众与新闻报道对象之间的关系；他会尽量了解其他人的看法，以确保公正地反映事实真相。事实也会带有一些相对性，当记者以事实为准则，将一套事实与其他事实或观点平衡处理时，如“官方消息报道现无直接危险，但有位专家对此持不同意见”，“官方消息报道现无直接危险，但当地医院已采取紧急措施”，虽然如此报道有助于更为准确地阐明问题，为读者提供整个事件更为真实的画面，但这些信息也经常导致公众对危机事件处置情况的怀疑和困惑。

3. 时间与空间对媒体的限制

时间和空间对媒体提出了两方面的要求与限制。由于常规节目的固定播出，使得媒体对危机的报道时间一般是有限的，通常在几分钟至几十分钟之间，精简报道则如同20秒的简讯（当然，对于灾难性的重大危机，可能会突破常规节目的限制，甚至出现铺天盖地的报道）。报刊也会将有限的资源分割，裁减危机报道的篇幅。

一般而言，有效的危机沟通不能寄希望于消除这些报道时间的限制，而只能进行自我调整与适应。如果给定的时间与空间是有限的，就要确保最主要的信息在给定条件下被传达；如果有更多的时间与空间可以利用，则要充分抓住机会，但不要画蛇添足，过犹不及。

（二）媒体与危机管理

1. 媒体的积极作用

危机状态下如果缺乏媒体的介入，将会导致危机预警等信息公布受到阻碍。危机中困惑、恐惧的人们对信息的需求总是十分迫切，媒体能够根据公众的需求提供基本信息。同时，媒体也能在危机的预防和解决中扮演积极角色。另外，日常沟通系统在危机发生时可能遭受破坏，媒体往往是危机管理组织将信息传达给个人的唯一方式。具体来看，媒体的积极作用包括：

（1）传递预警信息。官方经常从媒体得到有用的预警信息，指导公众如何减轻或应对危机带来的冲击，教育公众在危机来临之前做好准备。

（2）提醒人们对自然灾害或技术灾难保持警惕，激发公众支持反危机的行动，帮助公众和政府克服对危机预防和准备的冷漠。

（3）提供关于危机性质、影响范围和严重程度的准确信息，有助于降低人们对危机管理组织的信息咨询数量。

（4）当危机管理组织之间缺乏有效沟通时，媒体可能成为官方最好的信息来源。媒体在许多情况下，向政府官员和危机管理组织传递了大量的重要信息，协助了危机管理行动的开展。在不具备其他手段的情况下，媒体也可用于点对点、人与人之间的沟通。

（5）媒体报道的覆盖面广，有助于争取资金援助、捐款和危机管理措施的再选择。

并非所有的新闻报道都能保持公正，但大多数记者还是能够努力遵守职业道德的。记者们是根据摆在他们面前的素材进行加工并最终向公众报道的，所以其报道有赖于受访者的协助。媒体总是希望尽可能多地得到各种意见和想法。在这一过程中，媒体帮助社会对当今的重大问题进行梳理和评论。虽然存在着少数媒体不负责任地散布谣言的情况，但总体来看，媒体在危机管理中的积极作用还是主要的。

2. 媒体的消极作用

相当一部分政府官员和危机管理者认为，媒体会使手中的任务复杂化，应付媒体的需求分散了他们对于像疏散和撤离、搜索和营救以及伤员救治这种紧急工作的精力；而且在外界注视的目光下工作，是一件不自在的事情。媒体可能产生的消极作用包括：

（1）对资源、设备和人员的需求。媒体对沟通、交通和其他资源具有一定需求，尤其是在灾害已经减少现有可利用的资源系统的情况下，这种需求更加凸显。极端情况下，这些需求可能会占用残存的交通和沟通设备。媒体还有着其他需求，包括充足的照明、电力和工作场所，要求危机管理者提供信息，或者亲自去往灾区等，并且希望危机管理者能够满足他们。危机管理者可能发现与危机局面相比，他们花费了更多时间应付媒体。

记者常常会向危机管理者询问具体的信息，而这些问题在危机初期是很难回答的。他们要求知道人员伤亡、财产损失以及所需援助的确切数据。如果是技术性灾难，他们会问为什么、怎么回事。如果危机管理者无法提供答案，他们的能力就有可能受到质疑。在很多情况下，危机管理者还被要求对局面做出估计。然而根据各种信息来源所作的估计常常是不一致的，甚至可能是相互冲突的，这些也有可能损害组织的能力和形象。

（2）歪曲事实。新闻报道的性质，使得报道往往更加关注危机或灾难的戏剧性、独特性变化，热衷于那些与众不同的特征。因此报道可能夸大描绘危机的规模，而这将导致公众对危机做出过度反应。危机中，媒体是贪婪的信息消费者。尤其是对于重大危机，电视台和无线电广播站可能会舍弃常规节目，不停地报道危机相关信息。当官方信息不足以塞满新闻空间时，就会产生新闻短缺，信息需求的压力使得各路媒体均派遣记者到达危机现场。一有新的动静，通常对信息的核实便中止了，相互矛盾的信息也会被报道出来。因此媒体常会采用一些不确定的信息，并由此犯下错误。

灾难困惑的持续

几十年的研究表明，对于灾难中所发生的事情，许多流行的看法实际上是不正确的。有人提出这种“灾难困惑”的持续至少部分要归责于新闻报道的形象描绘。例如，实际上灾难中发生大规模恐慌的情况并不多见，更多的问题是如何让人们有序地撤离家园。然而新闻媒体似乎更热衷于报道那些混乱场面。有时候，灾难中“应该发生什么”已经根深蒂固，如果事态没有符合预期，那么媒体会将之塑造出来。

（3）夸大灾难影响。新闻画面和图片的内容往往是灾难破坏的场面，而忽略了未受破坏的周边地区。另外媒体经常对一些在灾难中遭受重大损失的家庭进行特别报道，而这并不代表着灾难的整体影响。在这样大篇幅集中报道的引导下，受众会误以为整个地区都遭到严重破坏；而实际上，破坏可能仅仅局限于几栋大楼或者几块区域而已。

应该指出的是，对于新闻报道的不准确性，不能将其责任全部归咎于媒体身上。事实上，媒体的大部分信息来源于官方机构，关于危机灾难的报道也是站在官方的角度进行的。媒体歪曲了哪些事实，媒体在多大程度上仅仅是传递了政府提供的不准确信息，这些都值得推敲。

（4）干扰危机行动。首先，媒体可能会干扰危机决策。在政府准备采取措施之前，不可避免会受到媒体和舆论的压力，认为应该采取何种行动；有时媒体甚至会对政府意欲采取的行动比实际做更多的报道，从而影响到政府的信誉；媒体活动可能还会颠覆危机管理计划的一致性，改变危机决策的进程。其次，媒体活动也可能阻碍营救和重建工作。记者们为抢镜头会争相采访受害者、目击者、应急人员、政府官员等，可能造成拥堵或混乱局面。最后，媒体的夸张报道还可能会导致各方的过度反应。

（三）媒体管理

鉴于媒体可能对危机管理组织和公众带来正面和负面的影响，制定媒体管理计划就显得更为重要了。加强对媒体的管理不仅局限于安排写稿和发布信息的人员，还要充分了解媒体的作用和做好媒体管理计划。

1. 媒体必须具备在危机中存活和运作的能力

首先必须保证媒体能够在危机的影响下生存。必须将广播站和传输站设在不易受灾难破坏的地方，并提供后备电力资源。媒体与官方的联系不能仅限于通信问题，还要考虑食宿行等问题。

2. 对媒体进行危机教育

媒体的有效运作应当立足于对危机充分了解的基础之上，对媒体进行危机教育有助于减少不准确的新闻报道。应该鼓励媒体不要因为害怕引起恐慌而保留信息；媒体应该提醒灾区以外的人们不要因为自己关心的人身处灾区而过于焦虑，不要为通信系统徒增负担；媒体也应该明白，第一时间得到详细的人员伤亡、物质损失和危机原因后果等信息是不切实际的想法。另外，媒体通常缺少在危机相关问题上的技术专家，在对危机灾难的技术层面和各方信息进行评估时存在着很多困难。因此，将技术信息用通俗易懂的语言表达出来是十分重要的。

3. 控制媒体的范围和活动领域

危机管理组织应当尽可能地确定媒体的范围。如果危机局势不甚严重，所涉及的媒体范围就应仅限于当地。大规模且可预测的危机局势一般会引起各个层级的媒体的关注；如果没有媒体控制的准备，就可能引发混乱，造成相互矛盾的报道，从而干扰危机管理行动。因此，还要尽可能地确定媒体的活动领域。如果现场太大无法控制或媒体并未得知自己的活动领域，那么另外一条经验就是把相关人员与媒体隔离开来。这样不仅保护了当事人的隐私，也给他们留出了稳定情绪的时间；同时，这种方法也将信息流通纳入危机管理。

（四）与媒体沟通的原则和技巧

1. 总体原则

（1）主动配合。危机管理组织应当与媒体建立良好的合作机制，争取主动向记者透露消息，提供资料，引导媒体的报道。建立与媒体的对话机制，通过制度化的方式定期或不定期地向媒体提供各种新闻线索和新闻稿，寻求媒体对危机管理行动的理解与支持。

（2）积极引导。由于行业性质的不同，难免会出现媒体对危机管理组织的误解或误读。危机管理组织对媒体不太了解的问题要积极引导，防止因缺乏专业知识而导致报道失实，同时也可通过媒体将专业知识传播给公众。危机管理组织主动"制造"并"奉献"新闻，更有利于优化与媒体的合作关系。

（3）平等尊重。危机管理组织应当尊重记者的人格和人权，与媒体平等相待。在与媒体打交道的过程中，能够多站在对方的立场上考虑问题，体谅记者的难处，把对方放在一个平等的位置，善待对方，而不是以管理者和控制者的身份自居，唯此才能争取对方的支持。

（4）有理有节。危机管理组织在尊重媒体权利、配合媒体工作、表现自身合作开放态度的同时，也应当与媒体保持一定的距离，把二者之间的关系规范在法律和道德的范畴之内；懂得利用各种方式维护自身的合法权益，对于某些媒体提出的过分要求则要坚决予以抵制。

2. 策略与技巧

在遵循以上总体原则的基础上，与媒体沟通还要更多地注意策略与技巧，这是因为沟通活动本身的实践性与操作性极强之缘故。从这一层面来看，在与媒体沟通的全过程中，还应当注意以下"几要"、"几不要"（见表13—1）：

表 13—1　　“几要”、“几不要”

	要	不要
事前	问清楚发言的主持人	不要对该采访谁、不该采访谁指手画脚
	问清楚发言的主题	不要对记者显示出过度的熟悉感
	问清楚发言的形式和持续时间	不要告诉媒体自己喜欢哪个记者
	问清楚还有谁同时发言	不要对个人与组织立场区分不清
	注意发言内容是否涉及自身知识局限	不要将发言当作展示才华的机会
	提前准备并练习	不要宣布讨论范围之外的事项
事中	专心听取提问，认真思考	不要说谎或掩盖真相
	传递并重复传递关键信息	不要与记者发生争执
	先陈述自己的结论，然后提供论据支持	不要谈论不愿意在报道中出现的内容
	尽量达到自己预定的目标	不要超越自己的级别去回答问题
	提供获取其他信息的途径	不要揣测、猜想或进行假设
	注重真实准确的事实	不要和旁人交谈
	如果不能讨论某一问题，给出原因	不要说无可奉告
	争得澄清事实的机会，纠正错误	不要被导向主题之外的讨论
	相信麦克风和录音设备一直是开启的	不要前后不一，观点矛盾
事后	记住自己仍处于录音状态	不要认为采访已结束或录音设备已关闭
	如果可以的话，主动提供信息	不要拒绝做进一步的交谈
	遵守时限，提供自己承诺过的其他信息	不要问“我该做什么”
	注意后续情况，看看是否出现其他问题	
	关注并阅读报道结果	
	如果报道中出现影响内容的错误，礼貌地向记者指出来	

第五节　有效的危机沟通工具

危机沟通是一个持续、动态的过程。有效的危机沟通工具不仅能够提供有用的危害评估和危机反应信息，而且也能改进危机管理过程。具体来看，有效的危机沟通工具主要包括三类（见表 13—2）。

表 13—2　　有效危机沟通工具的分类

书面或自阅的材料	手册、信件、明信片、新闻信件、期刊、展览、传单、教育材料、问答卡、录像、磁带……
人与人的沟通	公共论坛、非正式会议、研讨会、讨论会、咨询委员会、课程、头脑风暴法、意见箱、电话……
与媒体的沟通	新闻发布会、互联网、特写文章、新闻报道、公告、报纸广告、法律声明……

（一）手册和传单

手册和传单对于短期传达覆盖沟通过程某一方面的单方信息来说很适合。它们的篇幅很短，能够吸引那些厌烦冗长的信息材料的人。利用手册和传单进行危机沟通应该注意以下几点：第一，由于篇幅有限，应将每份手册或传单集中于一个主题，当然这一主题应当根据公众的信息需求去确定。第二，一定要便于携带，方便快速阅读。第三，邮寄或发放到公众的住所，或放在人们容易看见的地方，如办公室、图书馆、商业场所和社区中心等。

（二）新闻信件

新闻信件适用于向关注危机的相对固定的公众传递关于长期计划的信息。每一封信件可以由关于某一问题的系列文章组成，其要点主要包括以下几个方面：第一，安排获得必要认可的时间日程。第二，制定邮件地址清单。尽可能多地涵盖所在区域的人，根据问题扩大或缩小传播范围。定期更新姓名和地址，以确保清单的准确。为扩大信息普及范围，考虑采用电子邮件的形式。第三，利用醒目的标题和图表。和报纸一样，新闻信件很少有读者会从头至尾看下来，读者经常挑选有用的信息和有趣的标题。第四，向公众提供一贯高质量的新闻信件。使用新闻信件的优点之一是以后的信息可以传达给同一公众，因此连贯性和高质量是对新闻信件的必然要求。

（三）公共论坛

公共论坛也逐渐成为有效的沟通工具，但大范围的公共论坛能否作为公众开展建设性对话的方式尚值得商榷。它也许更有利于表现双方的立场，而不是解决问题或进行有意义的对话的最佳途径。应当发展更为恰当的替代方案，比如小规模、非正式的会议；考虑通过接待日、热线电话、电子邮件、新闻信件等方式来互通信息。

（四）互联网

互联网已经成为在全球范围内传播信息的无可替代的载体。它几乎集成了包括多媒体技术、光纤通信技术、数字化技术等当代所有高新技术和信息传媒的优良特点，构成了相对传统媒体的显著优势。尽管互联网的运用也可能衍生出负面影响，但如果运用得当，完全可以成为一种十分有效的危机沟通工具。

这种沟通工具的优点在于：第一，范围广泛。互联网不受空间的局限，可以将信息传播到世界各地；不受时间的限制，可以 24 小时不间断传播；不受公众种类的限制，可以向各国、各种族、各年龄层次的公众开放。第二，效率更高。信息传播速度加快，节省了传播时间；信息传播质量优化，避免过多中间环节引起的信息失真；节约传播成本，费用低廉。第三，形式新颖。与传统媒介相比，互联网的形式更为新颖独特。通过多媒体技术，可将文字、图片、视频等综合起来，以最佳的视觉与听觉效果进行沟通。第四，互动性强。互联网为危机管理组织和危机的所有利害关系者提供了更便捷、更有效的互动渠道。第五，更加人性化。互联网向公众提供了主动选择和接受信息的机会，使得公众对于危机信息的选择和危机管理的参与具有更强的主动性和目的性。

但有几大缺陷也限制了互联网在危机沟通中的运用，比如对忙碌的人而言可能还需要其他途径来引起他们的关注，引导他们参与沟通过程；互联网的沟通对象局限于那些有时间和经济条件上网的人，虽然已有许多人能够上网并熟练使用网络，但不代表所有的公众都是如此；另外，还存在网上不当使用和传播信息的可能性，需要加强对互联网的监管。

第十四章　危机管理的技术与应用

从全世界范围来看，科学技术的发展已经将人类社会带入了一个新的时代。技术对我们整个社会的政治、经济、文化乃至普通人的生活方式都产生了巨大影响，回顾过去我们会发现，人类历史上所发生的每一次科技革命都给社会管理活动带来了革命性的进步。

在公共危机管理领域，科学技术的发展与应用已产生了越来越重要的影响，对科学技术的运用也已成为公共危机管理者的一项重要职责。技术进步已经彻底改变了危机管理的实践，要保证危机管理的有效性，危机管理者就必须熟练掌握和应用技术领域的信息和知识。的确，在现代社会，管理活动对信息和技术的日益依赖以及人类全球化的广泛联系对管理者提出了更高的技术要求，危机管理者的信息处理能力和技术运用能力对于危机管理活动的有效性具有至关重要的意义。从这个角度来讲，合格的危机管理者必须对这些方法和技术了然于胸并能熟练运用。

第一节　科技是危机管理的重要工具

（一）科技对危机管理的重要性

科学技术对于公共危机管理活动的成败至关重要。高新技术的引入改变了过去通信信息技术落后的局面，无线网络、卫星监测、全球定位系统、遥感系统等一系列技术及其国际前沿的管理方法在公共危机管理领域的应用极大地提高了危机管理的绩效，在危机的预防、准备、回应和恢复各环节中都起到了减少损失、提高效率和节约成本的功效。

现代科技是如何作用于危机管理活动并提高管理绩效的呢？

第一，科学技术有助于危机管理者收集公共部门内外部的危机信息，公共部门危机管理人员能够充分利用数据库和网络技术进行分析，并根据分析结果找出各种问题和可能面临的各种威胁并辅助人们迅速做出反应，及时做出正确决策。

第二，科学技术的使用将各种信息与多个用户紧密联系起来，其信息传递功能有助于克服行政系统层级节制的组织结构所引发的弊病，促进信息自由流动，这使危机管理信息的传播更加丰富、完整、准确和及时，成为成功预防和应对危机的一大优势。

第三，科学技术已经成为组织危机管理活动的强大工具，技术支持能够确保各级政府、各危机管理组织的所有领导及时掌握危机信息，便于随时联络相关负责人，迅速做出决策，合理分配资源，快速开展恢复工作。

第四，科学技术为危机信息的沟通和交流提供了机遇，特别是互联网技术推动了信息的共享，促进了政府与公众之间的互动交流，便于危机管理者及时掌握公众的需求以及发现可能会引发危机的前兆，防患于未然。

第五，科学技术便于危机管理者对危机状态下的舆论传播进行监控。在科技的支持下，公共部门危机管理人员有能力对互联网上的舆论进行实时监控，关注网上信息的传播和舆论导向，在必要的情况下采取一些管制措施，避免谣言的扩散和负面效应的产生；同时也可以从中了解公众所关心的问题，及时采取措施避免某些危机的发生。

（二）危机管理发展中的技术演变

正如科学技术在其他领域的进展和演变历程一样，随着危机管理理念的变化和科学技术本身的进步，在不同时期危机管理所运用的技术也是有很大差别的。从20世纪60年代开始萌芽发展的信息处理技术——电子计算机的使用，到20世纪70年代用于辅助数据分析的地理信息系统，再到20世纪90年代之后开始普及的互联网技术和现代通信技术，现代信息技术彻底改变了危机管理的工作方式和管理效率，消弭了时间和空间的限制，打破了国界和疆域的藩篱。

在危机管理的早期，由于技术水平的限制，危机管理的技术一般局限在数据的收集、存储和分析上，注重将零散的信息进行组合，而且信息和数据的质量和数量都存在很大缺陷，另外信息的收集和传播也受到时间和空间的限制。随着现代科技水平的提高，危机管理所使用的技术已经发生了革命性的变化。现代危机管理中整合了多个系统和多门技术，这些技术贯穿于危机管理的各个环节，不仅能够应用于处理自然灾害，亦可运用于处理人为危机，为危机管理的科学化奠定了基础。

目前国际主流广泛应用于危机管理的高新科技主要包括三项工程：第一，灾害评估，包括灾害管理、地理评估、环境评估、经济分析、统计等内容，通过这些技术形成灾情分析和危机评估报告；第二，卫星遥感应用，包括遥感技术、地理信息系统、全球定位系统等远距离监控技术，负责接收和分析卫星传送的信息；第三，网络通信，包括计算机、网络、通信、电子等技术，维护危机管理部门的网络和对外通信。实践表明，信息管理系统、信息通信系统和决策支持系统的广泛运用提高了政府危机管理的能力，资料库、规范模型、预警系统、地理信息系统和电子信息技术的应用也为危机管理绩效的提升提供了新的途径。

随着计算机、软件系统和各种通信设备的成本下降，现代技术的门槛已经不再那么令人生畏了，人人都有机会使用新技术。但是受经济因素和社会条件的限制，各个国家和地区的人们接触到的技术资源仍是不同的，事实上有些地区技术条件极为落后，这极大地限制了当地危机管理活动的开展。因此各国政府纷纷采取相关措施鼓励技术进步和技术创新，以期为公共危机管理提供更多的技术支持。

第二节　危机信息管理系统

信息作为一种战略资源，在现代政府管理活动中正变得越来越重要。在现代社会，危机管理面临着更为复杂的决策和工作环境，危机管理的各个环节对信息的需求都非常大，因此成功的信息管理对危机管理部门来说是极为必要的。危机信息管理是指危机信息的收集、汇总、分析和传递。有效的危机信息管理要求合理的规划、组织、控制及充足的可及时获取的人力、物资与信息资源，其目标是确保将最准确的危机信息在最恰当的时间传递给最合适的决策者。①

（一）危机信息管理系统的环节

危机信息管理系统是指为危机管理者收集、整理数据，传递信息的系统。理想的危机信息管理系统能够识别各类用户的信息需求，在海量信息中进行搜索，为零散的信息附加价值并进行整合，提供有价值的整体信息，从而有效地开展危机管理。现代危机信息管理系统已配备高新的科技和有效的管理技术，有助于决策者根据各自的职能管辖做出决策。危机信息管理系统的运行过程包括识别信息需求、信息收集、信息分析与处理、信息传递、建立经验库等环节。

1. *识别信息需求*

识别各类信息需求，是危机信息管理系统的首要环节和功能。危机信息的使

① Jeffrey S. Klenk, *Emergency Information Management and Telecommunications*, UNDP Disaster Training Programme, 1997.

用人群非常广泛，一般包括受害群体、中央和地方的各级政府机构、军队和国防单位、媒体、企业、非营利组织、国际组织、个人等。每类使用者都有其特定的信息要求，各方都希望危机信息管理系统能够提供符合其需求的信息；不过习惯上，国家总是把危机信息管理系统首先用于满足政府危机管理部门的需求。但国际经验表明，提供给受害群体和媒体的信息，甚至专门为灾后捐助者提供的信息，在整合全社会力量进行抗灾救灾的过程中，也具有同等重要的地位。根据危机管理事前预警、事中处理和事后重建的流程，危机信息管理系统的信息需求识别也相应分为：危机前、危机中和危机后的信息需求分析。

国际上通行的危机管理做法是在危机爆发之前就做好充分的防范工作。危机管理者一般会根据事先的预警信息，针对将有可能出现的危机做好充分准备，防微杜渐。危机管理者需要尽可能多地掌握有关危机会在何种条件下、以何种形式爆发，从而提前抢占选择危机防范方法的先机。目前，危机前的防范越来越重视对薄弱环节的分析，薄弱环节的分析一般会通过正式的调查，提供灾难的损失预测报告，以作为决策参考。在正式调查成本高昂的情况下，薄弱环节分析有时也引用国家的统计数据、收入支出调查等已有的调查成果。

在危机前的预防阶段，危机还只是一个虚拟的概念；一旦危机爆发，原先准备的各种危机信息在细节方面显然不足，此时就需要对已经爆发的现实危机进行全方位的信息收集，掌握危机的具体地点、危害程度、扩散状况、所需资源等。在这一过程中，危机信息管理要关注以下工作：锁定目标；评估救灾能力与薄弱环节；确定各流程的绩效标准，预计所需的资源和成本；估计各项流程所能达到的水平以及可能实现的目标；提出可供选择的处理方法，明确各阶段的任务；确定最有效的处理方案。除此之外还要确定方案的责任人，监督和评估方案的执行情况等。这一流程中所收集的信息量是极为庞大的，覆盖面也极为广泛。

在危机后阶段，一般来说首先需要收集危机造成的损失这方面的信息，但仅此是远远不够的，还需要收集有关危机对政治、经济、社会和环境等多方面的长期影响等信息。灾后重建的首要考虑是确保受灾群体安全摆脱危机，因此灾后的援助信息非常重要；此外还要注意当地受灾群体的重建意向，这是因为当地民众的支持对于危机后的重建工作会产生重要影响。这个过程涉及对以下信息的收集：现有状况评估；易受灾地区考察；土地与区域管理；能源、水源、医院等重点对象的分布与服务能力；人口密集状况与分布；供给和支援系统的当前状况等。

2. 信息收集

危机管理活动中的信息收集既包括常态下的信息收集又包括危机状态下的信息收集，这一工作贯穿于事前预警、事中处理和事后重建的全部过程，但是收集信息的内容却因具体情况而有所差异。只有在周密的设计下，信息收集才能做到及时、准确，既全面又有重点。在这个阶段可以充分利用先进的网络信息技术如Internet、Web挖掘技术、搜索引擎、基于人工智能的信息内容的自动分类、聚类和文摘以及基于深层次自然语言理解的知识检索、问答式知识检索系统等技术，对整个公共环境信息进行收集、整理和分析，尽可能收集政治、经济、科技、金融、公共卫生等与社会发展息息相关的信息，并加以分类，考虑其可能造成的后果，设计应对方案。

常态下的各类信息作为危机状态下各类信息的对照，对于危机管理具有极其重要的价值（见表14—1）。收集常态下的信息，最关键的是要注意长期、持续地收集同类信息，以作为决策参考。

表14—1　　危机信息管理中重要的常态信息①

信息类型	信息源
人口统计数据，社会与经济信息	● 国家和地区的统计年鉴 ● 地方的各类统计报表
疾病的发病率和死亡率	● 卫生部的统计资料 ● 地方的统计资料 ● 医院的统计资料 ● 当地医生的统计资料
营养状况，包括营养失调的状况、饮食习惯等	● 卫生部、大学的调查 ● 国际组织的调查 ● 当地NGO的相关项目
水资源状况	● 水利部的资料 ● 国际组织的调查 ● 当地NGO的相关项目
气候和降雨量	● 气象分析 ● 当地民众积累的气象习俗
交通运输状况	● 交通部的资料 ● 当地在经济方面的运输量统计

相比较而言，危机状态下的信息属于一种非常态的信息资源，它体现了具体爆发的危机具有哪些特征，会影响到哪些群体和社会领域等，更具有针对性和特殊性，这些信息所反映的情况和事态往往也更为深入和具体。为确保危机信息的全面有效，信息的收集要采用数量与质量相结合的方法，针对不同的信息，采用

① Jeffrey S. Klenk, *Emergency Information Management and Telecommunications*, UNDP Disaster Training Programme, 1997.

相应的侧重数量或质量的方法。

一般来说，在需要大量数据才能说明问题的情况下，就要采用侧重数量的数据收集方法，越具体越好。这种方法最大的优点是客观、直观；但缺点是数量大，一般停留于微观层面。譬如说，在描述灾情和确定灾难级别的时候，就需要收集各方面的、大量的数据，把灾民的情况和受灾地区的状况，用各种数据进行描述。一般而言，侧重数量的方法是比较耗时耗力的，但又必须在很短的时间内收集好，这是快速反应的需要。

而在需要高质量指标才能说明问题的情况下，就要采用侧重质量的数据收集方法，越精确越好。这种方法最大的优点是信息经过筛选、处理，甚至加权、建模，能够在宏观层面说明问题；其相应的缺点是可能会掺杂人为的因素，具有主观的倾向。以联合国难民事务高级专员公署（UNHCR）的“以民众为导向的规划”和联合国世界粮食计划署（WFP）的“社会/性别分析”为例，它们主要从三个方面拟合指标：民众的状况、受灾民众的活动情况、受灾民众所拥有的资源。这种形成指标的方法，应用面很广；虽然争议一直不断，其价值却已体现得越来越明显。但是此类研究方法，通常需要长期的修改和调试才能逐步得以完善。

值得注意的是，危机管理部门在信息收集的过程中，往往会出现从本部门自身角度出发进行信息筛选的情况，这就是以本部门为中心的“本位主义”的信息收集模式。这种模式的缺陷是显而易见的，它反映的危机情况可能并不真实和全面，这对于受到危机影响的民众是不公平的，也容易将危机管理行动引入歧途。研究发现，政府部门的信息收集政策、信息收集人员所受到的专业培训、甚至划分区域收集信息的方法等各种因素，都有可能导致“本位主义”的信息收集模式，这是危机管理部门在信息收集过程中要注意防范和克服的。

3. 信息分析与处理

危机信息管理人员常常会面对大量纷繁复杂的信息和数据，在没有技术支持的情况下，他们往往根据个人的经验主观地做出判断和决策；而科学的决策要求管理者拥有高精度和高质量的危机信息。所幸现在已经有了“数据分析技术”，它是指运用计算机等综合的信息处理工具，进行决策辅助信息的数据处理。

一般来说，数据分析能够运用成熟的计算机软件进行比较复杂的运算和转换，提供一系列的分析结果。但是我们需要清楚地认识到，这些在科学方法指导下得出的科学结果，并不必然是正确的结论。因为在将现实的状况转换成数据信息，进而分析处理，最后组合成型的过程中，都存在着各类误差。再高级的数据分析师也只能尽可能地减少误差，而且在此过程中，还可能出现人为增加误差的情况。

数据分析的重点并非技术本身，关键在于如何为危机管理者提供决策辅助。数据分析的中心问题是对危机状况进行明确的解释和说明，其功能包括：为决策者提供相关信息，分类和组合信息，应用比较、综合、整理等技术手段处理数据，用简单明了的方式得出数据分析的结论。因此危机信息管理的信息分析工作中急需的是精于在纷繁复杂的数据之间快速找到问题关键的分析师，提供高质量的数据分析结论；而且最好是能够了解数据本身反映的现实状况，这需要分析师对危机有现实的经验和体会，因为这些实际体验在处理单纯数据的过程中往往能够起到至关重要的作用。

信息的分析与处理包括以下流程：

（1）交互检验与核查。现代危机管理的信息来源非常广泛，有来自现场的报告、监督小组的汇报、相关领域专家的提议，甚至新闻媒体的广播。随着全球互联网的普及，更是出现信息爆炸的局面。因此，如何应对这些良莠不齐的信息，已经成为信息分析的首要挑战。为此，迅速、系统地进行信息的交互检验与核查极其重要，该步骤能够发现一些信息明显与大部分信息不符，从而精选出真实、有效的信息。

（2）过滤与排序。在危机的开始阶段，危机事态的变动导致管理者接收到的信息瞬息万变。因此，危机信息过滤与排序工作十分重要。

（3）编译与整理。来自各种渠道的危机信息，是按照源信息的要求组编的，一般具有特殊的格式、编译代码、特指说明等。因此，过滤工作的第一步，是把这些来自不同背景的信息，按照统一的标准进行编译。然后，危机信息管理部门根据自己的标准，将这些信息转换成标准格式，最后再按照统一的结构归类整理。

（4）再过滤与再排序。编译与整理的目标是组建结构合理、操作便利的信息库；在此基础上，信息管理者就可以进行统计、分析、归类、建模等操作，对这些信息再次进行过滤，挑选出更加重要的信息。由于信息浏览对象的时间和精力的限制，对已挑选出来的重要信息，还需要进一步排序。一般来说，危机信息可以分三类进行排序。第一类，需紧急处理的信息：此类信息至关重要，需要立即传递和做出应对处理。第二类，需优先处理的信息：此类信息比较重要，在条件允许的情况下，应该提前处理。第三类，需例行处理的信息：此类信息属于常规的信息，需要定期、按时处理。

（5）确保信息的信度和效度。信度是指信息在多大程度上稳定、可靠地反映了危机情况。信息处理的最终结果往往以数字和公式的形式表现出来，因此这些数字和公式能否体现出社会中的政治、经济、文化、宗教等方面的真实情况，是危机信息尤其需要注意的地方。效度是指信息在多大程度上准确地反映了危机情况。国际上通常的做法是预先设立各种基准，然后运用这些基准进行对比和衡量，控制和调整信息的效度。

(6) 成果汇报。危机信息经处理后的成果，作为管理者迅速把握形势、进行科学决策的重要依据，其汇报的格式、内容、方式等方面的问题，都需要格外重视。另外，决策者希望危机信息管理部门能够采用提前预警的方式。在内容方面，不同层级的管理者有着不同的信息需求：基层的管理者希望越具体越好，甚至要细化到各街道所有状况的描述；中层的管理者希望有详有略，大局方面的信息能够提纲挈领，重点问题能够资料充分；高层的管理者希望提供宏观指导方面的信息，以供宏观决策之用。

针对危机管理者一般不精通数学的学科背景，国际上流行的数据分析模式称为KISS，也就是确保简单和通俗（keep it simple，stupid）。数据处理本身是极其复杂的，并且有其专用的语言符号系统，但是最终的表述应该能够让危机管理者理解无误。因为这些信息处理成果只有被危机管理者吸收了，才能真正发挥其应有的价值。以下介绍最常用、也是最简单的数据分析与信息处理的软件，比如Lotus 1－2－3、Microsoft Excel、Quattro-Pro等。这些电子表格软件能够起到三方面的基础性作用：第一，根据各指标进行分类，提供更直观的模式，便于浏览；第二，根据各指标进行查询和搜索，进行排序和组合，快速便捷地锁定目标信息；第三，根据软件提供的统计分析工具，进行简单的统计处理，按照要求做出数据图表，查看发展趋势。

除此之外，信息处理软件还包括数据库管理系统（database management system）软件和项目管理软件（project management software）等。前者用于管理大型的数据库并且能够不断扩容，使得数据能够像“滚雪球”一样稳定增长，提供决策所需的绝大部分数据；还能够按照多种要求，进行多指标的检索和搜索操作。后者能够协助管理者规划、分配和跟踪危机项目，其中比较著名的是哈佛的项目管理软件（Harvard project manager）和微软的项目管理软件（Microsoft project）。它们能够在资源有限的情况下，告诉管理者如何优化配置资源，在危机管理活动中的作用十分关键。

4. 信息传递

当危机发生时，各个部门的危机管理人员很容易产生恐慌情绪，导致无所适从，这样彼此之间就难以进行沟通，影响了信息的及时传播。“9·11”事件后官方出具的报告显示，在危机响应人员之间存在着信息传递的障碍。基于此原因，美国国土安全部甚至专门成立了协同兼容办公室（Office of Interoperability and Compatibility），旨在通过开发新设备来提高各部门的信息传递能力。

现代科学技术的发展为危机管理信息提供了越来越便利的传播途径和方法。传统上，在信息传播过程中起辅助作用的设备包括以下几种：（1）发报机（transmitter）。它是指通过无线电、警报器、电视台和电缆人工代理系统来发送信息的传播工具。（2）接收器（receiver）。指的是从发报机那里获取信号的设备装置，包括立体声系统、寻呼机、电视等。（3）无线电收发设备（transceiver）。这种设备既能发送信息也能接收信息，例如：电话、卫星、个人数码助理、收发两用无线电设备、民用波段收音机、800 赫兹无线电、业余无线电等。

随着危机应对和危机恢复工作经验的不断积累，危机通信设备也在不断发展。过去人们只是借助于无线电收发设备来传递信息，所使用的无线电收发设备波段低，而且这种设备对环境的要求也很高，要有广播塔、转发器等设备的协助，对电力供给的持续性也有相当高的要求。后来，通过使用标准无线电频道和利用发报机来传播信息等手段，通信设备有了很大改进。危机管理人员应当熟悉的现代信息通信设备包括：

（1）长途广播系统（trunked radio system）。长途广播系统是一种通过计算机来进行控制的系统，人们用它来搜寻一个可以让不同用户彼此之间进行顺畅对话的频道和路径。该系统的最大优势在于它有能力同时为多个用户提供服务，或者说这些系统可以让多个“话语小组”① 同时展开对话。目前，有些广播系统利用数码编译程序来分辨信息的来源；而且一旦涉及国家机密的话，还可以对信息进行加密。

（2）ACU—1000。考虑到不同部门和不同地区之间难以沟通，很多厂商开发出一些其他的界面工具，其中最值得一提的就是 ACU—1000 设备。它能将移动广播、手机、卫星技术和一般的电话设备联系起来，形成一个实时的通信系统。通过 ACU—1000 可以建立一个适用于包括电话和无线电台在内的几乎所有通信连接都可应用的无线路由系统。在危机情况下，ACU—1000 能将不同的广播系统联系起来，并能通过跨区域的网络将信息传递出去。这样各个层级的政府和不同的政府部门以及各种社会组织就能相互协调配合，共同回应危机。如今全美各地的应急运行中心（EOC）和移动控制站（mobile command post）都在广泛使用这一设备，熟知和运用这种设备有助于提升彼此之间的协作能力。

（3）VoIP。它是“Voice over Internet Protocol”的简称，俗称“宽带电话”，这是一种由 IP 网络传送语音的技术服务系统。VoIP 可以通过宽带网络便捷地传送语音、传真、视频和数据，如统一消息、虚拟电话、虚拟语音/传真邮箱、查号业

① talk group，是指那种有自己既定频道的小组。

务、互联网呼叫中心、互联网呼叫管理、电视会议、电子商务、传真存储转发和各种信息的存储转发等。电话、广播和计算机网络都在使用这一设备。

（4）互联网。随着个人电脑和网络的普及，全球互联网日益成为大众传递信息的又一主要途径。网络在危机管理的各个环节中都是一种极为有效的信息传递工具。网络信息技术在危机管理各个环节的全面应用，使政府具有更强的信息获取能力和社会控制能力，而且网络信息技术的可复制性、高速运算、全球接入和工作流程集成化等特征，使危机管理部门可以通过建设数据库、聚集信息资源达到共享，这有助于提高对危机事件的快速反应与及时处理能力。除此之外，网络还向所有人提供了平等地获取信息的途径和机会，更为重要的是，在网络上大众还能够主动地与危机管理部门进行信息互动和交流。当然，互联网具有匿名性的特点，也为传播谣言留下了空间。因此，加强这方面的监管也势在必行。

5. 建立经验库

政府部门在危机管理方面曾经开展的行动、取得的绩效以及从中得到的经验教训，对于今后的危机防范和应对工作都具有重要的借鉴意义，但这一环节和这项工作却往往容易被危机管理人员忽略。在国外，这方面的信息被称为本部门在危机信息方面的“记忆银行”（bank of memory）。虽然国内外在危机管理方面会有各种各样的信息介绍、推广和引进，但是对于特定的危机管理部门而言，其不同于其他部门的特性，决定了最有参考价值的信息还是来自于本部门以往开展工作的经验教训。

国际经验表明，要建立本部门的“记忆银行”，需要授权某位高层官员，该官员要能够参与到危机决策、应对、补救的全过程，忠实地记录当时所发生的事情，并且在事后及时总结经验教训，形成本次危机的经验库。如此长期地进行，就能够逐步积累起对本部门今后的危机决策具有重要借鉴意义的经验库。建立危机管理经验库的过程包括以下四个步骤（见表14—2）：

表14—2　　建立危机管理经验库的过程

步骤	具体内容
步骤一：筹备工作	清点人力资源、通信状况、报告渠道等与信息记录相关的部分，筹备预算
步骤二：配备人员	规定人员的职务职责，制定考核评估人员绩效的标准
步骤三：制定规范	对信息收集的先后次序进行排序，预先设定信息收集的内容
步骤四：培训与开展工作	对全体员工进行相关培训，开展建设经验库的工作，在工作中进行相应的调整

（二）地理信息系统（Geographic Information System, GIS）

1. 什么是地理信息系统

地理信息系统是指在计算机软硬件系统的支持下，运用数码图像和表格的形式收集、存储、组合、管理、更新和分析各类地理信息的数据库系统，它能为复杂环境下的规划、决策和管理活动提供帮助。① 这一术语最早出现在 20 世纪 70 年代，当时它是辅助数据分析的绘图技术的总称。

现代信息通信技术的引入，逐步完善了地理信息系统。地理信息系统通过丰富的信息源，不仅能够提供清晰、全面的地理图片资料，而且能够给出各地理信息之间的关联分析，提供单一数据库无法实现的多维度信息。而且，地理信息系统具备独有的处理空间信息的能力，这些信息根据地域和属性两类标准进行处理。地域可以用 X、Y、Z 的坐标，用经度、纬度进行全球定位；而属性标准可以用植被覆盖率、土壤种类、降雨量等指标进行全球范围的区分。正是因为地理信息系统的信息存储量大、覆盖面广，所以它提供了极强的信息检索功能，对于特定的线索，能够快捷、便利地进行检索。除了信息分析能力之外，地理信息系统还具有极强的建模能力，用户能够通过该系统来调整信息和图像，这为危机的预测、规划和评估奠定了坚实的基础。

2. 地理信息系统在危机管理中的应用

作为一种强大的地图定位分析工具，多年来，地理信息系统在危机管理中应用广泛，可谓危机管理活动的技术基础，对危机管理的多项工作和活动都具有重大意义。危机管理的规划、疏缓、准备、回应和恢复等都需要地理信息系统的支持，例如地理信息系统可以使市政当局及时检测到公共安全影响因素，并及时向公众通报潜在威胁。

危机管理的各个环节都是以数据和信息为基础的，危机管理人员必须及时掌握准确信息才能迅速做出回应和采取正确的行动。基于危机管理活动所需的多数信息都具有空间性质，可以在地图上进行定位，因此通过运用地理信息系统，各个政府部门就可以通过电子数据库来共享电子地图信息，否则危机管理人员就不得不逐个向不同部门求助，索取信息和图表，这么做无疑费时费力而且会延误决策和行动的时机。从这个角度来讲，地理信息系统为危机管理的各个环节提供了

---

① Lauden, Kenneth C., and Lauden Jane P, *Management Information Systems*, 6th Edition, Prentice Hall Publishing Company, Upper Saddle River, NJ, 2000.

一种汇集和共享关键信息的有效机制。[①]

（1）规划。危机管理活动从一开始就要对潜在的危机和威胁进行识别和定位。地理信息系统能够帮助管理者识别风险，并对其潜在后果进行评估。用电子地图的形式来表现灾害的空间分布信息无疑更直观明了，为管理者确定危机管理每个阶段的工作需要提供了极大的便利。美国联邦政府曾经开发出一种软件程序叫做 HAZUS，这是一种评估软件工具，管理者可以用它来分析洪灾、飓风和地震所带来的潜在损失。在这一软件中，所有的科学和工程信息都是与地理信息系统紧密联系在一起的，借助地理信息系统的支持把这些信息整合起来就能对潜在灾害造成的损失进行相对精确的预测，预测内容涉及物理损失、经济损失和诸如民众的避难需求、医疗需求等社会影响。从实践来看，地理信息系统作为对地理信息进行存储、处理、分析和表现的重要工具，已经被国内外许多机构运用到各种海洋和大气灾害监测、分析和预警当中，并取得了良好的效果。

（2）疏缓。危机状态一经识别，接下来的工作就是要采取疏缓措施了。以地震为例，预计震级会达到什么水平，周围土壤的特征如何，周边地理环境如何，地震一旦发生会造成什么样的损害，周围的哪些重要基础设施需要进行加固或转移，桥梁、公路、医院、危险品存储地是否在受灾区域内，这些都是疏缓工作环节中需要考虑的。在回答这些问题时，地理信息系统都能迅速给出明确答案，是疏缓工作强有力的助手，为危机管理者迅速采取保护性措施提供了保障。

（3）准备。准备工作意指采取一系列活动为危机的到来做好准备。譬如说，要在哪里设立消防站，需要多少护理人员，他们在何处待命，选择什么样的疏散途径，如何通知民众，现有的交通运输能力能否承担疏散工作，是否准备了充足的生活必需品以备发放，等等，都需要在准备环节中作出明确安排。地理信息系统能够为危机的预警工作提供实时监控，它能从遥感气象站获取灾害发生地和周边地区的气象指数，各地的风向、气温、相对湿度等都能通过地理信息系统反映出来。危机管理者占有这些信息就会对全局有清晰的把握，准备工作也会进行得更有针对性和效率。

（4）回应。在危机的回应阶段，如何快速、准确地划分应急响应区域，迅速调配有限的应急资源，是回应工作迫切需要解决的重要问题，也是提高危机管理能力的关键。地理信息系统能够给出事故地点、工厂厂房和设备、周围居民分布、道路交通信息、避难所的空间分布、人员伤亡情况和附近的潜在危机等重点

① Russ Johnson, *GIS Technology for Disasters and Emergency Management*, Environmental Systems Research Institute White Paper, 2000.

信息，因此可用来为人员的部署、设备的分配、货物的组织、社区的撤离、损失的评估以及关键基础设施与服务的修复与重建提供帮助。搜寻与营救单位可以运用地理信息系统的制图与分析功能来定位人口密集的建筑物和地理区域。医护人员能够运用它来建立避难场所及提供医疗服务。在危机发生地确定之后，通过地理信息系统还能查到最近的救援小组和应急小组的方位，这样就能迅速选择和派出营救小组。另外，在营救小组前往目的地的途中，地理信息系统的车辆自动定位技术还能显示营救小组的行进情况，便于及时接应。

(5) 恢复。地理信息系统还被广泛应用于灾后的恢复工作中。举例来说，飓风发生后地理信息系统能够向危机管理者指出哪些地区损坏严重需要重建，哪些基础设施和服务需要迅速恢复，还能帮助危机管理者确定恢复和重建工作的优先顺序。一般而言，灾害发生后，普通民众的关注点主要集中在“究竟发生了什么”这件事上，地理信息系统的可视性和数据的可靠性使它能够在灾害发生后迅速告知人们大量信息，而这正是人们迫切需要知道的。

3. 地理信息系统的发展趋势

迄今为止，危机管理在技术应用方面所取得的最大进展就是地理信息系统的广泛使用。目前，地理信息系统所采用的技术不断发展，数据库管理系统(DBMS)、专家系统、统计分析系统、网络分析系统、远程可视系统以及计算机辅助设计和绘图系统（CAD & CAM）等各种技术，正以越来越快的速度集成到GIS之中。地理信息系统的发展趋势主要体现在以下方面：

(1) 人工智能的应用和专家系统的开发。20世纪80年代开始的以知识为对象的信息处理技术，注重利用人工智能（AI）的方法，通过专家知识的规范化建立知识库，发展专家系统。利用这种智能型的地理信息系统来解决不能用算法解决的复杂问题，将使GIS的应用领域获得更大的拓展。

(2) RS、GPS和GIS一体化技术的应用。遥感技术（RS）作为一种获取和更新空间数据的强有力的手段，能够提供实效性强、准确度高、监测范围大、具有综合性的定位定量信息，它有助于GIS数据库的及时更新，确保现实性，具有其他数据系统无法替代的优越性。全球定位系统是美国在24颗卫星导航系统的基础上发展起来的最新一代卫星定位系统，它为RS影像数据和GIS数据提供精确定位信息。

(3) 网络地理信息系统的发展。网络技术的发展给新一代GIS技术重构带来了巨大的机遇与挑战。GIS的空间分析方法由原理驱动转变为数据驱动；采用主流技术的标准与协议，实现GIS空间数据的互操作性和全关系化；从单纯的GIS技术转向同各种专业应用相结合，使之在全球信息基础设施上得到广泛应用。网络绘图（web-based mapping）能力使得地理信息系统的用户可以根据具体情节在个人电脑上浏览某些已经成形的地图。这一技术扩大了 GIS 的应用范围，工作场所、学校、医院、家庭都可以使用。

在美国 2001 年的炭疽恐怖事件中，Clean Harbor 公司负责从美国国家货物运输管理局（NCB）的办事处清运可能被炭疽病菌污染过的垃圾。由于运送这种危害极大的垃圾很不安全，因此公司必须随时保持与运输过程的联络。Clean Harbor 公司利用一种将地理信息系统的地图信息和全球卫星定位系统相结合的软件来监控货运汽车的运输过程。

有一点需要注意的是，有效使用 GIS 有一个前提条件，那就是必须在灾害发生之前就在计算机的数据库里输入相关信息，这些信息必须准确、完整。毫无疑问，这个过程是费时费力的。尽管人们可以在灾害发生之后再输入相关信息，但这种做法对于危机管理人员的要求更加严格，危机管理者必须对系统的程序和功能非常熟悉才行。

（三）全球定位系统（The Global Positioning System，GPS）

1. 什么是全球定位系统

全球定位系统是以人造卫星组网为基础的无线电导航定位系统，它利用设置在地面或运动载体上的专用接收机，接收卫星发射的无线电信号，从而实现导航定位。它具有精度高、速度快、全天候、距离远等特点，能够为用户提供全球性、全天候、连续、实时、高精度的三维坐标、三向速度和时间信息。

GPS 实际上是 20 世纪 70 年代由美国陆、海、空三军联合研制的新一代空间卫星导航定位系统。当时的主要目的是为美国陆、海、空三大领域提供实时、全天候和全球性的导航服务，并用于情报收集、核爆监测和应急通信等军事目的。它在地球上空布设 24 颗 GPS 专用卫星，这些卫星分布在互成 120°角的轨道平面上，每个轨道平面平均分布 8 颗卫星。卫星轨道每时每刻的精确位置由地面监控站测定，并通过卫星用无线电波向地面发播；地面上用 GPS 接收机同时接收 4 颗以上卫星信号，根据卫星的精确位置以求得地面点位置。该系统包括三大部分：空间部分——GPS 卫星星座、地面控制部分——地面监控系统、用户设备部分——GPS 信号接收机。

近十年的使用表明，GPS 以其陆、海、空全方位实时三维导航与定位能力和全天候、高精度、自动化、高效益等显著特点，已成功地应用于大地测量、工程测量、航空摄影测量、运载工具导航和管制、地壳运动监测、工程变形监测、资源勘察、地球动力学等多种学科，从而给测绘领域带来了一场深刻的技术革命。随着全球定位系统的不断改进和软硬件的不断完善，其应用领域正在不断扩展，目前已遍及各国国民经济各部门，并开始逐步深入人们的日常生活。

2. 全球定位系统在危机管理中的应用

鉴于全球定位系统的上述优势，目前危机管理领域已开始逐步开发全球定位系统的功能，用于探测危机管理活动各个环节中所需要了解的具体信息，在危机预警、回应、恢复等阶段日益发挥重要作用。

（1）预警。科学家利用美国宇航局的全球定位系统数据处理软件，可在十几分钟之内测定某处发生的地震会不会引发海啸，从而有效提高海啸预警速度。当有大地震发生时，GPS卫星会通过无线电信号实时传回震源附近几千公里范围内多个GPS地面接收站的地层移动数据，利用美国宇航局的一种卫星定位数据处理软件分析这些数据，可在15分钟内测定出地震的模式和实际强度，即地震矩规模，这比目前通用的地震测定方法要快得多。

（2）回应。在发达国家，GPS技术已经开始应用于交通运输和道路工程中。GPS导航系统与电子地图、无线电通信网络及计算机车辆管理信息系统相结合，可以实现车辆跟踪和交通管理等多种功能，为交通危机状况的处理提供了技术支持。通过GPS定位和监控管理系统可以对遇有险情或发生事故的车辆进行紧急援助。监控台的电子地图可显示求助信息和报警目标，规划出最优援助方案，并以报警声和报警光提醒值班人员进行应急处理。在我国1998年的洪灾中，中科院武汉所利用GPS准确监测险段大堤和水位动态，在抗洪救灾中大显身手。

（3）恢复。GPS在灾后恢复和重建中也至关重要。在GPS的帮助下，危机管理者能够准确定位受损建筑和一些关键性的基础设施，这对于灾后重建的科学规划和选址，避开灾害隐患点，避免灾后恢复的盲目性具有重要参考价值。

全球定位系统的应用案例

案例1：苏丹参与了联合国的全球粮食项目，应用全球定位系统监控尼罗河流域的船只，使其安全地将粮食运送给战争中的受害者。这些船只装备了全球定位系统接收器和无线通信设施，每隔两小时交流一次信息。在遭遇到敌方军队时，联合国的人员能够通过飞机上的全球定位设备很方便地找到具体地点，并预先分析遭遇的状况。

案例2：美国联邦危机管理局下属的一家私人企业应用全球定位系统进行快速的灾难评估，为联邦和州的危机管理部门提供详细的数据。在密西西比的洪灾、加利福尼亚的地震等一系列灾难中，通过全球定位系统的协助，仅用几天时间就提供了原本需要几周时间才能完成的灾难评估数据，包括详细的路况信息、受灾的房屋状况、能源状况、毒气的泄漏状况等，为危机管理部门提供了极其宝贵的辅助信息。

（四）遥感（Remote Sensing，RS）系统

1. 什么是遥感系统

“遥感”，顾名思义，就是遥远地感知。遥感是一门新兴的科学技术，主要指从远距离、高空或外层空间的平台上，利用可见光、红外、微波等探测仪器，通过摄影或扫描、信息感应、传输和处理，从而识别地面物质的性质和运动状态的现代化技术系统。遥感是在航空摄影测量的基础上，随着空间技术、电子技术和地球科学的发展而发展起来的，其主要特点是：超越了人眼所能感受到的可见光的限制，延伸了人的感官；能快速、及时地监测环境的动态变化；涉及天文学、地理学、生物学等科学领域，广泛吸取了电子、激光、测绘等多项技术的先进成果；为资源勘测、环境监测、军事侦察等提供了现代化技术手段。总体来说，遥感技术是运用物理手段、数学方法和地质学规律的现代化综合性探测技术，并且已从以飞机为主要运载工具的航空遥感发展到以人造卫星为主要运载工具的航天遥感。

人类通过大量的实践，发现地球上每一个物体都在不停地吸收、发射和反射信息和能量，其中有一种人类已经认识到的形式——电磁波，并且发现不同物体的电磁波特性是不同的。遥感就是根据这个原理来探测地表物体对电磁波的反射和其发射的电磁波，从而提取这些物体的信息，完成远距离物体识别。

常用的遥感数据有：美国陆地卫星（Landsat）TM和MSS遥感数据、法国SPOT卫星遥感数据、加拿大Radarsat雷达遥感数据。遥感技术系统包括：空间信息采集系统（包括遥感平台和传感器）、地面接收和预处理系统（包括辐射校正和几何校正）、地面实况调查系统（如收集环境和气象数据）、信息分析应用系统。遥感影像通常需要进一步处理方可使用，用于该目的的技术称之为图像处理。图像处理包括各种可以对相片或数字影像进行处理的操作，包括图像压缩、图像存储、图像增强、图像量化、空间滤波以及图像模式识别等。除此之外，还有其他更加丰富的内容。目前，主要的遥感应用软件有ilwis、PCI、ERMapper和ERDAS等。

遥感技术的应用进一步提升了地理信息系统的功能。在信息处理过程中，传

感器收集数据，进而合成、维护、分析数据，这些数据继而被传输到地理信息系统中调用。如前所述，遥感系统作为一种获取和更新空间数据的强有力的手段，能够提供实效性强、准确度高、监测范围大、具有综合性的定位定量信息，具有其他数据系统不可替代的优越性。目前，遥感系统在全球变化（海冰减退、海平面上升、沙漠化、臭氧层破坏）、全球资源环境（植被指数图、海温图、积雪）、行星探测、民用测绘、军事应用等方面取得了一系列重大成果，被广泛应用于陆地水资源调查、海洋资源调查、土地资源调查、植被资源调查、地质调查、城市遥感调查、测绘、考古调查、环境监测和规划管理等领域。

2. 遥感系统在危机管理中的应用

遥感系统在农、林、海洋、大气、地矿、城市环境等领域的危机管理活动中具有重要意义并取得了一系列成就，在农业环境污染分析、气候和灾害预测、沙尘暴预警、海洋灾害预警等领域都凸显出其不可替代的技术优势。

以海洋声学遥感技术为例，这是海洋环境监测的重要手段。卫星遥感技术的突飞猛进，为人类提供了从空间观测大范围海洋现象的可能性。利用声学遥感技术，可以探测海底地形、进行海洋动力现象的观测、进行海底地层剖面探测以及为潜水器提供导航、避碰、海底轮廓跟踪的信息。海洋遥感主要应用于调查和监测大洋环流、近岸海流、海冰、海洋表层流场、港湾水质、近岸工程、围垦、悬浮沙、浅滩地形、沿海表面叶绿素浓度等海洋水文、气象、生物、物理及海水动力、海洋污染、近岸工程等方面。遥感监测已成为海洋及海岸带主要的监测手段和信息源。目前，美国、日本、俄罗斯等国已发射了十多颗专用海洋卫星，为海洋遥感技术提供了坚实的支撑平台。

再以高分辨率卫星遥感技术为例，这种遥感技术具有适时、精准的特点，在应对突发性环境污染事故中具有重要作用和价值。它能观察到地表的细节特征，可有效用于指导环境应急监测点位布设、人员疏散，防止污染物对河流、水源、大气、土壤的生态破坏，减少污染带来的生命财产及生态损失。因此，高分辨率卫星遥感数据在应对突发性环境污染事故中具有很大的应用潜力，成为保障国家环境安全、科学防范和应对重大环境污染事故的基础数据支撑。

3. 遥感系统的发展趋势

随着科技的进步，卫星数据的种类越来越多，而应用者希望在有限的投资内获得不同卫星遥感数据源的信息优势，以增强对目标物的检测与识别能力，提高卫星遥感应用的精度和效率。于是，多卫星数据融合技术及其融合产品也就有了广阔的市场。目前，地面站具有接收包括美国陆地卫星—5/7，SPOT—1/2/4，

Radarsat-SAR 等九颗遥感卫星数据的能力，同时，还代理了 IRS、SPIN—2、IKNOS 等卫星数据。借助于这种数据资源优势并结合用户需求，推出了系列多卫星数据融合产品，包括 ETM＋多光谱波段与 PAN 波段、TM（ETM＋）与 SPOT-PAN、TM（ETM＋）与 IRS-PAN、IKONOS 多光谱波段与 PAN 等的融合。目前，空间遥感技术已达到米级、甚至亚米级的遥感观察水平，影像上的房屋、工厂布局、周边水系、农田、交通道路等都已非常清晰。这些进展为危机管理者科学制定监测方案和疏散措施提供了强有力的技术支持。

（五）其他常用技术

1. 海洋大气地理信息系统（Marine & Atmospheric GIS，MAGIS）

MAGIS 是一个以反映多维动态变化的数据集和分析表现数据的功能方法为双核心的系统结构。基于这个双核心结构设计和开发的海洋大气地理信息系统能够基于一个新颖的海洋大气数据模型实现海洋大气数据管理、时空分析和可视化三大功能模块的无缝集成。MAGIS 还引入科学信息工作流技术，建立了时空信息工作流管理系统，实现数据分析与表现的过程建模和控制，支持时空事务过程的管理，克服了基于菜单的常规 GIS 运行模式支持过程管理的困难。MAGIS 所完成的海平面高度变化、海表面温度多模态变化、海面风速极值预测和台风轨迹与形态展示等研究和应用，证明了它是建立海洋大气灾害分析、预警和发布系统的有效平台。

2. 虚拟地理环境（VGE）

随着城市化进程的不断推进，城市空间从地面迅速扩展到地上和地下，城市中的交通环境日益复杂，呈现出大立体、高动态的特征，大城市的应急反应问题正成为全世界关注的前沿性课题。虚拟地理环境由于其典型的多维表示特点（真三维、动态、高度真实感、自然交互），而被认为是平行于现实，且又超越现实和增强现实的一种重要工具和媒体。VGE 能够在宏观和微观的不同层次，洞察城市空间中各种对象（包括人）的特性及其相互关系，从而为解决复杂的城市应急反应问题提供更加“快准灵”的支持。比如，能建立基于车道（lane）的真三维交通网络模型，综合考虑地面道路、高架路、立交桥、建筑物内部以及地下各种设施等种种因素，为应急寻径（way finding）提供更为可靠的决策支持。基于 VGE 的导航更适合于人们的直观理解，有利于快速感知和响应，并能增加愉悦感。

3. 视频会议系统

视频会议系统是支持人们远距离进行实时信息交流，开展协同工作的应用系统。一方面，视频会议系统实时传输视频与音频信息，使协作成员可以远距离进行直观、真实的视频交流；另一方面，利用多媒体技术的支持，视频会议系统可以帮助使用者对工作中的各种信息进行处理，如共享数据、共享应用程序等，从而构造出一个多人共享的工作空间。在紧急状态下，视频会议系统可以让有关部门了解发布的紧急情况和决策，突破时间和空间的限制。

4. 数据库技术

数据库技术是研究数据库的结构、存储、设计、管理和使用的一门软件学科。数据库技术产生于20世纪60年代中期，先后经历了第一代的层次、网状数据库系统，第二代的关系数据库系统，第三代的面向对象的数据库系统（OODBS）等发展阶段。在公共危机预警系统中，有关数据的采集、分发、存档、检索都离不开高性能的数据库，同时对数据的管理和实时访问等提出了很高的要求，必须建立分级分布式数据库系统才能满足公共危机预警系统的需要。因此，公共危机预警系统的有效运行也离不开数据库技术的支持。

5. 网络技术与电子政务

电子政务的开展不仅给公共部门危机管理的体制建设带来了巨大的影响，而且为公共部门危机管理的技术实现提供了一个便利的实现平台。利用电子政务平台建立起来的计算机网络系统，通过完善的政令传播及信息交流体系，建立起同电子政府危机管理体制相适应的公共危机信息管理系统，从而切实有效地对危机的预防和应对全过程进行高效的管理和控制。

运用互联网技术进行信息传播，具有速度快、传播方式简单、经济、方便快捷等优势，可以成为公共危机信息管理系统的强大武器。通过互联网信息系统，使决策部门能够同步得到原始信息、获得更多的信息评价、进行多渠道的信息对比，为准确的危机决策或为决策咨询提供保证。互联网强大的即时传播信息的能力使得公共部门能够对可能出现的危机进行实时监控并迅速做出反应，而且还能利用其简单快捷的特点与危机的利害关系者进行顺畅的交流，从而在危机中有效地维护公共部门的形象。因此，公共危机信息管理系统的构建，必须更加注重发挥互联网技术的作用。

（六）危机信息管理系统的建构

危机信息管理系统的建构通常分为三个方面：第一，硬件（hardware），指设备、基建和其他物理工具等要素；第二，软件（software），指政策、制度、流程、规章等要素。第三，人事（personnel），指人员、培训和其他人力资源要素。在危机前和危机中建构危机信息管理系统，面临和需要完成12项具体任务，这些任务对硬件、软件和人事也分别提出了相应要求（见表14—3）。

表 14—3　　建构危机信息管理系统的 12 项具体任务

阶段	任务	硬件	软件	人事
危机前	1. 识别危机信息的用户及其需求	—	掌握政府主管部门、用户等群体的需求	—
	2. 整理和优化危机管理部门的政策和流程	根据预算和具体要求，组建网络化系统和独立系统	区分日常的和紧急的信息，设计不同的处理流程	确保人力资源的合格和充足
	3. 掌握灾害爆发的可能性	—	历史文献等资料处理	学习以往的决策经验和应对灾害的教训
	4. 准备灾害爆发的应对措施	—	了解灾害的历史和所有相关资料	鼓励人员积极筹备应对事宜
	5. 针对地区和专项灾害进行薄弱环节分析	申报交通、数据记录等设备的预算	查询已有的相关资料，配备地理信息系统等软件	培训人员收集当地信息的能力，掌握操作地理信息系统等设备的能力
	6. 识别、监控和沟通预警信息	卫星和遥感设备等	数据库分析，监控系统软件等	培训并掌握预警、监控和沟通技术
	7. 识别有价值的信息，满足危机信息系统的需求	使用计算机、计算器、电缆等适当的设备	设计适当的信息格式，收集相关的数据和信息	培训并具备基本的信息分析能力
	8. 选择适当的媒体，适度公开危机管理组织的信息	—	确定向媒体公开信息的程度	培训官员与媒体沟通的能力
危机中	9. 启动危机信息和数据的收集工作，整理成数据库	卫星成像系统，记录设备，交通工具等	数据收集技术和相关制度设计	确保人员充足和技术合格，能够开展团队合作
	10. 启动受灾地区的数据分析工作	数据分析的工具，地理信息系统设备等	进行信息筛选和数据分析	确保人员充足和技术合格，能够开展团队合作
	11. 危机信息的传递具备畅通的途径和便捷的方式	全球互联网络，独立的通信系统等	内网和外网技术，信息保密政策和技术等	培训信息联络员，制定信息沟通工作的制度等
	12. 与媒体适当保持同步，允许媒体适度公开最新的危机信息	—	保持对媒体的快速反应能力，保持适度的公开	培训现场工作人员，区分需要公开和保密的信息

第三节　危机信息通信系统

人们常常把危机信息通信系统狭义地界定为点对点的危机信息传递系统。事实上，危机信息通信系统可以分为两个主要部分：一是危机信息通信系统的基础部分，二是危机信息通信系统的应用部分。

（一）危机信息通信系统的基础部分

危机信息通信系统以快速和准确为最高目标；这就要求在设备、人员和专家咨询系统方面具有充分的基础。这些基础部分包括以下内容：

（1）设备。目前国际上最先进的危机信息通信设备很可能被该国视为保密科技，从而限制出口；而很多国家在进口危机信息通信设备时也很谨慎。这两方面的原因都影响了先进设备的国际交流，从而使发展中国家的危机信息通信系统的发展进程受阻。

（2）人员。目前从事危机信息通信系统操作的工作人员绝大多数学习的是其他专业，很多人员并未接受过系统的培训，甚至很难找到专业的培训教材和培训教师。这些现实的因素妨碍了人员素质的提升。

（3）专家咨询系统。危机信息的确认和处理在很大程度上需要相关领域专家的参与和鉴定。如果缺乏便捷、完善的专家咨询系统，危机信息通信系统的准确性将受到限制。

危机信息通信系统还包括一系列基本项目，并对危机管理的不同阶段提出了不同要求（见表14—4）：

表14—4　　危机信息通信系统的基本项目和要求

基本项目	要求
信息通信系统的维护	疏缓阶段：确保信息传递的连贯，根据指定要求设定危机信息通信的标准，设立专门的危机信息支持网络等。 回应阶段：确保充足的维修人员，提供快速的维修服务等。
卫星与区域站点	疏缓和准备阶段：确保区域站点的设施不受风暴、海啸的影响，强化信号的发射等。
公众系统的能源支持	疏缓和准备阶段：提供并维持后备的能源支持系统。
公众系统的承载量支持	疏缓和准备阶段：设计自动的“保护性回路”，防止因承载量过大而导致系统崩溃，并为关键性的操作环节制定专门的线路等。 回应阶段：为关键部门设计专门的部件等。

续前表

基本项目	要求
无线电设备的使用	疏缓和准备阶段：由无线电管理部门设定使用方案等。 回应阶段：部署移动的无线电设备站点，提供可靠的无线电通信服务等。
保障信息通信系统的可靠性	疏缓和准备阶段：提前部署，制定和执行关键零部件的定期检查与更换制度等。

（二）危机信息通信系统的应用部分

联合国人权事务部（Department of Humanitarian Affairs，DHA）将危机信息通信系统分为“全球战略”（strategic）系统和“地区战术”（tactical）系统两大类。其中，“全球战略”系统指受灾的地区、区域或国家与外界（包括提供国际援助、捐赠等活动的国际机构、国家政府等）之间的危机信息通信系统；而“地区战术”系统指受灾现场的工作组与本地政府或国家机构（承担提供援助责任的）之间的危机信息通信系统。

1. 危机信息通信的“全球战略”系统

（1）卫星通信系统（satellite telecommunication systems）。是指基于卫星组建的通信系统，用于指挥、协调统一行动，以及满足捐赠、媒体等方面的信息需求。国际移动卫星组织（the international mobile satellite organization）的移动卫星系统（inmarsat）于 1976 年启动，是目前国际上在陆地上应用最广的卫星通信系统。

（2）高频率无线电通信系统（high frequency radio telecommunication systems）。常用于危机回应部门的信息传递，目前的趋势是使用更强大的高频率短波通信系统。鉴于卫星通信系统的成本较高，高频率无线电通信系统目前在许多环节中广泛使用。

相比较而言，卫星通信系统与高频率无线电通信系统在性能、成本等方面各有千秋（见表 14—5）。

表 14—5　　几款卫星通信设备与高频率无线电通信设备的比较

设备与技术	主要性能
Inmarsat A 标准卫星通信终端	主要优点：能够以最快的速度建设可靠的危机信息通信网络，高速传递信息和数据，便于操作，提供保密设置。 主要缺点：成本高昂，每单元建设成本高达 4 万美元，通话费用每分钟高达 6～10 美元，每单元每月的使用开支往往高达 1 万～2 万美元；略显笨重，老款重达 30 公斤，新款也有 18 公斤，并且移动时不能使用。

续前表

设备与技术	主要性能
Inmarsat B标准卫星通信终端	主要优点：基本与A标准类似，并具备数字技术，目前已取代A标准；运行成本比A标准低，更小巧和便于安装，可移动。 主要缺点：成本仍然高昂，继承了一些A标准的缺点。
Inmarsat C标准卫星通信终端	主要优点：是目前最便宜的卫星系统，每套约4千美元，发送文本的成本是每份信息约2～3美元；体积如同笔记本电脑，仅重2～5公斤，配备全向天线，可在移动中使用。 主要缺点：不具备即时通信的能力，只能传递文本文件，并需要掌握专门的计算机语言；能够给传真机传，但只能接受Inmarsat C标准卫星通信终端的信息。
Inmarsat M标准卫星通信终端	主要优点：便于携带、易于使用，能够即时通话，每分钟通话费用为3～4美元，供电来源广。 主要缺点：成本相对较高，每套1.2万美元，移动时不可使用；并且，与Mini-M相比，无任何优势。
Inmarsat Mini-M标准卫星通信终端	主要优点：体积仅为Inmarsat M标准卫星通信终端的一半，如同笔记本电脑大小，成本每套约4千美元，电池更小巧。
高频率无线电局域设备（短波，全球连通）	主要优点：低成本，每单元约2千美元，一般不需要支付通信费用，可应付“全球战略”与“地区战术”两方面需求（但一般在50～1 000公里范围内使用），重约2～10公斤。 主要缺点：相对而言不可靠，短波的传递受地理和气候的影响，必须调试频道，使用需要专门的培训。
高频率数据局域设备（全球连通）	主要优点：设备包括站点、专用Modem、笔记本电脑、电源、天线，可实现免费的数据传递。 主要缺点：需要专门的设备和专业的培训，数据传递较慢。

资料来源：UN，Emergency Information Management and Telecommunications，1997。

2. *危机信息通信的“地区战术”系统*

危机信息通信的“地区战术”系统是指危机管理者在100公里以内的危机信息通信系统，主要用于现场的指挥、部署和沟通。常用的设备包括以下内容（见表14—6）：

表14—6　　常用的危机信息通信“地区战术”系统设备

设备与技术	主要性能
Inmarsat M和Mini-M标准卫星通信终端	适用于移动频繁和短期的危机信息通信。 主要优点和缺点见表14—5。
野战电话（field telephone）	主要优点：适用于各种天气，可靠耐用，技术成熟，成本较低，不使用无线电频道，不会出现频道重叠等情况。 主要缺点：电话之间需要架电话线。

续前表

设备与技术	主要性能
个人自动电话（private Automatic telephone eXchange，缩写为 PAX）	主要优点：便于使用，无须培训，可拨打任何连线电话，快速即时通话。 主要缺点：需要电缆，只能拨打连线电话，需要电源。
个人自动分支电话（private automatic branch telephone eXchange，缩写为 PBX 或 PABX）	主要优点：类似 PAX，可连接 Inmarsat 卫星系统和高频率无线电系统。 主要缺点：类似 PAX。
手持双向 VHF 无线电设备	主要优点：无线、便于移动，理论上可以在 20～50 公里以内使用。 主要缺点：对地理等环境的依赖性很大，往往只能在 2～3 公里以内使用，绝大多数只能单向通信。
民用波段无线电（citizen's band radio，缩写为 CBR）	主要优点：在同区域可能实现同波段，成本低，每单元仅 50～100 美元，能够在平整的地貌条件下使用。 主要缺点：民用波段在一些国家或地区是禁止的，常用波段（27 MHZ）的穿透能力很差，配备笨重的天线。

资料来源：UN，Emergency Information Management and Telecommunications，1997。

需要指出的是，虽然卫星通信终端应用于“全球战略”系统中，但是对于“地区战术”系统，尤其是移动中的“地区战术”系统同样适用。虽然高频率无线电设备主要更适用于“地区战术”系统，但却需要有足够的时间来安装和调试。

（三）危机信息通信系统的建构

与危机信息管理系统一样，危机信息通信系统的建构也主要体现在硬件、软件和人事三个方面。以下列出了危机前和危机中建构危机信息通信系统的 16 项具体任务（见表 14—7）。

表 14—7　　建构危机信息通信系统的 16 项具体任务

阶段	任务	硬件	软件	人事
危机前	1. 整理和改善本部门的危机信息通信政策和流程	申报改善设备的预算	完善政策和流程	计划培训项目
	2. 寻找合适的合作伙伴，如国际组织、NGO、赞助商等	完善跨部门合作的硬件兼容性	提供跨部门合作的软件条件	筹备外部的专家系统
	3. 分析现有的危机通信障碍	相关的硬件问题	相关的政策、法律法规等问题	利用系统内外部的人力资源分析危机通信障碍

续前表

阶段	任务	硬件	软件	人事
	4. 按地区、区域等分类，编制危机信息通信系统清单	清点所在单位的设备	制定和掌握各类设备的使用制度	了解操作设备的熟练程度
	5. 制定和执行设备的维护计划	定期检查设备，定期更换电池等	制定各管理层的计划	分配任务和责任
危机中	6. 获取受灾地区通信系统的信息	—	定位受灾地区	—
	7. 评估受灾后的设备损害状况	了解受灾地区的通信设备状况	检查受灾地区的损害设备	检查设备等技能
	8. 启动受灾地区的现存设备	无线电、野战电话、卫星通信系统等	受灾地区使用通信设备的政策和能力	操作等技能
	9. 评估受灾地区的能源状况	了解现存的电力、燃料等资源	制定使用后备能源的计划	获取和使用能源的技能
	10. 了解受灾地区通信系统所受的影响，规划启动计划	制定所需的设备清单	了解“全球战略”通信系统和“地区战术”通信系统的需求	了解需求的技能
	11. 选择可用的危机通信的站点	使用现存的通信设备	—	操作设备的技能
	12. 准备安全的修复计划	重要设备的封闭和保密工作	与合作部门建立沟通	动用警卫，执行安全保障
	13. 寻求国内外的援助	联络国内外的相关部门	掌握合作的尺度	国内外联络的技能
	14. 建构“地区战术”通信系统	启用无线电通信系统等设备	使用“地区战术”通信系统的相关软件	“地区战术”通信系统的技能
	15. 建构“全球战略”通信系统	启用卫星通信系统等设备	使用“全球战略”通信系统的相关软件	“全球战略”通信系统的技能
	16. 继续监控全部的通信系统	启动所有可用的设备和能源，继续监控	确保软件的完善和安全使用	监控技能和可持续发展的技能

第四节 危机决策支持系统

(一) 决策支持系统

决策支持系统(decision support system，DSS)是利用电子计算机系统处理信息，以支持决策者针对非结构化问题制定决策的一整套体系。它是在传统的管理信息系统理论基础上发展起来的一个适用于不同领域的全新信息系统分支，也是目前发展最为迅速的一个分支。

自从1970年决策支持系统问世以来，其发展经历了由简单决策支持系统到智能决策支持系统、由集中式决策到分布式决策、由个人决策到群体决策、由确定性决策到模糊决策的过程。随着计算机科学理论和技术的发展，决策支持系统正朝着横向多元化、纵向深层次的方向迈进。决策支持系统能够辅助决策者在各种数据、模型、知识和管理工具之间随时建立联系，从而提高决策水平。

决策支持系统的目标是辅助人的决策过程，以改进决策制定的效能，其主要功能包括：第一，信息服务。包括外部服务和内部服务，外部服务为决策者提供所需要的信息，内部服务为其他功能的实现提供基础数据。第二，科学计算。即辅助决策进行必要的计算。第三，决策咨询。为决策提供智能化的咨询服务。第四，人工智能。使人和机器充分交互，达到共同协作完成决策任务。

(二) 公共危机决策支持系统

1. 简介

公共危机决策支持系统是公共危机管理科学性的支持和保证。它依托现代信息通信技术及相关技术，利用现有的信息基础设施和手段，融合各种科学的管理决策方法，提供公共危机管理所需的各类数据、信息和背景资料，建立或修改各类定量模型，拟订各种备选决策预案并进行评价和优选，通过人机对话进行分析、比较和判断，为决策者进行公共危机管理提供科学的依据。

从某种意义上说，在公共危机管理中引入决策支持系统来源于两方面的要求。一方面，面对席卷整个社会的信息化浪潮，作为社会中枢的政府不可避免地要参与其中，必须运用最新的信息技术建设信息系统，其中就包括决策支持系统；另一方面，危机决策的非程序性、时效性等特点，使得传统的政府决策越来越无法满足现代社会应对危机的要求。整合政府内外各方面的智力、技术、信息等资源，建立危机决策支持系统，是实现科学、有效的危机决策的必要手段。而公共危机决策支持系统能够将软件应用于帮助危机管理者确定行动的优先次序和如何应对灾害等工作上，从而为公共危机管理提供强大的决策支持。

2. 构成

根据危机决策过程，可以将危机决策支持系统分为五个子系统：危机信息采集子系统、危机信息处理子系统、辅助决策子系统、危机公共服务子系统和存储管理子系统。

(1) 危机信息采集子系统。危机信息采集子系统为整个政府危机决策支持系统提供用户所需的及时、全面的信息资源。它主要实现两个方面的功能：第一，实现危机信息的高速采集；第二，实现危机信息的专题化采集。

(2) 危机信息处理子系统。危机信息处理子系统支持工作人员将系统采集到的信息进行符合信息需求的各种加工整理，如对信息内容进行编辑、分类调整、密级设定、重要度设置、添加删除附件等。该子系统有助于实现信息的有序化，并可以提取必要信息帮助决策者制定决策。

(3) 辅助决策子系统。辅助决策子系统支持工作人员及时判定危机、寻找解决危机的最佳方案，并且能够评估实施方案，跟踪实施效果。

(4) 危机公共服务子系统。危机公共服务子系统是指为受灾人员、社会公众提供必要的信息宣传而建立的子系统，它可以有效地降低危机的危害、维护社会稳定。

(5) 存储管理子系统。存储管理子系统是指管理系统中的各种数据库、数据仓库的子系统。它将大量的信息系统地组织起来，使用者可以用它来寻找、增删和修正信息。

3. 功能

公共危机决策支持系统的研究和开发对于科学高效地处理公共危机具有重要意义。这不仅体现在危机状态下；在日常状态下，该系统也可以为突发公共危机的准备工作起到很大的作用。具体来说这些作用主要体现在以下方面：

(1) 在日常状态下，高效获取并管理应急所需的各种基础信息；数字化管理各级各类应急预案，存储分析以往的公共危机案例；对应急预案进行计算机模拟演练，在为应急预案的不断完善提供科学依据的同时，降低实战演练成本。

(2) 在危机状态下，对当前危机进行实时评估，并根据评估结果，优化配置各种应急资源；设计最优的人员疏散路线；动态生成各级各类应急方案供决策者参考；及时获取和发布应急信息等。

4. 任务

公共危机决策支持系统的任务主要涉及以下方面：

（1）收集、管理并分析社会风险信息。

（2）通过数据分析，预测社会风险的发展趋势。

（3）综合评估社会风险水平，并根据预测和评估结果对公共危机进行预警。

（4）运用数学模型与经验模型对危机防范备选方案进行量化分析评价，辅助决策者确定最优方案。

（5）在公共危机出现后，迅速生成多套应急处置决策方案，供决策者参考。

（6）运用系统仿真技术对可能爆发的公共危机进行仿真，为优选决策方案提供支持。

（7）在公共危机结束后，生成恢复重建方案，并进行优化选择。

（8）对公共危机管理绩效进行定性与定量相结合的综合评估。

（三）公共危机决策支持系统的具体应用

目前，国际上常用的公共危机决策支持系统有以下几种类型：

第一，软风险（softrisk）。这是一种管理严重突发事件和危机的软件程序。它含有一个大容量的数据库，里面存有资源列表和相关联系人。该软件能够帮助人们打电话和分配职责，有助于收发邮件和传真通信等工作。它与Arcview共同绘制空间参考地图。①

第二，化学生物响应助手（chemical biological response aide，CBRA）。该软件包含一个详尽的数据库和清单，旨在帮助危机管理者对化学、生物、放射性、核能等领域的突发事件采取回应措施。它能够追踪用户活动，并建立事后事故日志（after-action incident log）。②

第三，电子团队（e-team）。电子团队是一种协作性的软件系统，可应用于危机管理的各个环节，为危机管理提供了很大便利。该软件帮助用户收集信息，评估损失，告知各部门突发事件的当前状态。电子团队旨在寻求和分配资源，今后它还可能应用于辅助管理志愿者和捐赠等方面的工作。③

第四，电子计划（e-plan）。这是一种安全网络系统，它能帮助危机管理者

① 参见http://www.softrisk.com。

② 参见http://www.defensegroupinc.com/cobra。

③ 参见http://www.eteam.com。

进行危机评估，并向危机响应者提供重要信息，譬如说危险品储存在哪个地方。系统的设计遵循确保简单的原则，以方便用户使用。①

第五，灾害管理协同服务（disaster management interoperability services）。该程序包含一种网络服务系统，有助于改善第一响应者（first responder）之间的沟通，推动各层级危机管理组织之间的衔接和协调。该程序的一大优势就在于它能够通过口令和加密设置来确保安全性。②

第六，计算机辅助应急运行管理系统（computer-aided management of emergency operations，CAMEO）。这是由美国环保局化学危机准备与预防办公室在大气管理危机恢复办公室的协助下开发的一种系统。整个软件包括一个数据库，库里包含了 6 000 多种有害化学品的相关信息。CAMEO 由三个程序组成，包括化学品数据库、有害气体分布区域、应用于危机的规划、回应和处理工作中的绘图设备等。总体来说，CAMEO 提供了重要的危机回应信息，如健康风险、消防战略、疏散模型、自保设施和清理工作程序等。③

除了上述六类之外，还有一些其他的危机决策支持系统。如 SLOSH、HURRIVAC、健康预警网络、WEBEOC 等。SLOSH 是一种计算机模型，用来帮助人们预测热带气旋中风暴的海拔。HURRIVAC 是另外一种风暴海拔检验程序，还可以用来预测疏散某个有可能会受到飓风袭击的地区所需要的时间。健康预警网络则被很多医院和公共卫生机构采用，它能跟踪监测疾病的爆发，确定医疗机构的空床率。WEBEOC 也是在危机应对中可以使用的一种决策支持系统，只要有计算机和网络，危机管理者就可以获取有关天气、卫星图像和地图等的信息，还可以用它来查看应急资源的调用状况。对于危机管理者来说，有必要确定在不同的情况下使用哪些程序，以及这些软件是如何帮助我们应对危机的。

近年来我国的通信网络等信息基础设施已得到了飞速的发展，并在推行电子政务的进程中逐渐建立了“一个中心，四大数据库”（政府数据中心，人口基础信息库、法人单位基础信息库、空间地理基础信息库、宏观经济数据库），为研制公共危机决策支持系统奠定了坚实的基础。另外，我国在地震、火灾等单灾种的应对中，已在信息收集、数据处理、模型分析、系统应用等方面积累了丰富的利用信息系统、数据库等信息技术的宝贵经验，这也为研制相应的公共危机决策支持系统提供了良好的条件。为确保危机管理的有效性，必须充分利用各种技术

---

① 参见 http://www.eplanonline.com。

② 参见 http://www.cmi-services.org。

③ 参见 http://www.epa.gov/emergencies/content/cameo/index.htm。

建立符合公共危机管理体制和机制的决策支持系统。

正如前述所证明的那样，现代信息技术的发展及其在危机管理领域的应用为危机管理绩效的提升提供了强有力的支撑。机遇与挑战并存，新技术对危机管理人员的技术运用能力也提出了新的要求：管理者必须对这些新技术了然于胸，并能够在实践操作中熟练运用。由于技术本身的附加值还是有限的，无论技术发展到何种水平，它能否带来管理方式和决策方式的变革，能否带来管理活动绩效的提升，关键在于使用技术的人和组织能否将技术应用于特定的管理环境，以科技的进步推动整个社会的进步，从而强化政府的治理能力，维护公共安全和公共利益。

第十五章　危机管理的未来与挑战

放眼未来，危机管理的挑战与机遇并存。挑战可以归纳为环境破坏与生态危机、全球气候变化、能源资源紧缺、人口过度膨胀、全球化与区域间联系日益密切、城市化进程加快、科技进步的负面影响、恐怖主义、贫穷与社会发展不公正、社会治理能力薄弱十个方面。而机遇则表现在人类的危机意识不断增强、科学技术的突飞猛进、危机管理本身的发展、全球与区域合作等方面。努力抓住机遇，以一种积极的姿态迎接挑战，是全世界危机管理者的共同使命。

随着时代变迁和社会进步，危机管理将朝着人类可预期的方向发展。通过风险管理带动危机管理，将极大地改善危机管理的效果；危机管理应当促进人类文明的进步，提高社会的发展档次和成熟度；危机管理应当与可持续发展相结合，实现人类经济社会的永续发展。总之，危机管理是手段，而增进人类福祉是目的，这也是包括危机管理在内的人类一切活动所追求和为之奋斗的目标。

第一节　危机管理面临的挑战

随着全球化趋势的深入发展，人类在迎来难得发展机遇的同时，也遇到了越来越多、越来越尖锐的全球性挑战。这些问题涉及全球政治、经济、环境、资源和社会生活等各个方面，也关系着世界的和平、稳定与可持续发展。在这种背景下，重大危机事件发生的可能性急剧上升，问题的复杂性程度日益增加，性质也不同于以往，风险诱因也日益多元化，传统的危机管理方式已然无法适应。

联合国在总结国际社会危机管理的经验时曾经指出，危机管理在当代社会面临着新的挑战，包括：提高对于危机风险的广泛理解和认知；把生态的考虑和危机管理相结合；承认危机风险的消减是政府的责任；持续不断地进行集中化的风险管理；加强危机管理政策的制定与协调；加强危机管理的教育、研究和信息传播；建立与发展危机管理的伙伴关系；制定危机管理的具体方法与措施。认识这些挑战，有助于危机管理的理论研究者与实务操作者把握其未来的发展方向，开拓新的管理方法和政策工具，改善危机管理工作，从而应对不断变化的内外部环境。

（一）环境破坏与生态危机

科学家预言，由于多种因素的存在已经使人类生存的地球出现了比任何问题都要难以应对的生态危机，生态危机有可能取代核战争成为人类面临的最大威胁。在全球化的历史背景下，环境污染和生态破坏已成为全球性问题，人类的生存和发展面临着新的风险，而且这种风险还在不断加大，已经给人类的安全造成了严重挑战。我们正面临着这样一个无可争辩的事实：生态危机已经构成严峻的威胁，生态安全已经成为影响人类社会安全的重要因素。

环境破坏和生态危机主要表现在全球气候变暖、臭氧层破坏、酸雨和生物多样性丧失；大气污染、水源污染、土壤和生物污染严重；海洋、森林、草地和农田四大生命系统受到损害等方面，这些都警示着人类的行为将会对赖以生存的生态环境造成严重损害，并将带来难以预料的后果。目前，全世界每年约有 4 200 多亿立方米的污水排入江河湖海，污染了 5 500 亿立方米的水体，这将进一步加剧水资源的匮乏；土地是农业发展的基础资源，然而现在地球上可供利用的土地仅有 75.29 亿公顷，而且其质量仍在不断退化，仅土地沙漠化每年就要吞没 320 万公顷的牧场、250 万公顷的旱田和 12.5 万公顷的水田；良田被建设占用的速度比人口增长的速度快一倍，目前还在以每年 2 000 万公顷左右的速度减少，预计到 2025 年，全球人均耕地面积将从目前的 0.37 公顷下降到 0.17 公顷，在亚洲则会降到 0.09 公顷；动植物与人类生存和生态圈的完整性息息相关，而现在世界上每天至少有 140 多个动植物物种灭绝。

与此相联系，生态危机也引发了严重的社会危机。在我国，各类环境纠纷日益增多，环境问题投诉以年均 30%的速度递增，因环境问题而发生的群体性事件也在不断增加，由此引发的社会矛盾进一步加剧。

（二）全球气候变化

根据联合国环境规划署政府间气候变化专门委员会（IPCC）的定义，气候变化是指基于自然变化或是人类活动所导致的任何气候变动，气候变化是当今世界面临的最紧迫、最复杂的挑战之一。目前，气候变化问题已经引起了世界各国的广泛关注。IPCC 在一份评估报告中指出，近百年来全球气候正经历一次以全球变暖趋势为主要特征的显著变化，气候变暖已经对全球生态系统和社会经济系统产生了显著而深远的影响。①

全球气候变暖这一趋势已经得到了科学证实。目前，科学家们已观测到全球平均气温和海洋温度升高、大范围的冰雪融化以及全球平均海平面上升等现象，这些证据均证明了气候变暖这一事实。而人类活动很可能是导致气候变暖的主要原因，由于人类活动（尤其是化石燃料的使用导致的人为温室气体排放）的影响，自1750年以来全球大气中二氧化碳、甲烷和氧化亚氮等温室气体的浓度显著增加。

危机管理者要对气候的变化保持高度关注，因为气候变化有可能导致极端气候现象的出现，并引起重大灾害的发生。以我国为例，在全球气候变暖的背景下，近50年来我国主要极端天气气候事件的频率和强度出现了明显变化，极端气候事件趋强趋多。2006年，我国出现了多项打破历史纪录的极端气候事件，如四川、重庆等地发生了百年一遇的严重高温干旱，1951年以来最强台风"桑美"登陆浙江，北方地区出现严重干旱，北京地区一夜之间降下33万吨沙尘等。在气候变暖背景下，少雨干旱地区森林火险等级升高，东北地区发生了继1987年以来最为严重的一次森林火灾。可以预见，气象灾害（干旱、大规模降雨、洪灾和热带台风等）将随着全球气温的升高而继续增加，它将给人类自身的安全和社会秩序带来严峻挑战。

除此之外，气候变化还将导致农业生产的不稳定性增加，影响种植业的生产能力；带来日益严峻的水资源问题，而水资源紧缺则有可能引发地区冲突；气候变化还会使重大疾病和新生疾病发生的可能性增加；气候变化还会对一些重大工程产生一定影响，重大工程安全运行的风险将会加大等。这些问题给危机管理带来的挑战是显而易见的。事实上，人类已经认识到，气候变化给人类社会的发展已经带来了十分严峻的现实威胁，这种威胁仍将持续下去并会不断加剧。面对突发性、极端性和长期性的巨灾多发期，危机管理的形势将会更为严峻。为了应对气候变化带来的风险，避免社会政治经济秩序遭受重大冲击，危机管理者需要开拓新的管理方法和政策工具，制定新的应对计划，从而减轻大规模灾难可能带来的破坏性影响。

（三）能源资源紧缺

能源资源始终是人类争夺的对象。随着全球人口总量的增加，人类对粮食、能源和水资源的需求持续增长，而能源资源的有限性与人口膨胀的无限性之间就

① UNEP, *Climate Change 2001: Synthesis Report*, Cambridge University Press, 2001.

产生了矛盾。能源资源紧缺带来的后果是复杂而严峻的：从国民经济发展的角度来看，能源资源短缺将影响国家工业生产能力的发挥，影响国家的财政收入，降低经济发展速度；另外，能源资源的紧张局势还会导致自然生态环境的破坏（譬如过度砍伐树木带来的水土流失和土地沙化后果）等。

以水资源为例，统计数据显示，全世界一共约有 12 500 立方米淡水资源可供人类使用，而截至目前这些水资源仅剩一半。如果按照目前的使用增长率来推算的话，到 2030 年，全球淡水资源的消耗量将会达到存量的 90%，到时候世界上将有 2/3 的人口会长期面临净水资源紧张的局面，这其中蕴含着极大的政治危机和社会风险。

根据联合国粮农组织的资料，由于受到全球气温升高、水资源短缺和耕地面积减少的影响，全球粮食已经连续多年歉收，而且这一局面在短期内可能很难得到缓解。粮食紧缺必将导致国际市场粮价上扬，并将引发一系列政治、经济和社会风险。对于广大发展中国家来说，这将给本国的政治经济稳定带来严峻考验。

在过去 100 多年间，发达国家先后完成了工业化和现代化，消耗了地球上大量的自然资源，特别是能源资源。当前，一些发展中国家正在步入工业化阶段，对能源的需求逐渐增多。随着我国经济的迅速发展，能源对经济发展的制约作用也开始逐渐显现，并且呈现越来越大之势。电力、石油危机，再加上若隐若现的煤炭供应短缺，已经影响到了国民经济的正常运行。可以说，我国面临的能源约束比过去任何时候都要严峻，能源短缺将是我们长期面临的现实问题。

（四）人口过度膨胀

全球人口总量的持续性增加已成为毋庸置疑的事实。根据联合国人口署最新人口统计数据，全球人口总量将在现有 68 亿的基础上继续增长，到 2050 年超过 90 亿，其中发展中国家的人口增幅尤为显著。①

人口膨胀带来的后果是极为严重的。人口的增长将对资源造成压力，人口与资源之间的紧张趋势将会加剧；人口膨胀会对环境造成空前的压力，使其原有的自净能力无法承受，导致全球环境状况恶化；人口剧增还会对国内的社会保障体系带来严峻的挑战。总之，人口的增长不仅影响到人类赖以生存的资源和环境，还直接或间接地影响到人类社会系统自身的结构、功能与发展。

对于发展中国家来说，人口剧增会使社会承担巨大的风险。根据亚太经合组织 2003 年的数据，人口增长将主要出现在亚洲和非洲的发展中国家，人口剧增

① UN, *World Population Prospects*: *The* 2008 *Revision*, http://www.un.org, 2009.

意味着对食品、水源和能源的需求增加。如果这些需求得不到满足，就会极大地影响这些国家的政治稳定性，并给国家和社会的可持续发展带来难以预料的严重后果。①

人口膨胀给社会带来的风险不仅在于总量增加所引发的资源紧张局面，还体现在人口密度增加给全社会的应急能力所带来的挑战上。巨大的人口压力使我们在城市化的建设上只能采取高度密集的居住方式，比如，城市人口的多数只能居住在多层楼房、甚至高层塔楼的单元住房，而不可能居住在占地面积较大的平房、独立建筑或少层楼房里。这种密集的居住方式给应对自然灾害和突发事件时的应急工作带来了困难（譬如疏散困难等）。实践证明，人口稠密的巨型城市在突发事件面前是非常脆弱的。换言之，人口高度密集的居住方式将使社会面临着巨大的政治、经济和公共卫生风险。

（五）全球化与区域间联系日益密切

20世纪中后期以来，经济全球化发展加速，生产要素流动和产业转移加快，商业、运输业和通信业的发达使得整个世界的连通性加强，各国的相互依存关系加深，全球已经成为一个有机互动的整体。这为世界各国尤其是发展中国家经济的发展提供了难得的发展机遇，但同时也导致经济和金融风险此起彼伏，跨国犯罪日益猖獗，传染性疾病传播范围和速度明显增大。在这种背景下，危机因素跨越国界更加容易，很多原本属于一个国家的问题已经扩展成为国际性问题，一国的危机很容易演化成地区、洲的灾难，其影响甚至会扩散至全球。

尽管国际社会为消除这些负面影响进行了不少努力，但从目前来看，尚未形成一种完整、系统的国际防范机制。一旦某个国家、地区发生危机，国际社会成员就会“一损俱损”，出现“多米诺”效应，影响到更大范围，而且导致类似的危机反复发生。例如，过去20多年间，世界各国发生过100多次金融波动、震荡和危机，其中很多次都波及全球，21世纪初影响较为严重的如2008年爆发的全球金融危机；但至今仍未能真正建立起一个防范金融危机的国际机制，致使金融安全问题依然比较突出。世界上一个大城市和工业中心所遭受自然灾害的损失可能造成整个国家经济体系的崩溃，而这种自然灾害可能还会对全球的金融市场产生重大影响。

---

① OECD，*Emerging risks in the 21st century：An agenda for action*，http：//www. oecd. org，2003.

即使在同一国家内部，随着不同地区之间的经济、政治和社会来往增多，有些灾害给经济和社会发展所造成的损失也已经不仅仅局限在单纯的地理意义上的灾害发生地了。以“卡特里娜”飓风为例，飓风使美国路易斯安那州的石油工业损失惨重，尽管俄勒冈州与路易斯安那州相隔甚远，但在飓风过后俄勒冈州石油市场的价格却飞速上涨。

（六）城市化进程加快

城市化是指伴随人口集中，农村地区不断转化为城市地区的过程。这一过程将促使城市数量增多，城市人口和用地规模扩大，城市人口在总人口中的比例上升。在我国政府积极财政政策的带动和经济高速发展的拉动下，我国的城市化水平已进入一个快速发展阶段。截至 2008 年年底，我国共有城镇人口 6.07 亿，城市化水平已达到 45.7%。[①] 联合国人口基金会在《2007 世界人口状况报告》中指出，中国目前正处在城市化的高峰，今后 10 年内，将有 8.7 亿中国人生活在城市当中，占中国人口总数的一半。而到 2008 年年底，全世界的城市化平均水平已经达到 50%，预计到 2050 年将达到 70%。

城市化水平的提升意味着传统农村社会向现代城市社会的变迁，这种变迁过程蕴藏着极大的社会风险。从某种意义上来说，城市化过程本身就是一个风险化的过程，这个过程一方面体现为传统社会风险与现代社会风险共存并生，种类和数量迅速增加；另一方面体现为风险的规模效应也随着城市化进程的推进而提升。

传统社会是相对稳定的、低风险的社会形态，它所面临的风险多是非人为的风险，诸如自然灾害等风险因素；而现代社会是高速变迁的、高风险的社会形态，所面临的更多是人为的、制度性的风险。城市化进程既然体现为传统农村社会向现代城市社会的变迁，那么，在城市化过程中，我们将不得不面对新旧多元社会风险，其中不可避免地既有传统社会风险，也有现代社会风险，甚至重叠性社会风险。城市社会风险的种类和数量迅速增加，其所具有的危害性远非传统农村社会风险所能比拟。

另外，城市化进程带来规模效益的同时也带来了规模风险。所谓“规模风险”指的是风险因规模而产生或放大的社会效应，也就是说，在城市社会里，一件小事可能成为引发重大危机的导火索；一项轻微的政策错误可能引发大规模的集体行动；一个微小的失误可能导致严重的社会后果；一次简单的突发公共事件

---

① 参见中国社会科学院城市发展与环境研究中心：《城市蓝皮书》，北京，社会科学文献出版社，2009。

可能演化放大为重大的社会危机；等等。如何应对城市化进程所带来的规模风险已经成为摆在我们面前的现实问题。

事实证明，转型期的各种社会矛盾相当多地以突发公共危机的形式发生在城市地区。“9·11”事件、伦敦地铁爆炸事件、印度孟买恐怖袭击事件等都是发生在城市并引起严重社会影响的突发危机事件。这些事件一次次地警示我们，公共危机的发生已经成为城市管理中不可避免的问题，如何有效地防范和应对将是城市管理者必须面对的重大挑战，尤其是在食品、公共卫生、公共交通、基础设施、公共安全等方面。

（七）科技进步的负面影响

20世纪以来，随着人类认识的不断进步，科学技术的发展取得了前所未有的进步。电子计算机、信息系统、空间技术、海洋技术以及能源科学、材料科学、环境科学等高科技的不断完善和发展，为人类的衣食住行等生活需要提供了极大的方便。从全世界范围来看，科学技术的发展已经将人类社会带入一个新的时代，技术对于我们整个社会的政治、经济、文化乃至普通人的生活方式都产生了巨大影响。

但是，科技的迅速发展给人类社会带来便利的同时，也为危机滋生提供了土壤，并且带来了一些不确定性更高的新型风险，如网络时代的黑客攻击、网络诈骗、网络恐怖主义以及政府信息化过程中的信息安全等问题。事实上，科学技术的负面效应和潜在风险已经引起了世界各国的极大忧虑和社会各界的广泛关注，成为困扰人们现代生活的新问题。对于危机管理者而言，这是在理论研究和实务操作中都要面临的艰巨任务。

现代科技进步的负面效应既来自高科技和新技术进步本身带来的不确定性，也来自现代社会人们对科技高度依赖产生的风险。现代科技虽然大大拓展了人类的已知领域，但每一次向未知领域的迈进反过来又扩大了未知领域的范围。纳米技术、转基因食品技术、互联网技术等现代技术的发明和应用，虽然进一步提高了人们改造世界的能力，但这些新技术给人类带来的风险却是巨大而复杂的。同时，由于现代科技带来的风险危害更大，作用过程也更加隐蔽、难以察觉，因此其影响是深远的。

所有这些都表明，科技并不是包治百病的灵丹妙药，随着科技的发展和人类对技术的依赖，科技本身也成为一种风险源。在应对高新科技带来的危机和风险方面，管理者必须在危机管理的方法和机制上进行相应的调整，采取有效的应对策略措施；同时要合理运用技术，化解科技本身带来的风险。

(八) 恐怖主义

恐怖主义是当今世界上国家、民族、阶级、宗教等各种尖锐复杂矛盾的反映，有着深刻复杂的社会和政治原因。它是一国范围的经济、政治、文化等矛盾不断累积和世界范围的南北政治、经济发展不平衡这两者交互作用而生成的恶果。有人把恐怖主义称为“20 世纪的政治瘟疫”，也有人把它和政治腐败、环境污染并称为 21 世纪人类面临的三大威胁。“9·11”事件后，如何应对国际恐怖主义的威胁，已经成为全球各国政府必须面对的挑战。

当前，恐怖主义活动已经达到了相当的规模，并体现出不同于以往的新特征。第一，现代恐怖主义更具有全球性，并且经常对诸多国家产生相当大的生命、经济和社会冲击。第二，现代恐怖主义一般选择在公众场合进行恐怖活动，加油站、车站、商场和大型建筑物都成为恐怖分子的天然目标，一些危险场所如化工厂、核电站和堤坝都存在着重大危机风险。第三，现代恐怖主义活动常常瞄准现代社会的关键设施和致命点进行攻击，并使其陷入瘫痪状态。恐怖分子常常利用现代社会对能源、水源、运输、护理、金融机构和信息系统的依赖，针对这些系统的关键部位进行攻击以破坏其功能，或者使其处于失控状态，这将导致严重的生命和经济损失。第四，随着科技的发展，现代恐怖主义活动还越来越多地利用高新技术开展恐怖袭击，危害很大，给管理者控制恐怖主义活动造成极大困难。

上述特征给危机管理工作带来了新的挑战。恐怖主义活动的组织性、计划性和专业性对危机管理者提出了新的要求，因为应对恐怖袭击时所采用的危机评估和响应技术与应对一般自然灾害和突发事件的技术是有差异的。基于恐怖袭击手段的多样性，以及恐怖分子会根据他们所面对的机会和困难不断调整策略，危机管理者也必须制定运用多种方法的应急方案来应对类型各异的恐怖活动。另外，反恐也需要不同国家、不同地区、不同部门的合作，而要实现这一点并非易事，需要打破意识形态和组织架构的重重障碍。

为了更好地应对恐怖主义的威胁，危机管理需要从以下方面开展工作：危机管理系统要将对所有有害化学品的风险应对考虑在内；要预测和评估恐怖袭击对灾害易发地区的居民可能造成的影响；对居民的自我保护能力进行评估，开展训练和演习；明确职权配置和内部协调机制；根据各部门的能力和资源分配职能；明确潜在的外部援助者；推动家庭、组织、社区和地区层面获取应急资源；针对危机疏缓、危险评估和人身保护进行培训、演练和演习等。

（九）贫穷与社会发展不公正

尽管全球经济呈现出不断增长的发展趋势，但是地区间和国家间的差距仍在不断拉大。目前世界上有1/5的人口每天生活费用仍低于1美元，贫穷仍然在世界范围内困扰着世界相当一部分的人口。西方学者贡德·弗兰克在其名著《白银资本》中指出，1800年时，西欧的人均年收入水平为260美元，美国为213美元，发展中国家约为200美元，印度为160～200美元，中国为228美元，各国收入水平差距不大。但在200年后的今天，美国的人均年收入已超过40 000美元，而最不发达国家只有300多美元，不到美国的1%。另据有关统计，国家间的贫富差距在过去40年间增加了一倍，全球最不发达国家已从1971年的25个增加到目前的49个。世界经济发展失衡导致部分国家的极端贫穷和落后，催生了部分民众的绝望心理和铤而走险心态，为恐怖主义的滋生和蔓延提供了土壤，也促使一些发展中国家内部矛盾不断加剧，削弱了其应对危机、抵御自然灾害和严重传染性疾病等威胁的能力，并导致难民和非法移民数量的急剧增加。

贫富差距不断拉大的背后隐藏着巨大的社会不公正，它所带来的是公民在健康、医疗、教育等公共服务及其他基础设施和服务使用上的不平等，以及在灾害和危机面前抵抗能力的不均衡。经济差距不断扩大这一不协调的状况不仅会对经济发展产生不利影响，还会成为诱发或强化国家之间利益矛盾、引发冲突和危机的一个重要因素。另外，一个地区经济发展状况在一定程度上决定了该地区是否有足够的资金来构建完善的危机管理系统和采用各种危机管理技术，也就决定着该地区的危机管理能力。这种日益扩大的差距及其后果为社会发展带来了负面影响，也对危机管理提出了新的要求和挑战。正如2006年世界发展报告《公平与发展》中所言，穷人对灾害和风险的抵御与恢复能力是最差的，危机管理者及政策制定者对此一定要有清醒的认识，及时预防和化解社会发展不均衡可能引发的社会矛盾和风险。

（十）社会治理能力薄弱

危机事件不仅是对政府管理能力的挑战，更是对全社会整体应对能力的考验。德国社会学家卢曼曾经说过，我们生活在一个“除了冒险别无选择的社会”①，风险已经成为人们生产生活的组成部分，风险无处不在，无时不有。随着全球化趋势的加快和社会不确定因素的增多，当代社会的发展具有更大的不稳

① N. Luhmann, *Risk: A Sociological Theory*, de Gruyter, Berlin, 1993, p. 218.

定性和潜在的风险性；而且随着危机事件越来越频繁，性质越来越复杂，诱因越来越多元，危机管理已经发展成为一项复杂的、系统的社会公共工程，它对一个国家的社会治理能力提出了新的要求。在这一背景下，危机管理不仅需要财力、物力和强制性机制，更需要最大限度地吸纳各种社会力量，使危机处理具有更大的灵活性和高效性。毫无疑问，政府应该在公共危机管理中发挥积极的主导作用，但危机事件的圆满解决，绝不是以政府一己之力就可以实现的，良好的危机管理需要全社会共同参与。缺乏社会力量的有效参与，任何公共管理都不能有效实现，危机管理同样如此。

当前中国正处在现代化建设的关键阶段，经济社会结构转型与体制转轨并行，传统因素、现代因素与后现代因素并存，导致现阶段成为社会不和谐因素的活跃期和社会矛盾的多发期，因而也是各类公共危机的易发期。气候变化、环境污染、技术风险、产业调整、失业下岗、生产事故、劳资纠纷、社会保障失灵、城市移民、社会分化、地区差距、贫富差距、公权腐败、干群矛盾、公众参与、群众维权、主文化疲软、思潮混乱、信仰失落、心态失衡、恐怖袭击、传染病、社会控制弱化、危机管理能力不足以及国内外敌对势力的干扰破坏等客观因素的存在，都有可能诱发公共危机事件。应对现阶段这些复杂交错的危机事件，不仅要强化政府在重大危机事件中的应急能力，还要凭借符合市场经济的社会动员形式，开发社会资源，争取危机后尽快恢复正常状态。而由于目前我国政府和社会的危机意识不强，危机识别能力不足，缺少全面整合的危机管理体系和危机事件应对协调机制，再加上市场等现代治理机制正在形成之中，尚存在着诸多缺陷，不仅难以充分发挥治理功能，还容易产生和诱发新的危机，凡此种种都给社会治理能力的构建和提高带来了挑战。

第二节　危机管理的发展机遇

（一）人类的危机意识不断增强

危机意识是指导人类防控危机的前提性认识，它在危机管理中发挥着“把脉”的作用，能将危机的发生状态和发展规律置于危机管理体系的超前预测和有效防控之中，在全社会构筑起坚强的精神防火墙。危机意识的树立是危机预防的起点，是建立完善的危机管理体系的基础性工作。在政府和全社会培养危机意识可以有效地降低危机发生的可能性和最大限度地减少危机带来的损失。

近几十年来，各种危机事件频繁发生，范围涉及各行各业，影响到社会发展的各个领域。在危机管理工作中积累的经验告诉人们，忽视事前预防，事后“救火”式的被动应对方式已经无法扭转危机事件有增无减、损失严重的严峻态势，危机意识的培养是开展有效的危机管理工作的首要步骤。人们认识到，危机管理的能力取决于多种因素，政府官员和公共管理者的危机管理的意识、知识、能力，以及整个社会公民的危机意识、应对危机的知识和能力都是非常重要的因素。现时代，世界各国都普遍意识到危机存在的广泛性和它所造成后果的严重性，意识到事前预防的重要性，意识到政府在公共危机管理中的主导作用以及社会自救互助能力对于有效应对危机的建设性作用。也就是说，随着人们对危机的认识不断深入，危机意识已得到不断增强，这主要体现在以下两个方面：

1. 政府的危机意识不断增强

由于政府在公共危机管理工作中承担主导作用，各级政府部门和公共管理者的危机意识是影响危机管理体系有效性的重要因素，也是带领社会有效抵御风险的指导力量。从发达国家实施公共危机管理的过程来看，从最初的危机疏缓、危机准备到危机回应再到事后恢复，这四个环节无不贯穿了政府的危机意识。目前，发达国家的政府纷纷将危机管理纳入国民经济和社会发展的可持续发展战略之中，并在此基础上制定国家危机管理的战略、政策和计划；各国政府还建立了完善的危机管理组织体系和法律体系，加强事前的预防和准备工作，筹建危机预警系统和危机评估系统等。从实践来看，政府的危机意识已渗入危机管理工作的方方面面，并成为指导危机管理者开展危机管理工作的思想基础。

不仅如此，政府部门出台的各种社会经济政策措施也体现出危机防范的意识。以环境危机的预防为例，很多国家通过采取课税和收费的政策工具来预防环境危机，并对那些其行为有助于预防和减轻环境危机的企业和个人进行经济诱导和激励。目前，发达国家政府在食品安全、国土安全、环境保护、药物生产、枪支管理、土地使用等危机频发的社会领域所采取的政策都体现出了强烈的危机防范意识。

当前，我国政府已对社会政治经济领域的危机风险有了较为清醒的认识，并从体制、机制、法制、预案等各方面着手开展危机管理的实践，取得了显著成效。尽管从目前的工作来看，少数地区和地方政府部门的危机意识仍显薄弱，但随着其危机管理经验的不断积累，各级政府的危机意识将会逐步增强，最终带来政府危机管理能力的提高。

定位系统、遥感系统等在危机信息收集中的应用有助于对整个公共环境信息进行及时、准确、有针对性的收集，为危机决策提供宝贵的参考资料。其次，计算机数据分析技术和分析软件为信息的分析和处理提供了强有力的技术支持，管理人员即使在面对大量纷繁复杂的信息和数据的情况下，也能通过技术力量选择高精度和高质量的危机信息，确保信息的信度和效度。最后，现代科学技术的发展为危机管理信息提供了越来越便利的传播途径和方法。尤其是网络信息技术在危机管理中的全面应用，使政府具有更强的信息获取能力和社会控制能力，而且网络信息技术的可复制性、全球接入和工作流程集成化等特征，使危机管理部门可以迅速实现信息的共享，这有助于提高公共组织对危机事件的快速反应与及时处理能力。

2. 现代科技为危机信息通信系统的建立和运行提供了有力支持

危机信息通信系统可以分为两个部分：一是危机信息通信系统的基础部分，二是危机信息通信系统的应用部分。要建立和运行有效的危机信息通信系统，就要在技术的支持下完成以下工作：整理和改善本部门的危机信息通信政策和流程；按地区、区域等分类，编制危机信息通信系统清单；获取受灾地区通信系统的信息；了解受灾地区通信系统所受的影响，规划启动计划；启动受灾地区的[illegible]存设备；评估受灾后的设备损害状况等。所有这些工作都需要现代科技，尤[illegible]卫星通信系统和无线电通信系统的有力支持才能顺利开展和完成。

3. 现代科技为危机决策支持系统的建立和运行提供了有力支持

危机决策支持系统是公共危机管理科学性的支持和保证，其目标[illegible]者的决策过程，以改进决策制定的效能。在危机决策支持系统中，[illegible]的应用有助于对社会风险水平进行系统评估并进行预警；有助于[illegible]经验模型对危机防范备选方案进行量化分析评价，辅助决策者[illegible]意义不仅体现在危机发生后，在日常状态下，也可以为应急[illegible]作用。

4. 现代科技促进了危机状态下政府与公民之间的[illegible]

如何运用信息技术来加强政府与公民的互动是[illegible]基本问题。在危机管理领域，现代科技为政府与公[illegible]遇，特别是互联网技术的发展为全球信息的共享[illegible]者及时掌握公众的需求以及发现可能会引发危[illegible]和网络技术的支持下，电子政务和电子化政[illegible]及时的互动平台，不仅使公共部门能够对[illegible]出反应，而且还能利用其简单迅捷的特[illegible]

层级之间的信息流动，促进各个危机管理部门之间的协调。

标准化危机管理系统（Standardized Emergency Management System，SEMS）以美国加利福尼亚州的危机管理系统最为典型。目前，加州的危机管理系统由五个组织层次构成，必要的时候分别启动。这五个层次分别是：现场（filed）、地方政府（local government）、工作区（operational area）、地区（region）和州（state），各个层次有都自己的管理职能、管理范围、资源管理流程和行动计划。SEMS的设计有助于改善对应急所需资源的筹集、部署、运用、跟踪和遣散能力；有助于减少协调不力和沟通不力事件的发生；有助于减少资源的重复配置；最终促进危机管理行动的统一性。

3. 事前化

传统危机管理的工作理念是直接救灾，是一种被动的、回应性的行为，所以它的工作重心放在危机和灾害发生之后怎么办，也就是“救火”式的反应和恢复工作上。然而，最有效的危机管理是避免危机和灾害的发生。中国自古以来就重视对危机的预防，在博大精深的中国古代文化中，对危机管理有过充满辩证思想的论述，所谓“存而不忘亡，安而不忘危，治而不忘乱”，“思所以危则安矣，思所以乱则治矣，思所以亡则存矣”，都强调的是未雨绸缪、居安思危的管理思想[illegible]在一些发达国家的危机管理中，已经将危机防范趋向常规化，纷纷出台了相[illegible]法律法规对危机防范进行全面的战略性部署。除此之外，人们还越来越认[illegible]为推动恢复工作的进行，在危机发生之前就要制定科学合理的危机恢复计[illegible]策和流程。

（四）全球与区域合作

在全球化日益发展的今天，突发性灾难所引发的全球性危[illegible]增长的趋势，在危机应对过程中，增强国际合作意识，加强国际[illegible]的合作，以人类社会整体的力量来战胜危机已成为各国政府必要的[illegible]其是随着全球各国政治经济相互依赖关系的加深，任何国家的安[illegible]在脱离其他国家的情况下孤立地维持和存在下去。

第一，全球与区域合作为发展中国家的危机管[illegible]难得的机遇。以我国为例，传统的小农经济、落后的生产力和相对封[illegible]环境使人们在遇到危机时的自然反应是“家丑不可外扬”。在全球化[illegible]我们逐步转变观念，从被动到主动，从自发到自觉，在坚持立足本国[illegible]更加注重开展国际间的广泛合作，学习和借鉴发达国家危机管理的[illegible]经验，为我所用。实践也证明，同外界的交流与合作对于政府提高危机管[illegible]能力作用巨大。

第二，全球与区域合作也为发达国家的危机管理提供了良好的契机。事实上，发达国家危机管理较为有效的一条重要经验就在于其积极参与国际合作，善于运用国际资源支持本国的危机管理。这是因为，从内容上看，全球化时代的危机具有多元化特征并相互交织和影响，这些危机具有鲜明的跨国界特征，即使像美国这样的超级大国也无法单独应对恐怖主义这样的威胁，而只能在国际交流与合作中寻求问题的最终解决。

事实告诉人们，全球化时代的政府已不可能是“全能政府”，政府对信息的垄断已被打破。面对各种危机，政府在动员国内资源沉着应对的同时，还需要积极寻求国际援助，开展多方面的国际合作。只有这样，才能增强应对和解决国内危机的能力。

第三节　危机管理的未来发展方向

（一）危机管理与风险管理

风险强调的是事态朝好和坏两个方面发展的双重可能性。因此，从广义来说，危机管理实际上也是风险管理的问题。危机管理未来发展的趋势之一，就是将危机管理纳入风险管理的范畴和体系，通过风险管理来带动危机管理，从而达到规避风险、防范危机的目的。

1. 风险社会的时代背景

在德国社会学家乌尔里希·贝克（Ulrich Beck）、英国社会理论家安东尼·吉登斯（Anthony Giddens）等学者看来，风险社会，更恰当地说是世界风险社会正在到来。而现实更是证明了风险已超越经济领域的原有语义，成为整个社会的重要议题和公众关注的焦点。

随着全球化和信息化时代的到来，风险问题的性质还在发生转变：首先，风险源不断增加。除了传统的自然灾害风险外，气候变迁、环境污染、流行疾病、生物变异、能源安全、信息安全、金融风暴等新型风险层出不穷。其次，风险的扩散性加大。现代风险的传播超越群体、阶层、组织、社区、地区、国家等传统的社会屏障，范围和影响均呈现扩散态势。再次，风险的不确定性增强。高新技术的融入使得现代风险越来越难以控制和驾驭；公众的个性化倾向也加大了人们行为选择的不确定性，很可能由于个体行为的偏离或差误而给整个社会系统带来风险。最后，风险越发带有变异性。风险本身的突变性以及公众对风险的不当认知和反应，都有可能使原有风险演变成为新的社会风险，加大了规制的成本和难度。

极具挑战的风险问题，对处于不同发展阶段和层面的国家而言意涵也大不相同。社会流动在更大范围的展开和速度的加快，信息传递载体的革命和成本的降低，都使得像中国这样的后发展国家，不可能按部就班地沿着先发展国家的足迹前进，因为面对的问题和风险已今非昔比。我国作为一个正在由传统社会向现代社会、由发展中国家向中等发达国家过渡的世界大国，面临着前工业化、工业化乃至后工业化社会所具有的几乎所有风险，在时间序列上原本属于不同发展阶段所面对的问题，现在被压缩到同一个发展时空。各种问题和矛盾相互混合、逐步累积，呈现出前所未有的一体化态势，大大增加了危机的概率和复杂程度。

2. 风险管理是危机管理的更高层次

按照风险的存在状态，可将风险分为危机风险和日常风险。尽管恐怖袭击、自然灾害等危机风险的冲击力和表现力更强，但日常风险由于潜移默化、积少成多的效应，已逐渐成为影响政府执政能力、形象和公信力的重要风险源。对风险的认知应当超越单纯的危机概念，这种共识是开展风险管理的认识基础。

风险管理就是对社会组织活动可能包含和涉及的所有不确定因素进行干预和管理，使组织活动更为顺畅、社会治理更为优异，当然也包括有效地预防和减少危机。风险管理的实质是一种常态管理，但它是将常态管理与非常态管理相融合，在常态中管理非常态。因此，相对于危机管理这一纯粹的非常态管理而言，风险管理是一种管理形态上的超越。

预防原则（precautionary principle）是风险管理的一项基本原则。从过程来看，风险管理包括两个阶段：第一是事前阶段，通过对风险的识别、判断和预防，尽可能地回避和降低风险，在源头上控制风险；第二是事后阶段，即如何应对无法回避的风险，及早恢复常态。危机尚未发生称为风险，风险失去控制则为危机。强调事前机制，关口前移，这是风险管理的精髓，也是风险管理超越危机管理的根本所在。风险管理的主旨在于，通过事前阶段的努力，回避和降低风险，使事态朝好的方向发展，从而在源头上避免或减少危机的发生。

3. 风险管理：未来政府的必然选择

政府在风险管理中发挥着主导作用。这不仅可以保护外部社会免遭风险侵袭，增强政府执政的合法性基础，也能使自身从中获益。第一，改善公共服务。关注并尽量解决公共服务过程中蕴含的风险，能够减少服务滞后、低质、不稳定的可能性及后果，提高公众的满意度。第二，提升绩效。根据识别的风险领域进行议程设定、工作安排和资源配置，有助于节约行政成本，提升政府绩效。第三，优化决策。对风险的考虑尤其应体现在决策过程中，对提高政策的质量、可行性和执行效果具有显著意义。第四，推动变革。承认和承担风险意味着不拘于现状和勇于开拓，因此，风险管理往往是推陈出新、锐意改革的契机和前奏。

但政府在具体风险管理中扮演的角色是不同的，这反映了对各方理解和应对风险的不同预期，以及政府对风险的容忍度。如英国政府将其扮演的角色分为三类：当个人或企业行为对他人造成风险，如排污过量时，政府扮演的是管制角色，旨在确定游戏规则；当风险不可抗、且不能归结于任何个人或机构，如自然灾害时，政府就扮演着服务角色，旨在提供保护，减轻影响；当政府处理自身事务带来的风险时，就扮演着管理角色，减少自身运行给外部带来的风险。① 这三种角色在某种程度上是重叠的，但大致可以区分。政府应尽可能对风险的性质做出判断，以明确相应角色，承担必要责任。

（1）全面的风险管理。

在经历了危机高发的发展阶段后，未来政府应当更加关注日常运作中面临的风险，实施全面的风险管理，这有助于更好地预防和管理危机。

第一，组织风险。内部风险管理有助于确保组织的状态稳定和良性运行，是政府干预外部风险的重要基础。根据组织的基本要素，组织风险的类型主要有财政风险、审计风险、人事风险、创新风险、形象风险等。

第二，社会风险。政府的外部风险以社会风险为甚，即日益突出的社会问题的潜在风险，这是对社会良性运行的威胁与挑战，如贫富差距、城乡差距、人口问题、环境问题、教育问题、就业问题、住房问题、医疗问题等。

第三，管制风险。政府要有效回应外部的社会风险，须借助政府行为进行干预，这包括管制和服务两类。管制是政府运用公共权力，通过制定一定的规则，对个人和组织行为进行的限制与调控。管制是现代政府有效的治理工具之一，但管制失灵的存在证明了管制行为同样存在风险，具体包括管制规则的风险和管制执行的风险等。

第四，服务风险。公共服务是政府的重要职能，但并不一定要由政府直接提供。无论其实现形式如何，它都面临着服务失败的风险。政府直接或间接提供公共服务的风险包括公共利益受到损害、公共安全受到威胁、公共部门寻租、政府公信力削弱等。

第五，政策风险。无论管制还是服务，都要利用公共政策作为重要的实施工

---

① Strategy Unit of Cabinet Office，UK，*Risk*：*Improving government's capability to handle risk and uncertainty*［R/OL］，http：//www. strategy. gov. uk，2002.

具。在政策的制定或执行过程中，由于政策环境的变化或个人行为的不确定而可能存在风险，以至于政策实施达不到预期目标，或最终导致政策失败。政策风险主要包括政策环境的风险、政策制定的风险和政策执行的风险等。

(2) 整合的风险管理。

将风险融入政府的日常运行不是一个机械的过程，更重要的在于一种态度或理念，就是内外环境随时可能发生变化、影响计划或结果，凡是这些因素都应当被纳入有效管理。因此，强调对风险的整合管理至关重要。这种整合管理是一个从组织整体的角度理解、管理和沟通风险的连续的、系统的过程，它把风险整合到各部门日常的决策和管理中去，使部门和机构把原有的管理与风险管理结合起来，关注的是实现组织的整体目标。

英国政府把风险管理的整合过程分为四个阶段：宣传理念与增强意识阶段、风险管理起步阶段、关键领域风险管理阶段、扎根于管理过程阶段。加拿大政府则认为，组织对风险的管理模式包括三个阶段：危机管理阶段（应对外部发生的危机）、具体业务风险管理阶段（独立管理具体风险）、整合风险管理阶段（将风险管理融入战略决策）。两国的共同之处在于，将整合作为风险管理的最高层次，即通过这一系统、综合的风险管理思路，将风险管理实践扩展到整个组织的结构、过程和文化中，与组织的目标开发、业务计划、决策制定及其他管理活动融为一体，全面应对其所面临的环境、战略、运作和财务等风险。

风险整合的重点是决策和执行过程。由于决策对组织发展的方向性作用，将风险纳入日常决策过程中是其融入组织考量的关键。具体来说，就是要把风险整合到已有的决策程序中，形成一个无缝隙的风险决策体系，把风险管理目标与组织目标和战略方向结合起来。而决策只有得到执行才有意义，执行过程中的风险整合才能产生实际效果和生产力。具体做法包括以下两个方面：第一，在组织指导和文件中使用共同的语言、框架和程序，把风险管理视为日常工作的一部分而不是强加于己的身外之物。第二，把高层决策在中层和基层逐级执行下去，使各级、各部门在执行过程中充分考虑风险、灵活运用风险管理方法，促使个体的行为转变汇聚为整个组织的风险变革。

打造风险文化是实现整合的风险管理的保障。任何管理，都不仅是一种管理的方法，更重要的在于一种文化的建立，包括价值观、精神、道德、伦理等。作为对未来不确定性的考量，风险所要求的文化内涵是学习型和弹性化的。应通过持续学习和相互学习，避免僵化，鼓励创新，促进变革；形成对风险的正确理解和认知，增强风险意识和责任感；逐步扭转反风险的文化特质，建立一种与风险管理相适应的组织文化。政府高层要形成对风险的共识，并积极为风险管理提供支持；风险管理的政策和益处应在组织内部广为传达，直至得到广泛获知和普遍认同；强化风险管理能力建设，开展风险管理培训，及时评估风险管理绩效。

（二）危机管理与文明进步

人类社会进步的历史，其实也是在不断同各种危机斗争中成长的历史。在危机管理的实践活动中，人类积累了宝贵经验，也吸取了不少教训。每一次灾难都对人类社会的文明和进步起到了巨大的推动作用，也促进了新型社会文明理念的产生。此处从以人为本、生态文明和志愿精神三方面来探讨危机管理对人类文明的影响以及文明进步给危机管理带来的有形或无形的改变。

1. *以人为本*

人是全部人类活动和人类关系的本质与基础，是推动历史前进的根本动力。以人为本就是把人民的利益作为一切工作的出发点和落脚点，不断满足人们的多方面需求，促进人的全面发展。以人为本作为一种现代治理理念，是支持危机管理者迅速做出决定的基本价值依据，它告诉管理者在面临风险和危机时以什么作为首要保护的目标。

以人为本对危机管理提出了新的要求：在危机状态下，不仅要着眼于解决危机，更要关注人的生存状态，满足人的基本需要，尊重人的基本权利。在长期的民主化发展中，西方发达国家对人本或民本思想有着较为深刻的理解和认识，并将其作为危机管理的最高宗旨。现代危机管理应在以下方面体现以人为本的理念：

（1）对生命权的尊重。

人的生命至高无上，是危机管理最基本、最重要的价值取向。以人为本集中体现在不惜一切代价保障民众的生命权上。在危机管理中，应当坚持以人为本的原则，把保障民众的生命安全、最大限度地减少人员伤亡放到优先与核心位置。人财同危，救人要紧，应当最大限度地减少各类危机事件对民众生命安全的威胁和危害。

在以人为本的生命观指导下，西方政府把为公民提供生命安全保障作为自身的重要责任和义务。包括充分估计高危企业发生事故的可能性，做到未雨绸缪；在高危行业规划建设中充分考虑周边居民的安全；让民众知道身边潜在的危险和风险所在，应该怎样预防，并对其就逃生、自救互救等技能加以培训等。整个社会也形成了惜生爱生、尊重生命的良好传统，从幼儿开始就注重培养防灾应急的理念与技能。这不仅是技术层面的培训，更重要的是培养爱心和一种社会责任感。当此成为一种习惯时，无论个人还是社会都会从中受益良多。在涉及普通国民重大死伤的事件中，西方政府不仅限于物质利益的补偿，还往往予以一种精神层面的抚慰和缅怀——比如国旗降半旗致哀，以体现生命对社会的价值和人民对国家的价值。这一细节体现出政府对生命的尊重、国家对国民的认同，并从中培养社会成员的公民意识和团结精神，势必进一步增强危机后民众的凝聚力和向心力。我国2008年汶川大地震后全国哀悼三天并降半旗致哀，这也是国家和社会进步的体现。

（2）人性化的应急服务。

公共危机管理作为一项政府工作，其本质是在特殊条件下的公共服务，也就是应急服务。综观发达国家的应急服务，在危机管理各个阶段都充分体现了顾客导向和以公民为中心的理念，针对公众的不同需求提供人性化的服务。第一，在准备阶段，重视不同语言的沟通问题，制定有效的沟通规划，包括配备和使用翻译、发放各种外文版应急手册等，以向具有不同语言和文化传统的公众传递关键信息，克服应急机构在不同的文化群体中使用不同标准所导致的偏差。第二，在预警阶段，国外对于危机级别的预警标识遍布于各主要公共场所的显眼位置和相关政府网站，公众可以很方便地获知预警级别及对自身行为的指导建议；对于预警信息，公众也可以通过广播、电视、手机短信等渠道及时获取，其中短信服务尤其考虑到适合不同用户的需要，做到个性化、生活化、操作简便化。第三，在响应阶段，公众只需拨打一个统一的电话号码，便可得到有效救助，而不用记忆繁多的号码，更无须忍受应急机构相互推诿之苦；接受救助也只需缴纳少量税额，而无须支付高额报酬。第四，在恢复阶段，西方政府不仅从物质层面恢复重建，也很注重对人的精神层面的救助，及时开展心理干预，这有助于恢复人的正常发展，使人成为一个完整的人。总之，所有这些阶段的人性化服务都是危机管理以人为本的应有之义。

（3）对弱势群体的关注。

弱势群体是指在遇到社会问题的冲击时自身缺乏应变而易于遭受挫折的社会群体。弱势群体的状况是区别社会文明的分水岭，对待弱势群体的态度是检验一个政党或政府的试金石，能够体现一个社会的文明程度。在危机状态下，弱势群体的利益更容易受到忽视和损害。面对极有可能的资源紧缺，如果公权力不给予弱势群体特殊的优惠和照顾，而是依然按照生存法则行事，则必然会使弱势群体利益受到损害，甚至可能引发社会动荡和不安。

世界各国普遍较为注重对弱势群体的倾斜与关注，积极保障弱势群体的合法权益。如澳大利亚在制定应急规划和处理灾害影响的过程中，就考虑到具有特殊需求的群体，特别是残疾人和老年人在危机期间需要的特殊帮助。因为在通信系统和设施遭到破坏的情况下，他们可能无法对外求助。在美国，社区范围内只要有了残疾人，社区服务人员就会立即上门登记并提供相应帮助，如专家心理咨询、志愿者心理疏导、医疗康复计划等，并根据其特长和爱好进行生活技能与职业技能的培训，帮助他们摆脱烦恼，尽快回归社会。在德国，公交车的门边有一大块空地用来停放轮椅、童车；而且公交车能够倾斜，每到一站，车身就会右倾，乘客可以很方便地推着轮椅、童车上下车。日本在电梯里专门设有残疾人按钮，对企业接纳残疾人也有强制性的规定。国外媒体在灾难报道中不厌其烦地反复强调妇女、儿童和老人，提醒人们这些弱势群体应当得到优先救助和更多的同情与关注。总之，这些环节乃至细节都超越了对弱势群体的关注本身，更多的是体现了整个社会的文明程度和发展水平，值得我们学习和借鉴。

2. 生态文明

现代社会文明的发展是物质文明、精神文明和生态文明的协调发展，三者缺一不可。生态文明是指人类在改造客观世界的同时，又主动保护客观世界，积极改善和优化人与自然的关系，建设良好生态所取得的物质与精神成果的总和。其理论基础是一种生态与经济协调发展的理论，与其他文明是一种独立并行的关系。生态文明的特点是要求同时遵循经济规律和自然规律，摒弃以征服自然并以获取最大经济利益为目的的理念，在经济行为上追求经济和生态双重目标，建立一种新型的生产与生态良性互动的可持续发展观，从而实现人与自然的协调与和谐。

人类文明发生、发展的指向和选择，始终伴随着对自然的攫取和背叛，这是我们不愿承认而又难以自辩的终极尴尬。从游牧时代、农耕时代、工业化时代直至现在，每一历史阶段的演进都验证了这一残酷的结论。长期以来，人类在经济发展中对自然界的侵犯已经超过其承受能力，产生了众多严重的生态危机，直接威胁到人类生存和经济发展。尽管现在已经是高科技、信息时代，但毕竟还属于工业文明的再进步，因此，必须选择一种协调经济与生态矛盾的更加科学的新理论。

生态文明的提出源于人类切身感受到的生态危机。生态文明是基于生态危机、反思传统发展观念而进行的理性选择。当工业文明的巨轮驶入 20 世纪后半叶时，全球性的生态危机使人类面临着前所未有的挑战。它首先表现为发达国家对全球性自然资源的掠夺性开发，造成了大量不可再生自然资源的短缺和枯竭。据统计，占世界人口 26％的发达国家，不仅消耗着世界 80％以上的资源，而且还利用其在资源消耗方面的优势，对本国自然资源实行保护，对发展中国家的自然资源进行掠夺性开发，从而加剧了全球性资源的短缺和生态的破坏。其次还表现为发展中国家的生态形势严峻。以我国为例，改革开放以来，我们取得了举世瞩目的伟大成就。但也必须看到，我们的经济增长是建立在能源消耗较高、生态环境破坏较大的基础上的。无论是维系人们基本生存的耕地、淡水，还是支撑经济持续增长的能源和矿产资源都相对短缺，如人均矿物资源只有世界平均水平的58%，淡水资源是世界平均水平的25%，耕地资源也只有世界平均水平的40%，且生态环境十分脆弱。这一矛盾在今后一段时期还将会更加突出。

时至今日，生态文明观已经成为危机管理各个阶段的重要指导理念。它有三个方面特征：

一是在人与自然的关系上注意文明发展的和谐性。人类只有意识到并摆正人与自然的关系，使之建立在协调、和谐、互惠的基础上，并依靠科学技术这一神奇杠杆，才能做到既取之于自然，又惠及自然；既充当自然界的开拓者，又兼任自然界的管理者和保护者；既注重经济效益、社会效益，又兼顾生态效益、环境效益；既创造出巨大的物质财富和精神财富，又保持人与自然之间和谐共荣的伙伴关系。

二是在人与人的关系上注重文明发展的公平性。人与人的关系制约和影响着人与自然界的关系。文明发展的核心内容应当是可持续发展。从生态经济学看，持续和公平是两个密切联系的概念，只有公平才能持续，没有公平就不能持续。在人类利用自然资源发展经济的过程中，公平包括两方面的内容：一是横向的代内公平，属于地理空间上的概念，有水平方向上从全球到区域变化，也有从生物圈到人类活动的各部门变换，这里主要侧重发达国家与欠发达国家、发达地区与欠发达地区在资源消费数量上所享受权利和资源补偿方式上所承担义务的不公平；二是纵向的代际公平，属于历史时间上的概念，就是“既满足当代人的需求，又不对后代人满足其自身需求的能力构成危害的发展”。这就要求我们在空间上遵守互利互补的原则，既不侵略掠夺，也不以邻为壑；在时间上遵守理性分配的原则，不以牺牲生态和资源为代价换取短期的经济发展。

三是在眼前和长远的关系上保持文明发展的持久性。这是文明发展的基本着眼点。文明发展的持久性核心在于经济发展中资源供给和生态平衡的持久性。它实现的基础是必须充分认识和正确对待自然资源供给能力的有限性和可再生资源的培育，切实维护生态平衡和治理环境污染。

3．志愿精神

按照国际上为志愿精神给出的定义，一是要志愿，二是不为报酬，三是利他。志愿精神的核心是服务、团结的理想和共同使这个世界变得更加美好的信念。志愿精神是在帮助他人、服务社会中实现自我价值，它能够体现出一个国家和社会的精神文明发展水平的高低。

志愿精神可以说是西方社会最具代表的一种价值观，也是现代文明社会的标志性精神。美国是当今世界志愿服务率最高的国家，参与率为50%，成年人平均每周从事4.2小时的志愿服务。这种志愿精神固然与社会的发展水平和公民普遍的道德觉悟有关，但同时也受到西方社会宗教文化背景的重要影响。基督教教义中自由、平等、博爱、宽容以及“爱人如己”的牺牲精神与志愿精神的核心——奉献、友爱、互助、进步是一致的，这直接影响到民众的思想、性格和意识，有助于其志愿和奉献精神的培养。

志愿行为是现代社会公民参与公共治理的重要途径，志愿者的参与是应对突发公共危机的重要力量。志愿者不仅可以在危机的第一线进入危机处理的方方面面，募集资金、运输物资、救助灾情、维护秩序、提供关怀，而且在恢复重建的过程中，也提供着人员、物资、信息、技术等各方面的重要服务。譬如，2005年伦敦地铁突遭连环爆炸袭击后，英国红十字会立即在全市派出急救志愿者和救护车，并开设国际追踪和信息服务，受过训练的红十字会志愿者和大量青年志愿者火速赶到各个需要人手的地点，提供心理支持和其他救援。事件发生后，社区安全基金参与负责伦敦各社区安全；伦敦市市长和英国红十字会联手设立了伦敦爆炸救济慈善基金，为受害者及其家庭募捐；家庭援助中心开始全天候运行；社会工作者、救世军、皇家志愿服务等诸多非政府机构也纷纷向受害者的亲人和朋友提供情感支持和其他援助。英国对危机整体反应的冷静和及时令人称道，这与英国发达的志愿组织不无关联。

（三）危机管理与可持续发展

最新的人类发展定义指出：“人民是国家的真正财富，发展的目的是为了实现民众所珍视的生活而扩大他们的选择，经济增长只是扩大人们选择的一种工具。”① 相比常态环境下的发展，危机管理更是人类实现自身利益的工具和手段，它绝不仅仅是一个应对危机、减轻危害的简单问题，其最终目的是为了保护公民免遭灾难侵袭，增进人民福祉。

可持续发展最初是由环境学家和生态学家提出来的。目前，国际社会普遍接受的概念是1987年挪威首相布伦特兰夫人在世界环境与发展大会所作的《我们共同的未来》报告中提出的定义，即“可持续发展是指既满足当代人的需求，又

① *Human Development Report 2001*, Oxford University Press, 2001.

不对后代人满足其自身需求的能力构成危害的发展”[①]。1992年，联合国在巴西里约热内卢召开环境与发展大会，大会通过并签署了《里约环境与发展宣言》，正式提出了可持续发展的原则。《里约宣言》提出，为实现可持续发展和所有人更高质量的生活，国家应该减少并消除不可持续发展的生产和消费模式，完善适合人类发展的政策。[②] 十几年来，我国将可持续发展作为一项基本国策，取得了巨大成就。党的十七大报告中还进一步提出了“实现经济社会永续发展”的要求，它是一个包含经济、社会、文化、技术及自然环境的宏观概念，是对可持续发展的提升与升华。

严格来说，一切危机和灾难都是人为的，是人类不理智、不合理的生产方式、生活方式和行为方式的结果。因此，危机管理的一个重要选择就在于把危机管理与经济社会的可持续发展紧密结合起来，在经济社会发展过程中尽量减少那些可能引发灾难和危机的因素，促进经济社会的可持续发展。将危机管理和可持续发展结合起来是一个问题的两个方面：一方面，在危机管理中要融入可持续发展的理念，用可持续发展来指导和衡量危机管理实践，这有助于危机管理在更大程度上实现自身价值，而不仅局限于技术工具；另一方面，在发展过程中要有长远的危机意识，既要尊重人的权利、人的需要，又要保护好人的利益，同时还要保证当代人的发展不会危及子孙后代的利益。只有基于危机、考虑忧患的发展才是真正可持续的发展。

1. 用可持续发展的理念指导危机管理

我们可以从三个发展领域，即经济领域、社会领域和环境领域来理解可持续发展的含义，这三者相互联系，缺一不可。经济领域由建立在商品服务生产交换基础上的所有社会活动、交易行为和决策所组成，包括市场、投资、资本及其他现代经济因素。社会领域由人们之间的相互作用和互动关系所组成，它涉及多个社会主体（家庭、社区、学校、工作单位、政府等），所有这些互动关系塑造出一种社会凝聚力，能让人们产生归属感。环境领域则是指社会存在的环境因素，既包括地理位置、气候生态等自然环境，也包括建筑物、基础设施等人造环境。一个社会能够实现可持续发展的前提条件就在于上述三方面（多元且具包容性的经济体系、存在的社会基础、健康而有活力的生态系统）是相辅相成的，这样整

---

① Bruntland, G. (ed.), *Our Common Future: The World Commission on Environment and Development*, Oxford University Press, 1987.

② United Nations Conference on Environment and Development, *Rio Declaration on Environment and Development*, 1992.

个社会即使在资源有限的条件下也能实现经济的自给自足和社会的长期稳定。

（1）经济发展。

经济繁荣是可持续发展的物质基础。健康的经济体系能够创造大量就业机会，而就业的增加有助于减少贫穷，提高民众的生活质量，从而降低危机和风险发生的概率。一般来说，一个适应力强的社会才能更好地抵御危机给经济发展带来的负面影响。对于管理者来说，为了更好地开展危机管理工作，必须通过多种方式推动经济增长，为危机管理工作奠定坚实的物质基础。

（2）社会公平。

社会公平是可持续发展的最终追求和最高境界。在可持续发展的三个组成领域中，社会公平是最难把握的，但有关公平的这些问题，如种族、民族、性别、收入、阶层等，又都是维护社会公平所必须考虑的。由于贫穷、无知会增加人们在危机面前的脆弱性，再加上灾害的发生会更进一步加剧社会的不平等，这就造成了恶性循环，因此危机管理者有必要将社会发展不公平可能引发的风险考虑在内。

（3）环境保护。

《里约宣言》中曾经指出："为了可持续发展，环境保护应是发展进程的一个整体部分，而不能脱离这一进程来考虑。"① 可持续发展非常重视环境保护，把环境保护作为积极追求实现的最基本目标之一，环境保护是区分可持续发展与传统发展的分水岭和试金石。从环境保护方面来看，为了有效地防范和应对危机，就要合理规划土地的使用，兴办绿地基础设施，充分发挥环保社会团体和非营利组织的作用等。

2. 在危机管理中推动可持续发展

对于社会的可持续发展来说，危机的发生并不是坏事。因为危机凸显出目前发展中有哪些薄弱环节和有待改进之处，有助于提高人们的危机意识，增强社会的参与能力和凝聚力。危机管理是可持续发展的应有之义，对危机的适应能力是可持续性社会的基本特征。社会的发展只有能够适应人类生存的自然和社会环境的多种变化，才能称得上是可持续发展。一个具有较强适应能力和可持续发展能力的社会是自给自足的。要能够更多地依靠事前的防范而不是事后的应对来降低风险的影响。

危机管理不应只是针对具体事件、具体问题的解决，还要从更宏观的视野来

---

① United Nations Conference on Environment and Development, *Rio Declaration on Environment and Development*, 1992.

看待和思考危机与人类社会发展之间的关系。风险社会的现实警示我们，现代社会的发展并非是“一往无前”的过程，而也是一个自我限制的过程。解决现代社会危机的关键，在于在反思现代性的基础上，从根本上反思人类社会的发展模式；也就是破除传统狭隘的发展方式，走科学发展、可持续发展道路，这才是危机管理的治本之策。

因此，人类在发展经济时，要充分考虑环境、资源和生态的承受能力，要尊重自然规律，不能为了一味满足人的需要而过分利用自然资源，破坏自然生态平衡。人类需要深刻反思自身行为，对发展理念做出调整，保护环境、节约资源、平衡生态，真正实现人与自然的协调一致、人与自然的和谐共处，这样才能从源头上减少危机的产生。

此外，还要从整个人类的角度出发来思考发展问题，重视代际发展的平衡。今天的发展既要审视昨天发展所造成的后果，也要考虑对明天发展可能带来的影响，所谓具有前瞻性。这就要求我们不能以牺牲后代人的利益为代价满足自己的发展需要，在资源开采、技术开发、环境利用等方面，更多地考虑后代人的利益和当代人给后代人带来的潜在风险，尤其是那些若干年以后才会显现出来的风险更加不能被忽视。

3. 危机管理与可持续发展相结合的典范

由于历经数次工业革命等特定的发展阶段，西方发达国家率先提出了可持续发展的理念和发展模式，并用以指导危机管理实践活动。其中，欧盟的做法尤为值得称道。由于各成员国的发展层次普遍较高，在民防、灾害防治和应急管理活动中，欧盟注重将环境保护、资源节约、生命至上等理念融入其中，强调绿色环保、人类健康、公民权利等深层次价值，在制定法律、政策和规划等制度规范时无不渗入对其的考量。在此理念指导下的危机管理举措更加本性化、理性化、人性化，也更加顺应人与自然、人与社会、人与人的和谐发展和经济社会的可持续发展。

(1) 环保优先。

20世纪70年代，欧洲共同体制定了第一个环境保护的共同体行动计划，以加大环保力度。在此期间，欧洲共同体出台了200多条法规，主要针对减少污染和废弃物管理。此后，阿姆斯特丹条约将可持续发展作为目标，将环境保护提升到一个新的高度。为了更好地落实这一目标，第五个环保行动计划“走向可持续发展”确定了1992年至2000年的行动方针，并开始用全方位的视角看待环境问题，如工业、能源、旅游、交通、农业等。在可持续发展战略和长期发展目标的指导下，欧盟逐步将环保整合到各项具体政策中去。现如今，对环境的考虑已遍及欧盟的各项政策之中，从而实现了从战略到政策层面的全覆盖。

（2）关注食品安全。

20世纪八九十年代的食品危机，如疯牛病等，对欧盟的食品安全政策产生了重大影响。欧盟陆续出台了食品安全白皮书，加强食品安全领域的危机预警，并在成员国自身无力处理危机时迅速采取紧急措施。现如今，食品安全已不再是一个单独的概念，对食品安全的考虑已经整合到欧盟的诸多政策当中，如共同农业扶持、内部市场竞争、消费者保护、公共卫生、环境保护等。2000年1月，欧盟委员会制定了新的欧盟卫生战略，其中包括改善社会各阶层的健康信息状况、建立重大公共卫生危机的应对机制、改变人们不良的生活方式等，旨在从根本上提高欧盟的公共卫生水平。

（3）保护自然资源。

其他国家在危机管理中对可持续发展的关注同样值得借鉴。如美国政府在危机管理的过程中，十分重视对自然资源的保护。为保护美国本土丰富的石油储藏，美国利用强权到世界上其他地方去寻找石油；对伐木、计划耕地、水利工程、大型经济开发等对自然界改动较大的工程项目更是小心翼翼；在管线、公路、铁路、水库、渠道等的挖掘、安装和修建过程中，也有意防止和尽量避免人类活动改变原有自然生态系统的分布格局与面貌。澳大利亚在应急处置过程中，尤其注意保护环境和文化遗产等无价资源。地方的历史遗迹和标志性建筑可能在严重的危机中遭到破坏，因此澳大利亚将环境和历史文物的保护问题纳入一线应急人员的培训课程中予以重点考虑。所有这些对大气、淡水、海洋、土地和森林等自然资源的保护，都是为了使子孙后代能够永续发展、永享安宁。

参考文献

1. ［澳］罗伯特·希斯. 危机管理. 北京：中信出版社，2001

2. ［德］乌尔里希·贝克. 风险社会. 南京：译林出版社，2004

3. ［德］乌尔里希·贝克. 世界风险社会. 南京：南京大学出版社，2004

4. ［美］菲克. 危机管理. 台北：台湾经济与生活出版事业公司，1987

5. ［美］诺曼·R·奥古斯丁等. 危机管理. 北京：中国人民大学出版社，2001

6. ［英］芭芭拉·亚当，乌尔里希·贝克，约斯特·范·隆. 风险社会及其超越：社会理论的关键议题. 北京：北京出版社，2005

7. ［英］马丁·冯，彼得·杨. 公共部门风险管理. 天津：天津大学出版社，2003

8. ［英］谢尔顿·克里姆斯基，多米尼克·戈尔多. 风险的社会理论学说. 北京：北京出版社，2005

9. 丁元竹等. 中国 2010 年风险与规避. 北京：中国大百科全书出版社，2005

10. 冯惠玲. 公共危机启示录——对 SARS 的多维审视. 北京：中国人民大学出版社，2003

11. 龚维斌. 公共危机管理. 北京：新华出版社，2004

12. 郭济. 政府应急管理实务. 北京：中共中央党校出版社，2004

13. 郭济. 中央和大城市政府应急机制建设. 北京：中国人民大学出版社，2005

14. 郭研实. 国家公务员应对突发事件能力. 北京：中国社会科学出版社，2005

15. 胡宁生. 中国政府形象战略. 北京：中共中央党校出版社，1999

16. 李福胜. 国家风险. 北京：社会科学文献出版社，2006

17. 李经中. 政府危机管理. 北京：中国城市出版社，2003

18. 刘长敏. 危机应对的全球视角——各国危机应对机制与实践比较研

究. 北京：中国政法大学出版社，2004

19. 刘霞. 风险决策：过程、心理与文化. 北京：经济科学出版社，1998

20. 刘燕华，葛全胜，吴文祥. 风险管理——新世纪的挑战. 北京：气象出版社，2005

21. 吴江. 公共危机管理能力. 北京：国家行政学院出版社，2005

22. 徐伟新. 国家和政府的危机管理. 南昌：江西人民出版社，2003

23. 许文惠，张成福. 危机状态下的政府管理. 北京：中国人民大学出版社，1997

24. 薛澜，张强，钟开斌. 危机管理——转型期中国面临的挑战. 北京：清华大学出版社，2003

25. 薛晓源，周战超. 全球化与风险社会. 北京：社会科学文献出版社，2005

26. 俞可平. 治理与善治. 北京：社会科学文献出版社，2000

27. 詹中原. 危机管理：理论框架. 台北：联经出版事业股份有限公司，2004

28. 张成福，党秀云. 公共管理学. 北京：中国人民大学出版社，2001

29. 中国行政管理学会课题组. 中国转型期群体性突发事件对策研究. 北京：学苑出版社，2003

30. 朱德武. 危机管理——面对突发事件时的抉择. 广州：广东经济出版社，2002

31. 朱光磊. 当代中国政府过程. 天津：天津人民出版社，1997

32. 卓越. 公共部门绩效评估. 北京：中国人民大学出版社，2004

33. 国务院. 国家突发公共事件总体应急预案，2006-01-08

34. 国务院. 关于全面加强应急管理工作的意见，2006-07-06

35. 国务院. 关于做好汶川地震灾后恢复重建工作的指导意见，2008-07-03

36. Ajay Lavakare，Adityam Krovvidi. GIS & Mapping for Seismic Risk Assessment. National seminar on Habitat Safety against Earthquakes and Cyclones，New Delhi，2001

37. Alexander D.. Natural Disasters. New York：Chapman and Hall，1993

38. Auf der Heide. Disaster response：Principles of preparation and coordination. St. Louis：Mosby，1994

39. Barber B.. Jihad vs. Mcworld：How globalization and tribalism are re-

shaping the world. New York：Times Books，1995

40. Birkland T. A.. After disaster：Agenda setting，public policy and focusing events. Washington D. C.：Georgetown University Press，1997

41. Blaikie P.，Cannon T.，Davis I.，Wisner B.. At risk：Natural hazards，people's vulnerability and disasters. London：Routledge，1994

42. Blanchard B. W.. Outlines of competencies to develop successful 21st century hazard or disaster or emergency or risk managers. Emmitsburg MD：FEMA Emergency Management Institute，2003

43. Britton N. R.. A new emergency management for the new millennium? Australian Journal of Emergency Management，2001，16：44－54

44. Bruntland G.. Our Common Future：The World Commission on Environment and Development. London：Oxford University Press，1987

45. Buckle P.，Mars G.，Smale S.. New approaches to assessing vulnerability and resilience. Australian Journal of Emergency Management，2000，15：8－14

46. Cannon T.，Twigg J.，Rowell J.. Social vulnerability，sustainable livelihoods and disasters. London：University College Benefield Hazard Research Centre，2003

47. Committee on Assessing the Costs of Natural Disasters. The impacts of natural disasters：A framework for loss estimation. Washington D. C.：National Academy Press，1989

48. Committee on Risk Perception and Communication. Improving risk communication. Washington D. C.：National Academy Press，1989

49. Covello V. T.，McCallum D. B.，Pavlova M. T.. Effective risk communication. New York：Plenum，1989

50. Daines G. E.. Planning，training and exercising. In：Drabek T. E.，Hoetmer G. J.. ed. Emergency management：Principles and practice for local government. Washington D. C.：International City Management Association，1991，161－200

51. Daly H. E.. Beyond growth：The economics of sustainable development. Boston：Beacon Press，1996

52. Darlington J.. The profession of emergency management：Educational opportunities and gaps. Macomb IL：Western Illinois University，2000

53. Dash N.. The use of geographic information systems in disaster research. International Journal of Mass Emergencies and Disasters, 1997, 15: 135-146

54. Ditch R.. Professionalism in emergency management. Falls Church VA: International Association of Emergency Managers, 2003

55. Douglas, Wildavsky. Risk and Culture: An Essay on the Selection of Technological and Environmental Dangers. Berkeley: University of California Press, 1982

56. Drabek T. E.. The professional emergency manager. Boulder: University of Colorado Program on Environment and Behavior, 1987

57. Eileen Salinsky. Public Health Emergency Preparedness: Foundations of the "System". National Health Policy Forum Background Paper, 2002

58. Ellis S. M., Waugh W. L.. Emergency Managers for the new millenium. In: A Farazmand. ed. Handbook of crisis and emergency management. New York: Marcel Dekker, 2001

59. Federal Emergency Management Agency. Making mitigation work: A handbook for state officials. Washington D. C.: Federal Emergency Management Agency, 1986

60. Federal Emergency Management Agency. National mitigation strategy: Partnerships for building safer communities. Washington D. C.: Federal Emergency Management Agency, 1995

61. Federal Emergency Management Agency. Guide for all-hazard emergency operations planning. Washington D. C.: Federal Emergency Management Agency, 1996

62. Federal Emergency Management Agency. Multihazard identification and risk assessment: A Cornerstone of the national mitigation strategy. Washington D. C.: Federal Emergency Management Agency, 1997

63. Federal Emergency Management Agency. Introduction to mitigation: IS-393. Emmitsburg MD: FEMA Emergency Management Institute, 1998

64. Federal Emergency Management Agency. Developing and managing volunteers: IS-244. Emmitsburg MD: FEMA Emergency Management Institute, 2003

65. Fink S.. Crisis management: Planning for the inevitable. New York: AMACOM, 1986

66. Geis D. E. . Creating sustainable and disaster resistant communities. Aspen CO：Aspen Global Change Institute，1996

67. Haddow G. B. ，Bullock J. A. . Introduction to emergency management. New York：Butterworth-Heinemann，2003

68. Hess C. ，Harrald J. . The national response plan：Process，prospects and participation. Natural Hazards Observer，2004，28（7）：1-3

69. Hoetmer G. J. . Characteristics of effective emergency management organizational structures. Fairfax VA：Public Entity Risk Institute，2003

70. Hyndman D. . Natural hazards and disasters. Belmont CA：Brooks/Cole，2006

71. Jeffrey S. Klenk. Emergency Information Management and Telecommunications. UNDP Disaster Training Programme，1997

72. John Newton. Towards A National Mitigation Policy，An Investigation of Efforts to Create Safer Communities：Experiences in Canada and the United States. Office of Critical Infrastructure Protection and Emergency Preparedness，2000

73. Jonathan D. Kipp，Murrey E. Loflin. Emergency Incident Risk Management：A Safe and Health Perspective. A Division of International Thomson Publishing Inc，1996

74. Kartez J. D. ，Lindell M. K. . Planning for uncertainty. Journal of the American Planning Association，1987，53：487-498

75. Lauden Kenneth C. ，Lauden Jane P. . Management Information Systems. NJ ：Prentice Hall Publishing Company，2000

76. Lorna P. Victoria. Community Based Disaster Mitigation. Regional Workshop on Best Practice in Disaster Mitigation，2002

77. Lindell M. K. ，Perry R. W. . Warning mechanisms in emergency response systems. International Journal of Mass Emergencies and Disasters，1987，5：137-153

78. Lindell M. K. ，Prater C. S. . Assessing community impacts of natural disasters. Natural Hazards Review，2003，4：176-185

79. Milliken. Three Type of Perceived Uncertainty about the Environment：State，Effect and Response Uncertainty. Academy of Management Review，1987，12（1）：133-143

80. National Research Council. The emergency manager of the future.

Washington D. C.: National Academies Press, 2003

81. National Science and Technology Council. Natural disaster reduction: A plan for the nation. Washington D. C.: National Science and Technology Council, 1996

82. Organization for Economic Cooperation and Development. Emerging risks in the 21st century: An agenda for action. Paris: Organization for Economic Cooperation and Development, 2003

83. Peace Crops. DPM: Integrating Disaster Preparedness and Mitigation in You Work. Information Collection and Exchange Publication No M0084, 2001

84. Pearce L.. Disaster management, community planning and public participation: How to achieve sustainable hazard mitigation. Natural Hazards, 2003, 28: 211-228

85. Perry R. W.. The structure and function of emergency operating centers. International Journal of Disaster Prevention and Management, 1995, 4: 37-41

86. Phillips B. D.. Cultural diversity in disasters: Sheltering, housing and long-term recovery. International Journal of Mass Emergencies and Disasters, 1993, 11: 99-110

87. Phillips B. D.. Disaster as a discipline: The status of emergency management education in the US. International Journal of Mass Emergencies and Disasters, 1993, 23: 111-139

88. Prater C. S., Wu J. Y.. The politics of emergency response and recovery: Preliminary observations on Taiwan's 921 earthquake. Australian Journal of Emergency Management, 2002, 17: 48-59

89. Prater C. S., Lindell M. K.. The politics of hazard mitigation. Natural Hazards Review, 2000, 1: 73-82

90. President's Council on Sustainable Development. Sustainable America: A new consensus for property, opportunity and a healthy environment. Washington D. C.: US Government Printing Office, 1996

91. Quarantelli E. L.. Delivery of emergency medical services in disasters: Assumptions and realities. New York: Irvington, 1983

92. Rayner S.. Risk in Cultural Perspective: Acting under Uncertainty. Norwell MA: Kluwer, 1990

93. Robert W. Hahn. Risk, Cost and Lives Saved: Getting Better Results from Regulation. London: Oxford University Press, 1996

94. Russ Johnson. GIS Technology for Disasters and Emergency Management. Environmental Systems Research Institute White Paper, 2000

95. Sara Morge. Alarm Inform: Public Warning System in Four Countries. National Board of Psychological Defence, 2000

96. Shaw R., Goda K.. From disaster to sustainable civil society: The Kobe experience. Disasters, 2004, 28: 16-40

97. Sorenson J. H.. When shall we leave? Factors affecting the timing of evacuation departures. International Journal of Mass Emergencies and Disasters, 1991, 9: 153-164

98. Sorenson J. H.. Hazard warning systems: Review of twenty years of progress. Natural Hazards Review, 2000, 1: 119-125

99. Sullivan M.. Integrated emergency management: A new way of looking at a delicate process. Australian Journal of Emergency Management, 2003, 18: 4-27

100. Suvit Yodmani. Disaster Risk Management and Vulnerability Reduction: Protecting the Poor. Asia and Pacific Forum on Poor, 2001

101. Sylves R. T.. Adopting integrated emergency management in the United States. International Journal of Mass Emergencies and Disasters, 1991, 9: 423-438

102. Tierney K. J., Lindell M. K., Perry R. W.. Facing the unexpected: Disaster preparedness and response in the United States. Washington D. C.: Joseph Henry Press, 2001

103. Tierney K. J., Nigg J. A.. Business vulnerability to disaster-related lifeline disruption. Newark DE: University of Delaware Disaster Research Center, 1995

104. United Nations International Strategy for Disaster Reduction. Living with risk: A global review of disaster reduction initiatives. New York: United Nations, 2002

105. US Department of Health and Human Service. Food and Drug Administration, Managing the Risks from Medical Product Use: Creating A Risk Management Framework. Task Force on Risk Management, 1999

106. US Department of Homeland Security. National response plan. Washington D. C. : US Department of Homeland Security，2004

107. World Health Organization. Public health response to biological and chemical weapons：WHO guidance. Geneva：World Health Organization，2004

图书在版编目（CIP）数据

公共危机管理：理论与实务/张成福等著.
北京：中国人民大学出版社，2009
（公共危机与风险治理丛书）
ISBN 978-7-300-11329-6

Ⅰ.公…
Ⅱ.张…
Ⅲ.国家行政机关-紧急事件-公共管理-研究
Ⅳ.D035.1

中国版本图书馆 CIP 数据核字（2009）第 183445 号

公共危机与风险治理丛书
教育部哲学社会科学研究重大课题攻关项目成果
北京市社会科学理论著作出版基金资助
公共危机管理：理论与实务
张成福　唐　钧　谢一帆　著

出版发行	中国人民大学出版社		
社　　址	北京中关村大街 31 号	**邮政编码**	100080
电　　话	010－62511242（总编室）		010－62511770（质管部）
	010－82501766（邮购部）		010－62514148（门市部）
	010－62515195（发行公司）		010－62515275（盗版举报）
网　　址	http://www.crup.com.cn		
经　　销	新华书店		
印　　刷	运河（唐山）印务有限公司		
规　　格	170 mm×228 mm　16 开本	**版　　次**	2009 年 12 月第 1 版
印　　张	25.5 插页 1	**印　　次**	2023 年 5 月第 13 次印刷
字　　数	467 000	**定　　价**	68.00 元